高等职业教育物流管理与物流工程专业系列规划教材

物流企业管理实务

陈　文主　编
林丽金　吴智峰　陈丽霜　副主编

大连海事大学出版社

图书在版编目(CIP)数据

物流企业管理实务 / 陈文主编. —大连 : 大连海事大学出版社, 2017. 11
高等职业教育物流管理与物流工程专业系列规划教材
ISBN 978-7-5632-3569-8

Ⅰ. ①物… Ⅱ. ①陈… Ⅲ. ①物资企业—企业管理—高等职业教育—教材 Ⅳ. ①F253

中国版本图书馆 CIP 数据核字(2017)第 290322 号

大连海事大学出版社出版

地址:大连市凌海路1号 邮编:116026 电话:0411-84728394 传真:0411-84727996

http://www.dmupress.com E-mail:cbs@dmupress.com

大连住友彩色印刷有限公司印装 大连海事大学出版社发行

2017 年 11 月第 1 版 2017 年 11 月第 1 次印刷

幅面尺寸:185 mm × 260 mm 印张:20.5

字数:508 千 印数:1 ~ 1500 册

出版人:徐华东

责任编辑:刘长影 责任校对:宋彩霞 史云霞

封面设计:解瑶瑶 版式设计:解瑶瑶

ISBN 978-7-5632-3569-8 定价:39.00 元

内容简介

本书根据适度运用理论、突出实际操作和运用的原则，全面论述了物流企业管理的基本理论和方法，阐述了物流企业管理概述、物流企业文化、物流企业战略管理、物流企业业务管理、物流企业服务营销管理、物流企业人力资源管理、物流企业质量管理、物流企业财务管理、物流企业信息管理、商贸物流、国际化物流企业管理等内容。

本书注重先进性原则，根据现代物流管理工作的要求，注重学习应用最新的物流企业管理理论、方法和手段，注重多样性原则，每个项目后提供了知识目标和技能目标，任务中穿插了阅读材料和典型案例，并附有思考题。

本书具有科学性、系统性、知识性和实用性等特点，适合作为高职院校物流管理专业以及相关专业教材，也可以作为企业从事物流管理及相关人员的参考书。

前　言

为深化职业教育的教学改革，根据高职高专物流管理专业的培养目标和教学特点，大连海事大学出版社于2017年组织编写了《物流企业管理实务》一书。本书包括十一个项目三十九个任务，并增加了学习目标、引导案例、阅读材料、课后习题等版块以提高学生的学习兴趣。本书注重培养学生的思考能力和团队合作精神，从而达到“学会做人，学会做事”的培养目标，更好地适应物流行业对人才的需求。

本书由福建船政交通职业学院陈文担任主编，由福建农业职业技术学院林丽金、福建船政交通职业学院吴智峰、福建广播电视大学陈丽霜担任副主编。本书具体的分工如下：陈文编写项目一和项目四，林丽金编写项目三、项目六和项目十一，吴智峰编写项目五、项目七和项目九，陈丽霜编写项目二、项目八和项目十，全书由陈文拟订大纲并统稿。

本书在编写过程中参阅和引用了许多国内外有关物流学科的大量论著、资料和案例，在此对这些论著、资料和案例的作者表示最诚挚的谢意！

为方便教学，本书配备电子课件，凡选用本书作为教材的教师均可向出版社索取。

由于编者所掌握的资料不全且水平有限，书中难免存在不足之处，恳请读者和同行批评指正。

编　者

2017年9月

目 录

项目一 物流企业管理概述

●学习目标

知识目标

掌握物流产业的概念及其分类,理解物流产业的规模、结构和绩效;掌握物流企业的概念及类型,理解物流企业发展的基本特征和趋势;掌握物流企业的发展模式及模式选择;熟悉企业发展模式的选择及创新,掌握物流企业管理的概念,理解物流企业管理的两重性,了解物流企业管理的方法;理解业务流程重组(BPR)理论。

技能目标

灵活运用物流企业发展模式及模式选择;理解物流企业发展模式的创新;具备物流企业管理的基本能力。

●引导案例

广东宝供物流企业集团

广东宝供物流企业集团自创办以来,一直致力于推动中国现代物流的发展和进步,宝供模式已成为中国现代物流发展的主流模式,也成为许多教科书的经典案例和物流专业的必修课。

公司已在全国65个城市设有7个分公司、8个子公司和50多个办事处,形成了一个覆盖全国并开始向美国、澳大利亚、泰国、中国香港等地延伸的国际化物流运作网络和信息网络,与国内外近百家著名企业结成战略联盟(其中包括宝洁、飞利浦、联合利华、安利、通用电气、松下、三星、东芝、LG、壳牌、丰田汽车、雀巢、卡夫等52家世界500强企业)，为它们提供原辅材料、零部件的采购、储存、分销、加工、包装、配送、信息处理、信息服务、系统规划设计等供应链一体化的综合物流服务。2002年12月，宝供集团被中国物流与采购联合会命名为“中国物流示范基地”，成为入选的唯一一家第三方物流企业，同时也是中国物流百强企业、中国5A级物流企业。2004年，宝供集团以其雄厚的实力及现代物流经营理念，取得当时国内唯一广州到上海(现改为深圳到上海)特快行邮专列的独家经营权，该专列全程按特快客车运行图运行，可为社会各企事业单位提供行李、包裹、邮件及其他大宗货物的铁路快速运输服务、区域接取送达服务以及包括储存、包装、装卸、配送、物流加工、信息咨询等一体化的综合物流服务。

宝供物流集团汇聚和培养了一大批熟悉中西文化、深谙现代物流和供应链管理内涵、具有丰富运作经验的员工队伍。拥有包括教授、博士、硕士在内的高层次、高素质的专业人才，还聘请国内外大批物流领域的资深人士组成专家顾问团，提高了企业的咨询、决策水平。宝供集团业务范围包括物流规划、货物运输、分销配送、储存、信息处理、流通加工、国际货代、增值服务等一系列专业物流服务。公司全面推行GMP质量保证体系和SOP标准操作程序，整个物流运作自始至终处于严密的质量跟踪及控制之下，确保了物流服务的可靠性、稳定性和准确性。公司具有强烈的社会责任感，长期热衷于社会公益事业。国际著名的企业管理咨询机构麦肯锡及国际著名的投资机构摩根士丹利评价宝供物流集团是中国目前“最领先”的和“最具价值”的第三方物流企业之一，是目前我国最具规模、最具专业化的现代第三方物流企业之一。

案例讨论

为什么宝供物流集团被称为国内最领先的第三方物流企业之一？宝供物流采取何种经营模式？这种模式有何优势？

任务一 物流产业

一、物流产业概述

(一)物流产业的概念

物流产业(Logistics Industry)是指以物流活动或各种物流支援活动为经营内容的营利性事业。为准确理解物流产业的概念，必须明确以下两点：

1. 物流产业不等于物流活动或物流业务

物流产业是专业化与社会化的物流活动或物流业务。不论是生产企业还是流通企业，都存在大量的物流活动或物流业务，但是这些物流活动或物流业务本身不是物流产业，只有将这些物流活动或物流业务独立化、社会化为一种经营业务,才能叫作物流产业。

2. 物流产业不等于物流企业

物流企业是以物流活动或各种物流支援活动为经营内容的经营个体,也是物流产业的主体,而物流产业是物流企业的集合,物流企业是微观概念,物流产业是宏观概念。

国民经济各个领域的物流经济实体在横向上构成了物流产业。这个产业由铁路、公路、水运、空运、仓储、托运等行业为主体组成,同时还包含商业、物资业等行业中的一半领域,还涉及机械、电器业中的物流装备生产行业和国民经济所有行业的供应、生产、销售中的物流活动,其跨部门、跨行业的特点非常突出。

(二)物流产业的分类

1. 按物流系统的构成要素进行分类

按照这种分类方法,物流产业可以分为运输业、仓储业、装卸业、信息业,在各国的物流产业分类中,通常将包装划归包装工业;多数国家将物流信息产业划归信息产业。在经济统计中,国家仅将物流产业划分为运输业和仓储业。

2. 按物流产业主体进行分类

按照这种分类方法,物流产业可以分为铁路物流业、公路物流业、航空物流业、航运物流业和邮政物流业等。

3. 按物流客体进行分类

按物流客体进行分类,就是按照物流的对象物即物品的不同进行分类。按照这种分类方法,物流产业可以分为生产资料物流业与消费品物流业。生产资料物流业又可以分为金属材料物流业、机电产品物流业、化工产品物流业、危险品物流业等;消费品物流业可以分为加工食品物流业、生鲜食品物流业、纺织品物流业、家电产品物流业等。

4. 按物流经营方式进行分类

按照这种分类方法,物流产业可以分为自营物流业和物流代理业,物流代理业如货运代理业等。

(三)物流产业的发展现状

1. 发达国家物流业的发展过程

该发展过程可以分为五个阶段:

第一阶段:大约在20世纪60年代以前。

第二阶段:1960—1980年。

第三阶段:1980—1990年。

第四阶段:1990—2000年。

第五阶段:2000年以来。

2. 物流业现状

物流发展到现在,物流作业涉及一个企业以上的情况变得较为突出,内部生产程度降低以及随之产生的内部物流减少的结果,使得为了满足许多不同服务的要求,供给链中所有成员的计划功能和作业要求必须协调一致。

但是现今世界物流行业的整体发展还很不平衡,西方一些国家的物流产业发展较快,出现了一些专门从事某类产品物流的物流公司,如专门从事对时间要求较高的快递业务的公司、专门从事展品物流业务的公司以及专门从事高价值产品物流业务的公司等,这些都是物流业的代表。

而亚洲国家和非洲国家的物流业发展却相对较慢,虽然出现了许多所谓的“物流公司”“物流中心”,但实际上大部分都是一些货运公司,其设施最多不过是一些集卡、场站、仓库等仓储、运输方面的基础设施,从事的仅仅是物流中的运输环节,尚未具备从事真正意义的物流业所需的基本条件。

当前的物流公司一般以以下三种形式存在:

(1)综合物流(Integrated Logistics)。

(2)第三方物流(Third Party Logistics)。

(3)合同物流(Contract Logistics)。

综合这些物流企业的发展阶段和经营特点,当前的物流产业发展具有如下特点:

(1)产业处于发展期。

(2)服务标准尚未统一,服务品牌尚未建立。

(3)法律规范还未到位。

(4)信息作用日趋增强。

物流产业的结构构成:

(1)基础物流业。

(2)物流装备制造业。

(3)物流系统业。

(4)三方物流业。

(5)货主物流业。

(四)中国物流产业的发展

我国的现代物流产业发展才刚刚起步,不适合按照上述的分析方法进行分类,因为目前我国物流业基本上是分散、粗放式经营,物流的功能还很不完善。如果按照国际上的发展过程,我国总体处于第二阶段,或者说正在由第二阶段向第三、四阶段转化。

作为发展中国家,我国没有必要按照国际上的发展轨迹亦步亦趋,也可直接进入第四阶段,但这样的企业在中国目前是极少数。

(五)中国物流产业的现状及主要特征

相对于发达国家的物流产业而言,中国的物流产业尚处于起步发展阶段,其发展的主要特征是:

(1)企业物流仍然是全社会物流活动的重点,专业化物流服务需求已初露端倪。

(2)专业化物流企业开始涌现,多样化物流服务有一定程度的发展。

(3)物流基础设施和装备发展初具规模。

(4)物流产业的发展正在引起各级政府的高度重视。

（六）中国物流产业发展存在的问题

(1)物流产业发展仍然面临着较大的市场需求约束。

(2)专业化物流服务的方式还很有限,物流企业的经营管理水平有待于提高。

(3)低水平的物流基础设施和装备条件严重制约着物流效率的提高。

(4)物流产业发展面临着较大的制度约束。

(5)物流研究相对落后和物流专业人才短缺是物流产业发展的巨大障碍。

二、物流产业的规模、结构和绩效

（一）物流产业的规模

物流产业的规模(Scale of Logistics Industry)是指一个国家或地区在一定时期内物流产业的产值、就业人数、资产、企业数以及所完成的物流量。物流产业规模的大小,不仅是经济发展的直接结果,也是经济发展水平和市场化程度的具体体现。

1. 产值规模

从理论上讲,物流产业产值规模应该包括与物流相关的各种产业的产值总和,但是各国从产业分类及国民经济统计的实际情况看,一般只将运输业和仓储业的产值作为物流产业的产值,用它们来反映物流产业的产值规模。

2. 就业人数和规模

就业人数和规模是衡量物流产业规模大小的重要标志,它不仅是一个经济问题,更是一个社会问题。从社会来看,物流产业吸纳就业人数的多少,也是衡量物流产业在增加就业机会、提高就业率、增加国民福利等方面贡献大小的重要标志。

3. 物流业务量

物流业务量也是衡量物流产业规模大小的重要标志。从理论上讲,物流业务量也有许多指标,但是通常用货运量和货物周转量来表示。

（二）物流产业的结构

物流产业的结构(Configuration of Logistics Industry)是指物流产业内部构成及其比例关系,包括各种物流产业的产值、就业量、物流业务量构成,以及物流产业的地区结构、企业或市场竞争结构等。

1. 物流业务量构成

可以通过不同物流产业的物流业务量构成来分析不同物流产业的现状及发展趋势。

2. 地区结构

通过对物流产业地区结构的分析,可以了解物流产业的地区特征,这对于制定区域物流产业发展政策,促进不同地区物流产业的均衡发展具有重要意义。

3. 就业结构

物流产业的就业结构是指物流产业就业总量的内部构成,包括物流产业就业量的地区、行业、企业及员工构成等。

(三)物流产业的绩效

物流产业的绩效(Performance of Logistics Industry)是指物流产业的产值、收入、利润等产出与人、财、物等资源的投入之比。衡量物流产业绩效大小的指标有人均产值、人均利润、资金利润率、资金周转速度、费用水平、资产负债率、工资水平等。物流产业绩效既受企业制度、经营方式、管理水平、设施设备及技术水平等微观因素的影响,也受市场规模、竞争结构、经济环境、产业政策、市场化程度等宏观因素的制约。

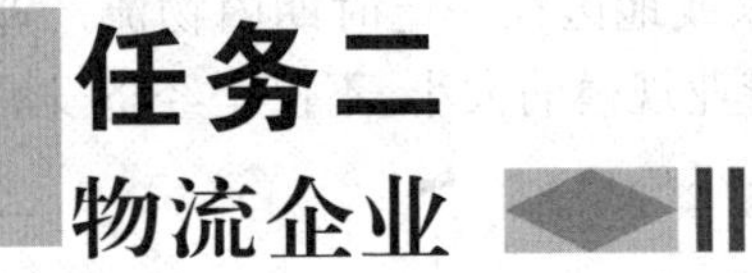

任务二 物流企业

一、物流企业的概念及类型

(一)物流企业的概念

物流企业(Logistics Enterprise)是指从事物流活动的经济组织,至少从事运输(含运输代理、货物快递)或仓储的一种经营业务,并能够按照客户物流需求对运输、储存、装卸、包装、流通加工、配送等基本功能进行组织和管理,具有与自身业务相适应的信息管理系统,实行独立核算、独立承担民事责任的经济组织。

(二)物流企业的类型

根据所有制形式的不同,物流企业分为国有物流企业、民营物流企业、外资或合资物流企业。

根据服务主体的不同,物流企业分为第一方物流企业、第二方物流企业、第三方物流企业和第四方物流企业。

第一方物流企业是指供应方提供物流服务的企业,第二方物流企业是指需求方提供物流服务的企业。2001 年我国公布的《物流术语》中,将第三方物流定义为:"由供方与需方以外的物流企业提供物流服务的业务模式。"下面主要介绍第三方物流。

1. 第三方物流的概念

第三方物流(Third Party Logistics,3PL,TPL),是相对"第一方"发货人和"第二方"收货人而言的。3PL 既不属于第一方,也不属于第二方,而是通过与第一方或第二方的合作来提供其专业化的物流服务,它不拥有商品,不参与商品的买卖,而是为客户提供以合同为约束、以结盟为基础的系列化、个性化、信息化的物流代理服务。最常见的3PL服务包括设计物流系统、EDI能力、报表管理、货物集运、选择承运人和货代人、海关代理、信息管理、仓储、咨询、运费支付、运费谈判等。

2. 第三方物流服务的特征及类型

第三方物流服务的特征主要表现为:整合一个以上的物流功能;本身不拥有货物;运输设备、仓库等由第三方物流公司控制;可提供全部的劳动力与管理服务;按客户的要求提供特殊服务,如存货管理、生产准备、组装/集运等。

第三方物流服务通常可以划分为拥有资产基础和不拥有资产基础两种类型,其中,拥有资产基础的第三方物流服务提供者有自己的代理人、运输设施及设备,包括仓库,在现实中它们实际控制物流作业的操作。不拥有资产基础的第三方物流服务提供者是物流管理公司,不拥有或租赁资产,它们提供人力资源和系统,专业管理顾客的各种物流功能。

3. 第三方物流的优势

(1)第三方物流使企业集中精力发展核心业务。

(2)第三方物流具有技术灵活性的特点。

(3)第三方物流具有其他灵活性的特点。

(4)利益一体化是第三方物流企业的利润基础。

(5)第三方物流是客户的战略投资人和风险承担者。

(6)第三方物流是客户的战略同盟者。

第四方物流企业是指提供综合物流解决方案或咨询服务的企业。所谓第四方物流,就是供应链的集成者、整合者和管理者,主要是通过对物流资源、物流设施和物流技术的整合和管理,提出物流全过程的方案设计、实施办法和解决途径。第四方物流是在第三方物流基础上进化和发展而来的,比第三方物流的涵盖面要广、技术更复杂,所依托的手段主要是现代思想理念、现代信息网络和现代管理方式,所提供的供应链解决方案具有较好的系统性和完整性。第四方物流的内容包括再造、变革、实施和执行,通过对整个供应链产生影响的能力来增加其价值。

●阅读材料

德邦物流的面试

德邦物流股份有限公司是国家5A级综合服务型物流企业,主营国内公路零担运输和空运代理服务。该公司创始于1996年9月。

德邦的笔试是一些性格测试和对德邦宣讲会、手册等的一些看法或者建议。

德邦的面试主要包括以下几个流程:

第一轮面试:面试者在讲台上面对100多人进行一分钟演讲,时间控制非常严格,50秒时会有铃声提醒,一分钟的时候演讲人必须下去。题目由招聘人员从纸条中随机抽取,主要是关于规矩、希望、目标、诚信之类的常规问题,有一分钟的准备时间。第一轮面试主要测试抗压能力、表达能力、快速反应能力。

第二轮面试:小组讨论,从两个方案中选择一个,讨论30分钟后必须达成一致,并且选出一个代表阐述理由。

第三轮面试:做游戏。拼图时不能无条件当老好人,不能一厢情愿地信任别人,否则只能两手空空再无交换的筹码。

最终面试:第三天。问一下期望薪资、期望工作地点、运动爱好等,让求职者讲述一个面对巨大压力的事情并说明自己是如何处理的,讲述一个自己如何处理紧张的人际关系的例子,再问一下求职者简历中的某个经历,如是否有学生干部经历,整个面试时间大约15分钟。

二、物流企业的目标

作为自主经营的企业,通过自身的经营努力获取最大的经济效益是其开展经营活动的主要目标,物流企业也是如此。物流企业要依赖一系列经营目标的实现,它包括以下几个方面:

1. 提高快速反应能力,加速商品流通,缩短流通时间

长期以来,我国企业的物流过程占用的时间几乎占整个生产过程的90%,因此,提高物流企业的快速反应能力,对于加速商品流通、缩短流通时间意义重大。特别是现代信息技术的应用提高了物流企业在尽可能短的时间内完成物流作业和尽快交付客户所需货物的能力。

2. 降低库存,整合运输,降低物流成本

物流成本不仅仅是客户所关注的,更是物流企业所关注的。降低成本的途径有很多,如提高作业效率、加强信息管理等,其中最主要的就是协调客户努力降低库存,整合运输规划。运输与库存涉及企业的资产负担和相关的周转速度,是实现降低物流总成本的重要突破点,这势必要求物流企业与生产厂家来协同完成。

3. 关注服务质量,提供增值服务

关注服务质量就是寻求持续的质量改进,同时要将物流服务的质量管理纳入全面质量管理的视野。并且,更为重要的是向客户提供增值性的服务,使物流企业能够通过努力提高其效率和效益。因此,为客户提供基本服务、零缺陷服务和增值服务这些不断升级的服务,是物流企业最重要的经营目标。

4. 减少变异,扩大经营规模

变异是指破坏物流系统表现的任何意想不到的事件,可以产生于任何一个物流作业领域,诸如客户收到订货的期望时间被延迟、货物到达客户所在地时发现受损等,这将使物流作业时间遭到破坏,服务质量受到影响。传统的解决变异的办法是建立安全储备存货或采用高成本的溢价运输,现在已经通过提升信息化水平来加强对物流活动的控制。因此,减少变异是物流企业的一个基本经营目标。

任务三
物流企业发展模式

一、物流企业发展模式的类型

(一)物流服务延伸模式

物流服务延伸模式是指在现有物流服务的基础上,通过向两端延伸,向客户提供更加完善和全面的物流服务,从而提高物流服务的附加价值,满足客户高层次物流需求的经营模式。

(二)行业物流服务模式

行业物流服务模式是通过运用现代技术手段和专业化的经营管理方式,在拥有丰富的目标行业经验和对客户需求深度理解的基础上,在某一行业领域内提供全程或部分专业化物流服务的模式。

这种经营模式的主要特点是将物流服务的对象分为几个特定的行业领域,然后对这些行业领域进行深入细致的研究,掌握其物流运作特性,提供具有特色的专业服务。服装、家电、医药、书籍、日用品、汽车、电子产品等行业领域纷纷提出自己的物流需求,极大地丰富了物流市场的服务模式。

(三)项目物流服务模式

项目物流服务模式是指为具体的项目提供全程物流服务的模式。这类需求主要集中在我国一些重大的基础设施建设项目和综合性的展会、运动会中,如三峡水电站、秦山核电站、国家体育馆等基建项目以及奥运会、展览会等大宗商品的运输物流服务,实施这种模式的物流公司必须具备丰富的物流运作经验和强大的企业实力。

(四)定制物流服务模式

定制物流服务模式是指将物流服务具体到某个客户,为该客户提供从原材料采购到产成品销售过程中各个环节的全程物流服务模式,涉及储存、运输、加工、包装、配送、咨询等全部业务,甚至还包括订单管理、库存管理、供应商协调等其他服务。现代物流服务强调与客户建立战略协作伙伴关系,例如北京星网物流中心专门为诺基亚公司服务。采用定制式服务模式不仅能保证物流公司有稳定的业务,而且能节省企业的运作成本。

(五)物流咨询服务模式

物流咨询服务模式是指利用专业人才优势,深入到企业内部,为其提供市场调查分析、物流系统规划、成本控制、企业流程再造等相关服务的经营模式。企业在为客户提供物流咨询服务的同时,帮助企业整合业务流程与供应链上下游关系,进而提供全套的物流解决方案。企业通过物流咨询带动其他物流服务的销售,区别于一般仓储、运输企业的简单化服务,有助于增强企业的竞争力。

(六)物流管理输出模式

物流管理输出模式是指物流公司在拓展国内企业市场时,强调自己为客户企业提供物流管理与运作的技术指导,由物流公司接管客户企业的物流设施或者成立合资公司承担物流具体运作任务的服务模式。采用管理输出模式,可有效减少客户企业内部物流运作与管理人员的抵制,使双方更好地开展合作。采用物流管理输出模式时。可以利用客户企业原有的设备、网络和人员,大幅减少投资,并迅速获取运作能力,加快相应市场需求的速度。

(七)物流连锁经营模式

物流连锁经营模式是指特许者将自己所拥有的商标(包括服务商标)、商号、产品、专利和专有技术、经营方式等以特许经营合同的形式授予被特许者使用,被特许者按合同的规定,在特许者统一的业务模式下从事经营活动,并向特许者支付相应费用的物流经营模式。物流连锁经营借鉴了成功的商业模式,可以迅速地扩大企业规模,实现汇集资金、人才、客户资源的目标,同时在连锁企业内部可以利用互联网技术建立信息化的管理系统,更大程度地整合物流资源,用以支持管理和业务操作,为客户提供全程的物流服务。

(八)物流战略联盟模式

物流战略联盟模式是指物流公司为了达到比单独从事物流服务更好的效果,相互之间形成互相信任、共担风险、共享收益的物流伙伴关系的经营模式。国内物流公司,尤其是中小型民营企业的自身力量薄弱,难以与大型跨国物流公司竞争,因此,中小型物流公司的发展方向是相互之间的横向或纵向联盟。这种自发的资源整合方式,经过有效的重组联合,依靠各自的优势,可以在短时间内形成一种合力和核心竞争力。

●阅读材料

从韩国进口辣椒酱业务(锦程物流)

委托锦程物流代理进口运输业务的胡先生曾在韩国留学,回国后通过自己的努力经营了一家韩式口味的饭店。胡先生对食材要求非常严格,使用的辣椒酱均要从韩国直接进口,以保证食客可以吃到地道的韩国料理。

胡先生通过一次偶然的机会在网上了解到锦程物流的优势与公司规模,并与锦程物流取得了联系。

锦程物流的客户顾问经过与胡先生的接洽,了解到胡先生的需求,并为其量身制定了一整套的代理运输方案。

第一,沟通考察。

胡先生是个体经营者,本身没有进出口权,所以需要锦程物流为其匹配一家长期做进口食品代理的贸易公司作为其进口的代理商。

第二,运输方案的制定。

经与胡先生多次沟通后，了解到其对于进口食品运输时长及提货便捷等要求，锦程物流的客户顾问为此邀请胡先生到锦程物流的总部参观，并为其提供了两套运输方案：

一是进口空运。由韩国直飞哈尔滨，并由锦程物流负责在哈尔滨当地完成清关工作后，安排送货至胡先生的店里。此方案的优点是运输速度快，但是搬运次数较多，可能会对食品外包装或货物本身造成一定的损坏。

二是进口海运集装箱拼箱运输。它包括装箱、订舱、上门提货、报关、目的港清关送货等一系列运输工作节点要求和步骤。此方案的优点是安全可靠、节省成本、搬运次数少等，缺点是运输时间比空运稍长一些。

胡先生非常满意，最终决定选择海运集装箱拼箱运输。

第三，订舱、报关、运输工作。

针对胡先生需要的进口食品货物，韩国当地的订舱报关等工作都是由锦程的海外代理直接和胡先生的发货人取得联系，并配合发货人准备报关文件、专业化的包装和相关的单据，以确保货物顺利订舱、报关和运输。

第四，国内清关。

锦程物流客户顾问在前期为胡先生的进口货物做了充分的工作准备，所以在国内清关时并未因单据缺失或货物不符等问题遇到过阻碍，完全符合我国对进口食品运输及清关的要求，并在清关完毕后第一时间准确送达胡先生的韩国料理店内。

小结：对于正常食品的进口，客户对公司的资质和能力都有严格的要求，锦程物流会针对客户进口货物的特性做全方位的准备，接受客户的问询并会为客户进行耐心的解答，确保高效、快速、准确、安全地将货物送到客户的手中。

二、物流企业经营模式的选择

(1)经营模式是物流企业成功的关键。

(2)经营模式是现代物流服务理念的体现。

(3)经营模式的选择要结合物流企业的实际。

三、物流企业的创新与发展

(一)物流企业创新与发展的意义

(1)现代物流业的创新与发展促进了企业组织结构不断优化。

(2)现代物流业的创新与发展推动了产业结构高级化。

(3)现代物流业的创新与发展促进了制造业竞争力的提升。

(4)现代物流业的创新与发展促进了国民经济信息化。

(二)物流企业创新的方向和途径

物流企业的创新主要体现在以下几个方面：

(1)经营理念现代化。

(2)物流供应链一体化。
(3)新技术手段开发及信息化。
(4)物流标准体系化。
(5)人才密集化。

任务四 物流企业管理

一、物流企业管理的性质

物流企业管理是根据商品流通的客观规律要求,应用管理的基本原则和科学方法,计划、组织、领导、协调、控制经营过程中企业的人力、物力和财力的合理运作,以求用最少的消耗实现既定的经营目标,取得最好的经济效益。

同其他企业管理一样,物流企业管理具有两重性:一方面同流通生产力相联系,表现为劳动者同一定的物质技术条件相结合,为组织社会商品流通进行共同劳动,由此产生的自然属性;另一方面同商品流通中一定的生产关系相联系,表现为人与人之间的经济关系,由此产生的社会属性。

企业管理的性质体现了生产力和生产关系的辩证统一关系,遵循企业管理的自然属性要求,分析和研究物流企业管理的问题,是建立物流企业管理科学体系的基础;根据物流企业管理两重性原理,科学地鉴别其社会属性,学习先进的企业管理理论、技术和方法。

二、物流企业管理的职能

(一)计划职能

计划是根据市场需要以及企业的自身能力,确定企业在一定时期的奋斗目标,通过计划的编制、执行和检查,协调和合理安排企业各种经营活动,有效利用企业的资源,以取得最佳的经济效益和社会效益。

(二)组织职能

组织是指把企业经营活动的各个要素、各个环节和各个方面,从劳动分工和协作、从时间和空间的相互衔接上合理地组织起来,形成一个有机整体。

(三)领导职能

领导职能的任务表现在更有效、更协调地实现企业目标,有利于调动人的积极性,有利于协调个人目标和企业目标。

（四）协调职能

协调职能是指协调企业内部各层次、各职能部门的工作，协调各项经营活动，使它们建立良好的关系，消除工作中的脱节现象和矛盾，有效地实现企业的目标。

（五）控制职能

控制职能也称监督职能，是指按预定计划或目标、标准进行检查，考察实际完成情况同原定计划标准的差异，分析原因，采取对策，及时纠正偏差，保证计划目标的实现。

三、物流企业管理的方法

物流企业管理的方法是多种多样的，最常用的方法就是经济方法、行政方法和法律方法，同时，各种现代化管理方法在企业管理中也得到了广泛的推广和运用。

（一）经济方法

经济方法是运用经济手段，特别是经济杠杆，引导企业经济活动执行管理职能的方法。

（二）行政方法

行政方法是依靠领导机构的权威，运用行政命令、指示等手段，采用令行禁止的方式执行管理职能的方法。它是企业经营管理的必要方法。

（三）法律方法

法律方法是运用经济立法和司法手段执行管理职能的方法，我国的企业法规是调整企业生产经营活动和经济关系的法律规范。

（四）现代化管理方法

现代化管理方法是指运用现代社会科学、自然科学与技术科学的理论、方法和手段，达到管理高效率、高质量的一种管理方法。现代化管理方法包含两个方面：一是应用科学的管理方法，包括经济责任制、全面计划管理、全面质量管理、全面经济核算、劳动管理、组织管理、经营业务管理、市场与价格管理、科技管理、情报管理等行之有效的方法；二是运用管理科学的技术方法，包括以运筹学为基础的预测与决策技术、线性规划、排队论、模拟方法、统筹方法、系统工程、价值工程、投入产出法、量本利分析法等，并运用于企业管理。

四、业务流程重组（BPR）理论

（一）BPR 简介

BPR（Business Process Reengineering）可以译为业务流程重组或者企业流程再造。业务流程重组是在20世纪90年代由美国麻省理工学院(MIT)的计算机教授迈克尔·哈默(Michael Hammer)和CSC管理顾问公司董事长詹姆斯·钱皮(James Champy)提出的,成为世界企业界关注的热点。1993年,在他们联手著出的《公司重组:企业革命宣言》一书中,哈默和钱皮指出,200年来,人们一直遵循亚当·斯密的劳动分工的思想来建立和管理企业,即注重把工作分解为最简单和最基本的步骤,而目前应围绕这样的概念来建立和管理企业,即把工作任务重新组合到首尾一贯的工作流程中去。他们给BPR下的定义是:"为了飞跃性地改善成本、质量、服务、速度等现代企业的主要运营基础,必须对工作流程进行根本性的重新思考并彻底改革。"它的基本思想就是必须彻底改变传统的工作方式,也就是彻底改变传统的自工业革命以来、按照分工原则把一项完整的工作分成不同部分、由各自相对独立的部门依次进行工作的工作方式,强调以业务流程为改造对象和中心、以关心客户的需求和满意度为目标,对现有的业务流程进行根本的再思考和彻底的再设计,利用先进的制造技术、信息技术以及现代的管理手段,最大限度地实现技术上的功能集成和管理上的职能集成,以打破传统的职能型组织结构,建立全新的过程型组织结构,从而实现企业经营在成本、质量、服务和速度等方面的戏剧性的改善。

(二)BPR产生的背景

企业流程再造理论的产生有其深刻的时代背景。二十世纪六七十年代以来,信息技术革命使企业的经营环境和运作方式发生了很大的变化,而西方国家经济的长期低增长又使得市场竞争日益激烈,企业面临着严峻挑战。有些管理专家用3C理论阐述了这种全新的挑战:

(1)顾客(Customer)——买卖双方关系中的主导权转到了顾客一方。竞争使顾客对商品有了更大的选择余地,随着生活水平的不断提高,顾客对各种产品和服务也有了更高的要求。

(2)竞争(Competition)——技术进步使竞争的方式和手段不断发展,发生了根本性的变化。越来越多的跨国公司越出国界,在逐渐走向一体化的全球市场上展开各种形式的竞争。

(3)变化(Change)——市场需求日趋多变,产品寿命周期的单位已由"年"趋于"月",技术进步使企业的生产、服务系统经常变化,这种变化已经成为持续不断的事情。因此在大量生产、大量消费的环境下发展起来的企业经营管理模式已经无法适应快速变化的市场。

面对这些挑战,企业只有在更高水平上进行一场根本性的改革与创新,才能在低速增长时代增强自身的竞争力。

(三)BPR的主要程序

业务流程重组就是重新设计和安排企业的整个生产、服务和经营过程,并使之合理化。通过对企业原来生产经营过程的各个方面、各个环节进行全面的调查研究和细致分析,对其中不合理、不必要的环节进行彻底的变革。在具体实施过程中,可以按以下程序进行:

1. 对原有流程进行全面的功能和效率分析,发现其存在的问题

根据企业现行的作业程序,绘制细致、明了的作业流程图。一般地,原来的作业程序是与过去的市场需求、技术条件相适应的,并由一定的组织结构、作业规范作为保证的。当市场需求、技术条件发生的变化使现有作业程序难以适应现状时,作业效率或组织结构的效能就会降低。因此,必须从以下方面分析现行作业流程的问题:

(1)功能障碍:随着技术的发展,技术上具有不可分性的团队工作,个人可完成的工作额

度就会发生变化，这就会使原来的作业流程或者增加管理成本，或者因核算单位太大造成权、责、利脱节，并会造成组织机构设计的不合理，形成企业发展的瓶颈。

(2)重要性：不同的作业流程环节对企业的影响是不同的。随着市场的发展和顾客对产品、服务需求的变化，作业流程中的关键环节以及各环节的重要性也在发生变化。

(3)可行性：根据市场、技术变化的特点及企业的现实情况，分清问题的轻重缓急，找出流程再造的切入点。为了使对上述问题的认识更具有针对性，还必须深入现场，具体观测、分析现存作业流程的功能、制约因素以及表现的关键问题。

2. 设计新的流程改进方案，并进行评估

为了设计更加科学、合理的作业流程，必须群策群力、集思广益、鼓励创新。在设计新的流程改进方案时，可以考虑：

(1)将现在的数项业务或工作组合，合并为一。

(2)工作流程的各个步骤按其自然顺序进行。

(3)给予职工参与决策的权利。

(4)为同一种工作流程设置若干种进行方式。

(5)工作应当超越组织的界限，在最适当的场所进行。

(6)尽量减少检查、控制、调整等管理工作。

(7)设置项目负责人。

对于提出的多个流程改进方案，还要从成本、效益、技术条件和风险程度等方面进行评估，选取可行性强的方案。

3. 制定改进规划，形成企业再造方案

制定与流程改进方案相配套的组织结构、人力资源配置和业务规范等方面的改进规划，形成系统的企业再造方案。企业业务流程的实施，是以相应组织结构、人力资源配置方式、业务规范、沟通渠道甚至企业文化作为保证的，所以，只有以流程改进为核心形成系统的企业再造方案，才能达到预期的目的。

4. 组织实施与持续改善

实施企业再造方案，必然会触及原有的利益格局。因此，必须精心组织，谨慎推进。既要态度坚定，克服阻力，又要积极宣传，达成共识，以保证企业再造方案的顺利实施，而企业再造方案的实施并不意味着企业再造的终结。在社会发展日益加快的时代，企业总是不断面临新的挑战，这就需要对企业再造方案不断地进行改进，以适应新形势的需要。

(四)BPR 的主要方法

作为一种重新设计工作方式、设计工作流程的思想，BPR 是具有普遍意义的，但在具体做法上，必须根据本企业的实际情况进行。美国的许多大企业都不同程度地进行了业务流程重组，其中一些主要方法有：

1. 合并相关工作或工作组

如果一项工作被分成几个部分，而每一部分再细分，分别由不同的人来完成，那么每一个人都会出现责任心不强、效率低下等问题。而且，一旦某一环节出现问题，不但不易于查明原因，更不利于整体的工作进展。在这种情况下，企业可以把相关工作合并或把整项工作都由一个人来完成,这样既提高了效率,又使工人有了工作成就感。如果合并后的工作仍需几个人共同承担或工作比较复杂,则需要成立团队,由团队成员共同负责,还可以建立数据库和信息交换中心,以对工作进行指导。在这种工作流程中,大家共享信息,一起出主意、想办法,能够更快更好地做出正确判断。

2. 工作流程的各个步骤按其自然顺序进行

在传统的组织中,工作在细化了的组织单位间流动,一个步骤未完成,下个步骤开始不了,这种直线化的工作流程使得工作时间大为加长。如果按照工作本身的自然顺序,是可以同时进行或交叉进行的。这种非直线化工作方式可大大加快工作速度。

3. 根据同一业务在不同工作中的地位设置不同的工作方式

传统的做法是,对某一业务按同一种工作方式处理,因此要对这项业务设计出在最困难、最复杂的工作中所运用的处理方法,把这种工作方法运用到所有适用于这一业务的工作过程中。这样做存在着很大的投入,因此,可以根据不同的工作设置出对这一业务的若干处理方式,这样就可以大大提高效率,也使工作变得简捷。

4. 模糊组织界限

在传统的组织中,工作完全按部门划分。为了使各部门工作不发生摩擦,又增加了许多协调工作。因此 BPR 可以使严格划分的组织界限模糊甚至超越组织界限。如 P&G 根据超级市场信息网传送的销售和库存情况,决定什么时候生产多少、送货多少,并不一味依靠自己的销售部门进行统计,同样,这也就避免了很多协调工作。

(五)BPR 的特性

(1)强调顾客满意。
(2)使用业绩改进的量度手段。
(3)关注于更大范围的、根本的、全面的业务流程。
(4)强调团队合作。
(5)对企业的价值观进行改造。
(6)高层管理者的推动。
(7)在组织中降低决策的层级。

(六)BPR 的运用

在实践中,BPR 得到了广泛的应用。20 世纪 90 年代初,美国三大汽车巨头之一的福特汽车公司位于北美的应付账款部有 500 多名员工,负责审核并签发供应商供货账单的应付款项。按照传统的观念,这么大规模的一家汽车公司,业务量如此庞大,有 500 多个员工处理应付款是非常合理的,但日本马自达汽车公司负责应付账款工作的只有 5 个职员。5:500,这个比率让福特公司经理再也无法泰然处之了。应付账款部本身只是负责核对“三证”,三证相符则付款,不符则查,查清再付。应付账款本身不是一个流程,但采购却是一个业务流程,于是公司对采购进行了流程重组。重组后的业务流程完全改变了应付账款部的工作和应付账款部本身。现在应付账款部只有 125 人(仅为原来的 25%),这意味着节约了 75% 的人力资源。相同的还有 IBM 信用卡公司(IBM Credit Corporation),通过业务流程重组工程使信用卡发放周期由原来的 7 天缩小到 4 个小时，即提高生产能力 100 倍。

(七)实施 BPR 的战略因素

业务流程重组只有在企业强化战略地位时才真正有可能实施。因此在业务流程重组之前，明确企业的经营战略就变得异常重要。需要实施业务流程重组的一些战略因素有：

(1)认识到竞争对手将在成本、速度、灵活性、质量及服务等方面产生优势。

(2)增加运营能力所需的战略。

(3)重新评估战略选择的需要：进入新市场或重新定位产品与服务。

(4)核心运营流程基于过时的商业假设或技术建立。

(5)企业的战略目标似乎无法实现。

(6)市场上有了新变化，如市场份额需要扩大、出现新的竞争对手等。

当企业出现以上因素时，业务流程重组会更加有效地得以实施。

(八)BPR 的"关键成功因素"

尽管业务流程重组形成了世界性的浪潮，并且有许多异常成功的案例，但是仍有超过一半的业务流程重组项目走向失败或者达不到最初设定的目标。这中间最大的三个障碍是：

(1)缺乏高层管理人员的支持和参与。

(2)不切实际的实施范围与期望。

(3)组织对变革的抗拒。正是因为这些原因，业务流程重组的"关键成功因素"(Key Success Factors，KSF)就变成一个重要的研究领域。

以下的 KSF 来源于标杆(Benchmarking)竞争，它们也有助于企业从事有效的业务流程重组。

(1)核心管理层的优先关注。

(2)企业的战略引导。

(3)可以量度的重组目标。

(4)可行的实施方法。

(5)业务流程重组是一个过程。

(6)提升业务流程的过程应得到持续的资金支持。

(7)组织为流程而定，而不是流程为组织而定。

(8)将客户与供应商纳入业务流程的重组范围。

(9)重组的一致性优先于完善性。

(九)实行 BPR 的效果与问题

"再造工程"在欧美的企业中受到了高度的重视，因而得到迅速推广，带来了显著的经济效益，涌现出大批成功的范例。1994 年的早期，由战略管理咨询公司(CSC Index)对北美和欧洲 6 000 家大公司进行了 621 家抽样问卷调查。调查的结果是：北美 497 家中 69% 的公司、欧洲 124 家中 75% 的公司已经进行了一个或多个再造项目，余下的一半公司也在考虑这样的项目。美国运通公司(American Express)通过再造，每年减少费用超过 10 亿美元。德州仪器公司的半导体部门通过再造，对集成电路的订货处理程序的周期时间减少了一半还多，改变了顾客的满意度，由最坏变为最好，并使企业获得了前所未有的收入。

在企业再造取得成功的同时，另一部分学者也在严肃地探讨其在企业实施中高失败率的原因。大家认为，企业再造理论在实施中易出现问题的原因在于：

(1)流程再造未考虑企业的总体经营战略思想。

(2)忽略作业流程之间的联结作用。

(3)未考虑经营流程的设计与管理流程的相互关系。

总体来说，企业再造理论顺应了通过变革创造企业新活力的需要，这使越来越多的学者加入到流程再造的研究中来。有些管理学者通过大量研究流程重建的实例，针对再造工程的理论缺陷，发展出一种被称为"MTP"(Manage Through Process)即流程管理的新方法，其内容是以流程为基本的控制单元，按照企业经营战略的要求，对流程的规划、设计、构造、运转及调控等所有环节实行系统管理，全面考虑各种作业流程之间的相互配置关系，以及与管理流程的适应问题。可以说，"MTP"是再造工程的扩展和深化，它使企业经营活动的所有流程实行统一指挥，综合协调。因此，作为一个新的管理理论和方法，企业再造仍在继续发展。

课后习题

一、单项选择题

1. 物流行业的主体行业是(　　)。

A. 交通运输业　　B. 储运业

C. 通运业　　D. 配送业

2. 现代物流业的主流业务形态是(　　)。

A. 代理物流　　B. 特许经营物流

C. 第三方物流　　D. 第四方物流

3. 我国大中型物流企业大都采用(　　)。

A. 物流子公司制的组织结构　　B. 功能集合型组织结构

C. 功能独立型组织结构　　D. 一体化的组织结构

二、多项选择题

1. 物流行业是由四个子行业构成的，它们是(　　)。

A. 交通运输业　　B. 储运业

C. 通运业　　D. 配送业

E. 零售商业

2. 当前我国物流企业管理的主要方法包括(　　)。

A. 经济方法　　B. 行政方法

C. 法律方法　　D. 现代化管理方法

E. 综合管理方法

3. 我国物流企业包括(　　)的企业经营形式。

A. 租赁经营　　B. 股份经营

C. 企业群松散经营　　D. 综合商社式

E. 企业集团化经营

三、问答题

1. 什么是物流产业？什么是物流企业？物流企业有哪些类型？

2. 简述我国物流企业的目标。

3. 简述我国物流企业发展模式类型。

4. 简述物流企业创新的方向和途径。

5. 简述业务流程重组的含义和程序。

四、案例分析题

九州通全力构建医药物流服务，延伸“三大模式”

九州通标识整体以阿拉伯数字“9”为记忆点。标识以代表理智、沉稳、科技、创新、效率的蓝色为主色，彰显九州通通过不断进取，提升企业执行力的决心和信心。

“+”表达了九州通专注于医药商业领域，始终为客户提供专业服务的责任心意识。“，”表达了九州通时刻保持危机意识，对融入国际、紧跟时代的追求永不停歇。

九州通医药集团股份有限公司是一家以药品、医疗器械、生物制品、保健品等产品批发、零售连锁、药品生产与研发及有关增值服务为核心业务的大型企业集团，是中国医药商业领域具有全国性网络的少数几家企业之一，已连续多年位列中国医药商业企业前列。

从 2009 年 7 月至今，九州通先后与北京大学人民医院等十几家医疗机构开展了耗材供应链管理、药房外包管理等物流延伸服务方面的合作。其中，由九州通与北京大学人民医院共建的“医院物流信息管理平台”，在优化供应商结构、降低医院库存、实现自动补货和增加流通效率等方面效果显著，实现了经济效益和社会效益的双丰收。

该平台主要体现为以下几种模式：

1. 院内统一配送耗材模式——典型案例：北京大学人民医院

(1) 合作内容

医用卫材、办公用品统一由九州通配送；医院中央零库存；实施 HPD 系统；医用卫材直接配送到科室。

(2) 合作收益

①医院中央库房面积由 200 平方米减少到 20 平方米。

②医用卫材从申领到发放时间由 7 个工作日以上缩短到 1 个工作日。

③护士长平均每天花在采购与收货上的时间减少到不到半个小时。

2. 智能化药库改造模式——典型案例：河南科技大学第一附属医院新区医院

合作内容

①建设全自动化药房(包括门诊部药房、急诊药房、住院部药房)，应用全自动发药机、全自动摆药机、全自动包药机等现代化药房设备。

②建设符合国家标准的静脉输液集中配置中心。

③建设智能化中央库房，应用电子标签、无线手持终端、自动存储货架等现代化物流设备。

④建设基于科室一级的领用管理与库存管理为基础的 HPD 系统。

⑤建设面向供应商的数据交互平台。

3. 中心药库外延模式——典型案例：北京市某医院

(1)合作内容

医院中央药库移至北京九州通的自动化立体仓库,严格采用 GSP 规范管理,使用先进的条形码技术、领先的医药仓储软件和现代拣选系统来管理医院的中央药库。

九州通帮助医院药库完成药品检验收货、在库养护、管理库存、面向医院药房和站点的领用配送工作;充分利用信息化手段,实现了双方软件的对接,由九州通提供 HPD 软件开放库存报表、药品流向与信息查询、电子单据传递与药品信息同步等工作;药品直接配送到药房。

(2)合作收益

该医院原有近 4 间库房,近 200 平方米面积用来存储药品,随着医院业务不断发展,库房面积持续紧张。药库外延后,可以做到药品实物在医院中央库存为零,切实缓解了医院库房紧张的局面。

①在库养护准确度提升。北京九州通利用现代仓储管理软件,根据批号管理出库,真正做到先进先出、老批号先出。

②库房管理人员减少。由于药库的收货、配送、日常盘点、批号效期养护等工作均由北京九州通完成,医院库管不再需要充当“搬运工”的角色,转而回到临床药学一线,让药师真正回归本职工作,服务病人。

③药房的配送准确率与配送速度得到提高。药库外延后,北京九州通可以将出库准确率提升至 99.99% 以上,并且将配送速度提升到通常情况下第二个工作日早 8 点到货、紧急情况下 1 小时到货的水平,保证了医院药品的及时供应。

④采购计划制作更加简便。以前药库采购人员需要人工对药库药品数量进行盘点后才能做采购计划。药库外延后,采购人员可以直接在管理软件中实时看到医院药库所有的库存,软件可以根据设定的上下限自动产生采购订单。

思考题

九州通医药集团股份有限公司是如何构建医药物流服务模式的?该模式产生了哪些效益?

项目二 物流企业文化

●学习目标

知识目标

掌握企业文化的概念和内涵，理解企业文化建设的程序和方法；掌握物流企业形象的概念及内涵；理解物流企业CI导入的基本内涵，掌握MI、BI和VI的基本内容和方法。

技能目标

掌握CI的导入；灵活运用MI、BI和VI的选择；具备建设物流企业文化的基本能力。

●引导案例

盛辉物流集团有限公司

盛辉物流集团有限公司创立于1992年，已成为集供应链管理、物流解决方案提供、甩挂运输、仓储配送、物流信息系统建设、金融质押、汽车服务为一体的5A级第三方物流企业，走出了一条从传统到现代、从单一到复合的创新发展之路，成为现代物流服务业发展的典范。公司坚持"安全便捷、快速准点、热情礼貌、诚实守信"的服务理念，打造一流服务品牌，和客户建立了互利共赢的合作关系，成为国内领先、值得信赖的综合物流服务供应商，蝉联福建省守合同重信用企业、获得纳税信用A级企业等美誉，"盛辉"商标获得福建省著名商标、福建省企业知名字号等

荣誉,并于2009年获得"中国驰名商标"称号。

公司以"建设现代物流,成就百年基业"为发展愿景,积极探索精益物流发展之路,在同行中率先通过ISO 9001认证、率先对运输车辆安装行车记录仪、率先开发使用ERP资源管理系统、率先引入北斗导航系统、率先使用智能调度管理系统,为对接物联网、实现智能化物流奠定了坚实的技术基础。

未来,盛辉物流集团有限公司将继续以强大的实力、良好的信誉、优质的服务为保障,继续弘扬"飞马"企业文化精神,充分发挥互联网+技术优势,与合作伙伴携手共进,继续为客户创造价值,实现新常态下的跨越式发展,为经济发展做出更大的贡献。

案例讨论

盛辉物流集团有限公司采取何种物流企业文化?这种企业文化有何优势?

任务一 企业文化

企业文化是20世纪80年代以来企业管理科学理论丛林中分化出来的一个新理论。企业文化理论发源于美国,其实践却是在日本。第二次世界大战后,作为战败国的日本满目疮痍,一片废墟。日本没有自然条件方面的优势,国土面积狭小,自然资源匮乏。当时日本既没有政治、军事优势,也没有经济、技术优势。日本企业家深刻认识到,如果要在世界强国之林占有一席之地,日本国民就只有而且必须付出更加艰辛的劳动,这不仅需要足够的物质和技术方面的支持,而且需要一种鼓舞人们艰苦奋斗的精神力量。于是,一方面,他们抓紧引进和消化吸收西方先进的科学技术和管理制度;另一方面,他们致力于研究中国传统文化,并结合日本的民族特点,融东西方文化为一体,形成一套以忠诚、孝顺、智慧为核心的价值观体系。这种价值观念经过长期的宣传、教育、灌输、渗透和优秀人物的身体力行,终于形成了以培养员工精神文化素养为核心内容的日本企业文化,使企业员工焕发出极大的积极性、创造性,企业的凝聚力得到增强,而且这种力量经久不衰,为日本第二次世界大战后的经济起飞提供了强有力的精神支柱。

进入二十世纪七八十年代,尽管美国在技术设备、经济实力、人员素质等各个方面均超过了日本,但其竞争力却很难超过日本。日本不仅在汽车、照相机、光学仪器等方面从美国手中夺走了领先地位,甚至在钢铁、家用电器、信息、通信等方面也超过了美国。这给美国企业和美国经济带来了巨大的震动。面对日本企业咄咄逼人的竞争态势和经济奇迹般的增长,美国企业界和有关学者纷纷探讨其中的奥秘。是什么力量使日本企业具有如此强大的竞争力?是什么原因使日本经济持续高速增长?20世纪70年代末80年代初,美国学术界人士在研究中逐渐意识到:日本之所以能在第二次世界大战后的一片废墟上迅速发展起来,起主导作用和关键作用的是日本培养并充分利用了自己独特的企业文化。这种企业文化使日本企业很好地顺应了社会的变化和发展,在企业内部也形成了巨大的凝聚力和极强的竞争力。美国学术界人士在对美、日两国的管理模式进行全面比较后发现,两国不同的管理模式背后是企业文化的差异,这种差异导致经济效益的差异。也就是说,日本的企业文化比美国的企业文化更能激发企业的活力和竞争力。日本企业家也承认,他们的经营之所以能够成功,正是因为把西方先进的科学技术和东方古老的儒家文化嫁接在日本企业这个根上,才能使其开花结果、发展壮大。

日本的经济成就极大地震动了美国。美国企业界和理论界纷纷对日本的企业进行研究,并与美国企业的管理思想进行对比,终于认识到:没有强大的企业文化,即价值观和信仰等,再高明的经营战略也无法获得成功。形成日本企业巨大的生产力、优异的产品质量和强劲的竞争力的,不仅有发达的科学技术、先进的机器设备等物质经济因素,还包括社会历史、文化传统、心理状态等文化背景因素。正是这诸多因素融合而成的日本企业独有的特色,造就了日本与众不同的企业精神。企业文化是企业生存的基础、发展的动力、行为的准则、成功的核心。从20世纪70年代末开始,企业文化成为风靡世界的一种新的企业管理思潮。

企业文化是指一定历史条件下,企业在生产经营和管理活动中所创造的具有本企业特色的精神财富及其物质形态。它由三个不同的部分组成:

一、企业的物质文化

企业的物质文化也称表层文化,是企业文化的最外层,也是企业深层文化的外显部分,塑造那些视之有形、闻之有声、触之有觉的文化形象。例如,外显于厂容厂貌、厂旗厂标、厂服厂歌等人们可以直接感受到的企业形象;外显于产品造型设计、包装装潢和优异性能等可使消费者与用户感觉到的产品形象;外显于职工待人接物、言谈举止、行为习惯等可使人看到的职工工作作风,等等。企业的物质文化是形成企业文化精神层和制度层的条件,直观上看,是指企业中能看得见的形象或行为方式。事实上,它所包含的内容要丰富得多。从文化的角度来看,企业的物质文化往往能折射出公司的经营思想、管理哲学、工作作风和审美意识。物质文化主要包括下述几个方面:

(1)企业名称、标志、标准字、标准色等,这是企业物质文化的集中体现。

(2)厂旗、厂歌、厂服等。

(3)企业造型及标志性建筑,包括厂区雕塑、纪念碑、纪念墙、企业英模塑像等。

(4)企业的机器设备和提供的服务产品,尤其是企业服务产品的特色、宣传以及它们能够为顾客带来什么样的利益等。

(5)企业外貌、自然环境、建筑风格、办公室和车间的设计和布置方式、绿化情况等。

(6)企业的文化、娱乐、体育及生活设施等。

(7)企业文化传播的内部网络,如企业自办的报纸、杂志、有线广播、闭路电视、内部互联网、宣传栏等。

(8)企业文化传播的外部媒介,如企业的影视广告、平面广告、户外广告牌、宣传海报、招贴等。

(9)传达企业文化的各类物品,如名片、信纸、信封、纪念品等。

二、企业的制度文化

企业的制度文化也称中层文化,是企业文化的中间层,是指企业的人际交流方式和各种典礼仪式、规章制度以及这些规章制度所遵循的理念,主要是指对企业组织和企业员工的行为产生规范性、约束性影响的部分,它集中体现了企业文化的精神层对员工和企业组织行为的要求。制度层规定了企业成员在共同的生产经营活动中应当遵守的行为准则,它主要包括以下四个方面:

(1)企业规章制度。企业规章制度是指企业中存在一些具有普遍意义的工作制度和管理制度,以及各种责任制度。

(2)企业行为规范。企业行为规范是在企业生产经营过程中有意或无意形成的,在生产经营活动中约定俗成的行为原则、标准和模式。公司的行为规范体现了公司管理者及员工在长期的管理实践中形成的基本经验,体现了某一企业区别于其他企业特有的行为方式。

(3)企业的管理方略。企业的管理方略是企业管理者在长期的管理实践中对自身管理经验进行总结与反思,形成的关于管理行为的基本原则、基本方法、手段和策略。

(4)企业风俗与礼仪。企业风俗与礼仪是指企业长期沿用、逐步形成的仪式、礼貌、习惯和娱乐活动等。

三、企业的精神文化

企业的精神文化也称深层文化,是企业文化的核心层,是在企业中形成的共同价值观念,主要是指公司的领导和员工共同信守的基本信念、价值标准、职业道德及精神风貌。精神层是企业文化的核心和灵魂,是物质层和制度层的升华,是企业文化中比较稳定的部分。它包括以下几个方面:

(1)企业愿景、使命、战略、目标。愿景就是本组织的长期愿望及未来状况,它是企业发展的蓝图,体现企业永恒的追求。企业愿景与企业使命、企业战略、企业目标有着极为密切的关系,事实上它们是同一意义的概念。使命就是本企业为实现愿景而做出的承诺,即对自身和社会发展所做出的承诺。战略是指为落实与实施愿景和使命而制定的总体方针、总体原则、总体规划和总体部署。目标是为实现使命和战略而采取的具有特定对象、衡量标准和预期结果的行动指南。

(2)企业理念、精神或意识。理念是指人的意识、思维活动和一般心理状态。理念、精神和意识是相近的概念,都是物质世界在人脑中的反映。企业理念就是人们在企业实践基础上产生的认识、观念、思想等,属于企业的意识形态。

(3)企业价值观。价值观是指企业成员对本企业及其相关的人、事、物的意义及其重要性的基本评价与共同看法,以及这种评价和看法的取向和标准。企业价值观决定了企业最需要注意和重视的事情,应为企业内所有层次的所有人们所熟知、所认同。企业价值观是不可侵犯、不可动摇的,它是企业文化的核心。一个企业有什么样的价值观,就有什么样的企业理念、精神或意识,就有什么样的企业愿景。

(4)企业风气。企业风气是指企业及其员工在生产经营活动中逐步形成的一种带有普遍

性、重复出现、相对稳定的行为心理状态,是影响整个企业生活的重要因素。企业风气是企业文化的直观表现,人们总是通过企业员工的言行举止感受到企业的风气,并通过他们体验到企业的价值观,从而进一步感受企业的文化。

(5)企业道德。企业道德是调整企业之间、员工之间关系的行为规范的总和。它是一种内在的价值观念、一种企业意识。一方面,企业道德是企业经营管理理论与实践的必然产物;另一方面,从企业经营管理活动的特点来看,企业道德又是人们在实践中求生存、求发展的主体性的强烈表现。企业道德的一般本质是一种企业意识,而它的特殊本质则表现在它区别于其他企业意识的内在特征上。

综上所述,企业文化的三个层次是紧密联系的,物质文化层是企业文化的外在表现和载体,是制度文化层和精神文化层的外在表现形式;制度文化层则约束和规范着物质文化层及精神文化层的建设,没有严格的规章制度与行为规范,企业的文化建设便无从谈起;精神文化层是形成物质文化层和制度文化层的思想基础和灵魂,是企业文化的本质所在,它是企业文化的核心。在表层结构里,资料容易收集到,但往往难以解释。例如,我们可以描述出一个群体"怎样"构造它的环境,分辨出群体成员的行为方式"是什么",但常常解释不出行为的内在逻辑,即"为什么"该群体按照这种行为方式活动。为了真正理解文化,更全面认识群体的价值观和公开行为,有必要进一步研究群体的基本假设,所以必须建设更深层次的企业文化。中间制度文化层很好地规定了表层文化和深层文化所需要的规定性和硬性。

●阅读材料

IBM公司的企业文化

美国IBM公司前总裁小托马斯·沃森讲过:"我坚定地相信,为了生存下去和取得成功,任何一个组织都必须具备一整套健全的信念,并把这些信念作为采取一切政策和措施的前提。其次,我还以为,公司取得成功的唯一的、最重要的因素便是踏实地严守这些信念。"

IBM公司的三条信念是:第一,尊重职工;第二,最佳服务;第三,追求卓越。全公司几十万人遵循这些信念,是IBM成功的关键。沃尔玛、苹果、丰田、三星,都有非常成功的企业文化建设经验。中国文化底蕴非常深厚,历史上的儒家文化、道家文化、佛教文化中的敬业爱国、义利两全、诚实守信、克勤克俭、同修仁德、厚德载物等都是企业文化的宝贵营养。新中国成立以来,企业中形成的"三老四严""铁人精神""两参一改三结合"等也成了企业文化的重要精华。

任务二 物流企业文化建设

企业文化不应是一句口号,不应是企业用来装饰门面的表面文章,也不是搞几次活动就能完成的。企业千千万万,其情况不尽相同,企业文化也没有定式,关键是联系企业实际情况建设符合企业特征、具有企业独特个性的企业文化。首先要抓住切入点，明确企业文化的内涵和外延，做到有的放矢；其次是做好深化工作，突出自己的个性，因为企业文化贵在个性，企业的生命在于独特的“魅力”个性。

在社会主义市场经济体制下，建设中国特色社会主义现代化企业文化，不仅顺应世界管理科学发展的趋势，而且也符合我国建设现代化企业和管理科学现代化的迫切需要。

一、物流企业文化建设的意义

优秀的企业文化能够突出物流企业的特色，形成企业成员共同的价值观念，而且物流企业文化具有鲜明的个性，有利于物流企业制定出与众不同的、克敌制胜的战略战术。企业战略制定以后，需要全体成员积极有效地贯彻实施，物流企业文化由于具有导向、约束、凝聚、激励及辐射等作用，可以激发员工的热情，统一企业成员的意志及愿望，使其为实现企业的目标而努力奋斗。现代企业文化建设对物流企业具有重要的意义。

二、物流企业文化建设的原则

企业文化管理是管理史上的又一大发展，是发挥人在生产经营管理中的主体作用，实现以人为管理中心的历史化进程。所以，企业文化理论的核心就是以人为中心，尊重人、信任人，把人放在企业管理的主体地位上，强调文化认同和群体意识的作用，反对单纯的强制管理，注重在汲取传统文化精华和先进管理思想的基础上，达到企业内部物质、精神、制度的最佳组合和动态平衡。企业文化建设要紧紧抓住上述核心观念开展工作。

企业文化建设的一般原则是指目标原则、价值原则、卓越原则、参与原则、成效原则、亲密原则、公平原则和环境原则等。社会主义企业文化建设的具体原则，是在中国特色社会主义理论的指导下，根据我国国情，结合企业实际情况形成的。现代物流企业文化建设必须坚持以下原则：

1. 紧密联系企业实际的原则

企业文化是一个广义的概念，而各个企业之间由于发展历史的差异，企业生产类型和经营方式的不同，又形成了各自不同的企业特点。作为根植于不同生产类型的企业文化，无不打上了本企业的烙印。所以，企业文化建设一定要从企业自身特点和实际出发，既要考虑各个企业的传统习惯和管理风格，又要考虑改革开放的时代要求，体现鲜明的国家文化和民族文化的特点，实现时代特点和企业个性的高度统一。

2. 员工主体作用的原则

企业文化建设，必须充分发挥广大员工的主体作用和主人翁地位。企业文化建设，是塑造以员工为中心的企业文化，正确处理企业与员工之间的关系，使员工对企业产生一种归属感和亲和感。同时，企业文化又是企业每个员工必须认同和遵守的行为准则，它是以企业的人际关系为基础的。如果企业人心涣散，缺乏向心力，就无法形成企业文化；正确处理好企业中人与人的关系，使他们彼此信任、理解、尊重，营造平等、团结、民主的氛围，才是塑造企业文化的关键因素。总之，企业员工是企业文化的创造者，员工的生产实践永远是企业文化的源泉。所以在建设企业文化的进程中,必须始终坚持员工主体作用的原则。

3. 重视政治文化建设的原则

目前,我国企业文化建设处于创新阶段,人们对它的认识和实践还很肤浅,因此,有识之士正在积极探索,理论界和企业界的专家、学者还在不断地研究和完善。而企业的思想政治工作则不然,它经历了半个多世纪的发展和完善,已形成一套行之有效的理论体系和经验丰富的专业队伍。长期以来的实践证明,企业思想政治工作是我国社会主义建设不可缺少的精神支柱和可靠保证。因此,我们在建设企业文化的同时,不可忽视企业政治文化建设和淡化思想政治工作。事实上,在建设社会主义企业文化中,企业文化建设与企业的思想政治工作是密切结合的有机统一体,不可将两者对立起来,而应在企业文化建设中重视政治文化建设,以保证企业文化建设的社会主义性质。

三、物流企业文化建设的程序和方法

(一)物流企业文化建设的程序

现代企业文化建设可以分为四大步骤,其具体构成如图 2-1 所示。

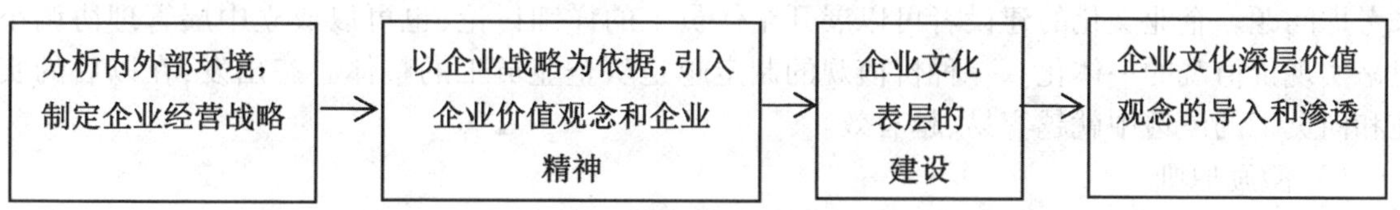

图 2-1 物流企业文化建设的程序

(1)制定企业经营战略。它是指规划企业未来一定时期内所要达到的目标及为实现目标打算采取的基本策略,包括打算进入的业务领域和在竞争中与竞争对手的相对位置等。这是企业文化系统建设的前提和基础。

(2)制定企业文化系统的核心内容,引入企业价值观念和企业精神,为企业文化建设设定基本框架和努力方向。

(3)进行企业文化表层的建设,主要指物质层和制度层的建设,从硬件设施和环境因素方面为精神层的建设做准备。

(4)向企业员工进行企业文化深层价值观念的导入和渗透。这是整个企业文化建设中最重要的部分。

(二)物流企业文化建设的方法

物流企业文化建设的方法有很多,如示范法、教育法、激励法、灌输法、感染法、引导法等。这里从整体上就上述企业文化建设的四个步骤中要注意的主要问题简述如下:

1. 分析内外部环境,制定企业经营战略

企业文化建设中应当根据企业战略来决定建设什么样的企业文化。这是因为:首先,对大多数需要制定和构筑企业文化的企业来说,他们的企业文化培育要适应企业发展战略的要求;其次,现代企业文化常常面临过时的风险。肯尼迪和迪尔在《公司文化》中指出:“一个强有力的价值系统最严厉的风险之一就是经济环境可能改变,而共享的价值观则继续以一种对组织已毫无帮助的方式在指导人们的行为。”由于这种风险的存在,现代企业应当从内部环境和外部环境分析入手,根据自己的竞争策略来确定价值观念。

尽管制定企业战略时也要结合现有的文化观念来进行,但从总体来说,应当先确定企业的经营战略,然后选择并塑造企业价值观念体系。

2. 企业价值观念的提炼

合理和有效的文化内核一般不会自发地产生,必须进行审慎的选择。在这个过程中,必须注意以下基本原则:

(1)从实际出发的原则

现代企业形形色色,从地区性公司到跨国集团,从单一经营到跨行业的多角化经营,从单一文化背景的员工构成到分布于世界各地的员工都有可能。企业文化价值观体系要结合自身的性质、规模、技术特点、人员构成等因素,从企业实际出发来进行提炼。不结合本企业的特点、千篇一律的企业价值观念和企业精神没有生命力,不具备应有的价值和意义。

(2)一体化原则

企业价值观体系是为了提供一种对员工进行更好的协调和约束的软管理手段。因此必须从企业整体利益的角度来考虑问题,更好地融合全体员工的行为,而不是仅从个别部门的利益来考虑问题。企业文化的建设者可以展开全体员工的详细讨论,也可以成立中层管理协调小组来实现价值观的一体化。一种价值观的制定越是从企业员工的整体心态出发,在以后的实施和向员工的渗透中就越容易、越有效。

(3)激励原则

要实现企业文化的激励功能,价值观体系的设计就要符合激励原则。优秀的价值观凝聚着职工的理想和信念,体现着本企业发展的方向和目标,是鼓励企业员工努力工作的精神力量。

(4)社会责任原则

现代企业作为国民经济的细胞,是社会的一个单元。现代企业已经逐步在摒弃传统的只追求利润最大化的目标,而将实现社会发展作为自己的任务,这表现在不少企业已经从营销观念转变为社会营销观念。这就要求企业价值观体系也能体现社会责任感。

3. 企业文化显性层的建设

企业价值观体系确定以后,就树立了具体的企业文化。这包括显性层和隐性层两方面的建设。前者主要指物质层和制度层,后者主要指精神层。精神层的深入和确立,相对显性层的建设来说,是一个长得多的过程,因此在企业文化建设的过程中,一般把显性层的建设放在隐性层前面,但事实上两者可能是同时进行的。

企业文化显性层的建设与一般的管理活动并无多大差别,都着眼于硬件的管理,因而相对来说较为简单。它包括制定相应的规章制度、行为准则,设计公司旗帜、徽章,建造一定的硬件设施(如文娱体育场所、职工教育中心等)。显性层能够为隐性层的建设提供物质上的保证,所以必须认真地规划和组织建设,以便更好地实现对员工价值观念的培育。

(三)企业文化核心观念在全体员工中的培育

强企业文化的实质就是员工心中的强价值观念。由于人自身的复杂性,人们观念的转变通常要花费较长的时间。

首先是对员工的甄选和在职教育。对员工的影响其实从招聘时就开始了。企业可以在选择员工的时候就以自身的价值观来衡量候选人,选择与之相符合的人,从而能够使他们更好地融合到企业中来,为今后的价值观灌输提供方便。同样,个人在企业中的升迁途径也有助于价值观的确立,企业能通过升迁过程中的倾向性来暗示价值观念。如果公司的高层领导大多是从市场部升迁上来的,那么以市场为导向的观念就很容易得到强化和巩固,容易为职工所接受。

此外,对员工的宣传和教育也是建设企业文化的有效手段。通过对员工招聘时的筛选和对在职员工进行培训和教育,能够从事前和事后两个方面来树立企业文化价值体系。但仅做到这些还是不够的,企业生产经营的连续性使得员工不可能经常性地集中起来进行系统的学习和教育,所以还必须考虑用渗透于日常行为中的方法来强化职工的文化价值观。

(四)模范人物的作用

如果说价值观是企业文化的灵魂,那么模范人物就是价值观的人格化,并集中体现了企业的力量所在,他们是强文化中的中枢形象。企业可以通过树立典型人物向员工传达企业文化价值观念。典型人物是振奋人心、鼓舞士气的因素,他们的一言一行、一举一动都体现了企业的价值观念。他们也许不担任高级职务,但他们德高望重,备受人们的尊敬。可以说,典型人物是企业文化的象征者。一方面,典型人物能够通过自己的行为为企业员工提供样板,告诉大家成功是可望和可及的;另一方面,典型人物在企业内的影响可能会持续相当长的一段时间,因而对于长期的企业文化建设具有尤为重要的意义。

(五)礼节和仪式的安排

礼节和仪式是可以把企业生活中发生的一些事情戏剧化的活动,有潜移默化地宣传企业价值观的作用。企业文化为员工创造了工作的价值观,而抽象的价值观往往要通过礼节和仪式的体现变为有影响的、可见的、可遵循的东西。礼节和仪式能够使文化观念变得活泼可见,可以直接体会,加深员工对文化观念的理解。

礼节和仪式包括工作仪式、管理仪式(包括各种企业会议)、庆典和奖励仪式、社会交往仪式,甚至各种聚会、游玩和文娱活动也可以当作特殊的礼节和仪式。这些特殊的仪式可以通过在正常工作以外的场合使员工获得沟通,实现更好的融合。

(六)文化网络建设

文化网络是一种强化企业价值观念的有效工具。在企业组织中,信息的传递渠道通常可以分为两种:正式渠道和非正式渠道。前者主要通过正规的群体,即企业中的正式团体,在正式团体之间进行传播,其内容大多是官方信息。而后者通过一些消息灵通人士、小道消息传播者,以及一些非正式的领导进行传播,其传播内容主要是一些非官方的内容。所谓文化网络,就是指信息传递的非正式渠道。非正式渠道在任何组织中都与正式渠道一起存在,因而文化网络的作用不可低估。

文化网络中的信息传播有以下特点:一是传播的信息往往是与职工利益密切相关或是企业的重大事件,而那些员工不感兴趣的信息则会被自动筛选出去;二是这些信息往往直接影响员工的工作积极性和互相间的协调。

四、物流企业文化创新

企业文化是塑造非正式的人际关系与企业和谐气氛的主要动力,而且企业文化和现代企业管理密不可分。因此,企业文化创新和现代物流企业的发展息息相关。

(一)塑造一流的企业家

企业文化创新的关键是企业家素质的创新。企业家是企业人格化的象征,在企业组织的经营管理活动中处于最高地位。企业文化是建立在企业家个人对企业整体的特征、价值、形象的理解和认识基础上的,反映企业家在整个企业经营活动中的价值观念、工作准则及对事业的追求。成功的企业首先必须先有优秀的企业家,然后才能有优秀的企业文化。企业家可以通过自己的职权,把确定的经营哲学传递给企业员工,通过宣传教育使员工对企业文化有明确统一的认识。企业家通过自身良好的形象,在员工中产生模范效应,促进企业活动的开展。卓越的企业家以自己高尚的人格力量塑造卓越的企业文化。企业家对企业内各类非正式组织加以引导,使之产生一种健康向上的企业文化,并与本企业的目标相一致,形成更大的向心力。

为此,物流企业在企业文化创新中,首先要塑造具有良好的思想素质、身体素质、心理素质、能力素质和知识素质的一流企业家。

(二)塑造一流的企业团队

团队是指以互助互利、团结一致为统一目标而坚持奋斗到底的一群人。团队能将个人利益、局部利益和整体利益相统一,从而实现组织的高效运作。所以,组织的领导者应该利用不同的风格、采取正确的策略来有意识地建设团队。

(三)塑造一流的企业形象

企业形象是指企业在社会公众心目中的总体看法、印象和评价。通过企业文化建设,达到优化企业形象的目的,是企业的一项重要任务,也是现代企业经营管理的重要组成部分。在市场竞争激烈的情况下,消费者往往愿意接受有良好企业形象的企业产品和服务,优秀的企业文化能给消费者一种安全感和依赖感,这就是建设企业文化的意义所在。

任务三 物流企业形象

一、物流企业形象

物流企业形象 CI 的原意是 Corporate Identity,被翻译为企业形象战略、企业形象计划、企

业形象设计等,也称为CI战略、CI计划、CI设计等。CI是一个庞大的体系,由理念识别(Mind Identity,MI)、行为识别(Behaviour Identity,BI)和视觉识别(Visual Identity,VI)构成。

(一)物流企业的理念识别(MI)

1.物流企业应建立以顾客为中心的理念

物流是服务业的一个重要组成部分。物流企业的经营,既包括商品实体的管理,又包括物流服务的提供,应该以顾客(市场)需求为出发点,在满足顾客需求的同时,通过自身在其他方面的积极努力,创造市场需求、引导市场发育,促进有关商品流通经营的一切业务活动。物流企业导入形象设计战略,首先必须建立以顾客为导向或者以顾客为中心的企业理念,只有摆正企业与顾客这一关系,并在这一基础上策划设计出正确的企业理念,才会得到社会公众(顾客)的认同、理解和支持,才能为企业形象的塑造打下坚实的基础。

2.物流企业的理念识别的主要内容

理念识别是企业识别系统的核心。它不仅是企业经营的宗旨与方针,也是一种鲜明的文化价值观。它对外是企业识别的尺度,对内是企业内在的凝聚力。

物流企业理念识别大体上可以从企业使命、经营哲学、行为准则及活动领域四个因素入手。

(1)企业使命

企业使命就是企业由于社会责任、义务所承担或由企业自身发展所规定的任务。企业使命是构成企业理念识别最基本的出发点,也是企业行动的原动力。企业只有树立明确的使命感,才能满足企业成员自我实现的需求,持续地激发他们的创造热情,才能赢得公众更普遍、更持久的支持、理解和信赖。

对于企业而言,使命包括了两层含义:一是物质性和功利性。因为任何一个企业为了自身的存在和发展,必然要以实现经济效益为目的,把追求最大限度的利润作为最基本的使命之一。二是企业对社会的责任。企业是社会的细胞,它必然要负担社会赋予它的使命,为社会的繁荣与发展完成它应尽的义务。

(2)经营哲学

经营哲学是依据什么样的思想来经营企业的基本政策和价值观。"怎样做"是企业的经营哲学,是企业内部的人际交往和企业对外的经营活动中所奉行的价值标准和指导原则。具体包括:①企业价值观。它是企业及员工对其行为意义的认识体系。它决定着企业和员工的行为取向和判断标准,可以调动员工的上进心和荣誉感,促使员工达到思想和行为的统一。②企业精神。它以经营哲学为指导,建立在共同价值观、共同理想和信念的基础之上,是企业的干部职工共同认同和接受的一种群体意识。③经营方针。它是企业经营的最高原则,给企业经营指出了大方向。④经营方向。它是指企业要根据自身条件选定目标市场,再根据目标市场的要求及其变化,经营适销对路的产品,以满足消费者的需求。⑤经营战略。它是指企业根据自身内部条件和外部环境确定的经营宗旨和实现远近期目标的谋划和纲领,以及实现经营目标的途径。

(3)行为准则

行为准则是理念识别系统的重要因素。如果说企业使命是企业的"为什么",企业经营哲学、经营思想是企业的"怎样做",那么员工行为准则就是企业的"让员工如何做"。行为准则是指企业内部员工应该怎样活动,表达了员工应当具备的基本心理和活动状态,是企业内部员工涉及企业经营活动的一系列行为标准,它体现了企业对员工的具体要求。具体讲,它包括服务公约、劳动纪律、工作守则、行为规范、操作规程、考勤制度、管理实施案例或细则等。

(4)活动领域

活动领域是指企业应在何种技术范围内或者在何种行业领域中开展活动。企业使命、经营哲学、行为准则属于企业理论范畴,具体的实施、体现需要在一定的活动领域内完成。

综上所述,企业使命是企业的经营宗旨和最高原则;企业使命决定企业的经营哲学、经营方针、经营战略,经营哲学、经营方针、经营战略又决定了企业的行为准则;而企业的经营管理活动又需要在一个特定的场所和领域中开展。所以,它们之间环环相扣、密不可分。

3. 物流企业理念的基本要求

(1)简洁明了

企业理念是用来反映企业使命、经营哲学、行为准则、活动领域的,因此它必须简洁明了。对于不同类型的企业,必须根据企业的实际,用精练简洁的语言进行表述。

(2)通俗易懂

企业理念是灵魂,起统率作用,是用来指导操作的,所以不应长篇大论,必须通俗易懂,其蕴含的意思让人一看便知。

(3)意蕴丰富、内容深刻

意蕴丰富、内容深刻,就是要以最少的语言传达最多的信息,做到言简意赅,这也是企业使命、哲学观、价值观和企业精神的凝聚点,是企业思想精华的集中体现。

(二)物流企业的行为识别(BI)

当物流企业以顾客满意为中心的理念确定后,就要通过各种传播媒介、运用各种传播方式和手段把信息传递出去,使社会公众认识、了解物流企业,对物流企业产生认同感,从而逐步在公众心目中树立起物流企业的良好形象。

1. 物流企业对内行为识别

企业内部的组织传播,是将已经确立的 CI 理念普及、推广,是企业内部员工从知识的接受、情感的内化到行为的贯彻。物流企业通过内部通信、公告栏、板报、标语、广播、简报、闭路电视、企业报、网站等对员工进行教育传播,逐步建立企业的行为识别系统。

2. 物流企业对外活动识别

物流企业对外活动识别是对内行为识别的延伸和扩展。如果说对内行为识别主要是企业组织内部公众的行为表现,那么对外活动识别则更多的是以外部公众作为活动对象。通过社会活动识别,可以使更多的人认识、了解企业,对企业产生好感和信赖,从而达到树立企业良好形象的目的。物流企业必须借助广播、电视、报纸、杂志等新闻媒介传播自己的企业文化,维护消费者的利益,并适时进行社会公益事业,树立良好的公众形象。

(三)物流企业的视觉识别(VI)

视觉识别是将企业理念与价值观通过静态的具体化的视觉传播形式,有组织、有计划地传递给社会,树立企业统一性的识别形象。

1. 物流企业建筑、环境的识别设计

物流企业建筑、环境是企业形象重要的传达媒体之一。企业建筑、环境主要是指物流企业的经营场所,包括企业建筑物的内部装修、外部形象和环境设施等。将物流企业基本识别要素在建筑内外环境中进行设计,发挥它们的视觉传播和识别功能,创造良好的环境识别效果,向企业的员工和社会公众传达企业的信息,以优良的视觉环境创造优美的和富有个性风格的企业形象。

(1)物流企业招牌、旗帜和标志的识别设计

招牌、旗帜和标志是物流企业信息传播的重要媒体之一。它们不仅有指示和引导功能,还具有很强的识别性,是企业的象征。顾客对企业的认知,往往是从接触企业招牌、旗帜和标志开始的。这种媒体简便易行,是传播企业信息、扩大企业知名度、美化企业和社会环境的重要手段。

设计时要求其内容简洁、鲜明突出,有较好的可视性和明视度;要重点突出企业的名称、标志标准字、标准图形、标准色等视觉要素;要与建筑环境协调统一并相对突出,在体现指引功能的同时,取得社会公众的好感,建立优美的企业形象;不仅要求使用耐久、防水的坚实材料,注意安全性和环保性,同时还要考虑全天候的视觉识别效果。

(2)企业名称的促销功能

俗话说:"名字取得好,生意自然好。"如果名字取得好,一个物流企业就可以产生一种魅力,可以取得意想不到的效果。企业的名称是企业外观形象的重要组成部分,是人们经常要记忆并且能给人以突出印象的一种代码,是视觉设计首先要考虑的问题。

物流企业名称必须具有独创性和识别性,要有个性、有特色,要独树一帜,只有独特才能给人留下印象,才能使人容易识别;物流企业名称要与企业理念识别、行为识别相统一,符合和反映企业理念识别的内容,体现出企业的服务宗旨;视觉设计中的企业名称必须具有较强的传达力,企业名称要响亮,读起来易于上口且具有真实性和时代特点。

(3)别具一格的企业标志设计

企业标志是指那些造型简单、意义明确,又能代表企业形象、特征、信誉、文化的一种特定的视觉信号,是用于标识企业的一种文字、图案或图文的结合体。就物流企业形象设计而言,企业标志是视觉识别设计与传达的主角,是客户心目中对企业认知、认同的代表物。它的作用是将企业的经营理念、经营内容、企业文化等要素传递给社会公众,使他们识别并认同。好的企业标志,不仅能在对外传播上塑造优秀的企业形象,对内部员工也是一种内在精神和凝聚力的象征。

企业标志设计应新颖独特,易于识别;寓意准确,名实相符;简洁鲜明,通俗易记;造型优美精致,符合美学设计;既符合时代精神,又体现民族风格。

(4)独特新颖的标准字设计

物流企业选好一个名字,应当依照标准字体加以设计。标准字是企业识别系统中的基本视觉要素之一,它将企业的规模、性质、经营理念、精神文化通过具有可读性、说明性、鲜明性、独特性的组合字体,在企业的各种媒体上进行传播,以达到识别的目的,它的重要性绝不亚于企业标志。文字可直接将企业、品牌、名称、广告语传达出来,使视觉、听觉同步,强化了企业形象和品牌形象的诉求力。和企业标志一样,标准字也应具有识别性、易读性、造型性、延展性、

系统性的特点。

(5)搭配得当的标准色设计

物流企业标准色设计是视觉识别设计的重要内容,能否设计出恰到好处的标准色,有时影响到企业的发展。企业标准色是指企业指定某一特定的色彩或一组色彩系统,运用在企业视觉传达设计的媒体上,通过色彩的视觉传达刺激心理反应,以表现企业的经营理念、组织结构和经营内容等特质。

企业标准色的设计必须与企业理念相一致,必须突出企业的个性和风格,必须与客户的心理相吻合。

2. 物流工具设计

物流工具设计是物流企业布置的重要组成部分,和企业的建筑外观应构成一个整体形象。因此,物流工具设计要与外观形象相协调、与外观风格相一致,这是物流工具设计布置的第一要诀。

物流是以经营商品储运为主体,通过存储、运输、配送、装卸和物流加工等工艺和作业布置、设备安装并配合色彩、灯光、文字说明,向顾客展示物流的硬件条件。在市场经济活动中,物流工具设计既是广告信息传播的重要形式,也是美化物流环境的重要手段。一个构思新颖、主题鲜明、风格独特、装饰美观、色彩和谐的物流工具设计,不但与物流企业建筑结构和内外环境构成意境生动的立体画页,而且给社会公众以强烈的视觉冲击和审美享受,从而起到美化企业形象的作用。

二、CI与企业文化的联系

(一)内容的联系

从内容上看,CI可分为企业理念识别系统(MI)、企业行为识别系统(BI)和企业视觉识别系统(VI)三个部分。企业文化也可以由表及里地分为三个层次,即表层文化、中层制度文化和深层精神文化。

1. MI与企业精神文化

完整的企业识别系统的建立,首先必须依赖企业理念的确定。企业理念是CI系统操作的原动力和实施的基石。而企业精神文化在企业文化系统中也起着核心作用,它主导并决定着企业的制度文化和物质文化的变化和发展方向。企业精神文化是一股无形的力量,能对企业员工的精神面貌产生持久的作用,并通过制度文化的渠道对企业员工的行为产生影响,以此来促进企业物质文化的发展。

2. BI与企业制度文化

企业行为识别系统(BI)是CI的第二个构成要素。企业文化中的制度文化是指企业在生产经营活动过程中所形成的,与企业精神、价值观念等精神文化相适应的制度和组织机构,从一些成功的CI范例中可以看到,“行为识别”都是以一些企业制度作为保证的。

3. VI与企业物质文化

企业视觉识别系统(VI)是视觉信息传递的各种形式的统一。视觉识别与企业物质文化也有许多联系。首先是产品。企业文化视野中的产品,不仅有使用价值,还有文化价值。产品上要有企业的标志、商标,而这些既是视觉识别的一部分,也是企业文化价值的创造。其次是企业容貌。企业容貌是企业文化的象征,它既是物质文化的一部分,也是视觉识别系统中体现企业个性化的标志。

(二)核心的联系

CI 和企业文化尽管各自都由不同的要素组成,但是它们的核心是一致的,那就是企业价值观。企业价值观是一个企业对与其活动及有关的事物和行为根本性的评价和看法。它是以企业为主体的价值观,是企业全体员工共同享有的价值观。企业价值观在 CI 和企业文化中的核心地位,是由它对企业发展的作用和它与其他因素的关系决定的。

1. CI 和企业价值观

企业识别系统的本质是建立和显示自己区别于其他企业的独特个性。一个企业之所以区别于另一个企业,最主要的是企业价值观。企业价值观从本质上反映了企业的特点与个性,使企业有了特殊的思维方式和行为方式,因而显示了自己独特的风格和面貌。在 CI 中,企业理念是原动力,行为识别与视觉识别都必须以企业理念为指导,并融入其中。而决定企业理念的就是企业价值观。企业理念是企业价值观在经营指导思想方面的反映。

2. 企业文化和企业价值观

首先,企业价值观是企业中占主导地位的管理意识。它是企业生存的思想基础,也是企业发展的精神指南。其次,从企业文化的结构内容上看,企业价值观也是企业文化的核心。它与企业精神文化中的企业经营哲学、企业宗旨、企业伦理道德、企业风尚和企业精神等要素之间存在一种决定与被决定的关系,它在诸要素中处于指导和支配的地位。因此,企业价值观是企业精神的本质。

三、CI 与企业文化的区别

CI 与企业文化虽然有很多内在联系,但两者之间也存在区别,主要表现在以下三个方面:

(一)范畴不同

CI 作为一种塑造企业形象的策略,虽然与企业广告、公共关系等不同,是一种战略性系统工程,需要长期规划、逐步实施,但是它仍旧具有很强的操作性。所以,CI 属于管理实践的范畴。而企业文化是从一个全新的文化角度来思考和分析企业这一经济组织的运行,为企业经济行为注入文化的活力,从组织文化角度把企业管理从技术上升为艺术,从经济层面上升为文化层面。可以说,企业文化使管理思想的发展产生了一场“革命”。企业文化强调管理的文化层面,重视企业价值观等企业精神力量所形成的文化优势,对企业管理有极大的指导作用,它属于管理理论的范畴。

(二)功能各异

CI 的功能是识别传播。CI 的识别功能就是 CI 能够使企业将自己的理念,经由本身的行为和态度,透过整体的视觉设计,表现于可见的、具体的硬件上,借由视觉设计组织化、系统化的传达特点,起到识别企业、介绍企业及其产品的作用。传播功能是指 BI 的动态传播和 VI 的静态传播,即通过企业员工和企业行为向外界传播企业理念、企业风格等经营信息。同时,通过众多的、统一的、具体化的 VI 基本要素和应用要素,向企业内外传播企业的经营理念和个性。CI 的识别功能和传播功能尽管也对本企业内部员工起作用,但主要是针对外界广大消费者及社会公众的,因为 CI 的目的就是发挥独特的识别和传播功能,塑造企业的良好形象,使社会公众及消费者对企业产生一致的认同感和价值观,从而给企业带来更好的经营业绩。

企业文化的功能则不同。尽管企业文化也有对社会的辐射功能,但其主要是对企业内部员工的导向和规范功能。因为企业文化就是通过以企业价值观为核心的文化意识观念,说服、感染、引导、约束企业员工,从根本上调动员工的工作积极性和创造性,以提高企业运转的整体效果。

(三)实施有别

CI 与企业文化都是具有战略性的系统工程,然而两者在实施上差别较大。CI 有比较严格的条件限制,并不是所有企业都有必要和有能力去实施的。CI 强调全面导入、一次性投入。CI 中的三个子系统都必须严格按照统一的标准进行设计和控制,特别是 VI,它除了企业标志等基本要素外,还有一系列的应用要素,而且一经决定,就不能随意改变。因此要求实施 CI 的企业,其经营理念、产品和业务范围等必须相对稳定。另外, 由于 CI 涉及企业所有的形象要素,如果部分实施、分段实施或中间导入,均会给设计、控制和管理带来困难。

而企业文化则不同。无论什么性质的企业,无论其规模大小、历史长短,都普遍存在各自的企业文化。企业文化强调的就是以现代的企业价值观为核心来改造原有的企业文化。因此,企业文化建设也可以叫作企业文化重塑,就是让所有的企业有意识地、自觉地构建起优秀的企业文化。优秀企业文化的重塑,主要是依靠企业领导人的表率作用和不断倡导,靠企业采用各种文化仪式不断进行宣传教育。企业文化致力于调动人的精神力量,所需资金投入较少,甚至可以白手起家。显然,这与实施 CI 是不同的。

总之,CI 和企业文化的实施,无论在必要性上还是在可能性上,都是有区别的。

四、物流企业 CI 的导入

现代社会的市场竞争已经越来越激烈,物流企业也越来越认识到,要使企业立于不败之地,不仅需要先进的技术和高质量的产品,更需要一种该企业所独有的文化特征。企业作为一个组织,将自己的这种文化特征作为一种信息传递给员工、消费者及所在地区的居民,会促使他们形成对该企业的印象和评价,物流企业的形象也因此得以树立。

物流企业导入 CI,正是为了对所有宣传企业存在的媒体求得视觉传达的统一,并有效利用注册商标、企业标准字、企业标准色等要素,对广告宣传、产品包装以及物流企业的建筑物、车辆、信笺、票据等加以统一设计,由此树立企业的统一形象,从而使人们明确意识到该企业的存在。

一般来说,物流企业导入 CI 计划分为四个步骤:

1. 提出设想,研究物流企业的现状

该步骤包括两个阶段:基本设想阶段和把握现状阶段。基本设想大致由物流企业领导或员工们的建议而产生,CI 成功的关键不是设想的形式,而是动机的强弱,因此,由谁提出设想是十分重要的;把握现状阶段的工作是为了促使 CI 成功而进行的事先调查研究,调查时间大多在六个月以内,也有耗时两年的,但无论时间长短,都必须要达到把握物流企业现状的目的。

2. 确立 MI 计划,实施 BI 计划

该步骤包括三个阶段:组建 CI 委员会阶段、计划立案阶段、向员工传播企业理念阶段。组成 CI 委员会的人数随具体单位和工作进程而异,一般为 4 ~ 10 人;计划立案首先要明确制定评价企业状态的基准,包括物流企业的知名度、在人们心目中的记忆程序、可信赖性、一般的评价程序、印象好坏等;向员工传播物流企业理念是为了鼓励员工同心同德地为实现企业理念而工作,一般将物流企业理念概括成口号或谱成歌曲,使之通俗易懂,易于传播。

3. 确认 VI 计划

该步骤包括六个阶段:设计调查、委托设计、筛选、确定最终方案、细节加工及 CI 手册编辑阶段。设计调查的目的是向开拓新的企业视觉系统提供各种依据,与把握现阶段的调查有所不同,设计调查的内容更实际、更具体;委托设计及目标形象确定之后,就可以进入标志等的设计制作阶段,接下来的工作应该做好设计制作的委托准备。一般来说,委托设计单位设计是最好的办法,因为设计单位可以组织很多的设计人员来参加设计,提出多种有特色的方案;筛选阶段的工作是对众多设计方案依据既定的设计目标进行筛选;确定最终方案是从大量方案中筛选出几个方案后,由最高领导进行最终决定,但应防止由领导主观武断和主观片面性带来的误判;细节加工阶段是对最终确定的方案进行设计细节的加工;CI 手册编辑阶段则是将最终方案和各种物品的设计应用规则汇总成 CI 手册,CI 手册表达的内容必须通俗易懂,不让人产生误解。

4. 对外宣传、全面启动

该步骤包括两个阶段:发布阶段和全面实施阶段。发布阶段一般选择在物流企业的创立之日等纪念日,同时要考虑对外的新闻性等因素;全面实施阶段是按照原先制订的计划,分阶段实施有关步骤,并将在实施过程中发生的具体情况及时向企业决策人及 CI 计划委员会汇报,以便调整有关的策略和做法。

五、物流企业 CI 的发表与传播

物流企业在发表 CI 时必须认真考虑发表的时机、对象、手段。CI 的发表时机对公司具有重大影响。有的在 CI 确定后发表,有的在 CI 实施过程中或完成后发表。这些都可根据公司的具体情况而定,但一定要选择好时机,否则将可能导致 CI 失效。CI 发表的对象包括对公司内部发表和对外界发表。

内部发表顺序为先内后外、先外后内、同时发表。这三种都各有效果,可根据具体情况而定。

对外发表有利于激发员工的热情,强化员工的决心,使员工自觉地执行各项计划。对外发表的主要内容包括:公司实施 CI 的进展、CI 的意义以及实施 CI 的原因、公司员工与 CI 的关联

和必要的心理准备、实施 CI 的过程(说明新的企业理念、新标志)等。

对外发表可表明公司的决心和改变旧形象的意图,同时也会使内部员工感到自豪。对外发表要确定对外发表的意义、方针、媒体、手段等计划。

CI 发表的手段主要包括广告媒体和有关的策划活动两种形式。

物流企业形象传播包括 VI 设计的应用和企业理念的传播。VI 设计的应用主要是将 VI 设计的基本因素,如企业标志、企业标准字、企业标准色、企业造型、企业图案等运用于企业视觉系统,如徽章、识别证、名片、信封、信纸、建筑物内外装饰、广告招牌、交通工具、包装用品、员工制服、出版物及大众传播识别等。企业理念的传播主要是通过企业口号、企业歌曲以及企业文化等形态在企业内部、外部以宣传教育、公共关系活动、企业形象广告、社区活动、公益活动等方式进行。

课后习题

一、单项选择题

1. 物流企业的表层文化与(　　)系统相统一。

A. 理念识别　　B. 行为识别

C. 视觉识别　　D. 文化识别

2. (　　)是指企业的人际交流方式和各种仪式、规章制度以及这些规章制度所遵循的理念。

A. 表层文化　　B. 制度文化

C. 精神文化

3. 视觉识别的英文符号是(　　)。

A. MI　　B. BI

C. VI

二、多项选择题

1. 企业文化的精神层面包括(　　)。

A. 企业愿景　　B. 企业理念

C. 企业价值观　　D. 企业风气

E. 企业道德

2. 企业价值观念的提炼需要遵循的原则包括(　　)。

A. 从实际出发　　B. 一体化

C. 激励　　D. 体现社会责任

E. 使命

3. 物流企业理念识别可以从(　　)因素入手。

A. 物流企业使命　　B. 经营哲学

C. 行为准则　　D. 价值观

E. 活动领域

三、问答题

1. 物流企业文化建设的意义是什么?

2. 简述物流企业文化建设的程序。

3. 物流企业导入 CI 计划分为几个步骤?

四、案例分析题

长青法则，基业常青之道

——广东德邦物流有限公司企业文化管理

德邦物流的企业文化,我们称其为“德邦长青法则”,它是德邦人所共享并遵循的使命、愿景、核心价值观等企业文化核心的总和。它明确企业的目标、规范并指导企业的行为,最大限度地激发员工的聪明才智,共创德邦物流的长青基业。

经过十余年的发展,德邦物流从一个小的门头发展为网点遍布全国、正在迅速扩张的大型企业。其文化历程也随着企业的发展大致分为三个阶段,即萌芽、雏形和成长阶段。在这三个文化发展阶段,分别形成了以下的特色文化基因:

1. 第一阶段:文化萌芽阶段

这一时期德邦物流表现出的文化特征是灵活求变,员工具有强烈的创业激情和进取心。在该阶段,“创新、拼搏、奉献、激情、进取”文化开始萌芽。

2. 第二阶段:文化雏形阶段

这一阶段德邦物流传承了萌芽阶段的文化核心因子“创新、拼搏、奉献、激情、进取”,表现出的文化特征是注重员工的能力提升和发展、严格管理、规范控制等。员工进一步增强了创新意识、进取意识。

该阶段“服务、规范、人本管理、目标管理”的文化开始形成,“创新、拼搏、奉献、激情、进取”文化因子得到继承,德邦物流的文化初现雏形。

3. 第三阶段:文化成长阶段

这一时期德邦物流继承了文化雏形阶段的文化核心因子“服务、规范、人本管理、目标管理”,表现出的文化特征是进一步的规范和控制、精细管理、有诺必践、旨求长远,同时规范意识、服务意识、人本意识进一步增强。

该阶段“诚信、精细、客户导向、长远发展视角”的文化形成,“服务、规范、人本管理、目标管理、创新、拼搏、奉献、激情、进取”的文化因子得到提升。

德邦物流股份有限公司董事长兼总经理崔维星十分重视企业文化的发展,邀请北京同心动力企业管理顾问有限公司重新提炼公司企业文化。

北京同心动力企业管理顾问有限公司通过对德邦物流的历史文化基因、员工的敬业程度、文化核心的认知度和认同度、现状文化类型、期望文化类型、主要管理问题对文化的需求、外部客户对文化的需求、竞争环境和战略对文化的需求等进行综合分析,初步将德邦文化的内涵命名为“德邦长青法则”,并提出以下文化体系的核心内容:

1. 企业使命:为中国提速

其内涵有四:

为客户:以优质服务体现客户的购买价值;更重要的是,要利用特色服务项目和先进信息技术,在物流的运作过程中帮助客户创造、提升货物的有形价值与无形价值。

为员工:创造坚实的员工职业发展平台和广阔的发展空间,营造和谐的工作氛围和简单的人际关系,让大家舒心工作。

为股东:让股东的资本持续增值,实现股东的长远利益。

为社会:德邦物流立志成为更为卓越的企业公民,承担更多的企业公民责任,以此为中国物流发展和经济发展提速。

2. 企业愿景:成为中国人首选的国内物流运营商

对企业愿景,德邦物流做了以下描绘:

在国内物流行业成为中国人的首选。在陆运和空运领域里,德邦成为物流的代名词。在中国人心中,德邦物流是国内物流行业最值得信赖的品牌。

企业拥有国内最杰出的物流人才队伍,德邦物流真正成为培养物流人才的"黄埔军校"。

企业的网点遍布全国各省市,并逐步向地、县级地区发展,发挥出集团网络专线的巨大优势,利润持续、稳健增长,股东收益不断提高。

物流技术以信息化和网络化为核心,为客户提供更加便利、更加丰富的服务。

优秀的企业文化、专业的管理团队、集团化运作网络以及信息化的技术,形成了企业强大的竞争优势。

企业的员工都以成为德邦人而备感自豪。

3. 价值观:

成就客户——竭尽所能满足目标客户。

卓越运作——没有好的运作,一切都是白费。

创新发展——要做创新的人,不做教条的猪。

长远视角——30 年后成功才算成功。

激情进取——绝不被淘汰。

在文化体系中,北京同心动力企业管理顾问有限公司项目组对德邦物流以往的文化进行了去粗取精的工作。以下的话语在德邦员工中广为流传,并在工作中身体力行,因而作为该公司的警示语被保存了下来:

人品出问题,一切都是多余的。

思路决定出路,成功者找方法,失败者找理由。

德邦的企业文化管理工作还有很长的路要走。与同行业其他物流企业相比较,德邦物流具有较高的员工敬业度和良好的工作环境,基础管理比较细致,我们有理由相信德邦物流的未来之路会更加光明。

思考题

1. 德邦物流为什么要建立"长青法则"企业文化?
2. "长青法则"对德邦物流企业的发展有什么作用?

项目三 物流企业战略管理

●学习目标

知识目标

掌握物流企业战略的概念、目标和构成要素，了解现代物流企业可选择的企业发展战略；掌握物流企业战略外部环境分析和内部环境分析；理解物流企业战略规划的概念、特征和制定过程，掌握物流企业战略的类型；掌握物流企业经营决策概念、决策类型、决策步骤及决策方法。

技能目标

能够运用物流环境分析工具对环境进行分析，并确定相应的战略；能遵循决策步骤进行决策；能运用经营决策方法进行决策。

●引导案例

济南汽运总公司

济南汽运总公司作为山东省经贸委指定的“优化企业物流管理试点单位”，近年来遵循物流业的发展规律，不断追踪业界新动态，在基础设施建设、网络建设、信息管理等方面都取得了长足的进步与发展，并以规范的管理、优质的服务赢得了众多大客户的青睐。

在确定发展物流战略之前，济南汽运总公司还在为日益萎缩的货运市场愁眉不展。为了探求新的发展道路，济南汽运总公司较早地接触并引进了物流经营管理理念。在南开大学物流专家组对公司进行了全面的系统调研之后，双方共同研究制定了《济运物流发展战略研究报告》，完全突破了“以货物位移为主”的传统货运经营思路的束缚，提出了以代理为龙头、以网络为基础、以场站为依托、以运力为配套、以多种方式联运为方向，向现代物流企业发展的指导思想。与此同时，公司加快了物流经营的基础设施建设。

济南汽运总公司通过承运山东松下影像产业有限公司的产品，结识了松下物流公司（松下株式会社的专业物流子公司），并以优质的服务给对方留下了深刻的印象。在与日本松下物流公司的合作过程中，济南汽运总公司坚持将学习融于服务，积极采纳、借鉴外方先进的管理经验，并根据自己的发展战略，积极开拓国际市场、加强网络建设和发展现代科技，在努力为松下物流公司提供优质服务的同时，有力地拓展了服务空间，提高了自身的竞争力。

济南汽运总公司还力图进入国际市场，并于1998年组建了山东贸通国际货运代理有限公司，经国家外贸部审验批准取得了国际货运一级代理权，可独立承办进口物资的制单、报关等多种业务。在网络建设方面，济南汽运总公司在山东省内建立了以强大的客运网络体系为依托的快运配送网络，主要以高时效、批量小、高附加值的小件货物为服务对象，在省外则致力于将原有的联运网络、零担货运网络改造为物流服务网络，并参加了中国物流联盟，与24家物流企业建立了稳定的合作关系。

面对飞速发展的信息技术，济南汽运总公司于1999年投资40万元与西安亚桥公司合作，开发了山东省内第一套专业物流管理信息系统，实现了对受托、配送、过程查询、管理、结算等环节的全程控制和自动化管理，目前正着手构筑基于微软主流平台和因特网技术的第三方物流信息系统。2000年9月，济南汽运总公司在济南市高新技术开发区修建了物流交易大厅，交易中心引进了大屏幕、微机自动查询、自动报价等先进技术设备，成为山东省内最大的货运信息交易中心。

济南汽运总公司经过与松下公司近五年的携手合作，服务能力有了极大的提高：仓储面积由1996年年初的5 000平方米增加到20 000平方米，各种运输车辆达到100余部，并与国内外几十家客户建立了稳定的合作关系。前不久，济南汽运总公司又与日本松下电器有限公司中国分公司正式签约，由济南汽运总公司全面代理其电器产品的整机、配件、样品机等货物品种的物流业务，负责在全国范围内为其提供多功能、一体化的综合性物流服务。这次新的合作，打破了以往以运输、仓储为主的单一服务模式，由济南汽运总公司根据松下公司的需求自行设计服务方案，开始了真正意义上的物流运作。我们相信，济南汽运总公司在进行物流战略的规划与管理过程中，同时在为松下公司这样的知名企业服务的过程中，能够迅速成长为具有较强竞争力的国内知名物流企业。（案例摘自：物流服务：让我们与客户共赢. 中国物流与采购网 http://www.chinawuliu.com.cn/xsyj/200412/20/132777.shtml）

案例讨论

为什么说物流战略的选择是物流企业经营成败的关键？

任务一
战略管理概述

一、战略的概念与特征

（一）企业经营战略的概念

“战略”一词最早源于军事，意指克敌制胜的艺术和谋略，是对战争全局的筹划。企业战略理论的研究大约始于20世纪30年代，形成于六七十年代。现在，世界各国的企业都非常重视战略理论的研究，从而使企业战略理论迅速在实践中得以运用。

企业战略管理是将战略观念应用于企业管理活动，是企业管理的重大突破。那么，什么是企业战略？企业战略是企业在分析外部环境和内部条件的现状及其变化趋势的基础上，为求得企业的长期生存与发展，实现其经营目标而制定的整体性、全局性、长远性的谋划及其相应的对策，它包括战略指导思想、战略目标、战略步骤、战略重点和战略措施等内容。

（二）企业经营战略的特征

1. 指导性

企业战略界定了企业的经营方向、远景目标，明确了企业的经营方针和行动指南，并筹划了实现目标的发展轨迹及指导性的措施、对策，在企业经营管理活动中起着导向的作用。

2. 全局性

以大局为对象规定整体行动、追求整体效果。企业经营战略的目的是创造企业的未来，立足于企业的长远利益。它是以企业全局的发展规律为研究对象的，是根据企业总体发展的需要而制定的。它规定的是企业的总体行动，追求企业的总体效果，是指导企业一切活动的总谋划。虽然企业战略也包括一些局部活动，但这些局部活动是作为总体活动的有机组成部分暗中出现的。

3. 长远性

长远发展、通盘考虑。企业战略的制定要以企业的外部环境和内部条件的当前情况为出发点，并且对企业的生产经营活动有指导和限制作用，短期利益的追求是为了长期能获得最大的利益，但是，企业战略制定的着眼点在于企业未来的生存和发展，如果对短期利益的追求与长期利益矛盾，则放弃短期利益就是必要的，要长远发展、通盘考虑。此外，企业战略必须经历一个持续、长远的奋斗过程，除根据市场变化进行必要的调整外，制定的战略通常不能朝令夕改，应具有长效的稳定性。

4. 竞争性

战略是竞争中如何与对手抗衡的行动方案。没有激烈的市场竞争，就不会有对于企业经营战略的思考、研究和应用。企业经营战略就是市场竞争的战略,制定战略的目的就是要在竞争中取得优势地位。企业战略需要进行内外环境分析,明确自身的资源优势所在,通过设计合适的经营模式,形成经营特色,增强企业的核心竞争力与对抗性,推动企业长远健康发展。

5. 可行性

企业制定经营战略是为了实现其价值目标,而不是建立在空想和虚幻目标的基础之上,所以它应该是切实的、可行的,只有这样才能对企业的管理者和企业员工产生号召力,激发工作潜能和热情,力争战略目标的实现。所以一个完整的战略方案不仅要对战略目标和方向做出明确的要求,而且还要明确战略重点、方针、策略和实施步骤,战略方案的各个环节是相互关联的有机整体,由此也体现出战略的可操作性和现实性。

6. 风险性

企业是环境的产物,企业的外部环境和市场机会都具有一定的风险性。市场研究深入,行业发展趋势预测准确,设立的远景目标客观,各战略阶段人、财、物等资源调配得当,战略形态选择科学,制定的战略才能引导企业健康、快速的发展。反之,仅凭个人主观判断市场,设立目标过于理想或对行业的发展趋势预测有偏差,制定的战略就会产生管理误导,甚至给企业带来破产的风险。

二、战略管理

战略管理既是一种新型的、面向未来的、整体性的管理视角,也是一组管理决策和行动,它决定了企业的长期绩效。企业战略管理的实质在于战略视角在企业管理的计划、组织、领导、控制过程的具体应用。战略管理的计划、组织、领导、控制过程将渗透到各职能部门的职能行使中。企业经营战略将决定企业市场营销职能的行使,目标市场的选择与定位、营销的基本策略;职能战略将决定人员招聘标准、员工培训与开发、绩效制度、薪酬管理等人力资源制度的制定,技术创新及新产品开发,生产计划的制订与生产管理,质量管理;企业财务控制与财务制度,以及企业文化的选择与建设。

物流战略管理是对企业的物流活动实行的总体性管理,是企业制定、实施、控制和评价物流战略的一系列管理决策与行动。其核心问题是使企业的物流活动与环境相适应,以实现物流的长期、可持续发展。

三、企业战略管理的层次

企业战略管理是一个分层次的逻辑结构,既涉及企业总体层次,又涉及企业各职能部门。按照企业规模大小,企业战略层次的划分会稍有区别。一般而言,从事单一业务的中小企业有两个战略层次,即经营战略和职能战略;公司经营战略又可细分为营销战略、生产战略,并且与人力资源战略、财务战略等职能战略相关。从事多元化经营的大型企业,则一般可分为公司层总体战略、事业单位战略和职能层战略三个层次。在大型企业中,一个事业单位就相当于一个独立的经营单位,因此事业单位战略亦称为经营单位战略。公司层战略、事业单位层战略与职能层战略之间相互作用,构成了一个具有逻辑结构的企业战略的完整体系。

1. 企业层总体战略

在规模较大的物流企业中，通常拥有不止一个事业部单位，此时它将需要有一个公司层战略，公司层战略有时又被称作总体战略。总体战略以公司整体为研究对象，研究整个企业生存和发展的一些基本问题：企业的使命及方针是什么，企业总体目标是什么，企业应该采取什么样的战略态势（进攻型、稳定型、收缩型），企业应该有什么样的事业组合，各个事业部单位所在的地位如何。

2. 事业部单位层战略

事业部单位层战略是总体战略的支持战略，即在总体战略的指导下，为保障完成企业的总体性战略规划而制订出本事业部单位的战略计划。事业部单位层战略所需应对的挑战是，为完成企业的总体性战略目标，本事业部应该采取什么样的行动。

3. 职能层战略

职能层战略是财务、市场、生产、技术、人力资源等职能部门，为支持事业部单位层战略而制定的本职能部门的战略。职能层战略所需应对的挑战是，为支持和配合事业部单位层战略，本部门应该采取什么行动。如果说企业总体性战略和事业部单位层战略强调的是“做正确的事”，那么职能层战略则强调的是“如何将事情做好”。与前两者相比，职能层战略是“细节决定成败”，其更为具体，操作性强。

四、企业战略的类型

根据企业战略的选择，企业层总体性战略和经营层战略可划分为不同的类型。

（一）企业总体性战略类型划分

企业总体战略是设计企业发展全局的战略。企业总体战略可以划分为以下几种类型：

1. 单一型战略

单一型战略是将自身的经营范围限定在其一种产品上。这种战略使得企业的经营方向明确、力量集中，较容易在特定的领域形成较强的竞争能力和竞争优势。单一经营战略的优点是：资源集中优势，把企业有限的资源集中在同一经营方向上，有利于形成较强的核心竞争力。全球很多著名企业都是通过单一经营而成为某个领域的行业主导者。但是，单一经营战略的风险在于：当行业整体出现衰退或停滞时，企业的未来发展将受到较为严重的影响。

2. 一体化战略

一体化战略是由若干关联单位组合在一起形成的经营联合体。一体化战略有利于提高经营效率，实现规模经济，提升控制力或获得某种程度的垄断。但也存在脱离行业困难、管理复杂、可能产生能力不平衡、不利于技术和产品研发的风险。

3. 多元化战略

多元化战略是指企业通过开发新产品、开拓新市场而扩大经营范围的发展战略。这种战略一般适用于那些规模庞大、资金充裕、技术力量雄厚、市场开拓能力强的企业。多元化战略的优势在于：分散经营风险，有效利用企业的各种资源。

4. 国际化战略

国际化战略指的是企业产品与服务在本土之外的发展战略。企业把生产经营方向指向国际市场，从而推动企业的进一步发展。实施国际化战略，有商品输出和建立跨国公司两种常见方式。从经济全球化发展的历程看，商品输出往往是企业国际化的起点。由于国际贸易中较容易遇到各种关税或非关税壁垒，为了降低生产和营销成本，企业建立跨国公司是进一步扩大国际市场份额的必然选择。

(二)企业经营战略类型划分

企业经营战略是企业或企业的某一经营单位为了实现企业的目标，在一定时期内所做的经营发展策略的具体设想与谋划。经营战略是企业总体战略的具体化，其目的在于通过调整企业的经营结构、资源配置和市场策略，在可以接受的风险范围内，使得企业的经营活动与市场环境取得动态平衡，以实现经营目标。可按多种标准把企业的经营战略划分为不同类型，其中最常见的有根据战略目的对经营战略进行分类，或根据企业与市场环境相适应的方式对经营战略进行分类。

1. 以目的划分的企业经营战略类型

(1)成长型战略。成长型战略是指企业为了适应外部环境的变化，有效地利用企业内部资源，研究以成长为目标的新的经营领域和新的增长点，为保证企业获得成长机会所采取的战略。中小企业以及初创企业一般多采用这种战略。

(2)竞争战略。竞争战略是指企业在特定的产品与市场范围内，为了取得差别优势，维持和扩大市场占有率所采取的战略。竞争战略的重点是提高市场占有率和销售利润率。

企业经营战略归根结底是竞争战略。在企业的一般性竞争中，通常有低成本战略、产品差异战略和专业化战略三种可供选择的竞争战略。

2. 以适应方式划分的企业经营战略类型

(1)进攻战略。进攻战略是一种谋求市场竞争主动权的战略，其特点是企业不断地开发新产品和新市场，力图掌握市场竞争的主动权，不断地提高市场占有率。进攻战略的着眼点是技术、产品、质量、市场和规模。

(2)防守战略。防守战略也称作维持战略，其特点是以守为攻，后发制人。防守战略的特点是避实就虚，不与对手正面竞争；在技术上实行拿来主义，以购买专利为主；在产品开发上实行紧跟主义；在生产上着眼于提高效率、降低成本。

(3)撤退战略。撤退战略是一种收缩战略，又称紧缩战略。它是企业在一定时期内缩小生产规模或取消某些产品生产的一种战略。其目的在于积蓄优势力量，以确保在重点进攻方向获取胜利。企业在经济不景气时常采用这一战略。它是一种战略性撤退。有些企业在实施撤退战略中也可以引入与先进企业进行协作联合的战略。

五、企业经营战略的构成要素

企业战略一般由四种要素构成，即产品与市场范围、发展方向、竞争优势和资源配置与协调。按照美国战略学者安索夫(Ansoff)的观点，这四种要素可以产生合力，成为企业的共同经

营主线。有了这一经营主线,企业内外的人员就可以充分了解企业经营的方向和产生作用的力量,从而扬长避短、发挥优势。

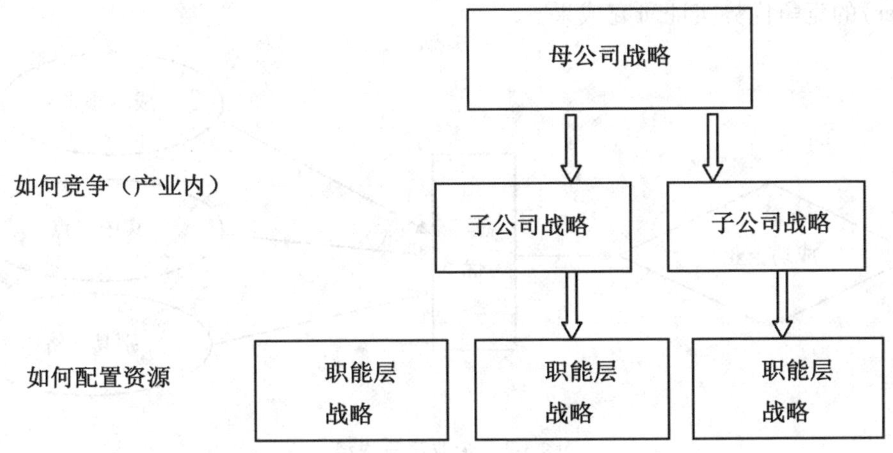

图 3-1 企业战略的构成要素和层次

1. 产品与市场范围

它被用来说明企业属于什么特定行业和领域,企业在所处行业中产品和市场的地位是否占有优势。为了清楚地表达企业的共同经营主线,此项指标常常需要分行业进行描述。

2. 发展方向

它说明企业从现有产品与市场相结合向未来产品与市场组合移动的方向,即企业经营运行的方向(如表 3-1 所示)。

表 3-1 企业发展方向

	现有产品	新产品
现有市场	市场渗透	产品开发
新市场	市场开发	多种经营

市场渗透是通过目前的物流服务与市场的份额增长达到企业成长的目的。

市场开发是为企业物流服务寻找新的消费群,使物流服务承担新的使命,从此作为企业成长的方向。

产品开发是创造新的物流服务项目,包括一些物流增值服务等,以逐步提升或替代现有的物流服务,从而保持企业成长的态势。

多种经营则独具特色,对于物流企业来讲,它的服务与使命都是新的。换言之,企业步入了一个新的经营领域。

在前三种选样中,其共同经营主线是明晰的和清楚的,或是开发新的市场营销技能,或是开发新产品和新技术,或者两者同时进行。但是在多种经营中,共同经营主线就显得不够清楚了。应当看到,增长向量指出了企业在一个行业里的方向,而且指出了企业计划跨越行业界线的方向,以这种方式描述共同的经营主线是对以服务与市场范围来描述主线的一种补充。

3. 竞争优势

它说明了企业所寻求的、表明企业某一产品与市场组合的特殊属性,凭借这种属性可以给企业带来强有力的竞争优势地位。企业可以通过采取兼并重组、设置行业进入壁垒或开发新的替代产品的战略手段来谋求获取竞争优势。图3-2显示了美国战略学家迈克尔·波特(Michael Porter)的竞争优势实证研究成果。

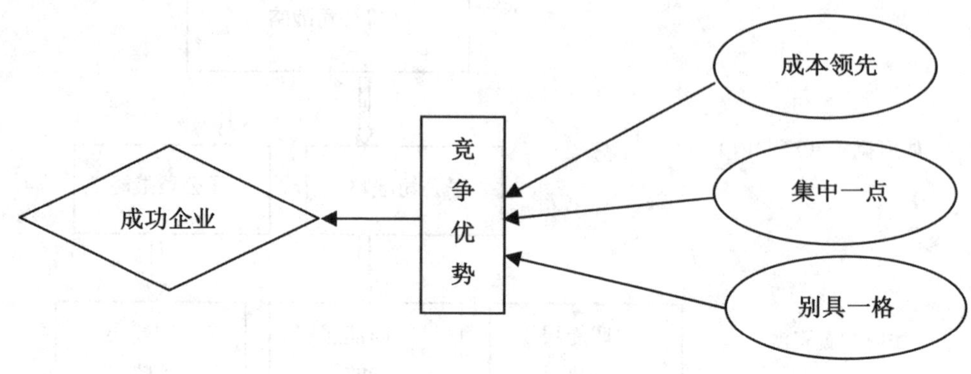

图3-2　企业竞争优势

4. 资源配置与协调

资源配置与协调又称协同作用,它指明了企业资源配置与协调的效果,强调企业内部人、财、物、信息和时间等经济资源的合理分配和相互协调,即实现所谓1+1>2的合力放大的效果。安索夫指出,协同作用涉及企业与其新产品和市场项目相配合所需要的特征。当然,协同作用不当,也会产生1+1<2的内耗副作用。

这四个要素中,前三个要素描述了企业在外部环境里的产品与市场道路,而第四个要素是从企业内部的协调来考虑的。这四种要素相辅相成、互不排斥,共同构成了企业战略的内核。

六、企业战略管理的过程

企业战略管理过程一般包括企业战略分析、企业战略制定与企业战略实施三个主要环节。战略分析主要包括外部环境分析、内部环境分析和战略目标的设定三个方面;战略制定过程是把战略分析的成果转化为具体的行动计划,主要包括公司战略、竞争战略、职能战略以及战略方案选择四部分内容;战略实施是贯彻执行既定战略规划所必需的各项活动的总称,主要包括战略实施和战略控制两部分。战略管理整体过程如图3-3所示。

在理论阐述中,这三个环节往往是按直线列示,即战略分析之后是战略制定,战略制定之后是战略实施。但在企业战略管理的实际过程中,各环节之间的关系会更为复杂。因为战略分析常立足于企业已经选择的战略基础上,因此战略选择和战略分析就会重叠;战略分析常常作为一个持续的过程,对战略实施的结果做出反馈,因此战略分析就会与战略实施交互作用。所以,战略管理过程的三个环节是相互联系、循环往复、不断完善的一个过程。

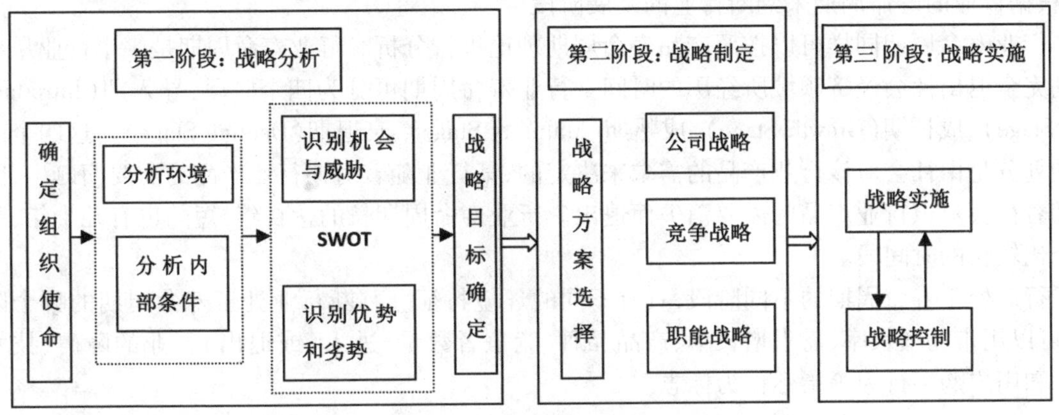

图 3-3　战略管理整体过程

任务二
战略环境分析

一、企业战略环境分析

现代企业的开放性和竞争的要求决定了企业随时都在和外界环境进行着资源的交换,外界环境的细微变化都可能放大为企业决定性的机会或者威胁。因此,作为经济单元的企业在实施企业经营战略过程中要时刻重视企业内外部战略环境的分析,这是企业战略环境的可行性和实用性的客观要求。

(一)企业宏观环境分析

企业宏观环境是指那些处于企业外部,影响企业战略总体发展目标、规划制定和战略实施的社会因素。一般来说,它主要包括四大类:政治与法律(Political)环境、经济(Economic)环境、社会(Social)环境以及科技(Technological)环境,即我们所称的 PEST 因素分析。

宏观环境分析方法为 PEST 加权法,即考虑关键因素,加以权重,然后加权平均。

(二)企业行业环境分析

企业行业环境分析是研究企业所属行业的一些代表性因素对企业发展的影响。每一个企业都归属于某一行业,或者进入某一行业。行业是直接影响企业的外部环境。因此,必须认真分析行业总的发展状况、发展趋势、竞争威胁和企业的发展机会;要研究企业是否选择进入该行业或是选择在某一行业中的地位。

1. 行业基础分析

行业状况是企业最直接、最重要的环境。企业首先要判断自己所处的行业是否有发展机会，根据行业的寿命周期来判断行业的发展阶段。

行业寿命周期同样可以按照产品寿命周期理论进行分析。行业寿命周期是一个行业从出现到完全退出社会经济领域所经历的时间。行业寿命周期可分为四个阶段：导入期（Introduction Stage）、成长期（Growth Stage）、成熟期（Matunity Stage）、衰退期（Decline Stage）。这四个阶段的划分是由社会对该行业产品的需求来决定的，某行业随着对该行业产品的需要而诞生，同样随着社会对该行业产品的需要消失而退出。行业寿命周期长的达百年，短的也有几十年，是一个比较长的时间段。

行业处于寿命周期的不同阶段，具有不同的环境特征。判断行业处于寿命周期的哪个阶段，可以用市场增长率、需求增长率、产品品种、竞争者数量、进入（或退出）行业的障碍、技术变革和用户购买行为等指标作为标志。

2. 行业能力分析

行业能力是指行业中每个竞争者所具有的能力总和，主要包括行业规模结构和行业技术状况两大指标。

行业规模结构分析是确定行业的发展与社会需求之间的关系，规模一般是从行业外部看它与社会需求相比整体的大小，其主要内容有：行业生产产品和提供服务的总量与社会需求之间的关系；行业产品结构与该产品发展趋势之间的关系；行业目前的实际生产能力与设计能力之间的关系；本企业规模与行业规模的发展趋势之间的关系等。

行业技术状况对行业发展的影响越来越重要，只有对行业技术状况进行全面的分析，才能正确地判断出行业的发展前景和行业能力的发展水平。进行行业技术状况分析的内容有：行业目前的技术位于技术寿命周期的哪个阶段；行业总体技术水平；行业技术变化趋势和发展方向；本企业技术水平在行业中的地位等。

3. 行业竞争分析

在行业中，不同企业之间的竞争关系构成了企业非常重要的行业环境，而这种行业内的竞争关系又是由行业内部企业的结构所决定的，行业的结构在决定竞争原则和企业所采取的竞争战略等方面具有很大的影响，所以要根据行业内企业竞争的经济力量及其变化发展来确定企业的竞争战略。

按照美国学者迈克尔·波特（Michael Porter）的观点，一个行业的激烈竞争的根源在于其内在的经济结构。他在《竞争战略》一书中指出，行业中的竞争来自五种基本竞争力量，即潜在的进入者、替代品的威胁、购买者讨价还价的能力、供应者讨价还价的能力以及现有竞争对手的竞争（如图3-4 所示）。按照波特的理论，这五种竞争力量的相互关系既决定了企业的竞争激烈程度，又决定了行业最终的获利能力。企业在行业竞争分析的基础上制定战略，其目的就在于取得相对竞争优势，达到更高的盈利水平。

（三）企业内部环境分析

它是企业内部的影响企业生存与发展的各种因素的状况以及这些因素相互结合而形成的企业经营能力。由于企业内部因素是可控因素，因此企业内部环境分析的目的在于利用和强化优势，克服和改变劣势。

企业内部环境分析主要是对企业的资源、实力进行分析。影响企业生存发展的内部因素

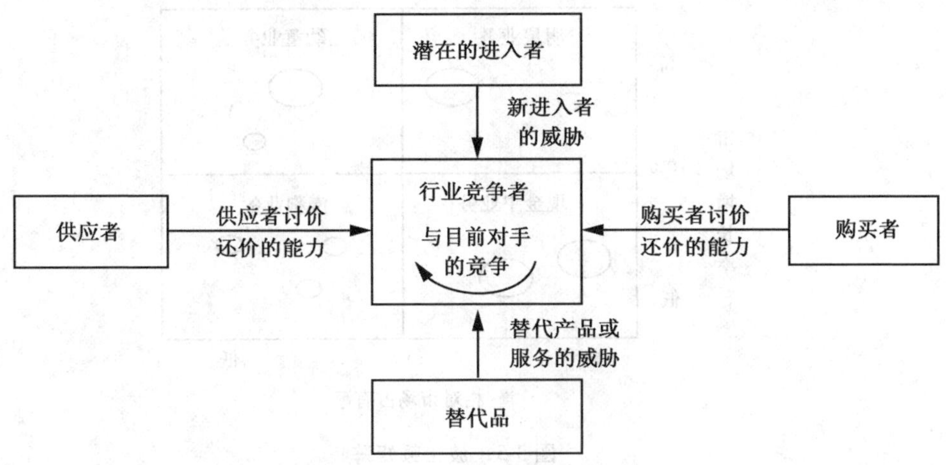

图 3-4 波特五力分析模型图

主要有人、财、物、任务、信息等,这些要素有机结合在一起,形成了企业的六种经营能力,即生存能力、反馈能力、应变能力、创新能力、盈利能力和发展能力。

企业必须从整体上和内在联系上分析上述这些能力,充分利用优势和机会,坚决避开劣势和威胁,才能正确把握企业所拥有的内部环境状况。

二、企业战略环境分析方法

下面介绍两种企业战略环境的分析方法:波士顿矩阵和 SWOT 分析法。

(1)波士顿矩阵

波士顿矩阵是美国波士顿咨询公司于二十世纪六七十年代提出并使用的评价企业总体战略和业务组合的方法,它以企业生产经营的全部产品或业务的组合为研究分析对象,使用销售(或需求)增长率(本企业前后两年销售总量之比)和企业相对市场占有率(相对市场占有率等于企业的市场占有率与行业中最强竞争对手的市场占有率之比)两个指标构成的矩阵,来为企业选择经营领域的战略提供决策参考。

该矩阵由四个象限组成,即明星、现金牛、幼童、瘦狗业务等四个区域。矩阵中的每一点分别对应不同的销售增长率和相对市场占有率。分析时,首先计算企业每种产品的相对市场占有率和销售增长率,然后将结果定位于矩阵的相应位置,这样就可以大致得到不同产品的不同市场状态(如图 3-5 所示)。

1. 明星业务区域

本区域代表该类产品具有高的销售增长率和市场占有率,既有发展潜力,又有市场竞争力,为企业提供了最好的利润增长和投资机会。因此,该类产品是企业的重点投资项目和战略选择的重点。

2. 现金牛业务区域

处于这一区域的产品相对市场占有率高,但销售增长率较低,创造的现金量高于自身发展的需求量,因此,它能为其他各类产品的发展提供所需的财力资源。该类产品可能已进入饱和

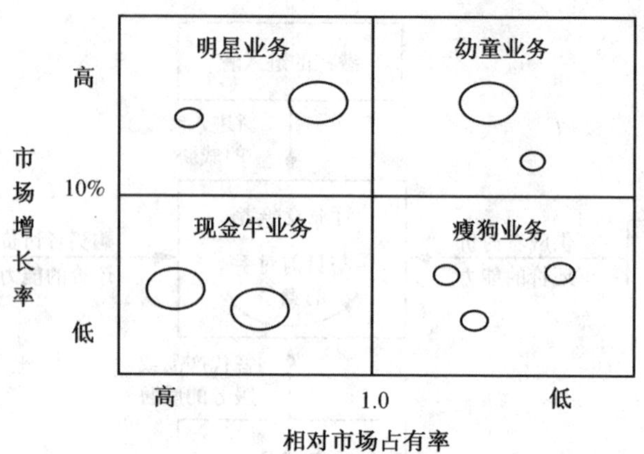

图 3-5 波士顿矩阵

期，或属于衰退行业的产品，企业不必大量投资，但应设法维持、稳定其生产，以便获取尽可能多的利润。

3. 幼童业务区域

这类产品市场份额较低，而销售增长情况良好。企业的大多数产品都经历过这一阶段，即企业面临一个高速成长的市场。但是该市场中已经有了市场领先者，因此，它还要追赶领先者，这时需要企业对这类产品提供大量的资源支持，所以对这类产品的发展必须小心谨慎，对支持和放弃要进行明智的选择。

4. 瘦狗业务区域

这一区域的产品相对市场占有率和销售增长率都低，既无市场潜力可挖，又缺少竞争力。可能进入衰退期的产品，应采取收缩和淘汰策略。

波士顿矩阵不仅简单地说明了企业全部经营领域产品的综合情况，更重要的是它指出了企业内部资源分配上为什么会存在侧重点和优先顺序。而且，波士顿矩阵分析方法的结果反映了企业和其他竞争对手相比较的行业地位，进而为明确企业所处的行业环境提供了分析依据。

（二）SWOT 分析法

为了综合分析企业内外环境对企业战略的影响，达到内外环境的协调，通常会采用 SWOT 分析法进行分析。SWOT 代表优势（Strength）、劣势（Weakness）、机会（Opportunity）和威胁（Threat）。它是企业内部优势与弱点和企业外部机会与威胁结合分析的代称。SWOT 分析实际上是将企业外部环境中的机会和威胁、内部条件的优势与劣势进行比较分析，即优劣势主要着眼于企业自身的实力及其与竞争对手的比较，而机会和威胁分析将主要分析外部环境的变化及其对企业可能造成的影响。

SWOT 方法还可以作为制定企业战略的一种方法，因为它为企业提供了四种可以选择的战略，即 SO 战略（增长型战略）、WO 战略（扭转型战略）、ST 战略（多种经营型战略）和 WT 战略（防御型战略）。SO 战略是利用企业优势去抓住外部环境机会的战略；WO 战略是利用外部的有利机会来扭转企业劣势的战略；ST 战略是利用企业的优势去减轻或避免外界竞争环境的威胁与打击的战略；WT 战略是认真克服企业内部弱点和避免外部威胁的战略。德邦物流公司战略 SWOT 分析表如表 3-2 所示。

表 3-2 德邦物流公司战略 SWOT 分析表

内部能力 / 外部因素	优势(Strength)	劣势(Weakness)
	拥有规模以上员工及资金雄厚和较多的服务网点 公司的科学化、信息化管理 公司的独特企业文化不断发展 良好的信誉和公司的发展非常迅速	公司的发展比较单一和运输方式比较单一 运输的费用相对昂贵，容易失去中小客户 国有的强大企业加入了零担物流运输的竞争 运营成本不断上升
机会(Opportunity)	SO	WO
利用自身良好的服务和灵活的机制与国有企业冗余的制度展开竞争 拓展高端零担物流行业，制造新的增长点 涉足快递行业，抢占市场份额	充分利用自身的雄厚的资金和良好的服务和信誉优势，增强竞争力 积极开拓新的市场，进一步完善公司的科学化、信息化管理 兼并一些中小竞争企业，增强公司实力	以良好的服务及信誉留住中小客户 积极降低运营成本 积极开展其他相关业务，制造新的利润增长点
风险(Threat)	ST	WT
众多的有实力的快递公司冲击零担物流行业市场 个体零担物流加入行业的竞争 公司培养的大量优秀人才可能会流失，带来威胁	加大资金的投入，提高进入该行业的门槛，扩大市场占有份额，同时巩固已有市场 利用公司独特的企业文化及良好的信誉留住大量的优秀人才 进一步加强公司运转的科学化、信息化，提高公司应对风险的能力	降低成本，积极应对外来竞争 积极开展其他业务，实现业务的转型，制造新的增长点 提高服务水平，给客户以良好的形象

任务三
物流企业发展战略

一、物流企业战略目标

企业使命是对企业的经营范围、市场目标等的概括和描述，它表明了企业的性质和发展方向。企业战略目标是企业使命的具体化，企业经营目标是战略目标的具体化，是对战略目标从数量上进行界定。企业战略目标是企业在一定的时期内，为实现其使命所要达到的长期结果。

战略目标分为长期战略目标与短期战术目标两大类。前者的实现期限通常超出一个现行的会计年度，为5年以上；后者是执行目标，是为实现长期战略目标而设计的，它的时限通常在一个会计年度内。战略目标是企业战略的核心，它反映了企业的经营思想，明确了企业的努力方向，体现了企业的具体期望，表明了企业的行动纲领。战略目标具有可接受性、可检验性、可实现性、可挑战性等特征。

企业战略目标是多元化的，既包括经济性目标，也包括非经济性目标。具体来说，企业战略目标包括利润目标、产品目标、市场目标、竞争目标、发展目标、职工福利目标、社会责任目标等。制定战略目标的有效方法是构造战略目标体系。企业战略目标体系一般是由企业总体战略目标和主要的职能目标所组成的。物流企业战略目标分解示意图如图3-6所示。

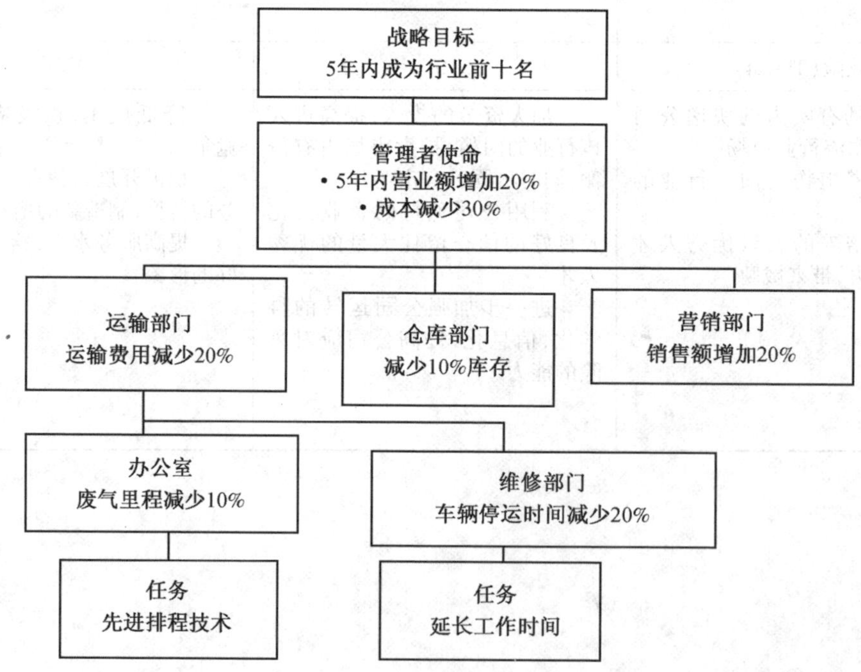

图3-6　物流企业战略目标分解示意图

战略目标的制定应遵循关键性、平衡性、权变性等原则。一般来说,企业战略目标的制定过程包括如下几个步骤:

(1)企业最高管理层宣布企业使命,开始战略目标制定过程;

(2)确定达到企业使命的长期战略目标;

(3)把长期战略目标分解,建立整个企业的短期执行性战略目标;

(4)不同战略业务单位、事业部或经营单位建立自己的长期或短期目标;

(5)每个战略业务单位或主要事业部内的职能部门(如营销、财务、仓储、运输、配送等)制定自己的长期和短期目标;

(6)这个战略目标的制定过程是通过组织结构层次由上至下层层进行的,由企业整体直至个人。

二、物流企业发展战略规划

(一)物流企业战略规划

企业战略规划是企业战略管理的核心,包括企业风气,企业发展战略方向、阶段、目标、重点、措施、结构等总体战略;企业竞争、科技、营销、生产、人才、质量、信息、价格、核心能力、投融资、文化等职能战略综合形成企业发展战略方案。

企业战略规划要通过战略实施加以实现,企业战略实施是将企业战略规划的宏伟蓝图变成现实的过程,主要包括企业战略结构调整、企业资源战略配置、企业年度计划、企业目标管理、企业绩效管理等。

物流企业战略规划是物流企业在分析经营管理环境和自身资源条件的基础上,从整个供应链的角度,挖掘企业内部和物流服务在供应链中所创造的市场价值和企业的竞争优势,选择和实施适当的战略行动,保证物流企业可以持续获得长期竞争优势的一种规划。

(二)物流企业战略规划的制定

物流企业战略规划的制定是物流企业根据对内外环境的分析和判断,提出物流企业任务、目标、发展方向,及实现以上目标的各项政策和措施。这里提到的战略是全面提高企业核心竞争能力和发展能力的整体战略,其核心是如何获得企业竞争优势。行业竞争优势是美国哈佛大学的教授迈克尔·波特提出来的。他认为,竞争战略旨在针对决定产业竞争的各种作用力建立对企业有利的竞争地位。因此,企业战略的选择包括如何适应产业的长期盈利能力及其影响因素,以及如何确立企业在产业中超出平均盈利机会的能力。我国的物流企业还处于向现代物流企业转变的起步阶段,企业之间的发展很不平衡,所以选择的企业发展战略也有较大差异。概括起来,我国物流企业主要有六大提高核心竞争能力、争取竞争优势的发展战略。

1. 成本领先战略

成本领先战略是形成企业核心竞争力的有效途径之一,是物流企业通过寻求并形成成本优势,成为物流产业中低成本经营,提供低成本物流服务的企业所采取的相关战略。在这种战略思想的指导下,物流企业需要将目标确定为较为集中的客户需求,向客户集中的地区提供快速优质的服务,通过储运资源和库存政策的合理配置,使物流总成本达到最低,确立竞争的优势地位。物流企业经营范围广泛,为多个产业部门服务,其经营面往往对其成本优势的确立具有举足轻重的作用。物流企业为取得成本领先地位,需要在满足客户基本需求的前提下,按照有效库存和系统目标,对物流系统包括物流管理系统进行整合,以求在低成本条件下达到最佳的服务水平。当成本领先的企业的价格相当于或低于其他竞争企业时,它的低成本地位就会转化为高收益。

2. 优质服务战略

随着市场竞争的加剧,服务的重要性日益突出,它已经逐渐成为物流企业在市场竞争中取胜的关键。服务观念是企业必须具备的经营思想,如何提高服务质量是每个企业尤其是服务型企业面临的课题。物流企业可以通过优质服务吸引市场上更多的顾客,以弥补自身资金、技术或功能等方面的缺陷,在竞争中占一席之地,并在今后的经营过程中不断完善,发展壮大。

物流企业为追求最佳的顾客满意的物流服务,从物流系统设计开始就要从成本最低化转移到追求物流系统效应最大化上来,通过充分利用物流服务设施,认真规划线路布局,尽量缩短运输时间,并针对不同客户的个性化需求,提供个性化物流服务。另外,现代物流企业优质服务战略已经突破了物流企业自身的资源限制,而扩展到整个物流服务价值链。物流企业应积极探索通过为生产企业、零售批发企业提供超值服务来创造竞争优势。如通过为生产企业提供全方位物流系统设计,来帮助其降低物流成本并从中获益,使其成为物流企业的忠诚客户。

3. 集中化服务战略

集中化服务战略也称为聚焦战略,是指企业的经营活动集中于某一特定的顾客群、产品线的某一部分或某一地域市场上的一种战略。这种战略的核心是瞄准某个特定的用户群体、某种细分的产品线或某个细分市场。具体来说,物流企业的集中化战略可以分为物流服务功能集中化战略、用户群集中化战略和物流服务区域集小化战略。集中化战略的目的是建立物流企业的核心竞争力。

4. 一体化战略

一体化战略是指企业先利用自己在服务功能、技术设备和市场上的优势,根据物资流动的方向,使企业不断地向深度和广度发展的一种战略。在现有业务的基础上或是进行横向扩展,实现规模的扩大;或是进行纵向扩展,整合生产和销售企业的物流系统和物流功能,实现在同一物流价值链上的延长。

物流企业的一体化战略可分为横向一体化战略和纵向一体化战略。

横向一体化战略是指企业兼并或整合其他物流企业达到规模扩张,在规模经济性明显的产业中使企业获取充分的规模经济,从而大幅降低成本,取得更大的竞争优势;同时,减少竞争对手的数量,扩大自己的市场份额,增强企业在未来市场中的竞争优势。

纵向一体化战略是指企业经营在业务链上的延伸。物流企业的纵向一体化主要是指企业向自己业务链的前向或后向发展而采取相应的战略措施。纵向一体化使企业更接近其客户,甚至完全承担起其物流任务,作为客户整个经营系统的重要组成部分。物流企业通过进入物流价值链上游或下游可以节约相关交易成本,更好地为客户服务,提高协同效率,从而取得一体化的经济。

如德国国营邮政出资 21.4 亿美元并购了美国大型的陆上运输企业 AEI,把自己的航空运输网与 AEI 在美国的运输物流网合并统一,增强竞争力;美国的 UPS 并购了挑战航空公司,将自己在美国最大的物流运输网与挑战航空公司在南美洲的物流网相结合,实现南北美洲两个大陆一体化的整体物流网络。

5. 柔性战略

物流企业柔性战略是指物流企业所提供的物流服务可以适应市场的激烈竞争与客户需求的不断变化,以战略设计的灵活性创造经营机会。20 世纪 90 年代以来,由于市场竞争激烈,环境变化越来越快,它给参与竞争的企业提供了机会和压力,企业如何适应变化、利用变化,甚至制造变化来建立竞争优势,成为每个企业面临的重要问题。传统战略以目标为导向,而柔性战略则强调机会等同,它强调通过战略设计获得更多的经营机会,而不仅仅考虑战略规划的实现指标,要求给予企业足够的选择来应付各种局面,因而创造机会就成为柔性战略的核心内容。对于现代物流企业来讲,其面临的竞争日趋激烈,客户需求不断变化,传统的储运服务已经不能很好地适应不断变化的市场的需要,所以,物流企业必须提供其适应性和灵活性,在柔性战略思想指导下,真正实现物流运输的高效率服务和个性化服务。

6. 服务经营网络战略

服务经营网络战略就是物流企业之间进行横向、纵向整合,结合集团化战略,努力拓展自己的经营网络和服务网络,使物流业涵盖的领域尽量扩大,使物流服务延伸到社会生活的各个方面。服务经营网络战略是一种市场竞争战略,一旦企业占领了某一市场,该企业就具有了在这一领域的竞争优势。现代信息技术的发展为物流企业服务经营网络战略的实施提供了技术基础,各网络节点之间可利用互联网、物流系统信息平台及先进的通信手段,实现企业内部、企业之间、企业与客户之间的信息实时交换。我国物流企业现状决定了其要想迅速壮大,必须走集团化的道路。我国现在的物流企业,无论是仓储企业、运输企业还是货代企业,都缺少规模较大的龙头企业,企业规模普遍偏小,技术装备也较为落后。在这种情况下,企业缺乏规模优势,也缺乏技术优势和人才优势,只有成立企业集团,整合现有资源,提高技术装备的现代化水平,避免恶性竞争,才能够摆脱弱小的现状,走向强大。英国金鹰物流公司与国际物流公司合并创办 Exel 物流公司,将前者的运输能力和进口产品供应设施管理经验与后者的零售中心和流水线作业的物流管理专业能力结合起来,强化了三大市场增长因素,带来了高达 35 亿英镑的年收入。

(三) 物流企业的战略实施与控制

1. 物流企业的战略实施的原则

(1) 战略协同原则

战略协同是实现战略规划的首要原则。物流企业的战略实施应将企业使命、战略目标、战略优势协调起来,同时也应将企业发展战略、经营战略、竞争战略等协调起来,以实现企业系统的协同效应。

(2) 寻求优势原则

企业战略的核心是获得竞争优势。物流企业的战略实施过程就是通过对企业的外部环境进行分析和对内部资源进行评价,在企业战略思想的指导下寻求和建立物流市场上的竞争优势的过程。

(3)资源均衡原则

企业战略的实施是资源投入和效益产出的过程。在这一过程中,由于企业系统运作的要求,资源的类型、投入的方式、资源投入之间的比例必须均衡,只有这样才能保证企业的战略实施的有效性。

(4)相对满意原则

由于战略规划是在一定的资源限制和非完全信息条件下制定的,其本身即为相对满意的一种选择,因此物流企业的战略实施同样也会受到资源的限制和信息不完全的制约。只有在相对满意的原则的指导下,通过实施过程的不断调整来满足规划的要求,才能实现企业的战略目标。

(5)阶段发展原则

因为物流企业发展战略是企业长期的发展蓝图和战略实施指南,所以必须根据战略规划中阶段性目标的要求分阶段地组织实施。

(6)系统优化原则

物流企业本身是社会再生产系统中的一个子系统,物流企业战略规定了企业的使命和经营宗旨,并具体分解成一系列的经营发展目标。要实现物流企业的经营发展目标就必须遵循系统优化原则,使物流企业结构安排合理、资源配置优化、整体发展有序。

2. 物流企业的战略实施的要点

物流企业的战略实施就是根据企业的发展战略和市场需求对有关的资源进行重新配置,突出企业核心竞争力,消除制约发展的因素,并寻求资源配置的最佳结合点,其目的是要通过组织制度安排和管理运作协调来增强企业的竞争优势,提高对客户的服务水平。

(1)构建高效的组织系统

物流企业的战略实施需要构建高效的组织系统,规范内部组织机构及其职责范围和决策权力,明确各部门之间的相互关系,确保各部门之间的协调配合可以降低交易成本,节约费用,加强协作,提高效率。

(2)重视人力资源开发

现代物流企业战略实施过程中,人是战略实施成败的关键。尤其是在我国目前物流管理专业人才严重匮乏的情况下,重视人力资源开发是物流企业获得竞争优势和可持续发展能力的必然要求。

(3)选择适当的协调控制系统

为确保物流企业的战略实施的成功,选择适当的组织协调和控制系统至关重要。物流企业可通过建立工作规范、工作流程和协作标准等形式,协调企业内部各部门之间的关系;通过建立目标机制、评价标准和控制要素,强化对物流企业战略实施过程的控制。

(4)培养企业文化

只有企业内部各部门及个人目标与企业发展战略目标统一,才能保证企业战略的有效实施。企业文化建设使企业全体员工价值观趋同于企业战略目标,在物流企业战略实施过程中发挥重要的作用。

(5)制订计划,落实战略

物流企业战略的实施过程是一个不断循环的完整过程,需要制订详细的实施计划,并根据计划的执行情况,对战略分析过程中要选择的战略要素、战略与环境的配合程度、战略的推进方式等进行分析与评价。在此基础上,调整原有的实施计划,制订新一轮实施计划,保证战略实施过程向着企业战略目标不断迈进。

3. 物流企业的战略控制

在战略实施的过程中,环境的急剧变化、战略规划自身的缺陷或战略实施行为失当等情况都会引起战略实施失控,如果不加以调整,企业战略目标将无法实现。因此,物流企业在战略实施的过程中必须要强化控制,以保证战略实施的成果符合战略目标的要求。物流企业的战略控制过程实际上就是一个确立战略目标、明确衡量标准、检查与衡量实施绩效与评价标准间的差异、分析与评价、提出改进措施、不断改进的过程。

三、物流企业战略的选择

物流战略的选择阶段,是物流企业战略制定的关键阶段。企业根据战略分析阶段所确定的物流战略目标,进行企业物流竞争战略的明确定位,提出可行的物流战略实施备选方案,经过对众多备选方案的评价选出对企业发展最有利的、最适合企业物流要求的物流战略作为最终的实施方案。

(一)物流企业的战略类型

1. 增长型的集中经营战略

集中经营战略是指物流企业将全部资源集中使用在某一特定的市场、产品或技术上。物流企业在创立初期由于融资能力弱、管理经验不足以及营销渠道少等原因,大都采取区域市场中的集中经营战略。在此期间,物流企业力求改变实力弱小、竞争地位低下的局面,采取增加销量、扩大市场份额以及建立企业信誉、创立企业品牌的战略。初创物流企业的集中经营战略可使物流企业有明确的发展目标,组织结构简明,易于管理。只要有技术或市场优势,就能集中力量,并随着品牌形象的形成而迅速成长。因此,只要物流企业能及时捕捉市场时机,就有可能通过集中经营在短期内获得较大的发展。

物流企业的集中经营战略也存在一定的风险,最主要的就是物流企业完全被行业兴衰所左右。当本行业受大环境的影响出现衰退时,集中经营的物流企业必然受到相当大的冲击。

2. 多样化经营战略

多样化经营战略是企业为了获得最大的经济效益和长期稳定的经营状况,开发有发展潜力的产品,或通过吸收、合并其他行业的企业,以充实系列产品结构,或者丰富产品组合结构的一种经营战略模式。

多样化经营按业务相关程度可分为相关多样化经营与非相关多样化经营。

(1)相关多样化经营是一种比较稳妥的增长战略,它是通过利用已有的某些生产要素,增加与原有业务相关的新产品或服务来完成的。采用这一战略形式的物流企业的各业务之间虽有区别,但又存在着许多关联之处。相关多样化经营战略的基础是主导的物流业务比较成功。若主导的物流业务比较成功,就可以为新业务的开展提供各方面的支持,例如资金支持、管理经验、品牌共享、供销渠道等;若主导的物流业务不成功,由于业务间的相关性,主导业务中的不利因素很可能转移到新业务中,容易造成投资失败。而且新业务还会分流主导的物流业务所需的各种资源,使物流业务更加困难。

相关多样化战略的核心是发挥范围效益,充分利用和扩张各种经营要素的优势,达到成本分摊和技术转移的目的。但应该指出,范围效益的产生是有条件的,当业务范围超过某一限度时,就会产生超范围效益,也就是负的范围效益;另外,当经济不景气时,消费疲软会危及各行各业,相关业务更趋向同涨同落,这使得相关多样化物流企业的抗风险能力大打折扣。如果物流企业总体实力不强,各企业的规模又较小,竞争力较差,各项业务的效果也不佳,反而会造成分散企业力量的负面作用。这就是我国一些物流企业实行多样化经营后却全面亏损的部分原因。

(2)非相关多样化经营指增加与原先业务不直接相关的业务。这是一种互不关联的纯粹的多种经营。当目标市场未达到高级饱和(市场高级饱和是指在目标市场内,产品或服务的普及率相当高,形成了饱和状态),而且物流企业拥有相当实力,现有业务发展已开始放慢时,就可以考虑采用此种经营战略。物流企业非相关多样化经营的目的是多方面的。

①资金上的协同:一项业务产生的短期资金盈余可能恰好补充另一项业务的资金需求,起到缩短资本循环周期的作用。

②有效利用闲置资源,采取长短线业务结合的方式。

③分散风险。

④扩大物流企业的影响。

现有市场发展受阻,而原产业的范围太窄,相关多样化发展的潜力不足,物流企业需要转向突围。以上这些因素都是物流企业选择非相关多样化战略的原因。

非相关多样化经营有三个主要缺陷:第一,它对高层管理者提出了很高的要求。物流企业经营业务范围越广,高层管理者就越难以了解各经营单位的经营状况,也难以协调各单位之间的工作。第二,非相关多样化经营会分散物流企业的人力、物力、财力等资源,使原有优势项目得不到充分的后续资源保障,相对抑制了其发展的势头。而物流企业在新项目上又缺乏经验,短时间内很难发挥其经济效率。同时,在此期间内物流企业为适应新环境而付出的学习费用和树立新品牌的费用明显加大。第三,由于业务间内在联系小,而外部竞争压力大,在竞争压力下实现资本联合的成效有限。

3. 纵向一体化与横向一体化经营战略

此类战略形式详见本任务具体内容。

(二)物流企业的战略形式

按物流服务范围和功能整合程度划分的物流企业的战略形式有(如图3-7所示):

1. 综合型物流企业战略——先驱型企业战略

综合型物流企业战略是功能整合型物流企业的战略选择。在物流品种上覆盖的范围很广,可以视客户的需要提供物流服务;在供应链环节上,可以介入各个环节;在市场范围上,不仅有国内市场,而且有海外市场,能满足客户的物流需求;在物流设备和工具上,拥有海、陆、空齐全的物流设备;在物流信息系统的使用上,全面应用物流信息系统和现代化的通信工具。如联合包裹速递服务公司(United Parcel Service),它向制造商、批发商、零售商、服务公司提供多种范围的陆/空包裹、单证递送、增值服务。

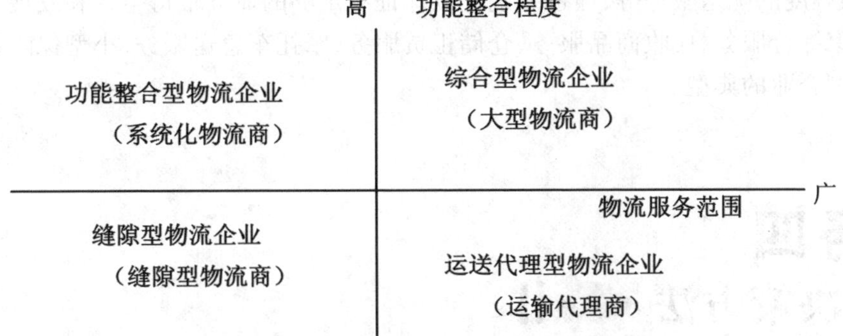

图 3-7 物流企业的战略形式

综合型物流企业战略能够为客户提供“一站式”服务，如果能实现物流服务供给小经营资源的共有化，则这些企业可在效益方面产生乘数效应。但机能整合型物流企业有时也会面临组织机构庞大、间接成本增加、费用提高等风险。

2. 功能整合型物流企业——系统化物流

功能整合型物流企业经营战略特点是以对象货物为核心，导入系统化的物流，通过推进货物分拣、货物追踪系统提供高效、迅速的输送服务。同时，从集货到配送等物流活动全部由企业自身承担，实现高度的机能结合。

从经营战略来看，对于市场需求的变化采取特定商场集中经营战略十分有效。因此，在机能整合型物流企业中，进一步限定目标顾客层的企业为数不少，即通过再细分市场突出物流服务的特色来追求企业的效益。与进一步细分市场的战略相反，还有一部分企业采取从集中市场的战略转向多角化战略，其目的是分散对特定市场依存的风险，在特定市场成熟以后再寻求新的市场。从目前企业发展的情况看，大多数实施多角化战略的企业都是通过合理利用现有的经营资源和发挥各相关业务的优势来开展多种经营的。

如日本的 NYK 运输公司，在特定市场，其他企业难以与之竞争。NYK 原先只提供传统海运服务，1896 年提供欧洲、远东“港至港”服务。后来航运业利润下降使其重组，经营战略转向更为细致的“门到门”服务；“面向 21th 公司战略”——全方位综合物流公司。目标：加强货运服务、物流活动、空运、陆运——建立海陆空综合物流网络。

3. 运送代理型物流企业——柔软性物流

以综合运用铁路、航空、船舶等各运输手段开展货物混合代理业务，其柔性大，据货主需求提供最合适的物流服务。运送代理型物流企业的经营战略的主要选择是柔软性物流，一般企业实质上并不拥有整合的物流机能，因而可以灵活、彻底地提高物流效率。但是，也正因为无资产而可能产生物流服务不稳定，所以企业应该建立并加强有效的输送机能管理体系，这其中的核心是信息系统要完善以及树立良好、柔性的企业间关系。

4. 缝隙型物流企业——差别化、低成本物流服务

缝隙型物流企业的服务范围较为狭窄，机能整合能力也比较差，特别是一些中小型物流企业，其业务拓展、市场开发、产品和服务开发的能力都比较弱，因此，其战略选样集中于差别化、低成本物流战略。

差别化就是提供与其他物流企业不同的服务，包括精细化服务、附加服务、体贴式服务，以

及小批量、高频度的配送服务等,通过差别化以保证有足够的业务求得生存和发展。我国很多城市中的搬家综合服务、代收商品服务、仓储租赁服务、摩托车急送服务、小型保险箱租赁业务就是这种类型企业的典型。

任务四 经营决策方法

一、企业决策概述

(一)决策的定义

决策是指人们确定未来的行为目标,并从两个以上实现目标的行动方案中选择一个合理方案的工作过程;或者是指组织和个人为了实现某种目标而对未来一定时期内有关活动的方向、内容及方式的选择或调整过程,即在行动之前做出如何行动的决定。

(二)企业经营决策的类型

企业的活动很复杂,企业经营决策包括的内容也很多,可以根据经营决策的重要程度、时间的长短、决策问题的重复程度、所处条件等标准,将企业的经营决策分为不同的类型。

1. 按经营决策的重要程度分类

(1)战略决策是事关企业未来的生存与发展等方面的决策,即确定企业发展的经营目标、服务开发、投资方向、企业发展战略与竞争战略,其重点是解决企业与外部环境的关系问题。战略决策多是复杂的、不确定性的决策,常常依赖于决策者的直觉、经验和判断能力。

(2)战术决策通常包括管理决策和业务决策,均属于执行战略决策过程中所做的具体决策,如库存控制、质量和成本控制等方面的决策。其重点是解决企业内部的经营管理问题。

2. 按时间的长短分类

(1)长期决策(3 年以上)。

(2)中期决策(1 ~3 年)。

(3)短期决策(1 年以内)。

3. 按决策问题的重复程度分类

(1)程序性决策,即指经常出现的问题,已有了处理经验、方法和程序,可按常规办法来解决的决策。此类决策可由专门的机构和人员进行。

(2)非程序性决策,即指不经常出现的问题或新问题,缺乏处理经验,需靠决策者的判断和信念来解决的决策。

4. 按决策问题的所处条件分类

按决策问题所处的条件,将决策划分为确定型决策、风险型决策和非确定型决策。

(1)确定型决策,即在肯定性条件下做出的一种决策。应用的条件是对几种选择方案的本来情况及结果有比较肯定的了解,没有不确定的因素。

(2)风险型决策,即在不稳定的条件下,无论选择哪种方案,都有一定风险性的决策。此类决策存在不可控因素,一种方案会出现几种不同的结果,其结果出现的概率可以计算出来。

(3)非确定型决策,即在非肯定性条件下做出的一种决策。决策时对其中有的条件或未来变动因素不能确定,对各方案的结果所出现的概率无法测算,只能根据各种情况下发生的利弊和得失进行决策。

二、企业经营决策过程

要提高决策的科学性和时效性,就必须遵循正确的决策程序。决策过程就是事实决策的程序和步骤,主要有以下几个方面(如图 3-8 所示):

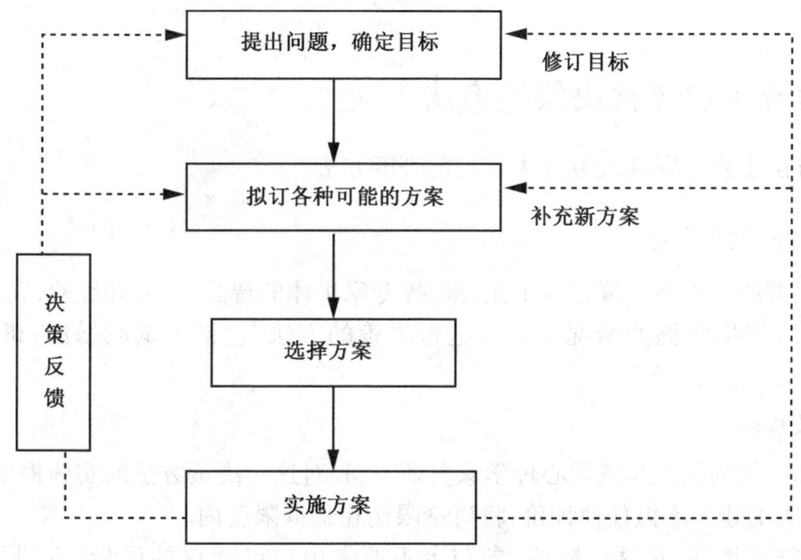

图 3-8 经营决策过程

1. 确定决策目标

在做出决策之前,首先要对市场进行深入细致的调查研究,对企业所处的外部环境和内部条件有充分的了解,客观地分析企业所面临的发展机会和威胁以及企业的优势与劣势。这些都要求企业建立有效的管理信息系统,迅速、准确地搜集与企业生产经营活动有关的信息。通过对这些信息进行处理,制定经营目标。

经营目标是否明确、合理,是保证决策质量的关键。在制定目标的过程中,要分清主要目标和次要目标、战略目标与具体目标、近期目标与长远目标,要使它们之间的关系协调一致、相互推进,而不能使它们相互干扰。目标要明确具体,尽量量化,这样不仅便于分析对比,也便于决策。

2. 拟订可行方案

企业要在确定的经营目标下，根据对信息资料的分析，拟出两个或两个以上可供选择的可行方案。这个过程是发现、探索的过程，也是淘汰、修改、选取反复进行的过程。拟订可行方案是决策的关键，也是一个创新的过程。为此，必须强调以下几点：

(1)能够实现预期目标。

(2)对各种影响因素都能定性与定量地分析。

(3)对不可控的因素也大体能估计出其发生的概率。

3. 对方案进行评价选优

这是决策的关键步骤。它是在对各个可行方案进行计算分析、比较、评价的基础上，由决策者通过总体权衡之后做出科学的决策。选择一个最令人满意的方案需要满足两个条件：一是要有合理的选择标准；二是要有科学的选择方法。

4. 执行决策

选择的方案要付诸实施，并在实施的过程中检查反馈的执行情况，为修订目标提供依据，继而循环往复。

三、物流企业经营决策的方法

决策的方法主要有定性决策方法和定量决策方法。

(一)定性决策方法

定性决策方法是指在决策过程中充分发挥专家集体的智慧、能力和经验，在系统调查研究分析的基础上，根据掌握的情况与资料进行决策的方法，包括头脑风暴法、哥顿法、德尔菲法等。

1. 头脑风暴法

头脑风暴法的创始人是英国心理学家奥斯本，其对这一决策方法的实施提出了四项原则：

(1)对别人的建议不做任何评价，将讨论限制在最低限度内。

(2)建议越多越好，在这个阶段，参与者不要考虑自己建议的质量，想到什么就应该说出来。

(3)鼓励每个人独立思考，广开思路，想法越新颖、越奇异越好。

(4)可以补充和完善已有的建议，使其更具有说服力。

2. 哥顿法

哥顿法(也叫综摄法，Syncretism)是美国人哥顿于1964年提出的决策方法，先由会议主持人把决策问题向会议成员(即专家成员)做粗略的介绍，然后由会议成员讨论解决方案，当会议进行到适当时机，决策者将决策的具体问题提出，使会议成员的讨论进一步深化，最后由决策者吸收讨论结果，进行决策。

3. 德尔菲法

德尔菲法又名专家意见法，是由美国著名的兰德公司在20世纪中期首先提出和使用的一

种专家调查法,是采用背对背的通信方式征询专家小组成员的预测意见,经过几轮征询,使专家小组的预测意见趋于集中,最后做出符合市场未来发展趋势的预测结论。后来该方法被迅速广泛采用,如军事预测、人口预测、医疗保健预测、经营和需求预测、教育预测等。此外,该方法还用来进行评价、决策、管理沟通和规划工作。

(二)定量决策方法

定量决策方法是指运用数学模型及计算机手段,在对决策问题进行定量化分析的基础上进行决策的方法,包括确定型决策方法、非确定型决策方法、风险型决策方法等。

1. 确定型决策方法

确定型决策方法有很多,下面主要介绍盈亏平衡分析的基本原理。

定义:盈亏平衡分析法又叫量本利分析法,是通过分析产量、成本和利润的关系,以盈亏平衡点为依据来评价选择方案的决策方法。它是确定型决策分析的有力工具。盈亏平衡示意图如图 3-9 所示。

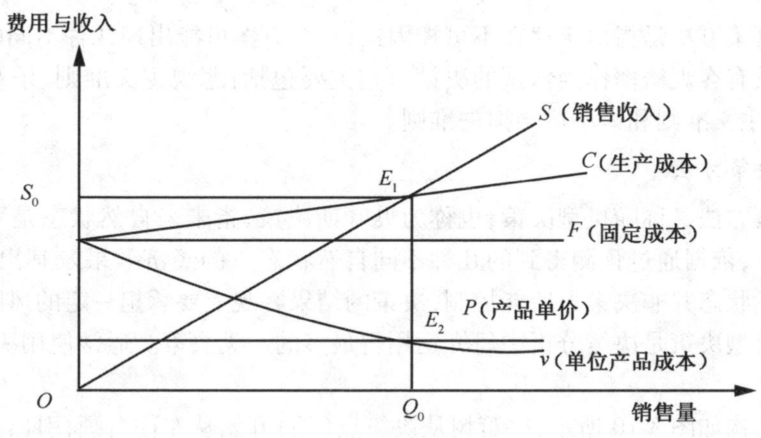

图 3-9 盈亏平衡示意图

概念:

固定成本(F),变动成本(C_v)

产品单价(P),产品销售量(Q)

企业利润(π),盈亏平衡产量(Q_0)

边际贡献($P-C_v$)

$$Q_0 \times P = F + Q_0 \times C_v$$

$$\pi = Q \times P - F - Q \times C_v$$

盈亏平衡点:成本总额与销售收入的相交点。

盈亏平衡点时的产量与成本和利润的关系:

$$Q_0 = F/(p-v)$$

其中:Q_0为盈亏平衡点时的产量, F 为固定成本, p 为单位产品的售价, v 为单位产品的变动成本。

设目标利润为 S,则完成目标利润所需完成的物流量为:

$$Q^* = \frac{F+S}{p-v}$$

例：深圳某运输公司的单位运价为 200 元/千吨 · 千米，单位变动成本为 150 元/千吨 · 千米，每月固定成本为 20 万元。

求：

(1)该运输公司实现盈亏平衡的运输量应为多少？

(2)如果该运输公司 10 月份运输目标利润为 30 万元，至少应完成多少运输量？

分析：

(1) $Q_0 = F/(p-v) = 4\ 000$(千吨 · 千米)

即该运输公司每月完成 4 000 千吨 · 千米运输量时，正好处于盈亏平衡点上。

(2) $Q^* = \dfrac{F+S}{p-v} = 10\ 000$(千吨 · 千米)

即该运输公司每月完成 10 000 千吨 · 千米运输量时，可获得利润 30 万元。

2. 非确定型决策方法

非确定型决策方法是指由于存在不可控因素，一个方案可能出现几种不同的结果，而对各种可能的结果没有客观概率作为依据的决策。它主要包括：悲观主义准则、乐观主义准则、等概率准则、折中主义准则和最小机会损失准则。

3. 风险型决策方法

风险型决策方法又称随机型决策，也称为贝叶斯决策，指未来自然状态是不确定的，在明确目标的情况下，依据通过预测得到的几种不同自然状态下的经济效果及其出现的概率进行决策。由于自然状态并非决策人所能控制，决策的结果客观上要承担一定的风险，所以称为风险型决策。风险型决策是决策分析中研究运用得最多的一类决策。通常使用决策树法进行计算决策。

决策树的结构如图 3-10 所示，决策树从决策点(□)开始从左往右画，引出多条方案分支，每个方案分支代表一个方案，每个方案分支的末端有一个状态节点(○)，从状态节点引出多条概率分支，每个概率分支代表一种自然状态，在概率分支的最末端是效益点(△)，注明了每个自然状态的收益或损失。

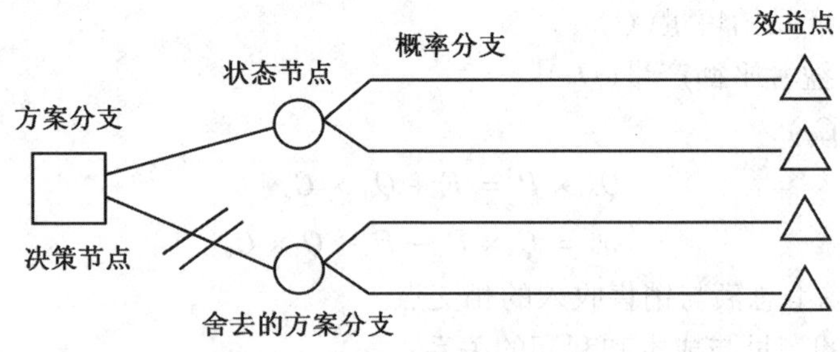

图 3-10 决策树法

利用决策树决策，计算时从右往左算。首先计算各节点的期望值，状态节点的数值等于各概率分支数值之和，并标在状态节点的上方；然后比较各状态节点上期望收益值的大小，从中选出比较满意的方案，将其期望收益值标注在决策点上，同时在舍弃的方案分支上打上修支记号“//”,表示该方案已被删除。

例:某物流企业为了适应市场发展的需要,拟在汉阳沌口扩建一个仓库,提出了两种建设方案。第一种方案是建大仓库,第二种方案是建小仓库。建大仓库需要投资800万元,建小仓库需要投资320万元,两种方案的使用期均为10年。两种方案的收益及自然状态的概率如表3-3所示。试用决策树法选出合理的决策方案。

表3-3 方案收益及自然状态的概率

自然状态	概率	建大仓库	建小仓库
物流业务发展好	0.75	280万元	130万元
物流业务发展差	0.25	-50万元	10万元

解:首先画出决策树图,如图3-11所示。其次根据图3-11计算两种方案的期望值:

建大仓库的期望收益=(280×0.75-50×0.25)×10-800=1 175(万元)

建小仓库的期望收益=(130×0.75-10×0.25)×10-320=630(万元)

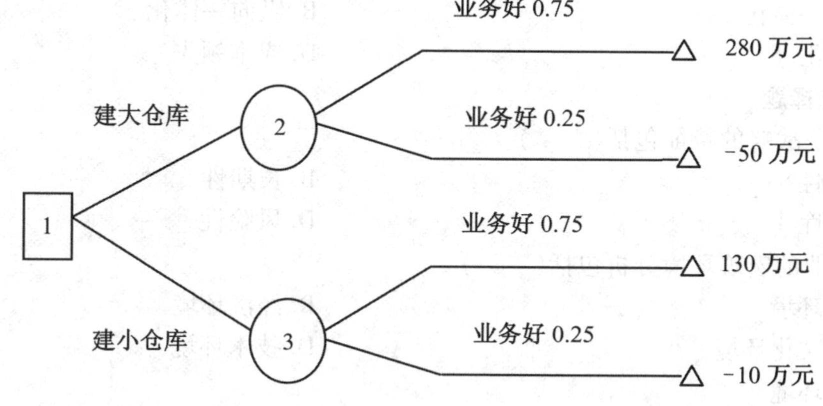

图3-11 决策树

结论:由于建大仓库的期望收益大于建小仓库的期望收益,故选择建大仓库的方案。

课后习题

一、单项选择题

1. 下列哪种决策方法属于完全不确定型决策方法?(　　)
   A. 盈亏平衡分析法　　B. 悲观法
   C. 决策树法　　D. 最小后悔值法
2. 下列哪项属于风险型决策的评价方法?(　　)
   A. 盈亏平衡图法　　B. 小中取大准则
   C. 期望值准则　　D. 决策树法
3. (　　)是将自身的经营范围限定在某一种产品上。
   A. 单一化战略　　B. 多元化战略
   C. 国际化战略　　D. 行业技术状况
4. GNP、经济收入、利率、货币供给等属于(　　)分析。

A. 政治法律环境　　B. 经济环境

C. 社会环境　　D. 科技环境

5. (　　)是指行业中每个竞争者所具有的能力总和。

A. 行业能力　　B. 行业寿命周期

C. 行业规模结构　　D. 行业技术状况

6. (　　)以综合运用铁路、航空、船舶等各运输手段开展货物混合代理业务柔性大,据货主需求提供最合适物流的服务。

A. 综合型物流企业　　B. 功能整合型物流企业

C. 运送代理型物流企业　　D. 缝隙型物流企业

7. SWOT分析法中多种经营型战略是指(　　)。

A. SO战略　　B. WO战略

C. ST战略　　D. WT战略

8. (　　)主要是指企业向自己业务链的前方发展而采取相应的战略措施。

A. 横向一体化　　B. 纵向一体化

C. 集中化　　D. 成本领先

二、多项选择题

1. 物流企业战略的特征包括(　　)。

A. 全局性　　B. 长期性

C. 竞争性　　D. 风险性

2. 物流企业的宏观环境分析包括(　　)。

A. 政治环境　　B. 经济环境

C. 社会文化环境　　D. 技术环境

E. 自然环境

3. 影响物流企业经营的政治环境包括(　　)。

A. 国家政治体制　　B. 国际关系

C. 法律体制　　D. 社会风俗习惯

4. 影响行业内竞争结构及其强度的主要环境因素有(　　)。

A. 现有竞争对手研究　　B. 潜在竞争对手研究

C. 替代品制造商研究　　D. 用户研究

E. 供应商研究

5. 企业战略一般由(　　)要素构成。

A. 产品与市场范围　　B. 发展方向

C. 竞争优势　　D. 资源配置与协调

6. 企业战略管理过程一般包括(　　)。

A. 企业战略分析　　B. 企业战略制定

C. 企业战略实施　　D. 企业战略检查

7. 以适应方式划分的企业经营战略类型包括(　　)。

A. 进攻战略　　B. 防守战略

C. 撤退战略　　D. 专业化战略

8. 依据美国学者迈克尔·波特(Michael Porter)的观点:行业中的竞争来自五种基本竞争力量,它们是(　　)。

A. 潜在的进入者　　B. 替代品的威胁

C. 购买者　　D. 供应者

E. 现有竞争对手

9. 波士顿矩阵使用(　　)矩阵来为企业选择经营领域的战略提供决策参考。

A. 销售(或需求)增长率　　B. 企业相对市场占有率

C. 利润增长率　　D. 资产增长率

三、问答题

1. 说明物流企业战略的含义、目标及其构成要素。
2. 试述物流企业战略管理的内容及分析方法。
3. 简述物流企业战略规划的定义及战略类型。
4. 试述物流企业战略实施的原则和要点。
5. 简述物流企业战略的类型。
6. 简述物流企业经营决策的概念、类型、步骤和方法。

四、案例分析题

宝供物流的发展战略分析

1. 宝供是如何开展第三方物流服务的

一是物流策划,包括物流规划与模式设计,按客户的需求进行个案分析,为客户度身量体设计出独特而适宜的物流规划方案,从而支持和满足客户持续发展的需要。

二是物流运作管理,包括运输、仓储、装卸、包装、分拣和理货等管理,以规范化的业务运作管理系统,规范业务部门的运作标准,明确规定业务运作管理机构的设置及职能、操作岗位及职责、作业分类及运作流程、各项作业的标准操作程序(SOP)以及考核办法。

三是物流信息,包括信息系统规划、信息技术支持、信息管理,为公司和客户双方监控物流过程提供实时、准确的信息服务。

第三方物流服务,能够向客户提供专业化、规范化和更经济的物流运作管理服务,使客户放心地将原材料采购、运输、仓储和产成品加工、配送等物流服务业务交由宝供第三方物流企业去运作,有利于客户专注于主业的发展,增强企业的市场竞争能力。它推动了中国现代物流实现跨越性的发展,全面提升了中国现代物流的管理水平和运作水平,进一步满足了市场发展的需要,从而提升了企业的物流服务水平。

2. 宝供第三方物流经过的步骤

1994年起至今,随着客户分销网络的拓展,宝供集团逐渐建立起覆盖全国的分支机构体系,并向境外延伸,形成了国内第一个覆盖全国、提供物流全过程服务的物流运作网络,业务蒸蒸日上,声誉不断提高。在为客户提供服务的过程中,宝供集团始终秉承"为客户创造价值"的经营理念,不断优化客户服务模式、提高服务质量、降低物流成本。从2000年至今,宝供已先后完成客户的物流系统整合优化,使客户分销中心数量、库存水平明显降低,服务质量也得到了很大改善,创造了巨大的整合价值。宝供在为飞利浦公司提供服务的两年多时间里,通过信息技术的运用和运作模式的改变,使其从几十万台的电视机库存下降到几万台,利润直线上升。1997年,宝供集团建成国内第一个INTERNET(国际互联网络)/INTRANET(企业内部互联网络)的物流信息系统,在与客户进行电子数据交换方面取得了重大突破,并在此基础上实现了企业间物流、资金流、信息流的流程整合,优化了客户供应链,标志着第三方物流服务供应链体系的形成。

(1)不断创新经营理念,促进物流经营的现代化物流业是一门新兴产业,现代物流不同于传统意义上的仓库、运输,而是集各种现代高科技手段、网络信息通信技术以满足客户的需要建立起来的供应链一体化物流服务。

(2)宝供集团自成立之日起,就不断汲取国外先进物流理念,大胆探索和创新。集团成立初期,基于对市场的敏锐观察和分析,率先打破传统的分块经营、多头负责的储运模式,建立门对门的物流服务方式。

(3)充分发挥第三方物流服务的优势,增强企业的市场竞争力。所谓第三方物流服务,是指相对于生产、消费的“第三方”为生产和消费双方提供的专业化的物流服务。宝供集团第三方物流经营模式,是以市场需求为导向,以物流系统优化为基础,以信息技术和管理技术为手段,推动资源的合理配置和社会优势资源的整合,构筑完整的综合价值链,为客户提供一体化、专业化、全过程的物流服务。

3. 宝供的主要劣势表现在哪些方面?请对宝供的发展战略提出自己的想法和建议。

主要劣势:

(1)客户需求:宝供最初的业务是仓储和运输,凭借灵活的经营方式和优质的服务,1994年它迎来了对自己未来事业产生深远影响的客户——宝洁公司。然而,宝洁遍布全球业务的疯狂扩张给只在广州打天下的宝供造成很大的压力。

(2)内部管理需求:以前依仗着宝洁较完善的业务运作规范,管理以本地为核心的业务并不困难,但分支机构多了以后,总部对整个公司的业务运作和质量进行监控就成了一个难题。

4. 宝供集团未来几年的企业发展战略主要规划

(1)供应链一体化发展战略

宝供集团十年来致力于现代企业供应链一体化的高水准服务,并形成领先行业的水平和基础。近年来开始探索和实践在流通领域中的分销及连锁企业中的配送业务、港口物流业务和快运业务,并取得成效。基于对未来市场变化的判断,宝供集团决定在未来的3~5年间,投入较大的资源,通过与铁路、航空、港口等的合作,致力于形成包括供应链物流、快运业务、流通配送为主体的三大物流体系和服务网络,以提升宝供集团的整体竞争力和企业价值。

(2)网络战略

①为了更好地适应市场发展以及客户的需求,发挥宝供全国运作网络的作用,提高物流运作水平,宝供集团拟在全国20条主要干线构造一个安全、稳定、准时、可靠的快速通道,现在已经开通了广州—上海的定时汽车班车,与大连港合作开通了广州—大连的南北航线;拟进一步与铁路部门及航空公司共同开辟新的运输线路,与其他同行探讨以武汉为中心的南北干线的交叉理货中心的建设。最后将形成一个快速的干线运输网络。

②在全国10个主要城市开展深度分销配送业务,构建一个BTOB,BTOC的运作网络,形成一个干线运输(大动脉)、区域配送(血管)和城市配送(毛细血管)三级联动的运输配送体系。目前,配送业务已经在广州、上海、北京、沈阳、成都等地正式启动,配送的范围有的已经到达了蒙古包、漠河边疆、哨所,以及乡镇和家庭,最后将形成一个深度覆盖的配送网络。

(3)基地战略

为适应中国加入WTO所带来的机遇以及生产模式、营销模式的变化,宝供集团拟在全国15个经济发达城市投资建设大型现代化的基于支持全球供应链一体化的综合性物流服务平台(每个服务平台占地面积20万~60万平方米),形成一个以现代化物流服务平台为节点的运作网络。该平台不仅是一个现代物流中心,还是商品增值服务中心、商品采购中心、运输中心、交叉理货中心、多种运输交换作业中心,同时也是商品交易中心、金融结算中心、信息处理服务中心,从而成为国内采购集团的采购中心、国内外著名品牌在不同区域的分销中心以及当地工商企业的物流中心。

(4)科技战略

为了更好地服务客户,向客户提供更多、更好、更快的物流服务,促使物流生产模式由人力密集型向技术密集型转变,不断提高运作效率和管理水平,宝供加大了技术开发力度,以科技促发展,逐步提高公司的技术水平。宝供不仅加大力度完善、提升它现有物流信息管理系统的服务能力,还与全球著名的IBM公司签订了有关引进国外先进信息技术的合同,以及共同联手打造了一个基于支持全球供应链一体化的信息服务平台。同时,宝供还将引进国外先进成熟的适应中国物流状况的部分信息系统、软硬件技术以及运作设备和运作技术。

思考题

宝供物流是如何进行战略分析的?它的战略规划的内容有哪些?

项目四 物流企业业务管理

●学习目标

知识目标

掌握运输管理的概念及其原理,掌握合理运输的内涵以及运输合理化的措施,理解集装箱运输以及国际多式联运的特点;掌握仓储管理的基本概念,理解商品养护相关内容,理解库存控制相关内容;掌握配送的概念及流程,理解配送不合理的表现,掌握降低配送合理化的途径。

技能目标

运用 ABC 分类法进行仓储管理,掌握定期订货法和定量订货法,理解安全库存控制;理解配送的模式及配送成本的优化途径。

●引导案例

百胜物流连锁餐饮企业运输管理之道

对于连锁餐饮这个锱铢必较的行业来说,靠物流手段节省成本并不容易。然而,作为肯德基、必胜客等业内巨头的指定物流提供商,百胜物流公司抓住运输环节大做文章,通过合理地运输安排、降低配送频率、实施歇业时间送货等优化管理方法,有效地实现了物流成本的“缩水”,给业内管理者指出了一条细致而周密的降低物流成本之路。对于连锁餐饮业来说,由于原料价格相差不大,物流成本始终是企业成本竞争的焦点。

据有关资料显示,在一家连锁餐饮企业的总体配送成本中,运输成本占到 60% 左右,而运输成本中的55%～60%又是可以控制的。因此，降低物流成本应当紧紧围绕运输这个核心环节。

一、合理安排运输排程

运输排程的意义在于，尽量使车辆满载，只要货量许可，就应该做相应的调整，以减少总行驶里程。

由于连锁餐饮业餐厅的进货时间是事先约好的，这就需要配送中心根据餐厅的需要制作一个类似列车时刻表的主班表，此表是针对连锁餐饮餐厅的进货时间和路线详细规划制定的。

安排主班表的基本思路是，首先计算每家餐厅的平均订货量，设计出若干条送货路线，覆盖所有的连锁餐厅，最终达到总行驶里程最短、所需司机人数和车辆数最少的目的。

在主班表确定以后，就要进入每日运输排程，根据实际货量对配送路线进行调整，通过对所有路线逐一进行安排，可以去除几条送货路线，至少也能减少某些路线的行驶里程，最终达到提高车辆利用率、提高司机工作效率和降低总行驶里程的目的。

二、减少不必要的配送

对于产品保鲜要求很高的连锁餐饮业来说，减少不必要的配送可以有效地降低物流配送成本。

在运输方面，餐厅所在路线的总货量不会发生变化，但配送频率上导致运输里程上升，相应的油耗、过路桥费、维护保养费和司机人工时都要上升。

三、提高车辆的利用率

车辆时间利用率也是值得关注的，提高卡车的时间利用率可以从增大卡车尺寸、改变作业班次、二次出车和增加每周运行天数四个方面着手。由于大型卡车可以每次装载更多的货物，一次出车可以配送更多的餐厅，由此延长了卡车的在途时间，从而增加了其有效作业的时间。这样做还能减少干路运输里程和总运输里程。虽然大型卡车单次的过路桥费、油耗和维修保养费高于小型卡车，但其总体上的使用费用绝对低于小型卡车。运输成本是最大项的物流成本，所有别的职能都应该配合运输作业的需求。所谓改变作业班次，就是指改变仓库和别的职能的作业时间，适应实际的运输需求，提高运输资产的利用率。否则朝九晚五的作业时间表只会限制发车和收货时间，从而限制卡车的使用。如果配送中心实行24小时作业，卡车就可以利用晚间二次出车配送，大大提高车辆的时间利用率。在实际物流作业中，一般会将餐厅分成可以在上午、下午、上半夜、下半夜4个时间段收货，据此制定仓储作业的配套时间表，从而将卡车利用率最大化。

四、尝试歇业时间送货

目前我国城市的交通限制越来越严，卡车只能在夜间时段进入市区。由于连锁餐厅运作一般到夜间24点结束，如果赶在餐厅下班前送货，车辆的利用率势必非常有限。随之而来的解决办法就是利用餐厅的歇业时间送货。

歇业时间送货避开了城市交通高峰时间，既没有顾客的打扰，也没有餐厅运营的打扰。由于餐厅一般处在繁华路段，夜间停车也不用像白天那样有许多顾忌，可以有充裕的时间进行配送。由于送货窗口拓宽到了下半夜，使卡车可以二次出车，提高了车辆利用率。

在餐厅歇业时段送货的最大顾虑在于安全。餐厅没有员工留守，司机必须拥有餐厅钥匙，掌握防盗锁的密码，餐厅安全相对多了一层隐患。卡车送货到餐厅，餐厅没有人员当场验收货物，一旦发生差错很难分清到底是谁的责任，双方只有秉承诚信的原则妥善处理纠纷。歇业时间送货要求配送中心和餐厅之间有很高的互信度,如此才能将系统成本降低。所以,这种方式并非在所有的地方都可行。

结合案例讨论百胜物流公司是如何进行企业运输管理的。

任务一 运输管理

一、运输的概念

运输是物流作业中最直观的要素之一,是指人和物的载运及输送。本书中的运输专指"物"的载运及输送,是在不同地域范围间(如两个城市、两个工厂之间,或一个大企业内相距较远的两车间之间),以改变"物"的空间位置为目的的活动。运输与搬运的区别在于,运输是较大范围的活动,而搬运是在同一地域之内的活动。运输是物流的基本功能之一。运输工作是物流工作中一个十分重要的环节,在整个物流过程中具有举足轻重的特殊地位。在现代生产中,生产越来越专门化、集中化,生产与消费被分割的状态越来越严重,被分割的距离亦越来越大,因而,运输的地位也越来越高。

运输是指人和物的载运及输送,我们这里的研究对象是指货物运输,货物运输以改变"物"的空间位置为目的,根据《中华人民共和国国家标准物流术语》中的定义,运输是指"用设备和工具,将物品从一地点向另一地点运送的物流活动,其中包括集货、卸下、分散等一系列操作"。从运输的地位来看,运输既是物流的主要功能要素之一,也是社会物质生产的必要条件之一。运输可以创造"场所效用",还是"第三利润源"的主要构成。

二、运输的功能和原理

1. 运输功能

(1)货物位移。

(2)货物临时储存。

2. 运输原理

运输营运和管理的两个基本原理是规模经济和距离经济。

(1)规模经济的特点表现为随着运输工具装载量的增长,每单位载重量运输成本下降。

(2)距离经济是指每单位运输距离的成本随着运输距离的增加而减少。

三、货物运输方式

(1)按运输设备及运输工具区分,可以分为铁路运输、公路运输、水路运输、航空运输、管道运输。其中管道运输比较特殊,只适合流体、气体运输。这五种运输方式各有其优缺点,选择时应综合考虑、扬长避短,充分发挥每种运输方式的优势。运输方式的选择应满足运输的基本要求,即经济性、迅速性、安全性和便利性。由于运输对象、运输距离和运输时限的不同,对以上四方面要求的程度也不同。

(2)按运输线路区分,可以分为干线运输、支线运输、城市内运输和厂内运输。

(3)按运输的作用区分,可以分为集货运输和配送运输。

(4)按运输的协作程度区分,可以分为一般运输、联合运输、多式联运。

四、运输工具

(1)铁路运输工具分为铁路机车:蒸汽、内燃、电力;铁路车辆包括平车、敞车、棚车、罐车、漏斗车、保温及冷藏车、特种车。

(2)公路运输工具以普通货车为例,分为轻型货车(2 吨以下),中型货车(2～8 吨),重型货车(8 吨以上);厢式货车,专用车辆,自卸车以及牵引车和挂车。

(3)水路运输工具主要包括船、驳、舟、阀,物流领域使用的货船主要有集装箱船、散装船、油船、液化气船、滚装船、载驳船、冷藏船以及运木船。

五、五种运输方式的特点

(一)公路运输

公路运输组成部分包括:路基、路面、桥梁、涵洞、隧道、防护工程、排水设备、山区特殊构造物;等级:高速公路;一～四级公路。由于汽车已成为公路运输的主要运载工具,因此现代公路运输主要指汽车运输。公路运输的空间活动灵活性大,其突出优点就是提供货物的"门到门"运输服务,其在货物运送过程中一般无须中转,从发站装运至到站卸货的运输速度快。随着各国高速公路和载重卡车的发展,公路货物运输的送达速度和载运量将大大提高,并有利于向长途运输方向发展。公路运输虽存在成本高、载运量小、耗能大、劳动生产率低等不利方面,但其也有很多有利方面,如对不同的自然条件适应性强,投资少,机动灵活,货物送达速度快,货物无须换装就可直接送达指定的地点,便于开展"门到门"运输等。因此,可广泛服务于地方与城乡的商品交流,并为干线交通集散货物。公路运输还可深入到小城镇、农村、边远地区及一些铁路无法到达的工矿企业,这是其他运输方式所无法代替的。

公路运输主要适用于以下作业:

1. 近距离的独立运输作业

主要是中短途运输。由于高速公路的不断延伸,汽车运输从短途逐渐形成短、中、远程运输并举的局面,即长途汽车运输也将很有市场。

2. 补充和衔接其他运输方式

补充和衔接是指当其他运输方式担负主要运输时,由汽车担负起点和终点处的短途集散运输,完成其他运输方式到达不了的地区的运输任务。

(二)水路运输

水路运输的水运航线包括国际大洋航线、地区性的国际航线、沿海航线,定期航线、非定期航线,近洋航线、远洋航线。水路运输又可分为海运和内河运输,海运又包括沿海和远洋运输两种。水路运输具有运载量大、运费低、耗能少、投资省、可不占或少占农田等优越性,但受自然条件限制,水路运输又存在连续性差,速度慢,联运货物要中转换装等不利因素,从而延缓了货物的到达速度,也增加了货损、货差。水路运输适用于运量大、运距长的大宗货物的运输。

根据水路运输的特点,在运输体系中,水路运输主要承担以下作业任务:

(1)承担大批量货物,特别是集装箱运输。

(2)承担原料、半成品等散货运输,如建材、石油、煤炭、矿石、谷物等。

(3)承担国际贸易运输,即远距离、大运量、不要求快速抵达的国际客货运输。

(三)铁路运输

随着现代信息技术与科技的发展,铁路业不断得到发展,比如,应用计算机进行线路的制定和规划,将先进材料与技术用于铁路装备、路基和终点站升级,改善车厢识别系统,在主要城市间开通磁浮直达专列等,这些都推进了铁路运输的发展。

(四)航空运输

航空运输是上述各种运输方式中的后起之秀,且利用程度也是相对最低的运输方式。我国航空货物运输发展较晚,但发展迅速,随着世界经济以及旅游业的发展,各国航空运输在运输结构中所占的比例越来越大,航空运输的完善与否已成为衡量一个国家运输现代化与信息化的重要指标。

航空运输的主要特征是它的线路是自然的,因此,原则上不需要维护成本。另外,航空运输具有速度上的优势。与受到表面摩擦影响的平面交通不同,飞机的速度很快,并且能在出发地与目的地之间走直线,距离短。但机场需要占用大面积的土地,同时需要大量的设施来保证旅客和货物处理时的高效和安全。机场基础结构的建设、运营和维护需要花费高额成本,部分成本通过向航空公司和私人飞机拥有者收取起降费的方式得以回收。

航空运输的适用范围:

(1)航空运输成为国际运输的重要工具。这是航空运输的主要收入来源,目前国际的很多货物运输基本上依赖于航空运输,这对于扩大对外开放,促进国际间技术、经济合作与文化交流具有重要意义。

(2)航空运输适于高附加值、质量轻、体积小的物品运输。

(3)航空运输虽然没有特定的商品要求,它与其他运输方式最大的区别在于:大多数的航空运输发生在紧急的情况下,而不是以通常的时间要求为基础。当证明高成本下收益是划算的情况时,厂商们通常会利用定期或不定期的航空服务来运输货物。像零部件或生命周期短的日常消费产品都可能成为航空运输的候选对象。

(4)航空运输是快捷运输的途径。高价值或极易腐烂的产品最有可能成为正常空运的产品;季节性强的商品,比如圣诞产品、高级时装类的产品等,航空运输是物流作业较为合适的运输方式。由于这个特性,对于价值较高或紧急物资及跨国际运输,航空运输是较为理想的运输方式。

(5)航空运输是邮政运输点的重要手段。

(6)航空运输是实现多式联运的一种重要运输方式。

(五)管道运输

管道运输相对于其他运输模式在成本和可靠性上具有一定的优势,使得托运人有兴趣利用管道运输其产品。一般地,如果某产品呈液态(或浆态)、气态,或可以转变成这些形态,就可以用管道运输。当其他运输方式成本上升时,托运人可能会更多地考虑用管道来运输非传统的产品。

适用范围:管道运输主要承运单向、定点、量大的流体状货物(如石油、油气、煤浆、某些化学制品原料等)的运输。另外,在管道中利用容器包装运送固态货物(如粮食、砂石、邮件等),也具有较好的发展前景。

六、货物运输合理化

(一)运输合理化的含义

影响运输的合理化因素(合理运输"五要素")包括运输距离、运输环节、运输工具、运输时间以及运输费用。

(二)不合理运输的表现形式

1. 空驶

空车无货载行驶是最典型的不合理运输的表现形式。空驶的原因包括:一是利用自备车送货提货,往往是单程重车、单程空驶;二是由于工作失误或者计划不周,造成货源没有落实,车辆空去空回,导致双程空驶。

2. 对流运输

对流运输是指同一种货物在同一线路或平行线路上做相对方向的运送。它有明显对流和隐蔽对流两种表现形式。

明显对流是指同类或可以互相代替的货物沿着同一线路相向运输;隐蔽对流是指同类或可以互相代替的货物以不同的运输方式在平行路线上或不同的时间上沿着同一线路进行相向运输。

3. 迂回运输

迂回运输是指不经过最短路线绕道而行,舍近求远的一种不合理运输。

4. 重复运输

重复运输是指原本可直接运到目的地,但中途卸下,再重复装运送达目的地的运输。

5. 倒流运输

倒流运输是对流运输的一种派生形式,是指货物从销地或中转地向产地或起运地回流的一种运输现象。

6. 过远运输

过远运输是指选择供货单位时,不就地就近获取某种商品或物资,而是舍近求远地从外地或远处运来同种商品或物资的运输。

7. 无效运输

无效运输是指运输的杂质过多,使运输能力浪费于不必要物资的运输。

8. 运力选择不当

常见的运力选择不当有三种类型:一是弃水走陆;二是铁路、水路大型船舶的过近运输;三是运输工具承载能力选择不当。

9. 托运方式选择不当

货主在托运货物时没有选择对自己最有利的运输方式,从而造成运力的浪费以及费用支出加大。

10. 超限运输

超限运输是指在公路上行驶的各种机动车辆装载货物超过一定限度或者车辆轴载超过了规定值所规定的行为。

(三)运输合理化的有效措施

(1)提高运输工具实载率。

(2)采取减少动力投入、增加运输能力的有效措施。

(3)发展社会化的运输体系。

(4)尽快发展直达运输。

(5)配载运输。

(6)发展特殊运输技术和运输工具。

(7)通过流通加工使运输合理化。

七、集装箱运输

1. 集装箱的概念

任何一种容器只要满足下述条件,就可称为集装箱:

(1)能长期反复使用,具有足够的强度。

(2)途中转运不用移动箱内货物,可以直接换装。

(3)可以进行快速装卸,并可从一种运输工具直接方便地换装到另一种运输工具。

(4)便于货物的装满和卸空。

(5)具有 1 m^3(35.32 ft^3)以上的容积。

2. 集装箱运输的优点

(1)提高货运速度,加快运输工具及货物资金的周转。

(2)减少货损、货差,提高货运质量。

(3)简化货物包装,节约货物包装费用,减少运杂费用。

(4)车船周转加快,装卸费减少,劳动条件改善,运输成本降低。

(5)不受气候影响,实现了定点、定期运输及装卸作业。

3. 集装箱运输的基本活动

集装箱运输流程中对货物或货物的载体(集装箱)所进行的各种操作,包括位置的移动和集装箱的连接与分离,由这些基本活动可构成一个完整的集装箱运输流程。

集装箱运输流程主要有:与货物、集装箱联接和分离有关的装箱、拆箱、拼箱。

使集装箱发生位移的运输活动主要包括海上运输与内陆集疏运对集装箱体进行操作的活动以及集装箱交接活动。

八、国际多式联运

国际多式联运是指由多式联运经营人使用两种或两种以上的不同运输方式将货物运至目的地的国际货物运输。

国际多式联运以集装箱运输或集装箱货物为主体,从某种意义上讲,多式联运就是集装箱多式联运。它通常是以集装箱为运输单元,将不同的运输方式有机地组合在一起,构成连续的、综合性的一体化货物运输,通过一次托运、一次计费、一份单证、一次保险,由各运输区段的承运人共同完成货物的全程运输,即将货物的全程运输作为一个完整的单一运输过程来安排。

1. 国际多式联运的特征

(1)必须订立国际多式联运合同。

(2)全程运输必须使用国际多式联运单据。

(3)必须使用两种或两种以上不同的运输方式。

(4)必须是国际的货物运输。

(5)多式联运经营人对全程运输负责。

2. 国际多式联运的运输组织形式

(1)海陆联运。

(2)陆桥运输。

(3)海空联运。

九、网络经济时代运输的发展趋势

新经济提供的信息技术、网络技术、物流机械装备的大规模技术、自动化技术等,已经使构成物流的运输活动发生了很大的变化,形成了新的发展趋势。

(1)运输地位的变化:运输从物流的主导地位变成现代物流的支撑因素。

(2)运输结构的变化:承担大量运输的远洋海运;承担多品种、少批量、多批次的长距离空中快运;二类运输形式的比重将有比较大的增长;不同运输方式的一体化。

十、开展合理运输的措施

(一)充分利用发挥运输各要素的能力

1. 提高运输工具实载率

提高实载率的意义在于充分利用控制运输工具的额定能力,减少空驶和不满载行驶的时间。提高装载效率,是组织合理运输、提高运输效率和降低运输成本的重要内容。一方面,可最大限度地利用车辆载重吨位;另一方面,可充分使用车辆装载容积。其主要做法有以下几种:

(1)组织轻重配装,把实重货物和轻泡货物组装在一起,既可充分利用车船装载容积,又能达到装载重量,以提高运输工具的使用效率,降低运输成本。

(2)实行解体运输。对一些体大笨重、不易装卸又容易碰撞致损的货物,如自行车、缝纫机和科学仪器、机械等,可将其拆卸后分别包装,以缩小所占空间,便于装卸和搬运,提高运输装载效率,降低单位运输成本。

(3)高效的堆码方法。根据车船的货位情况和不同货物的包装形状,采取各种有效的堆码方法,如多层装载、骑缝装载、紧密装载等,以提高运输效率。当然,推进物品包装的标准化,逐步实行单元化、托盘化,是提高车船装载技术的一个重要条件。

2. 减少劳动力投入,增加运输能力

在运输设施建设已定型和完成的情况下,尽量减少能源投入,提高产出能力,降低运输成本。

3. 选择合理的运输方式,降低运输成本

(1)选择合适的运输工具

在交通运输事业日益发展、各种运输工具并存的情况下,必须注意选择合适的运输工具和运输路线。要根据不同货物的特点,分别利用铁路、水运或汽车运输,选择最佳的运输路线。应该走水运的不要走铁路,应该用火车的不要用汽车;同时,积极改进车辆的装载技术和装载方法,提高装载量,运输更多的货物,提高运输生产效率。

(2)实行联合运输

实行综合一贯制运输,即卡车承担末端输送的复合一贯制运输是复合一贯制运输的主要形式,在一般情况下两者是等同的。综合一贯制运输是把卡车的机动灵活和铁路、海运的成本低廉(即便利和经济)及飞机的快速等特点组合起来,完成门到门的运输;是通过优势互补,实现运输的效率化、费用低廉化、缩短运输时间的一贯运输方式。如卡车—铁路—卡车、卡车—船舶—卡车、卡车—飞机—卡车、卡车—船舶—铁路—船舶—卡车、卡车—船舶—卡车—飞机—卡车等。交通运输部门的制度规定,凡交通运输部门直属运输企业,对复合一贯制运输的运费一律核减15%;地方经营船舶运输时,运费一律核减15%。此外,我国内贸部规定,凡是交通运输部门能办联运的,一律不办中转业务。复合运输中发货单位在发货时,只要在起始地一次办理好运输手续,收货方在指定到达站即可提取运达的商品。它具有一次起运、手续简

便、全程负责的好处。

因此,综合一贯制运输是指充分利用铁路、汽车、船舶和飞机等各自的特点,并组合其中两种以上运输方式的运输。

(3)开展国际多式联运

国际多式联运是一种高效的运输组织方式,它集中了各种运输方式的特点,扬长避短,融会一体,组成连贯运输,达到简化货运环节、加速货运周转、减少货损货差、降低运输成本、实现合理运输的目的,比传统单一的运输方式具有无可比拟的优越性。在多式联运方式下,不论全程运输距离多远,不论需要使用多少种不同的运输工具,也不论中途需要经多少次装卸转换,一切运输事宜由多式联运经营人统一负责办理。对货主来说,只需办理一次托运,签订一个合同,支付一笔全程单一运费,取得一份联运单据,就有人负责履行全部责任,这样可以节约大量的手续费用及中转费用等。

多式联运是直达、连贯的运输,各个运输环节配合密切、衔接紧凑,中转迅速而及时,中途停留时间短。此外,多式联运以集装箱为主体,货物封闭在集装箱内,虽经长途运输,无须拆箱和搬动,这样既减少了货损货差,又可以防止污染和被盗,能够较好地保证货物安全、迅速、准确、及时地运到目的地。

货物在启运地被装上第一程运输工具后,货主就可以凭承运人签发的联运提单到银行结汇,这样就可以加快资金周转,节省利息支出。使用集装箱运输可以节省货物包装费用和保险费用;此外,多式联运全程使用一份联运单据,简化了制单手续,节省了大量时间、人力和物力,尤其由于多式联运经营人以包干方式收取全程单一运价,使货主能事先核算运输成本,为贸易的开展提供了有利条件。

(4)分区产销平衡合理运输

在物流活动中,对某一货物,应使其一定的生产区固定于一定的消费区。根据产销的分布情况和交通运输条件,在产销平衡的基础上,按照近产近销原则,用最少的运输里程组织运输活动。它加强了产、供、运、销等的计划性,消除了过远、迂回、对流等不合理运输,在节约运输成本及费用后,降低了物流成本。实践中,它适用于品种单一、规格简单、生产集中、消费分散,或者生产分散、消费集中且调运量大的货物,如煤炭、水泥、木材等。

(二)设计合理的运输方案

根据不同的运输内容设计合理的运输方案可以有效地降低物流运输成本。

1. 直达运输

直达运输是追求运输合理化的重要形式。其对合理化的追求要点是通过减少中转过载换载,从而提高运输速度,节省装卸费用,降低中转货损。直达的优势,尤其是在一次运输批量和客户一次需求量达到了一整车时表现最为突出。此外,在生产资料、生活资料运输中,通过直达建立稳定的产销关系和运输系统,也有利于提高运输的计划水平,考虑用最有效的技术来实现这种稳定运输,从而大大提高运输效率。特别值得一提的是,如同其他合理化措施一样,直达运输的合理性也是在一定条件下才会有所表现,不能绝对认为直达一定优于中转,这要根据客户的要求,从物流总体出发做综合判断。从客户需要量来看,批量大到一定程度时,直达是合理的;批量较小时,中转是合理的。

2. 配载运输

配载运输是充分利用运输工具载重量和容积，合理安排装载的货物及载运方法以求得合理化的一种运输方式。配载运输也是提高运输工具实载率的一种有效形式。配载运输往往是轻重货物的混合配载，在以重质货物运输为主的情况下，同时搭载一些轻包货物，如海运矿石、黄沙等重质货物，在仓面搭运木材、毛竹等，铁路运矿石、钢材等重物上面搭运轻包农、副产品等，在基本不增加运力投入且基本不减少重质货物运输的情况下，解决了轻泡货的搭运，因而效果显著。提高堆码技术，即根据运输工具的特点和物品的包装形状，采取有效堆码方法，提高运输工具的装载量等。

3. 直拨运输

直拨运输是指商业、物资批发等企业在组织货物调运过程中，对当地生产或由外地到达的货物不运进批发站仓库，而是采取直拨的方式，将货物直接分拨给基层批发、零售中间环节甚至直接用户，以减少中间环节，并在运输时间与运输成本方面收到双重的经济效益。在实际工作中，通常采用就厂直拨、就车站直拨、就仓库直拨、就车船过载等具体运作方式，即“四就”直拨运输。与直达运输里程远、批量大相比，直拨运输的里程较近、批量较小。

4. 合整装车运输

合整装车运输主要是指在商业、供销等部门的杂货运输中，由同一个发货人将不同品种发往同一到站、同一个收货人的少量货物组配在一起，以整车方式运输至目的地；或将同一方向不同到站的少量货物集中地配运在一起，以整车方式运输到适当的中转站，然后分运至目的地。采取合整装车运输，可以减少运输成本和节约劳动力。实际工作中，通常采用零担拼整直达、零担拼整接力直达或中转分运、整车分卸、整装零担等运作方式。实现物流运输方案的合理化有许多问题有待研究。在研究不同物流运输服务方案时应考虑以下几个方面：运输方式的选择；运输路线的确定；运输工具的配备；运输计划的制订；运输环节的减少；运输时间的节省；运输质量的提高；运输费用的节约；运输作业流程的连续性等。

任务二 仓储管理

一、商品储存的含义

仓储是指在特定的场所储存物品的行为。所以，在物流系统中，运输和仓储是物流的两个主要的功能要素，是物流的两大支柱。仓库储存的物资叫存货，是储存作为今后按预定的目的使用而处于闲置或非生产状态的物料。存货包括消耗品、原材料、在制品和成品。库存表示某段时间内持有的存货（可看见、可称量和可计算的有形资产）。储备是一种有目的地储存物资的行动，是一种能动的储存形式，是有目的、能动地使生产领域和流通领域物资地暂时停滞，是储存起来以备急需的物品。储存可以在任何位置,不一定在仓库,也不一定具有储备的要素。但在一般情况下,储存和储备两个概念是不做区分的。商品储存就是指在商品生产出来之后而又没有到达消费者手中之前所进行的商品存储的过程。商品储存是包含商品库存和商品储备在内的一种广泛的经济现象,是一切社会形态都存在的一种经济现象。

二、商品储存的作用

仓储在物流操作中的作用包括以下几个方面:

1. 运输整合和配装

由于运输所具有的规模经济特征,即大批量运输是降低运输成本和节省运费的有效手段。因此,通过在仓储过程中整合众多小批量的货物,实行轻重搭配,合并运输,通过成组、托盘化作业,可充分利用运输工具,降低运输成本。

2. 分拣和产品组合

通过整合运达消费地的物品,根据仓库货物的流向、时间的不同进行分类分拣,分别配载,将小批量的货物在仓库组合成大的运输单元,从而降低运输成本。

3. 流通加工

通过仓储与流通加工的结合,既不影响流通速度,又能满足市场消费变化和不同客户的需要。

4. 存货控制

存货意味着资金成本、保管费用的增加,并产生损耗和浪费。存货控制是物流管理的重要内容,就是对仓储中的货物存量进行控制,包括存量控制、仓储点安排、补充控制和出货安排等工作。通过商品储存,可以调节商品的时间需求,进而消除商品的价格波动;通过商品储存,可以降低运输成本,提高运输效率;通过商品在消费地的储存,可以达到更高的客户满意度;通过商品储存,可以更好地满足消费者个性化消费的需求。

三、商品储存的过程

(1)接收商品环节。
(2)存放商品环节。
(3)拣取商品环节。
(4)配送商品环节。

四、商品储存规划

(1)储存场所的分配。
(2)储存场所的布置。
(3)堆垛设计。
(4)建立储存秩序。

五、储存场所的分配

储存场所的分配是指在仓库作业区内,为库存商品分配适宜的存放地点。其目的是做到物得其所,库尽其用,地尽其力。包括:保管区域的划分,库房、料棚、料场的分配,对楼库各层的使用分配,确定存入同一库房的商品品种。

六、商品储存场所的布置

商品储存场所的布置指按照一定的原则,将各种待储存商品合理地放置在库房、货棚和货场的平面与空间。它分为平面布置和竖向布置。保管场所的布置,应满足下列要求:

(1)最大限度地提高保管场所的平面利用率和空间利用率。

(2)有利于提高商品保管质量,符合技术作业过程的要求,便于日常查点和收发。

(3)便于机械化作业。

七、商品堆垛设计

1. 对堆垛的基本要求

(1)科学合理。

(2)稳固安全。

(3)简易方便。

(4)整齐美观。

2. 商品堆垛内容

(1)垛基。

(2)垛形。

(3)货垛参数:长、宽、高。

(4)堆码方式。

(5)货垛加固与苫盖。

八、储存秩序的建立

1. 货位编号

四号:库房号;货垛(货架号);层号:货位顺序号。

2. 货位分配

货位分配包括固定货位和自由货位(随机货位)。

九、货架类型的选择

库存商品,一部分就地堆垛,一部分应存入货架。

货架分类:

(1)按结构特点,可分为层架、格架、橱架、抽屉架、棚架、悬臂架、三脚架、u 形架、塔架等。

(2)按结构材料,可分为木架、钢架、铝合金架、塑料架、钢筋混凝土架等。

(3)按用途,可分为通用货架和专用货架。

十、商品科学养护

商品养护,是根据库存商品的变化规律,采取相应的技术组织措施,对商品进行有效的保养与维护,以保持其使用价值和价值的生产活动。

商品科学养护的内容主要包括:

(1)仓库温湿度控制。

(2)金属防锈蚀。

(3)防霉腐、防虫蚁等。

(4)高分子商品防老化。

十一、运用 ABC 和 CVA 管理法分析库存,抓住重点,优化库存结构

要应用 ABC 和 CVA 管理法分析库存结构,抓住重点,优化库存,ABC 管理策略见表 4-1。

表 4-1 ABC 管理策略

库存类型	特点	库存控制策略
A	品种种类占总品种数的比例约为 10%,价值占存货总价值的比例约为 70%	严密控制,现场管理更加严格,经常进行检查和盘点,预测更加仔细
B	品种种类占总品种数的比例约为 20%,价值占存货总价值的比例约为 20%	次重点管理,现场管理不必投入比 A 类更多的精力,库存检查和盘点的周期可以比 A 类长一些
C	品种种类占总品种数的比例约为 70%,价值占存货总价值的比例约为 10%	一般管理,由于品种多,定期库存检查和盘点,周期可以较长

由于 ABC 库存管理法有不足之处,通常表现为 C 类物资得不到重视,往往也会给企业运行带来问题,例如经销鞋的企业会把鞋带列为 C 类物资,但是鞋带缺货将会严重影响鞋的销售。一个汽车制造厂把螺钉列为 C 类物资,但缺少一个螺钉可能导致整个装配线的停工。因此除了在库存数量上要设计合理、经济,更需要在物资的结构上做到合理。各种物资之间的关联性如果很强,只要一种物资耗尽,即使其他物资仍有一定的剩余,也都无法投入使用。因此企业在库存管理中引入了关键因素分析法(Critical Value Analysis,CVA),这种方法把存货按照关键性分成四类,每类的特点和管理措施见表 4-2。

表 4-2　CVA 库存类型、特点和管理措施

库存类型	特点	管理措施
最高优先级	经营管理中的关键物品,或 A 类重点客户的存货	不允许缺货
较高优先级	经营管理中的基础性物品,或 B 类客户的存货	允许偶尔缺货
中等优先级	经营管理中比较重要的物品,或 C 类客户的存货	允许合理范围内缺货
较低优先级	经营管理中需要但可代替的物品	可以缺货

(一) ABC 分类法的内涵

ABC 分类法全称 ABC 分类库存控制法,又称物资重点管理法。其基本原理是根据库存物资中存在着少数物资占用大部分资金,而相反大多数物资却占用很少资金,利用库存与资金占用之间这种规律,对库存物资按其消耗数量、价值大小进行分类排队;将数量少、价值大的一类称为 A 类,数量大、价值小的一类称为 C 类,介于 A 类与 C 类之间的称为 B 类,然后分别采用不同的管理方法对其进行控制,即为 ABC 分类法。

ABC 类别的划分并没有一个固定的标准,每个企业可以按照各自的具体情况来确定。三类划分的界限也根据不同的具体情况而确定。

(二) ABC 分类法的基本程序

(1)开展分析。

(2)收集数据。

(3)计算整理。

(4)根据一定分类标准进行 ABC 分类,列出 ABC 分析表。

(5)绘制 ABC 分析图。

(三)实施对策

根据 ABC 分类结果来权衡管理力量和经济效果,制定 ABC 分类管理标准表,对三类对象进行有区别的管理。

十二、安全库存控制

(一)安全库存的含义

安全库存是指那些除了预期的客户需求外,为满足在紧急、未预料需求或未预期的运输延迟等情况发生时所准备的最少量的额外库存。

可见,保持安全库存是为了防止在生产或销售过程中可能产生的原材料未能及时到位或销售超过预期量而出现的停工待料或缺货脱销等意外情况的发生。

(二)确定需要安全库存的物料

确定了物料的 A、B、C 等级后,根据 A、B、C 等级来制定安全库存。

A 类料：一般成本较高，占整个物料成本的 65% 左右，可采用定期定购法，尽量没有库存或只做少量的安全库存，但需在数量上做严格的控制。

B 类料：属于成本中等，占整个物料成本的 25% 左右，可采用经济定量采购的方法，可以做一定的安全库存。

C 类料：其成本最少，占整个物料成本的 10% 左右，可采用经济定量采购的方法，不用做安全库存，根据采购费用和库存维持费用之和的最低点，订出一次的采购量。

（三）安全库存量的确定

概率方法：利用概率标准来确定安全库存比较简单。假设在一定时期内需求是服从正态分布的，且只考虑需求量超过库存量的概率。为了求解一定时期内库存缺货的概率，可以简单地画出一条需求量的正态分布曲线，并在曲线上标明所拥有的库存量的位置。当需求量是连续的时候，常用正态分布来描述需求函数。

在库存管理中，只需关注平均水平之上的需求。也就是说，只有在需求量大于平均水平时，才需要设立安全库存。在平均值以下的需求很容易满足，这就需要设立一个界限以确定应满足多高的需求，例如服务水平与方法。

衡量服务水平有多种方式，如按满足需求的单位数、金额或订货次数来衡量。不存在一种服务水平的衡量方式适合于所有的库存物品。因而要具体情况具体分析，确定适合的衡量方式。常用的服务水平如下：

(1)按订购周期计算的服务水平。

(2)按年计算的服务水平。

不同服务水平衡量方式下得出的订货点或安全库存量也不相同，选择何种衡量方式应由管理者根据经营目标决定。

(四)降低安全库存

(1)改善需求预测。预测越准，意外需求发生的可能性就越小，还可以采取一些方法鼓励用户提前订货。

(2)缩短订货周期与生产周期。这一周期越短，在该期间内发生意外的可能性也就越小。

(3)减少供应的不稳定性。其中途径之一是让供应商知道你的生产计划，以便他们能够及早做出安排。另一种途径是改善现场管理，减少废品或返修品的数量，从而减少由于这种原因而造成的不能按时按量供应。还有一种途径是加强设备的预防维修，以减少由于设备故障而引发的供应中断或延迟。

运用统计的手法通过对前 6 个月甚至前 1 年产品需求量的分析，求出标准差后即得出上下浮动点后做出适量的库存。

十三、定期定量库存管理方法

(一)定期订货法

1. 订货周期的确定

假设以年为单位

根据:年采购成本 = 年保管成本

即:

$$S/T^{*} = RC_0/2$$

其中:T^{*}——经济订货周期;

S——单次订货成本。

$$T^{*} = 2S/C_0R$$

其中:C_0——单位商品年储存成本;

R——单位时间内库存商品需求量。

2. 订货批量的确定

定期订货法没有固定不变的订货批量,每个周期订货量的大小等于该周期的最高库存量与实际库存量的差值。所谓实际库存量,是指检查库存时仓库所实际具有的能够用于销售供应的全部物品的数量。考虑到订货点时的在途到货量和已发出出货指令尚未出货的待出货数量,则每次订货的订货量的计算公式为:

订货量 = 最高库存量 - 现有库存量 - 订货未到量 + 顾客延迟购买量

$$Q_{\mathrm{I}} = Q_0 - Q_{\mathrm{NI}} - Q_{\mathrm{KI}} + Q_{\mathrm{MI}}$$

其中:Q_{I}——第 I 次订货的订货量;

Q_0——目标库存量;

Q_{NI}——第 I 次订货点的在途到货量;

Q_{KI}——第 I 次订货点的实际库存量;

Q_{MI}——第 I 次订货点的待出库货物数量。

(二)定量订货法

定量订货法是指当库存量下降到预定的最低库存量(订货点)时,按规定数量(一般以经济订货批量 EOQ 为标准)进行订货补充的一种库存控制方法。

1. 定量订货法的概念和基本原理

预先确定一个订货点 QK 和订货批量 Q^{*},在销售过程中随时检查库存,当库存下降到 QK 时,就发出一个订货批量 Q^{*},一般取经济订货批量。

结论一:需求量和订货提前期可以是确定的,也可以是不确定的。

结论二:订货点 QK 包括安全库存 QS 和订货提前期的平均需求量 DL 两部分。当需求量和订货提前期都确定的情况下,不需要设置安全库存;当需求量和订货提前期都不确定的情况下,设置安全库存是非常必要的。

结论三:由于控制了订货点 QK 和订货批量 Q^{*} 使得整个系统的库存水平得到了控制,从而使库存费用得到控制。

2. 定量订货法控制参数的确定

(1)订货点的确定

在需求和订货提前期都不确定的情况下,安全库存的设置是非常必要的。公式如下:

订货点 = 订货提前期的平均需求量 + 安全库存

= (单位时间的平均需求量 × 最大订货提前期) + 安全库存

在这里,安全库存需要用概率统计的方法求出,公式如下:

$$安全库存 = 安全系数 \times \sqrt{X} \times 需求变动值$$

式中:X 为最大订货提前期,可以根据以往数据得到;安全系数可根据缺货概率查安全系数表得到。

(2)订货批量的确定

订货批量就是一次订货的数量。它直接影响库存量的高低,同时也直接影响物资供应的满足程度。在定量订货中,对每一个具体的品种而言,每次订货批量都是相同的,通常是以经济批量作为订货批量。

经济订货批量模型是最基本的订货模型,它是按照库存总费用最小的原则来决定订货量的。

因为:库存总费用 = 货物成本 + 订货成本 + 存储成本 。

十四、仓储成本优化的含义

仓储成本优化指的是用最经济的办法实现储存的功能。储存的功能是对需要的满足,实现存货的"时间价值",这就必须有一定的仓储量。这是仓储优化的前提与本质,如果不能保证储存功能的实现,其他问题就无从谈起。

但是仓储的不合理又表现为对储存功能的过分强调,过分投入储存力量和劳动。所以仓储成本优化的实质是在保证储存功能实现的前提下,尽量减少投入,这是一个投入与产出的关系问题。

(一)仓储成本过高的主要原因

仓储成本过高的主要原因是来自于不合理仓储。不合理仓储主要表现在两个方面:一方面是由于储存技术不合理,造成了物资的损失;另一方面是仓储管理、组织不合理,不能充分发挥仓储的作用。不合理仓储的表现主要有以下几种形式:

1. 储存时间过长

通过仓储,被储存的物资可以获得"时间效用"。但是储存时间过长,有形损耗和无形损耗加大,这是仓储"时间效用"的逆反因素。储存的总效果是确定储存最优时间的依据。

2. 储存数量过高

通过仓储可以保证供应、生产和消费的正常进行,但随着储存数量过高,过量储存物资的有形损耗和无形损耗损失也越来越大。

3. 储存数量过低

一方面较低的储存数量会减少储存物资的有形损耗和无形损耗损失，另一方面储存数量过低会严重影响供应、生产和消费的正常进行，其损失远远大于由于减少库存量所带来的收益，所以储存数量过低会大大损害总效果。

4. 储存条件不足或过剩

储存条件不足指的是不能为被储存的物资提供良好的储存环境和必要的管理措施，造成储存物的损坏和工作的混乱，往往表现为储存场所简陋，不足以保护储存物。储存条件过剩指的是储存条件大大超出需要，从而使被储存物要负担过高的储存成本，从而造成货主承担不合理的费用。

5. 储存结构失衡

储存结构指的是被储存物的比例关系，例如由于储存物的品种、规格、储存期、储存量、储存位置的失调，从而造成储存成本的上升。

（二）仓储物流的合理化

仓储物流的合理化的主要标志是：

1. 质量标志

保证被储物的质量是完成储存功能的根本要求，只有这样，商品的使用价值才能通过物流得以最终实现，在仓储过程中增加的时间都要以保证质量为前提。

2. 数量标志

在保证仓储功能的前提下，要合理确定仓储数量，提高供应的保证程度。

3. 时间标志

在保证仓储功能的前提下，要寻求一个合理的储存时间，储存量越大，储存的时间就越长，相反就越短。在具体衡量时往往通过有关周转速度来反映时间标志。

4. 结构标志

结构标志是从被储物的不同品种、规格、花色的储存数量比例关系对仓储的合理性做出判断。

5. 分布标志

分布标志指的是不同地区仓储的数量比例关系，以此判断对需求的保障情况，也可以判断对整个物流的影响。

（三）仓储成本优化的途径

1. 优化仓库布局，适度集中库存

集中库存是指利用储存规模优势，以适度集中库存代替分散的小规模储存来实现仓储成本优化。集中库存有利于采用机械化、自动化的操作方式，有利于形成批量的干线运输，有利于形成支线运输的起始点。但是在仓库布局时要注意仓库的减少和库存的集中可能会增加运输成本，因此要从物流总成本的角度综合考虑，选择最优方案。

2. 运用 ABC 和 CVA 管理法分析库存,抓住重点,优化库存结构

ABC 库存管理法是根据库存种类数量与所占资金比重之间的关系,将库存物资分为 A、B、C 三类,该方法是根据帕累托曲线规律解释的“关键的少数和次要的多数”在库存管理中的应用。对占资金总量的主要部分的 A 类物资进行重点控制管理,对介于 A 类和 C 类物资之间的 B 类物资采用常规管理,对于占资金总量的少部分 C 类物资简单管理。这就有利于对每一类的库存物资制定不同的管理策略,有利于降低库存物资的资金占用,也有利于减轻库存管理人员的工作量。

3. 采用有效的“先进先出”法和“快进快出”方式

采用计算机管理系统,根据物资入库时间,按照时间排序,从而实现“先进先出”,加快周转,减少劳动消耗。

在仓储中采用技术流程的办法保证“先进先出”,采用贯通式货架系统,从一端存入货物,从另一端取出货物,货物在通道中按先后次序排队,不会出现越位现象。

采用“双仓法”储存,给每一种货物准备两个仓位或货位,轮换进行存取,必须在一个货位取光后才可以补充,这样做可以保证“先进先出”。

4. 加强日常管理,降低日常开支

在保证货物质量和安全的前提下,科学地堆放和储藏物品,节约保管费用,提高仓库和仓储设备的利用率,掌握好储存额的增减变化情况,充分发挥库存的使用效能,提高保管人员的工作效率,减少临时人员的支出,加强仓储物的保养,降低仓储损耗,优化仓储成本。

5. 运用现代库存控制技术降低库存

可以采用物料需求计划(MRP)、制造资源计划(MRP Ⅱ)以及准时制(JIT)等生产和供应系统,合理确定原材料、在制品、半成品和产成品的最佳库存量,降低库存水平,以保证生产、消费的准时供应。

6. 运用现代信息技术实现信息共享,降低库存

运用现代信息技术实现企业内部各部门之间的信息共享,实现企业总部与异地分公司、子公司和仓库的信息共享,可以加快资金周转,降低货物损失,提高仓储设施的利用率。同时要加强供应链企业的信息共享,可以采用供应商管理库存(VMI)、联合管理库存等手段实现库存量的降低,从而降低库存成本。

7. 虚拟仓库和虚拟仓储

网络经济时代,采用虚拟仓库和虚拟仓储方式是信息技术和网络技术在市场经济条件下与买方市场环境相结合的创新,它不仅对于解决仓储问题,而且对于优化整个物流系统都具有重大的意义。

任务三
配送管理

一、配送的概念

配送(Distribution)的定义:在经济合理区域范围内,根据用户的要求,对物品进行拣选、加工、包装、分割、组配等作业,并按时送达指定地点的物流活动。

一般来说,配送一定是根据用户的要求,在物流据点内进行分拣、配货等工作,并将配好的货物适时地送交收货人的过程。它是物流中一种特殊的、综合的活动形式。它将商流与物流紧密结合起来,既包含了商流活动,也包含了物流活动中的若干功能要素。

二、配送流程

配送流程是指配送的工作过程。在实际运作过程中,由于产品形态、企业状况及顾客要求存在差异,配送流程会有所不同:

常见的配送工作流程为:集货→分拣→配货→配装→配送运输→送达服务→配送加工。

1. 集货

集货是指将分散的或小批量的物品集中起来,以便进行运输、配送的作业。

集货是配送的重要环节,为了满足特定客户的配送要求,有时需要把从几家甚至数十家供应商处预订的物品集中,并将要求的物品分配到指定的容器和场所。

集货是配送的准备工作或基础工作,配送的优势之一就是可以集中客户的货物进行一定规模的集货。

2. 分拣

分拣是将物品按品种、出入库先后顺序进行分门别类堆放的作业。

分拣是配送不同于其他物流形式的功能要素,也是配送成败的一项重要支持性工作。它是完善送货、支持送货的准备性工作,是不同配送企业在送货时进行竞争和提高自身经济效益的必然延伸。所以,也可以说分拣是送货向高级形式发展的必然要求,有了分拣,可大大提高送货服务水平。

3. 配货

配货是使用各种分拣选取设备和传输装置,将存放的物品按客户要求分拣出来,配备齐全,送入指定发货地点。

4. 配装

在单个客户配送数量不能达到车辆的有效运载负荷时，就存在如何集中不同客户的配送货物，进行搭配装载以充分利用运能、运力的问题，这就需要配装。跟一般的送货不同，通过配装送货可以大大提高送货水平及降低送货成本，所以配装也是配送系统中有现代特点的功能要素，也是现代配送不同于以往送货的重要区别之一。

5. 配送运输

配送运输是运输中的末端运输、支线运输，和一般运输形态的主要区别在于配送运输是较短距离、较小规模、额度较高的运输形式，一般使用汽车作为运输工具。其与干线运输相比较的另一个区别是，配送运输的路线选择问题是一般干线运输所没有的，干线运输的干线是唯一的运输线，而配送运输由于配送客户多，一般城市交通路线又较复杂，如何组合成最佳路线，如何使配装和路线有效搭配等，是配送运输的特点，也是难度较大的工作。

6. 送达服务

将配好的货物运输交给客户还不算配送工作的结束，这是因为送达的货物和客户往往还会出现不协调，使配送前功尽弃。因此，要圆满地实现货物的移交，有效、方便地处理相关手续并完成结算，还应讲究卸货地点、卸货方式等。送达服务也是配送所具有的特殊性。

7. 配送加工

配送加工是指按照配送客户的要求所进行的流通加工。在配送中，配送加工这一功能要素不具有普遍性，但却是具有重要作用的功能要素。这是因为通过配送加工，可以大大提高客户的满意程度。配送加工是流通加工的一种，但它有不同于流通加工的特点，即配送加工一般只取决于客户要求，其加工的目的较为单一。

三、影响配送成本的因素

1. 时间

配送作业的持续时间影响着配送作业对仓储设施设备的占用时间，影响设施的固定资产投入成本；配送业务决定了时间的长短，影响车辆的配载效率，也影响配送线路的优化，直接影响配送成本的控制。

2. 距离

距离是构成配送运输成本的重要因素。距离越远，意味着运输成本越高，运输设备与员工配备成本越高。

3. 配送物的数量、重量

数量和重量增加会使配送作业量增大，总成本上升。但是大批量的配送作业也会使作业效率得到提高，单位产品配送成本下降，外包配送可能得到的价格优惠更多。

4. 货物种类及作业过程

不同的货物种类可能造成的配送作业过程不同，技术要求不同，承担的责任也不同。因而不同的货物种类对配送成本会产生较大的影响，如不同包装方式的物品，标准化程度或装卸活性指数直接影响配送作业成本。

5. 外部成本

配送作业时可能需要利用企业外的资源,如租用装卸搬运设施设备、不同地区的交通管制状况、基础设施完备情况,这些因素都会影响企业配送成本的大小。

四、配送不合理的表现

1. 配送资源筹措不合理

配送是通过集中筹措资源的规模效益来降低资源筹措成本,使配送资源筹措成本低于客户自己筹措资源的成本,从而取得优势。如果不是集中多个用户的需要进行批量资源筹措,而仅仅是为个别用户代购代筹,对用户来讲,不仅不能降低资源筹措费,反而要向配送企业多支付一笔代购代筹费,因而是不合理的。

2. 库存决策不合理

配送应充分利用集中库存总量低于各用户分散库存总量的优势,从而降低客户平均分摊的库存成本。如果库存决策不合理,库存量过大,库存成本就会增加;如果库存量过少,就会给客户造成缺货损失,影响配送中心的服务水平。

3. 配送价格不合理

一般配送的价格会低于客户自己进货的价格加上提货、运输、进货的成本总和,这样才会使用户有利可图。由于配送具有较高的服务水平,价格稍高,客户也是可以接受的,但这不是普遍的原则。如果配送价格普遍高于用户自己的进货价格,损伤了用户利益,就是一种不合理的表现;价格制定得过低,使配送企业处于无利或亏损的状态,也是一种不合理的表现。

4. 配送与直达决策不合理

一般的配送总是增加了环节,但是这个环节的增加可降低用户平均库存水平,这不但抵消了增加环节的支出,而且还能取得剩余效益。但是如果用户使用批量大,可以直接通过社会物流系统均衡批量进货,与通过配送中转送货相比可能更节约费用。所以,在这种情况下,不直接进货而通过配送就属于不合理范畴。

5. 送货过程运输不合理

配送与用户自提相比,尤其是对于多个小用户来讲,可以集中配装一车送几家,这比一家一户自提大大节省了运力和运费。如果不能利用这一优势,仍然是一户一送,车辆达不到满载,就属于不合理。

此外,不合理运输的若干表现形式在配送中都可能出现,使配送不合理。

6. 经营观念不合理

在配送实施中,许多情况属于经营观念不合理,使配送优势无从发挥,损坏了配送企业的形象,这是在准备开展配送时,尤其需要引起注意的不合理现象。例如,配送企业利用配送手段,向用户转嫁资金成本和库存困难,在库存过大时,强迫用户接货,以缓解自己的库存压力;在资金紧张时,长期占用用户资金;在资源紧张时,将用户委托资源挪作他用获利等。

上述几种不合理的配送形式都会使配送成本增加,会使配送企业丧失原有的领先优势,所以对配送成本控制要有系统的观点。

配送作业的总体目标：

可以简单地概括为 7 个恰当(Right)，即在恰当的时间、恰当的地点和恰当的条件下，将恰当的产品以恰当的成本和恰当的方式提供给恰当的消费者。

为达到 7 个恰当，提高配送的服务质量和客户的满意度，降低配送成本，在实际的配送作业过程中还要建立具体目标：

(1)快捷响应。

(2)最低库存。

(3)整合运输。

五、配送的种类划分

配送的种类的划分方法主要有以下几种：

1. 按配送商品种类及数量划分

多品种，小批量配送；少品种，大批量配送。

2. 按配送时间及数量划分

定时配送；定量配送；定时定量配送；定时定量定点配送；即时配送。

3. 按配送地点划分

配送中心配送；仓库配送；商店配送；生产企业配送；配送点配送。

六、配送模式

配送模式是企业对配送所采取的基本战略和方法。根据国内外的发展经验及我国的配送理论与实践，目前主要形成了自营配送、共同配送、互用配送、第三方配送等几种配送模式。

1. 自营配送模式

自营配送模式是指企业物流配送的各个环节由企业自身筹建并组织管理，实现对企业内部及外部货物配送的模式。

这种模式有利于企业供应、生产和销售的一体化作业，系统化程度相对较高。它既可满足企业内部原材料、半成品及成品的配送需要，又可满足企业对外进行市场拓展的需求。

不足之处表现在，企业为建立配送体系的投资规模将会大大增加，在企业配送规模较小时，配送的成本和费用也相对较高。

2. 共同配送模式

(1)共同配送模式的含义

共同配送是物流配送企业之间为了提高配送效率以及实现配送合理化所建立的一种功能互补的配送联合体。进行共同配送的核心在于充实和强化配送的功能，共同配送的优势在于有利于实现配送资源的有效配置，弥补配送企业功能的不足，促使企业配送能力的提高和配送规模的扩大，更好地满足客户需求，提高配送效率，降低配送成本。

(2)共同配送模式的原则

①要坚持功能互补的原则。

②要坚持平等自愿的原则。

③要坚持互惠互利的原则。

④要坚持协调一致的原则。

(3)共同配送的实施步骤

①选择联合对象。

②组建谈判小组,做好谈判准备。

③签订合作意向书及合同,并进行公证。

④组建领导班子,拟定管理模式。

⑤正式运作。

3. 互用配送模式

(1)互用配送模式的含义

互用配送模式是几个企业为了各自利益,以契约的方式达到某种协议,互用对方配送系统而进行的配送模式。其优点在于企业不需要投入较大的资金和人力,就可以扩大自身的配送规模和范围,但需要企业有较高的管理水平以及与相关企业的组织协调能力。

互用配送模式比较适合于电子商务条件下的 B－B 交易方式。

(2)共同配送模式和互用配送模式的特点

共同配进模式旨在建立配送联合体,以强化配送功能为核心,为社会服务;而互用配送模式旨在提高自己的配送功能,以企业自身服务为核心。

共同配送模式旨在强调联合体的共同作用,而互用配送模式旨在强调企业自身的作用。

共同配送模式的稳定性较强,而互用配送模式的稳定性较差。

共同配送模式的合作对象是经营配送业务的企业,而互用配送模式的合作对象既可以是经营配送业务的企业,也可以是非经营配送业务的企业。

4. 第三方配送模式

随着物流产业的不断发展以及第三方配送体系的不断完善,第三方配送模式应成为工商企业和电子商务网站进行货物配送的一种首选模式和方向。

企业选择何种配送模式主要取决于以下因素:配送对企业的重要性、企业的配送能力、市场规模与地理范围、保证的服务及配送成本等。一般来说,企业配送模式的选择方法主要有矩阵图决策法、比较选择法等。

七、配送中心

(一)配送中心的概念

在实际生活中,配送和其他经济活动一样,通常也是由专业化的组织来进行安排和操作的。

配送中心是指从事配送业务的物流场所或组织,应基本符合下列要求:

①主要满足特定的用户要求。

②配送功能健全。

③完善的信息网络。

④辐射范围小。

⑤多品种、小批量。

⑥以配送为主、储存为辅。

(二)配送中心的作用

(1)使供货适应市场需求变化。

(2)经济高效的组织贮运。

(3)提供优质的保管、包装、加工、配送、信息服务。

(4)促进地区经济的快速增长。

(5)对于连锁店的经营活动是必要的。

(三)配送中心的类型

1. 按经济功能为标准划分

(1)供应型配送中心。

(2)销售型配送中心。

(3)储存型配送中心。

2. 按物流设施的归属和服务范围划分

(1)自用(或自有)型配送中心。

(2)公用型配送中心。

3. 按服务范围和服务对象划分

(1)城市配送中心。

(2)区域配送中心。

4. 按所处理或所经营的货物划分

(1)经营散装货物的配送中心。

(2)经营原材料(生产资料中的一种)的配送中心。

(3)经营“件货”的配送中心。

(4)经营冷冻食品的配送中心。

(5)特殊商品配送中心。

5. 按运营主体划分

(1)以制造商为主体的配送中心。

(2)以批发商为主体的配送中心。

(3)以零售商为主体的配送中心。

(4)以仓储运输业者为主体的配送中心。

(四)配送中心的规划

(1)配送中心的设立与配置。
(2)配送中心的选址。
(3)配送中心的功能。
(4)配送中心的作业流程。
(5)配送中心的设施与设备。
(6)公共设施。

(五)配送中心的设计

1. 设施设计

(1)设施种类,如库房、料场、辅助设施。
(2)面积。
(3)布局。
(4)具体建筑参数确定。

2. 设备配置

(1)设备种类。
(2)设备数量。
(3)设备在配送中心内的分布。

3. 管理系统设计

(1)管理流程与方法。
(2)人员配备。

4. 信息系统设计

八、配送成本的优化途径

1. 加强配送的计划性

为了加强配送的计划性,企业应建立客户的配送计划申报制度,在实际工作中针对商品的特性制订不同的配送计划和配送制度。

2. 确定合理的配送路线

采用科学合理的配送路线,可以有效提高配送效率,降低配送费用。确定配送路线的方法很多,既可以采用方案评价法进行定性分析,也可以采用数学模型进行定量分析。无论采用何种方法,都必须考虑以下条件:

(1)满足所有客户对商品品种、规格和数量的要求。
(2)满足所有客户对货物发到时间的要求。
(3)在交通管理部门允许通行的时间内送货。
(4)各配送路线的商品量不得超过车辆的容积及载重量。

(5)在配送中心现有运力及可支配运力的范围之内配送。

3.提高配送运输设备的利用率

运输设备的投资较大,如果利用率不高,固定成本分摊过大,就会造成配送运输成本的增加。物流企业除了自己购置一部分运输设备外,还应通过租赁运输设备来调节业务量的不平衡,这样就有利于提高配送运输设备的利用率。

4.建立稳定平衡的配送运输体系

物流企业可以通过建立自己的物流网络,也可以和同行合作建立。前者投资多,运行费用高,但容易控制;后者投资少,运行费用低,但协调成本高。物流企业应该根据自己的具体情况进行选择,达到成本最低的目的。

5.量力而行建立自动管理系统

在配送活动中,分拣、配货占全部活动的60%,而且容易发生错误。如果在拣货配货中运用自动管理系统,应用条形码技术,就可以使拣货快速、准确,配货简单、高效,从而提高配送效率。

6.采用适当的配送成本控制策略

对配送成本的控制就是要在满足一定的顾客服务水平的前提下,尽可能地降低配送成本,或者是在一定的服务水平下使配送成本最小。一般来说,要想在一定的服务水平下使配送成本最小,可以考虑以下策略:

(1)混合策略

混合策略是指配送业务一部分由企业自行承担,一部分外包给第三方物流企业完成。这种策略的基本思想是:由于产品品种多变、规格不一、销量不等,单独采用自营配送策略或完全外包的配送策略均可能产生不经济的现象。而采用混合策略,合理安排企业自身完成的配送和外包给第三方物流完成的配送,能使配送成本最低。

(2)差异化策略

差异化策略的指导思想是:产品特征不同,顾客服务水平也不同。当企业拥有多种产品线时,不能对所有产品都按同一标准的顾客服务水平来配送,而应按产品的特点、销售水平来设置不同的库存、不同的运输方式以及不同的储存地点。

(3)合并策略

合并策略包含两个层次:一是配送方法上的合并;二是共同配送。

① 配送方法上的合并。企业在安排车辆完成配送任务时,充分利用车辆的容积和载重量,做到满载满装,是降低成本的重要途径。

② 共同配送。共同配送是一种产权层次上的共享,也称集中协作配送。它是几个企业联合集小量为大量,共同利用同一配送设施的配送方式。其标准运作形式是:在中心机构的统一指挥和调度下,各配送主体以经营活动(或以资产为纽带)联合行动,在较大的地域内协调运作,共同对某一个或某几个客户提供系列化的配送服务。

(4)延迟策略

延迟策略的基本思想就是对产品的外观、形状及其生产、组装、配送应尽可能推迟到接到顾客订单后再确定。一旦接到订单就要快速反应,因此采用延迟策略的一个基本前提是信息传递要非常快。

一般来说,实施延迟策略的企业应具备以下几个基本条件:一是产品特征,即生产技术非常成熟,模块化程度高,产品价值密度大,有特定的外形,产品特征易于表述,定制后可改变产品的容积或重量;二是生产技术特征,即模块化产品设计、设备智能化程度高、定制工艺与基本工艺差别不大;三是市场特征,即产品生命周期短、销售波动性大、价格竞争激烈、市场变化大、产品的提前期短。

实施延迟策略常采用两种方式:生产延迟(或称形成延迟)和物流延迟(或称时间延迟),而配送中往往存在着加工活动,所以实施配送延迟策略既可采用形成延迟方式,也可采用时间延迟方式。具体操作时,常常发生在诸如贴标签(形成延迟)、包装(形成延迟)、装配(形成延迟)和发送(时间延迟)等领域。

(5)标准化策略

标准化策略就是尽量减少因品种多变而导致的附加配送成本,尽可能多地采用标准零部件、模块化产品。采用标准化策略要求厂家从产品设计开始就要站在消费者的立场去考虑怎样节省配送成本,而不要等到产品定型生产出来后才考虑采用什么技巧降低配送成本。

课后习题

一、单项选择题

1. 运输和搬运功能相类似,它们之间的区别仅仅为(　　)。

A. 服务范围不同　　B. 时间范围不同

C. 空间范围不同　　D. 形式范围不同

2. 物流企业储运业务管理的中心内容是(　　)。

A. 保管　　B. 入库

C. 出库　　D. 搬运

3. 配送是指(　　)。

A. 生产领域内的运输　　B. 城市间的运输

C. 国际间的运输　　D. 从物流网点到用户的短途末端运输

二、多项选择题

1. 运输的两个基本原理是(　　)。

A. 规模经济　　B. 时间经济

C. 数量经济　　D. 距离经济

E. 功能经济

2. 运输具有以下哪些功能?(　　)

A. 货物装卸　　B. 货物位移

C. 货物储存　　D. 货物配送

E. 货物包装

3. 我国物流配送的主要模式有(　　)。

A. 自营配送模式　　B. 协同配送模式

C. 物流中心模式　　D. 综合配送模式

E. 应时配送模式

三、问答题

1. 不合理运输有哪些类型?

2. 简述开展合理运输的措施。

3. 什么是仓储、存货、储备和储存? 这几个概念有何区别?

4. 简述仓储成本的优化途径。

5. 简述配送的定义及流程。

6. 简述配送中心的定义。

7. 简述配送成本的控制策略。

四、案例分析题

英迈公司的仓储管理

2000年,英迈公司全部库房只丢了一根电缆。半年一次的盘库,由公证公司做第三方机构检验,前后统计结果只差几分钱,陈仓损坏率为0.3%,运作成本不到营业总额的1%……这些都发生在全国拥有15个仓储中心、每天库存货品上千种、价值可达5亿元人民币的英迈公司身上。它们是如何做到的呢? 通过参观英迈公司在上海的储运中心,可以发现英迈公司中国运作部具有强烈的成本概念和服务意识。

一、几个数字

一毛二分三:英迈公司库存中所有的货品在摆放时,货品标签一律向外,而且没有一个倒置,这是在进货时就按操作规范统一摆放的,目的是方便出货和清点库存。运作部曾经计算过,如果货品标签向内,由一个熟练的库房管理人员操作,将其恢复至标签向外需要8分钟,这8分钟的人工成本就是一毛二分三。

3 kg:英迈公司的每一个仓库中都有一本重达3 kg的行为规范指导,细到怎样检查销售单、怎样装货、怎样包装、怎样存档、每一步骤在系统上的页面是怎样的,在这本指导上都有流程图和文字说明,任何受过基础教育的员工都可以从规范指导中查询和了解到每一个物流环节的操作规范,并遵照执行。在英迈的仓库中,只要有动作就有规范,操作流程清晰的观念为每一个员工所熟知。

5分钟:统计和打印出英迈上海仓库或全国各个仓库的劳动力生产指标,包括人均收货多少钱,人均收货多少行(即多少单,其中人均每小时收到或发出多少行订单是仓储系统评估的一个重要指标),只需要5分钟。在Impulse系统中,劳动力生产指标适时在线,随时可调出。而如果没有系统支持,这样的一个指标统计至少需要一个月时间。

10 cm:仓库空间是经过精确设计和科学规划的,甚至货架之间的过道也是经过精确计算的,为了尽量增大库存实用面积,只给运货叉车留出了10 cm的空间,叉车司机的驾驶必须稳而又稳,尤其是在转弯时,因此英迈的叉车司机都要经过此方面的专业训练。

20分钟:在日常操作中,仓库员工从接到订单到完成取货,规定时间为20分钟。因为仓库对每一个货位都标注了货号标志,并输入Impulse系统中,Impulse系统会将发货产品自动生成产品货号,货号与仓库中的货为一一对应关系,所以仓库员工在发货时就像邮递员寻找邮递对象的门牌号码一样方便、快捷。

4个小时:一次,由于库房经理的网卡出现故障,无法使用Impulse系统,结果他在库房中寻找了4个小时,也没有找到他想找的网络工作站。依赖IT系统对库房进行高效管理,已经成为库房员工根深蒂固的观念。

1个月:英迈的库房是根据中国市场的现状和生意的需求而建设的,投入要求恰如其分,目标清楚,能支持现有的经销模式并做好随时扩张的准备。每个地区的仓库经理都要求能够在1个月之内完成一个新增仓库的考察、配置与实施,这都是为了飞快地启动物流支持系统。在英迈的观念中,如果人没有准备好,有钱也没有用。

二、几件小事

(1)英迈库房中的很多记事本都是收集已打印一次的纸张装订而成,即使是各层经理使用也不例外。

(2)所有进出库房都必须严格按照流程进行,每一个环节的责任人都必须明确,若违反操作流程,即使有总经理的签字也不行。

(3)货架上的货品号码标志用的都是磁条,采用的原因同样是节约成本,以往采用的是打印标志纸条,但因为进仓货品经常变化,占据货位的情况也不断改变,用纸条标志灵活性差,而且打印成本也很高,采用磁条后问题便得到了根本性的解决。

(4)英迈要求与其合作的所有货运公司在运输车辆的箱壁上必须安装薄木板,以避免因为板壁不平而使运输货品的包装出现损伤。

(5)在英迈的物流运作中,厂商的包装和特制胶带都不可再次使用,否则视为侵害客户利益。因为包装和胶带代表着公司自身的知识产权,这是法律问题。如有装卸损坏,必须运回原厂并出钱请厂商再次包装。而如果是由英迈自己包装的散件产品,全都统一采用由其指定的国内代理怡通公司标志的胶带进行包装,以分清责任。

三、仅仅及格

提起英迈,在分销渠道都知道其最大优势是运作成本低,而这一优势又往往被归因于其采用了先进的Impulse系统。但是从以上描述中亦可看出,英迈运作优势的获得并非看似那样简单,而是对每一个操作细节不断改进,日积月累而成。从所有的操作流程看,成本概念和以客户需求为中心的服务观念贯彻始终,这才是英迈竞争力的核心所在。英迈中国的系统能力和后勤服务能力在英迈国际的评估体系中仅被打了62分,刚刚及格。据介绍,在美国的专业物流市场中,英迈国际能拿到70~80分。

作为对市场销售的后勤支持部门,英迈运作部认为,真正的物流应是一个集中运作体系,一个公司能不能围绕新的业务,通过一个订单把后勤部门全部调度起来,这是一个核心问题。产品的覆盖面不见得是公司物流能力的覆盖面,物流能力覆盖面的衡量标准是应该经得起公司业务模式的转换,换了一种产品仍然能覆盖到原有的区域,解决这个问题的关键是建立一整套物流运作流程和规范体系,这也正是大多数国内企业所欠缺的物流服务观念。

思考题

1. 你认为英迈公司是如何做好仓储成本管理工作的?
2. 从英迈公司中国物流的运作我们可以得到什么启示?

项目五 物流企业服务营销管理

●学习目标

知识目标

了解物流服务营销的概念与特点，理解物流服务营销管理；熟悉市场调研数据收集的方法与市场调研的基本过程，掌握定性预测与定量预测的方法；掌握目标市场选择策略与目标市场营销策略，理解物流企业产品组合策略、定价策略、分销渠道策略及促销策略。

技能目标

具备物流企业市场调研与市场预测的基本技能，能够撰写物流企业市场调研与市场预测报告；能够对物流企业进行合理的目标市场选择与营销策略应用；具备根据具体情况对物流企业综合运用市场营销组合策略的能力。

●引导案例

UPS 的奥运营销

UPS 或者称为联合包裹服务公司，是一家全球性的公司，是世界上最大的快递承运商与包裹递送公司，同时也是专业的运输、物流、资本与电子商务服务的领导型的提供者。

2005 年，UPS 在中国成立了自己的独资公司，开始全面发展在中国的国际快递业务，同时也急需扩大自己在中国市场的知名度。由于有着丰富的奥运物流赞助经验，在 2005 年底，UPS 开始跟北京奥组委接触，并最终成为北京奥运会的物流主要赞助商。

一、营销策略

UPS 重回奥运市场,一方面是为了扩大自己在中国乃至亚洲市场的知名度,另一方面也是因为奥运市场是块大蛋糕。通过赞助奥运物流,UPS 可以轻松拿到相关的其他物流业务,从中获得极大的收益。

二、营销手段

1. 赞助"牵手世界"

2015 年,UPS 举办向国内外友人递送北京 2008 年奥运会吉祥物活动;同时,UPS 还安排北京奥运会吉祥物"福娃"抵达意大利都灵,与 2006 年冬奥会吉祥物见面的活动。

2. 赞助奥运会冠军中国国家女排

2006 年 10 月 26 日,UPS 宣布正式赞助奥运会冠军中国国家女排,成为中国排球协会官方合作伙伴,并成立由中国排协官员和 UPS 员工组成的工作组,协调双方在中国的社区合作项目。

3. 成立梦幻团队

2007 年,UPS 成立了梦幻团队。女排主教练陈忠和和队员都是梦幻团队的队员,这样,凡是女排出席各场比赛,基本上都带着一个 UPS 标志。此外,网球选手彭帅、田径运动员王军霞,还有国家篮球队,都是 UPS 的代言人。

4. 与中国国家男子篮球队建立合作关系

5. "UPS 奥运明星快递员"

2008 年 4 月 29 日,UPS 在北京 2008 年奥运会倒计时 100 天之际,特别安排了"UPS 奥运明星快递员"活动。

6. 设立奥运特快专营店

2008 年 7 月 8 日,UPS 首批的两家奥运特快专营店通过北京 2008 年奥运会主新闻中心和国际广播中心对外营业。除在奥运会主新闻中心和国际广播中心两地设立特快专店外,UPS 还于 7 月在运动员村和绿色家园媒体村另外设立两家 UPS 特快专店,进一步满足赛时运动员和媒体的国际递送需求。

7. 推出奥运系列广告

UPS 把奥运准备工作划分为三个阶段,同时为各个阶段配置相应的广告宣传,从而达到文化与营销的统一结合。

三、营销效果

2005 年 7 月,UPS 被确定为北京 2008 年奥运会物流和快递服务赞助商;12 月,UPS 花 1 亿元甩开中外运,开始独自运营在中国的国际快递业务,至今,业务规模已增长了 20 倍。

2007 年,UPS 的销售额达到了 492 亿美元,堪称“富可敌国”。

近日,UPS 通过第三方做的一次调研显示,UPS 的品牌知名度提高了 15%,UPS 奥运赞助商的知名度从 39% 提升到了 47%,业务增幅近 40%。

案例讨论

UPS 是如何开展奥运营销的?

任务一 物流企业服务营销管理概述

一、物流服务营销的概念及作用

物流服务营销是指物流服务提供者通过创造客户的价值和获取利益回报来建立客户关系的过程。

1. 提高物流服务能力

客户需求是推动物流服务发展的动力,物流服务营销必须以市场为导向,重视客户的实际需求,提供灵活多样的物流服务,最大限度地满足客户的物流服务需求。

2. 降低物流服务成本

在市场调研与市场细分的基础上,提高整个物流服务网络的收益,从而有效地降低物流服务成本。

3. 提升企业形象

一个企业在公众心目中的形象主要包括商品形象、管理者形象、员工形象、服务形象等。而物流服务营销正是对企业特别是对物流企业形象最直接的设计和宣传,以企业的形象力和广告力去增加物流服务的竞争力。

二、物流服务营销的特点

1. 物流服务供求的分散性

在物流服务营销活动中,服务产品不仅供方覆盖了第一产业和第二产业,还包括第三产业的各个部门和行业,物流企业提供的服务广泛分散,而且需方涉及各种各类企业、社会团体和成千上万不同类型的消费者。物流服务的特殊性要求服务网点要广泛而分散,尽可能地接近消费者,造成了物流服务供求的分散性。

2. 物流服务营销方式的单一性

物流服务营销由于物流生产与物流消费的统一性，决定其只能采取直销方式，中间商不可能介入(虽然有第三方物流组织的存在，但是从物流本身来说它们只是物流系统的一部分)，储存待售也不可能。物流服务的需求者在购买物流服务之前一般不能进行检查、比较和评价，只能凭借经验、品牌和推销宣传信息来选购，可以采取经销、代理和直销等多种营销方式。物流服务营销只能采取单一的营销方式，在一定程度上限制了物流服务市场规模的扩大，给服务产品的推销带来了困难。

3. 物流服务营销对象的复杂性

物流服务的购买者既可以是生产企业，又可以是消费者个人，而且购买服务的消费者的购买动机和目的各异，同一物流服务的购买者可能牵涉社会各界各业各种不同类型的家庭和不同身份的个人，造成了物流服务营销对象的复杂性。

4. 物流服务消费者需求弹性大

物流服务需求受外界条件如季节变化、气候变化、地理条件、突发事件以及科技发展的日新月异等影响较大，同时企业对物流服务的需求与对有形产品的需求在总金额支出中相互牵制，也是形成需求弹性大的原因之一。

5. 服务质量评价的不确定性

物流服务者的技术、技能、技艺直接关系着服务质量。消费者对物流服务产品的质量要求也是对服务人员的技术、技能、技艺的要求。由于物流生产过程与消费过程同时进行，工业企业在车间进行质量管理的方法无法适用于物流企业。同一物流服务提供者提供的同一物流服务会因其精力和心情状态的不同而有较大的差异，而且服务业绩的好坏也与消费者的行为以及消费者对服务本身要求的差异性密切相关。因此，服务者的服务质量不可能有唯一的、统一的衡量标准，只能有相对的标准和凭购买者的感觉体会，也就是说服务质量评价具有不确定性。

三、物流服务营销的途径

1. 将"客户"要领引入企业内部，建立全员服务营销理念

物流服务营销就是把客户服务作为所有员工的事情，而不仅仅是直接与客户接触的一线员工，更不仅仅是客户服务部门员工的事情。将"客户"要领引入企业内部，就是将整个物流公司每个员工都看作服务部门的一个分子，建立全员服务营销理念，因为公司每一个员工的行为都直接或间接影响着客户的满意程度。

2. 创建"服务至上"的物流企业文化

现在越来越多的物流公司开始重视客户服务，并开展轰轰烈烈的服务营销，有的公司制定一大堆客户经理或市场营销的规章制度，强制员工去执行，结果却不尽如人意。究其原因，是"服务至上"的服务营销理念没有根植到每个员工的心中，更好地为顾客服务还没有成为企业员工的自觉行为，"顾客至上、服务顾客"的企业文化还没有形成。现代社会条件下物流公司在服务上的竞争，不是服务项目和产品的多少，关键在于企业文化的竞争，创建"服务至上"的

物流企业文化是提高物流企业核心竞争力的根本保证和长远动力。

3. 做好服务营销系统规划

一是要建立客户资料库。客户资料是物流服务营销活动的起点，其基本思想就是做到对客户了如指掌，不定期进行意见反馈，并征求意见，针对每一个客户提供个性化服务。二是提供全方位营销服务。物流企业为顾客提供全方位营销服务，可以增强客户对公司的依赖性，即设置高的转换壁垒，在提高顾客忠诚度的同时，可以不断提高企业的核心竞争力和盈利水平。三是开展一对一服务营销。完善的服务营销系统规划，可以在确定提供哪些服务项目之前，先识别客户最重视的各项服务及其相对重要性，然后进行优先排序，对重点和优良客户量身定做服务项目，实施一对一服务营销和关系营销，突出公司的核心竞争力。

4. 建立战略合作关系以实现双赢

在众多的客户关系中，最牢固的客户关系应该是战略联盟与伙伴关系，即对物流客户来说要有量身定制的物流方案，不断改善、提高的物流服务质量，在追求整体利润最大的前提下，满足客户的物流需要。通过双方资源的不断整合、优化，降低物流费用，提高客户产品的竞争力，使客户和物流公司成为新的利益共同体，形成稳固的战略合作伙伴关系，最终实现双赢目标。

●阅读材料

慧聪网2015年“双12”物流营销活动

一、活动主题

七折来袭　好礼相送（物流发放，优惠大放送，精彩不断）

二、具体范围

1. 具体时间：2015年12月1日至2015年12月31日

2. 活动对象：慧聪网所有会员（慧聪买卖通、普通注册会员）

三、活动内容

活动一：大票7折运

使用慧聪平台选择佳怡物流并且发货地是济南、潍坊、德州及聊城的用户，一吨以上即可享受纯运费的7折优惠。

活动二：好礼来相伴

使用慧聪平台选择佳怡物流下单发货当月累计运费兑换相应礼品。

四、活动说明

1. 此活动不与佳怡其他活动优惠累加。活动一仅限发货地在济南、潍坊、德州、聊城并且发货量一吨（含）以上的客户。

2. 折扣均指纯运费（不包含增值服务费）的折扣。

3. 活动结束后3个工作日内在佳怡官方微信号（joyiwl）公布获奖名单，7个工作日内下发奖品。

4. 以佳怡物流订单发运时间累计运费，优先达到累计目标的优先给予奖品，数量有限，先到先得。

5. 佳怡物流与慧聪物流平台对活动内容享有最终解释权。

四、物流服务营销管理

为了实现企业战略及物流服务营销战略，企业需要对物流服务营销活动进行管理。物流服务营销管理的四种职能分别为营销分析、营销计划、营销执行和营销控制。企业首先通过营销分析制订整体战略计划，然后将企业战略转化为各个部门的计划（包括物流服务营销计划），通过执行物流服务营销计划将计划转化为行动，同时对执行情况进行控制，即测量并评价营销活动的结果，在必要时采取纠正措施。图 5-1 为物流服务营销管理的四种职能及其关系。

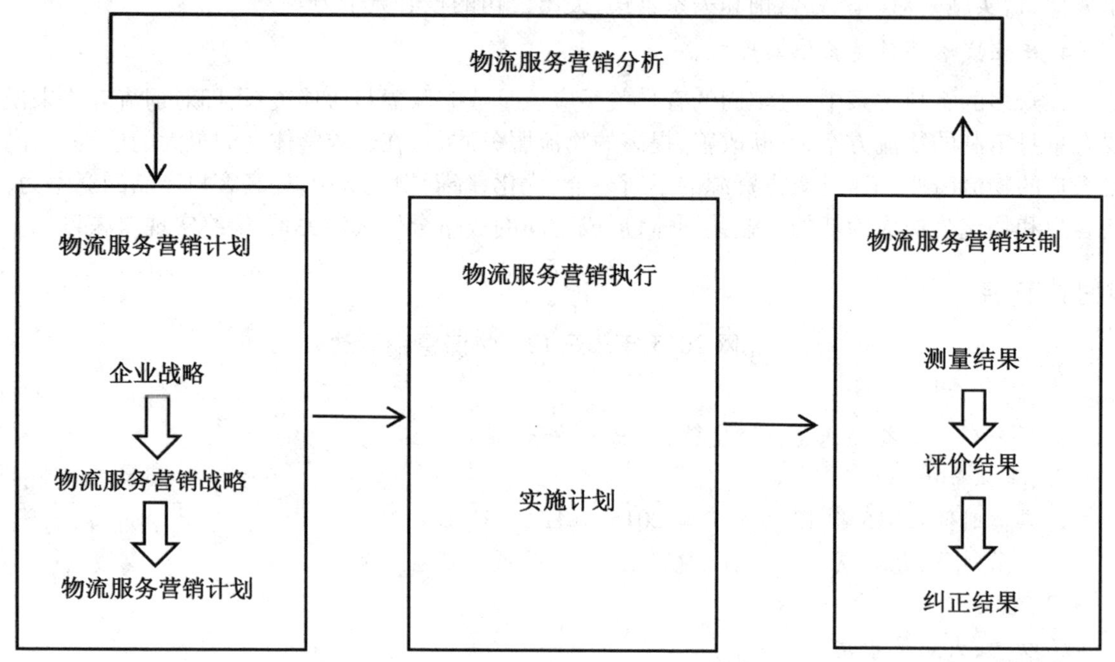

图 5-1 物流服务营销管理的四种职能及其关系

1. 营销分析

企业必须分析其市场和营销环境，发现市场中的机会并避免营销环境中的威胁，认清自身的优势和劣势，为制订营销计划打下坚实的基础。营销分析为企业战略和物流服务营销计划的制订提供了依据。

2. 营销计划

营销计划涉及企业战略和物流服务营销战略。营销计划是在营销分析的基础上，制定企业物流服务营销目标并对实现这一目标所应采取的策略、措施和步骤做明确规定和详细说明。每个物流服务的推出都需要详细的营销计划。需要注意的是，制订营销计划时要重视营销成本的支持情况。

3. 营销执行

营销执行是把物流服务营销战略和计划转化为营销活动的过程。如果得不到正确的执行，营销计划将失去意义。营销计划的成功执行，需要各级物流服务人员的共同努力。

4. 营销控制

营销控制是指评估物流服务营销战略和计划的执行结果,并采取纠正措施,确保目标的实现。营销控制包括四个步骤:确定营销目标、衡量营销执行效果、评价营销执行效果与营销目标、纠正营销执行中的偏差。营销控制能保证营销计划的正确执行,并且通过把执行效果反馈给营销分析部门,为企业战略及物流服务营销战略的制定提供依据。

物流服务营销管理不仅能保证营销活动顺利进行,还可以通过对营销的管理,协调营销与企业中的其他部门(如财务、人力资源等)共同实现企业的战略目标。

任务二 物流市场调研与预测

一、物流市场调研的概念与内容

(一)物流市场调研的概念

物流市场调研是指对物流市场的调查研究,就是运用科学的方法系统地搜集、记录、整理和分析物流市场的信息资料,从而了解物流市场发展变化的现状和趋势,为物流企业经营决策提供科学的依据。它是企业掌握物流市场的需求与供给及其变化规律的手段,是企业经营决策的基础和前提。物流市场调研包括供需调查、结果分析、供需预测、综合分析研究等。

物流市场调研的目的是为企业管理部门提供参考依据,它既可以是制定长远的战略性规划,也可以是制定某阶段或针对某问题的具体政策或惩办措施。

(二)物流市场调研的内容

作为服务产品提供者的物流市场调研总体目标是把握客户的满意度,建立起适合客户的个性化需求和利益的运营机制,以最低化的成本优势保持企业的商业利润的稳定性和增长性。

物流市场调查的内容很多,有市场环境调查,包括政策环境、经济环境、社会文化环境的调查;有市场基本状况的调查,主要包括市场规范、总体需求量、市场的动向、同行业的市场分布占有率等;有销售可能性调查,包括现有和潜在用户的人数及需求量、市场需求变化趋势、本企业竞争对手的产品在市场上的占有率、扩大销售的可能性和具体途径等;还可对消费者及消费需求、企业产品、产品价格、影响销售的社会和自然因素、销售渠道等开展调查。

二、市场调研数据收集方法

(一)根据资料的来源划分

1. 询问法

询问法又称访问法,是把调研人员事先拟定的调查项目或问题以某种方式向被调查对象提出,要求被调查对象给予回答,由此获取信息资料的方法。询问法是最常见和应用最为广泛的一种实地调研方法。询问法的主要形式可分为面谈调查、电话调查、邮寄调查、留置询问表调查四种,它们有各自的优缺点。面谈调查能直接听取对方意见,富有灵活性,但成本较高,结果容易受调查人员技术水平的影响。邮寄调查速度快,成本低,但回收率也低。电话调查速度快,成本最低,但只限于在有电话的用户中调查,整体性不高。留置询问表可以弥补以上缺点,由调查人员当面交给被调查人员问卷,说明方法,由其自行填写,再由调查人员定期收回。

2. 观察法

观察法分为直接观察和实际痕迹测量两种方法。

直接观察法是指调查人员在调查现场有目的、有计划、有系统地对调查对象的行为、言辞、表情进行观察记录,以获取第一手资料。它最大的特点是在自然条件下进行,所得材料真实生动,但也会因为所观察的对象的特殊性而使观察结果流于片面。

实际痕迹测量是通过某一事件留下的实际痕迹来观察调查,一般用于对用户的流量、广告的效果等的调查。例如,企业在几种报纸、杂志上做广告时,在广告下面附有一张表格或条子,请读者阅后剪下,分别寄回企业有关部门,企业从回收的表格中可以了解在哪种报纸、杂志上刊登广告最为有效,为今后选择广告媒介和测定广告效果提出可靠性资料。

3. 实验法

它通常用来调查某种因素对市场销售量的影响,这种方法是在一定条件下进行小规模实验,然后对实际结果做出分析,研究是否值得推广。它的应用范围很广,凡是某一商品在改变品种、品质、包装、设计、价格、广告、陈列方法等因素时都可以应用这种方法来调查用户的反应。

4. 问卷法

问卷法是通过设计调查问卷,让被调查人员以填写调查表的方式获得所调查对象的信息。在调查中将调查的资料设计成问卷后,让接受调查对象将自己的意见或答案填入问卷中。在一般进行的实地调查中,以问答卷采用最广;同时,问卷调查法在目前网络市场调查中的运用较为普遍。

(二)根据调查对象的范围划分

1. 普查法

普查是指为了搜集比较全面、精确的调查资料,对调查对象的全部个体单位所进行的逐一的、无遗漏的专门调查,也称为全面调查。其目的是了解市场的一些至关重要的基本情况,并对市场状况做出全面、准确的描述,从而为制定市场有关政策、计划提供可靠的依据。全面调查具有资料的准确性和标准化程度比较高,基本无抽样误差的优点。如果调查对象数量巨大,那么全面调查的工作量也将很大,工作时间长,调查费用高。

2. 重点调查法

重点调查有时又称为典型调查,是指调查者为了特定的调查目的,从调查对象中选择一部分重点单位组成样本而进行的一种非全面调查。重点单位是指那些非常具有代表性,某些指标值在总体中所占比重很大的单位。重点调查主要适用于那些反映主要情况或基本趋势的调查。重点调查的对象,通常是指在调查总体中具有举足轻重的、能够代表总体的情况、特征和主要发展变化趋势的那些样本单位。这些单位可能数目不多,但有代表性,能够反映调查对象总体的基本情况。重点调查的优点是:需选定为数不多的单位,用较少的人力和较少的费用较快地掌握被调查对象的基本情况。重点调查的不足是:只能对总体情况做出粗略估计,可能存在以偏概全的情况。

3. 抽样调查法

抽样调查是指调查者为了特定的调研目的,按照一定的原则从总体中抽取一部分单位作为样本,通过研究样本推断总体特性的一种非全面调查。其目的在于根据样本调查的结果来推断总体的数量特征。在抽样调查中,样本数的确定是一个关键问题。如果样本太少,那么样本的代表性就差;如果样本过多,不仅使得调查成本大幅度增加,而且调查工作强度会大大增加。

根据抽样方法的不同,抽样调查可以分为随机抽样、机械抽样、分类抽样和整群抽样。随机抽样是指按照随机原则抽取样本。机械抽样是指根据样本单位数计算出抽选间隔,然后按照计算出的间隔等距地抽选样本单位,由于抽选间隔相等,所以也叫作等距抽样。分类抽样也叫作类型抽样或分层抽样,先将总体中所有的单位按照某个标志分成若干类(组),然后在各个类中分别随机抽取样本。整群抽样是指先将总体分为若干群或组,然后一群一群地抽选,每一群中包含若干个样本单位。

三、市场调研的基本过程

市场调研是企业制订营销计划的基础。企业开展市场调查可以采用两种方式:一种是委托专业市场调查公司来做,另一种是企业自己来做,即企业可以设立市场研究部门来负责此项工作。市场调研工作的基本过程包括:明确调查目标、设计调查方案、制订调查工作计划、组织实地调查、调查资料的整理和分析、撰写调查报告。

(一)明确调查目标

进行市场调查首先要明确市场调查的目标,按照企业的不同需要,市场调查的目标有所不同,企业实施经营战略时,必须调查宏观市场环境的发展变化趋势,尤其要调查所处行业未来的发展状况;企业制定市场营销策略时,要调查市场需求状况、市场竞争状况、消费者购买行为和营销要素情况;当企业在经营中遇到了问题,这时应针对存在的问题和产生的原因进行市场调查。

(二)设计调查方案

一个完善的市场调查方案一般包括以下几方面内容:

1.调查目的要求

根据市场调查目标,在调查方案中列出本次市场调查的具体目的要求。例如:本次市场调查的目的是了解某产品的消费者购买行为和消费偏好情况等。

2.调查对象

市场调查的对象一般为消费者、零售商、批发商,零售商和批发商为经销调查产品的商家,消费者一般为使用该产品的消费群体。在以消费者为调查对象时,要注意到有时某一产品的购买者和使用者并不一致,如对婴儿食品的调查,其调查对象应为孩子的母亲。此外还应注意到一些产品的消费对象主要针对某一特定消费群体或侧重于某一消费群体,这时调查对象应注意选择产品的主要消费群体,如对于化妆品,其调查对象主要为女性;对于酒类产品,其调查对象主要为男性。

3.调查内容

调查内容是收集资料的依据,是为实现调查目标服务的,可根据市场调查的目的确定具体的调查内容。如调查消费者行为时,可按消费者购买、使用、使用后评价三个方面列出调查的具体内容项目。调查内容的确定要全面、具体,条理清晰、简练,避免面面俱到和内容过于烦琐,避免把与调查目的无关的内容列入其中。

4.调查表

调查表是市场调查的基本工具,调查表的设计质量直接影响到市场调查的质量。设计调查表要注意以下几点:

(1)调查表的设计要与调查主题密切相关,重点突出,避免可有可无的问题。

(2)调查表中的问题要容易让被调查者接受,避免出现被调查者不愿回答或令被调查者难堪的问题。

(3)调查表中的问题次序要条理清楚、符合逻辑,一般可把容易回答的问题放在前面,较难回答的问题放在中间,敏感性问题放在最后;封闭式问题放在前面,开放式问题放在后面。

(4)调查表的内容要简明,尽量使用简单、直接、无偏见的词汇,保证被调查者能在较短的时间内完成调查表。

5.调查地区范围

调查地区范围应与企业产品销售范围相一致,当在某一城市做市场调查时,调查范围应为整个城市;但由于调查样本数量有限,调查范围不可能遍及城市的每一个地方,一般可根据城市的人口分布情况,主要考虑人口特征中收入、文化程度等因素,在城市中划定若干个小范围调查区域,划分原则是使各区域内的综合情况与城市的总体情况分布一致,将总样本按比例分配到各个区域,在各个区域内实施访问调查。这样可相对缩小调查范围,减少实地访问工作量,提高调查工作效率,减少费用。

6.样本的抽取

调查样本要在调查对象中抽取,由于调查对象分布范围较广,应制定一个抽样方案,以保证抽取的样本能反映总体情况。样本的抽取数量可根据市场调查的准确程度的要求确定,市场调查结果准确度要求愈高,抽取样本数量应愈多,但调查费用也愈高,一般可根据市场调查结果的用途情况确定适宜的样本数量。实际市场调查中,在一个中等以上规模城市进行市场调查的样本数量,按调查项目的要求不同,可选择200～1 000个样本,样本的抽取可采用统计学中的抽样方法。具体抽样时,要注意对抽取样本的人口特征因素的控制,以保证抽取样本的人口特征分布与调查对象总体的人口特征分布相一致。

7. 资料的收集和整理方法

市场调查中,常用的资料收集方法有调查法、观察法和实验法。一般来说,前一种方法适宜于描述性研究,后两种方法适宜于探测性研究。企业做市场调查时,采用调查法较为普遍,调查法又分为面谈法、电话调查法、邮寄法、留置法等。这几种调查方法各有其优缺点,适用于不同的调查场合,企业可根据实际调研项目的要求来选择。资料的整理方法一般可采用统计学中的方法,利用Excel工作表格,可以很方便地对调查表进行统计处理,获得大量的统计数据。

(三)制订调查工作计划

1. 组织领导及人员配备

建立市场调查项目的组织领导机构,可由企业的市场部或企划部来负责调查项目的组织领导工作,针对调查项目成立市场调查小组,负责项目的具体组织实施工作。

2. 访问员的招聘及培训

访问员可从高校中的经济管理类专业的大学生中招聘,根据调查项目中完成全部问卷实地访问的时间来确定每个访问员一天可以完成的问卷数量,核定需招聘访问员的人数。对访问员进行必要的培训,培训内容包括:

(1)访问调查的基本方法和技巧。

(2)调查产品的基本情况。

(3)实地调查的工作计划。

(4)调查的要求及注意事项。

3. 工作进度

为市场调查项目整个进行过程安排一个时间表,确定各阶段的工作内容及所需时间。市场调查包括以下几个阶段:

(1)调查工作的准备阶段,包括调查表的设计、抽取样本、访问员的招聘及培训等。

(2)实地调查阶段。

(3)问卷的统计处理、分析阶段。

(4)撰写调查报告阶段。

4. 费用预算

市场调查的费用预算主要有调查表设计印刷费、访问员培训费、访问员劳务费和礼品费、调查表统计处理费用等。企业应核定市场调查过程中将发生的各项费用支出,合理确定市场调查总的费用预算。

(四)组织实地调查

市场调查的各项准备工作完成后,开始进行问卷的实地调查工作,组织实地调查要做好以下两方面工作:

1. 做好实地调查的组织领导工作

实地调查是一项较为复杂烦琐的工作,要按照事先划定的调查区域确定每个区域调查样本的数量、访问员的人数、每位访问员应访问样本的数量及访问路线,每个调查区域配备一名督导人员;明确调查人员及访问人员的工作任务和工作职责,做到工作任务落实到位,工作目标、责任明确。

2. 做好实地调查的协调、控制工作

调查组织人员要及时掌握实地调查的工作进度完成情况,协调好各个访问员间的工作进度;要及时了解访问员在访问中遇到的问题,帮助其解决,对于调查中遇到的共性问题,提出统一的解决办法。要做到每天访问调查结束后,访问员首先对填写的问卷进行自查,然后由督导员对问卷进行检查,找出存在的问题,以便在后面的调查中及时改进。

(五)调查资料的整理和分析

实地调查结束后,即进入调查资料的整理和分析阶段,收集好已填写的调查表后,由调查人员对调查表进行逐份检查,剔除不合格的调查表,然后将合格的调查表统一编号,以便于调查数据的统计。调查数据的统计可利用 Excel 电子表格软件完成;将调查数据输入计算机后,经 Excel 软件运行后,即可获得已列成表格的大量的统计数据,利用上述统计结果,就可以按照调查目的的要求,针对调查内容进行全面的分析工作。

(六)撰写调研报告

撰写调研报告是市场调查的最后一项工作内容,市场调查工作的成果将体现在最后的调查报告中,调查报告将提交企业决策者,作为企业制定市场营销策略的依据。市场调查报告要按规范的格式撰写,一个完整的市场调研报告格式由标题、目录、概述、正文、结论与建议、附件等组成。

●阅读材料一

市场调研报告的格式

市场调研报告的格式一般由标题、目录、概述、正文、结论与建议、附件等组成。

一、标题

标题和报告日期、委托方、调查方一般应打印在扉页上,把被调查单位、调查内容明确而具体地表示出来,如《关于哈尔滨市家电市场调查报告》。有的调查报告还采用正、副标题形式,一般正标题表明调查的主题,副标题则具体表明调查的单位和问题。如《消费者眼中的〈海峡都市报〉——〈海峡都市报〉读者群研究报告》。

二、目录

如果调查报告的内容、页数较多,为了方便读者阅读,应当使用目录或索引形式列出报告所分的主要章节和附录,并注明标题、有关章节号码及页码。一般来说,目录的篇幅不宜超过一页。例如:

目录

1. 调查设计与组织实施

2. 调查对象构成情况简介

3. 调查的主要统计结果简介

4. 综合分析

5. 数据资料汇总表

6. 附录

三、概述

概述主要阐述课题的基本情况,它是按照市场调查课题的顺序将问题展开,并阐述对调查的原始资料进行选择、评价、做出结论、提出建议的原则等。主要包括三方面内容:

第一,简要说明调查目的,即简要说明调查的由来和委托调查的原因。

第二,简要介绍调查对象和调查内容,包括调查时间、地点、对象、范围,调查要点及所要解答的问题。

第三,简要介绍调查研究的方法。介绍调查研究的方法,有助于确信调查结果的可靠性,因此对所用方法要进行简短叙述,并说明选用方法的原因。例如,是用抽样调查法还是典型调查法,是用实地调查法还是文案调查法,这些一般是在调查过程中使用的方法。另外,在分析中使用的方法,如指数平滑分析、回归分析、聚类分析等方法都应做简要说明。如果部分内容很多,应有详细的工作技术报告加以说明补充,附在市场调查报告的最后部分的附件中。

四、正文

正文是市场调查分析报告的主体部分。这部分必须准确阐明全部有关论据,包括问题的提出到引出的结论、论证的全部过程、分析研究问题的方法,还应当有可供市场活动的决策者进行独立思考的全部调查结果和必要的市场信息,以及对这些情况和内容的分析评论。

五、结论与建议

结论与建议是撰写综合分析报告的主要目的。这部分包括对引言和正文部分所提出的主要内容的总结,提出如何利用已证明为有效的措施和解决某一具体问题可供选择的方案与建议。结论和建议与正文部分的论述要紧密对应,不可以提出无证据的结论,也无须没有结论性意见的论证。

六、附件

附件是指调研报告正文包含不了或没有提及,但与正文有关,必须附加说明的部分。它是对正文报告的补充或更详尽的说明,包括数据汇总表、原始资料背景材料和必要的工作技术报告,例如为调查选定样本的有关细节资料及调查期间所使用的文件副本等。

●阅读材料二

常州信息学院快递行业市场调查方案

一、前言

快递,又称速递,是兼有邮政功能的门对门的物流活动,即指快递公司通过铁路、公路和空运等交通工具对客户货物进行快速投递。近几年,中国的快递业发展迅速,同时随着网络技术的发展,大学生的购物方式也发生了巨大的改变,这也加速了快递业的发展进程。

二、调查目的

要求详细地了解常州信息学院的快递行业市场各方面的情况,为快递业在常州信息学院更好的发展,制定这样的市场调查方案:

(1)全面掌握快递业在学生心目中的渗透率和满意度。

(2)了解快递业在常州信息学院的发展现状。

(3)了解学生对快递业的态度、需求、要求。

三、调查内容

市场调查的内容要根据市场调查的目的来确定,本次调查的主要内容如下:

1. 行业市场环境调查

(1)常州信息学院快递业的经营特点以及该行业在学校中的竞争状况。

(2)统计常州信息学院快递业每天所接受的业务量(一个星期的观察期)。

2. 消费者调查

(1)学生对快递业的运营速度与服务的满意度。

(2)学生平均月开支以及快递业消费的统计。

(3)学生对快递业的了解程度(非常了解、知道、信任但不会使用)。

(4)学生对快递业最理想化的描述。

3. 竞争者调查:

(1)主要竞争者的运营速度与服务的情况。

(2)主要竞争者的宣传方式。

(3)学生对主要竞争者满意的方面。

4. 调查对象以及抽样

(1)学生:200 名,其中男生:80 名,女生:120 名。

(2)快递公司:4 家,其中校内 3 家,校外 1 家。

(3)对学生样本的要求:

①对大一、大二、大三不同年级的学生进行调查。

②宿舍的差别也要包含在其中,分普通宿舍和公寓两个方面。

5. 调查员的规定与培训

(1)规定

①仪表端正、大方,举止谈吐得体,态度亲切、热情。

②具有认真负责、积极进取的精神。

③要经过专门的市场调查培训,专业素质好。

(2)培训

请相关老师进行简单的培训。

6. 人员安排

根据本调查方案,在常州信息学院校内进行本次调查需要三种人员:

调查督导　　1 名

调查员　　4 名(男女各 2 名)

复核员　　1 名

7. 市场调查方案以及具体实施

(1)对学生以问卷调查和询问为主(问卷内容围绕调查内容设置)。

(2)对常州信息学院快递商进行深度的访谈为主(以调查市场环境为主)。

(3)调查程序以及时间安排。

8. 调查程序以及时间安排

(1)调查程序:

①准备阶段。

②实施阶段。

③结果处理阶段。

(2)时间安排:

①设计问卷　　1 个工作日

②进行调查　　3 个工作日

③数据处理　　2 个工作日

9. 经费预算

策划费　　200 元

问卷调查费　　400 元

访谈费　　100 元

交通费　　50 元

打印费　　150 元

共计　　900 元

10. 附录

参与人员:毛成林、孙正闯、王高祥、戴飞、孟倩、张冬芹

项目负责人　　毛成林

调查方案与问卷设计　　孙正闯

调查方案与问卷修改　　王高祥

调查人员　　戴飞

数据处理　　孟倩

调研报告撰写　　张冬芹

调研报告汇报　　孙正闯

四、物流市场预测的概念和作用

（一）市场预测的概念

市场预测就是运用科学的方法，在对影响市场供求变化的诸因素进行调查研究的基础上，对未来市场商品供应和需求的发展趋势以及有关的各种因素的变化进行分析、估计和判断。预测的目的在于最大限度地减少不确定性因素对物流企业生产经营的影响，为科学决策提供依据。

市场预测产生的历史悠久。根据我国《史记》记载，公元前 6 世纪到前 5 世纪，范蠡在辅佐勾践灭吴复国以后，即弃官经商，19 年之中三致千金，成为天下富翁，他的商场建树取决于他懂得市场预测。例如，“论其存余不足，则知贵贱，贵上极则反贱，贱下极则反贵”。这说明他根据市场上商品的供求情况来预测商品的价格变化。

（二）市场预测的基本原理

1. 系统性原理

系统性原理是把预测对象看成一个系统，以系统论指导预测活动。系统论把整体性原则作为系统方法的出发点，认为整体大于部分之和，并强调系统各要素之间的相互影响和相互作用。

2. 连贯性原理

连贯性又叫连续性，是指经济现象的未来将同其过去保持密切相关的一种性质。连贯性原理是指市场预测一定要在历史与现实的信息联系中找出其固有的规律才能推断未来。客观事物的发展具有合乎规律的连贯性，按照这个原理预测事物的未来，必须建立在了解它的过去和现状的基础上，表明经济对象的发展按一定的规律做合乎逻辑的连续运动。

3. 因果原理

因果原理又称相关性原理，是指任何事物之间都不可能孤立存在，都是与周围的各种事物相互影响、相互制约的，各种现象之间存在着一定的因果关系，一个事物的发展变化必然影响到其他相关事物的发展变化。根据这一原理，人们可以从已知的原因推测未知的结果。

4. 类推原理

类推原理是指客观事物之间存在着某种类似的结构和发展模式，人们可以根据已知事物的某种类似结构和发展模式，类推未来某个预测目标的结构和发展模式。许多事物相互之间在结构、模式、性质、发展趋势等方面存在着相似之处。预测对象同参照对象之间若存在某些相同或相似的结构和发展模式，则可推断预测对象的未来发展还存在着另一些同参照对象相同或相似的结构和发展模式。

5. 可控性原理

可控性原理是指人们对所预测的社会经济事件的未来发展趋向和进程，在一定程度上是可以控制的。当人们认识了客观事物的发展规律性时，就可以努力创造条件，使预测对象在人们的自觉控制下朝着所希望的方向发展。

6. 概率原理

任何事物的发展都有一个被认识的过程。人们在充分认识事物之前,只知道其中有些因素是确定的,有些因素是不确定的,存在着偶然性,即某个因素有可能发生也有可能不发生,这就是概率性。

(三)市场预测的作用

1. 市场预测是企业制定经营战略的依据

正确的经营战略来自可靠的预测。通过市场预测,可以为企业经营战略的制定提供大量的数据和资料,特别是有关企业所处的市场环境及其发展变化趋势的资料。企业制定经营战略不能单凭当前的状况和过去的资料,要想使经营工作更加富有成效,还需把握企业内外部条件的变化。

2. 市场预测是制定企业经营决策的基础

企业生产经营活动的各个阶段、各个生产环节都存在着决策问题。任何物流企业都面临技术、服务范围的选择及其经济效益的评价等许多复杂的问题。对此,若无细致周密的调查和科学的预测作为基础,就难以优选出合理、经济、可行的方案,就很难做出正确的决策。

3. 市场预测是提高管理水平、提高经济效益的基础

经济效益是物流企业经营活动的根本,提高经济效益是经营管理的目标。而搞好经营管理的条件之一就是积极做好市场预测工作。在企业工作中,进行任何一项科研或技术经济项目,都要讲求经济效益,使之达到技术上的先进可行、经济上的合理可行,这同样也需要对一系列有关指标进行科学的预测。

五、市场预测的种类

1. 按时间的长短划分

(1)短期预测:是以日、周、旬、月为时间单位,对一个季度内市场情况的预测。

(2)中期预测:以年为单位,对一年以上、三年或五年以内的市场发展前景的预测。

(3)长期预测:以年为单位,对五年以上的市场经济前景的预测。

2. 按市场预测的空间划分

(1)国际市场预测:是对不同国家之间的市场信息及其发展趋势进行预测。由于国际市场的多元化、多层次的特点,国际市场预测与国内市场预测相比更复杂、更具风险。

(2)国内市场预测:是对全国统一市场需求的发展变化及其趋势的预测。目的是为指导企业生产经营发展方向、调节全国的商品产供销关系、合理分配关系国计民生的重要商品提供依据。

(3)地区性市场预测:是对某地区或某经济区域的市场需求及发展前景进行预测,以便为该地区或该经济区域安排生产、组织货源、指导消费、提供信息,更好地满足地区市场的需要。

3.按照预测的性质划分

(1)定性预测(Qualitative Forecasts)是指预测者依靠熟悉业务知识、具有丰富经验和综合分析能力的人员与专家,根据已掌握的历史资料和直观材料,运用个人的经验和分析判断能力,对事物的未来发展做出性质和程度上的判断,然后,再通过一定形式综合各方面的意见作出预测。例如顾客意见法、专家会议法、德尔菲法等。

定性预测在工程实践中被广泛使用,无论是有意的还是无意的,特别适合于对预测对象的数据资料(包括历史的和现实的)掌握不充分,或影响因素复杂;难以用数字描述,或对主要影响因素难以进行数量分析等情况。定性预测偏重于对市场行情的发展方向和施工中各种影响施工项目成本因素的分析,能发挥专家经验和主观能动性,不仅比较灵活,而且简便易行,可以较快地提出预测结果。但是在进行定性预测时,也要尽可能地搜集数据,运用数学方法,其结果通常也是从数量上做出测算。

定性预测的优点是:注重事物发展在性质方面的预测,具有较大的灵活性,易于充分发挥人的主观能动作用,且简单、迅速,省时、省费用。定性预测的缺点是:易受主观因素的影响,比较注重人的经验和主观判断能力,从而易受人的知识、经验和能力水平的束缚和限制,尤其是缺乏对事物发展做数量上的精确描述。

(2)定量预测是指使用历史数据或因素变量来预测需求的数学模型,是根据已掌握的比较完备的历史统计数据,运用一定的数学方法进行科学的加工整理,借以揭示有关变量之间的规律性联系,用于推测未来发展变化情况的一类预测方法。烽火猎头专家认为定量预测方法也称统计预测法,其主要特点是利用统计资料和数学模型来进行预测。然而,这并不意味着定量方法完全排除主观因素,相反,主观判断在定量方法中仍起着重要的作用,只不过与定性方法相比,各种主观因素所起的作用小一些罢了。

定量预测的优点是:偏重于数量方面的分析,重视预测对象的变化程度,能做出变化程度在数量上的准确描述;它主要把历史统计数据和客观实际资料作为预测的依据,运用数学方法进行处理分析,受主观因素的影响较小;它可以利用现代化的计算方法来进行大量的计算工作和数据处理,求出适应工程进展的最佳数据曲线。其缺点是比较机械,不易灵活掌握,对信息资料质量要求较高。进行定量预测,通常需要积累和掌握历史统计数据。如果把某种统计指标的数值按时间先后顺序排列起来,则便于研究其发展变化的水平和速度。这种预测就是对时间序列进行加工整理和分析,利用数列所反映出来的客观变动过程、发展趋势和发展速度,进行外推和延伸,借以预测今后可能达到的水平。

六、市场预测的方法

(一)时间序列预测法

历史资料延伸预测,也称历史引申预测法,是以时间数列所能反映的社会经济现象的发展过程和规律性,进行引申外推,预测其发展趋势的方法。时间序列,也叫时间数列、历史复数或动态数列。它是将某种统计指标的数值,按时间先后顺序排到所形成的数列。时间序列预测法就是通过编制和分析时间序列,根据时间序列所反映出来的发展过程、方向和趋势,进行类推或延伸,借以预测下一段时间或以后若干年内可能达到的水平。其内容包括:收集与整理某种社会现象的历史资料；对这些资料进行检查鉴别，排成数列；分析时间数列，从中寻找该社会现象随时间变化而变化的规律，得出一定的模式，再以此模式去预测该社会现象将来的情况。

1. 简单算术平均法

简单算术平均法即把若干历史时期的统计数值作为观察值，求出算术平均数作为下期预测值。这种方法基于下列假设："过去这样，今后也将这样。"把近期和远期数据等同化和平均化，因此只能适用于事物变化不大的趋势预测。如果事物呈现某种上升或下降的趋势，就不宜采用此法。

$$y_{n+1} = \frac{x_1 + x_2 + \cdots + x_n}{n} = \frac{1}{n}\sum_{i=1}^{n} x_i$$

式中：y_{n+1}—— 第 $n+1$ 期的预测值；

x_i—— 第 i 期的实际值；

n—— 实际值的个数。

例：某物流运输企业 2010 年 1 ~ 12 月运输业务量如表 5-1 所示，利用简单算术平均法预测 2011 年 1 月份的业务量。

表 5-1 某物流运输企业 2010 年 1 ~ 12 月运输业务量

月份	1	2	3	4	5	6	7	8	9	10	11	12
运输里程（万千米）	62	50	57	49	77	76	74	70	54	46	43	47

$y = (62 + 50 + 57 + 49 + 77 + 76 + 74 + 70 + 54 + 46 + 43 + 47)/12 = 58.75$（万千米）

2. 加权算术平均法

利用过去若干个按照发生时间顺序排列起来的同一变量的观测值并以时间顺序数为权数，计算出观测值的加权算术平均数，以这一数字作为预测未来期间该变量预测值的一种趋势预测方法。

$$y_{n+1} = \frac{x_1 w_1 + x_2 w_2 + \cdots + x_n w_n}{w_1 + w_2 + \cdots + w_n} = \frac{1}{\sum_{i-1}^{n} w_i}\sum_{i=1}^{n} x_i w_i$$

式中：y_{n+1}—— 第 $n+1$ 期的预测值；

w_i—— 第 i 期实际值 x_i 的权数；

x_i—— 第 i 期的实际值。

例：某物流运输企业 2010 年 1 ~ 12 月运输业务量如表 5-2 所示，请根据下半年的数据，利用加权算术平均法预测 2011 年 1 月份的业务量。

表 5-2 某物流运输企业 2010 年 1 ~ 12 月运输业务量

月份	1	2	3	4	5	6	7	8	9	10	11	12
运输里程（万千米）	62	50	57	49	77	76	74	70	54	46	43	47

分析：2010 年下半年各月数据变化不稳定，最大值与最小值差别较大，使用加权平均法（相应的权数分别为 1,2,3,4,5,6）可以消除不同数据对平均数的影响。

$y = (1 \times 74 + 2 \times 70 + 3 \times 54 + 4 \times 46 + 5 \times 43 + 6 \times 47)/(1 + 2 + 3 + 4 + 5 + 6)$

≈ 50.33（万千米）

3. 移动平均法

移动平均法是通过不断引进新数据来修改平均值，以消除变动的偶然因素影响，得出事物发展的主导趋势的一种预测方法。在移动平均值的计算中包括过去观察值的实际个数，必须一开始就明确规定。每出现一个新观察值，就要从移动平均值中减去一个最早观察值，再加上一个最新观察值，这一新的移动平均值就作为下一期的预测值。

$$y_{t+1} = M_t^{(1)} = \frac{1}{n}\sum_{i=t-n+1}^{t} x_i = \frac{x_t + x_{t-1} + \cdots + x_{t-n+1}}{n}$$

式中：y_{n+1}——第 $n+1$ 期的预测值；

x_i——第 i 期的实际值；

n——跨期间隔；

$M_t^{(1)}$——第 t 期的一次移动平均值。

当时间序列较多时，n 值可适当取大些，而当时间序列较少时，n 值要取小些；如果希望反映历史资料的长期变化趋势时，则 n 值应取大些；如果要求反映近期数据的变化趋势时，则 n 值应取小些。在历史资料具有比较明显的季节性变化或循环周期性变化时，跨期 n 应等于季节周期或循环周期。

例：已知某物流配送企业 1～12 月营业收入如表 5-3 所示，试利用移动平均法预测该企业明年 1 月份的收入 Y（跨期间隔 n 分别取 3 和 5）。

表 5-3 某物流配送企业 1～12 月营业收入 单位：万元

T（月份）	Y（收入）	$(n=3)M_t^{(1)}$	$(n=5)M_t^{(1)}$
1	240	—	—
2	252	—	—
3	246	246.00	—
4	232	243.33	—
5	258	245.33	245.6
6	240	243.33	245.6
7	238	245.33	242.8
8	248	242.00	243.2
9	230	238.67	242.8
10	240	239.33	239.2
11	256	242.00	242.4
12	236	244.00	242.0

（二）因果关系分析法

因果关系分析法，是从事物变化的因果关系质的规定性出发，用统计方法寻求市场变量之间依存关系的数量变化函数表达式的一类预测方法。这类预测方法在市场预测中常用的主要有两种：回归分析法与经济计量法，这里着重介绍回归分析法。

当预测目标变量(称因变量)由于一种或几种影响因素变量(称自变量)的变化而发生变化时,根据某一个自变量或几个自变量的变动来解释推测因变量变动的方向和程度,常用回归分析法建立数学模型。

回归分析法:在掌握大量观察数据的基础上,利用数理统计方法建立因变量与自变量之间的回归关系函数表达式来描述它们之间数量上的平均变化关系,这种函数表达式称回归方程式。

回归分析中,当研究的因果关系只涉及因变量和一个自变量时,叫作一元回归分析;当研究的因果关系涉及因变量和两个或两个以上自变量时,叫作多元回归分析。回归分析中,又依据描述自变量与因变量之间因果关系的函数表达式是线性的还是非线性的,分为线性回归分析和非线性回归分析。

线性回归分析是最基本的方法,也是市场预测中的一种重要预测方法。一元线性回归方程的基本形式为:

$$y_i = a + bx_i$$

式中,x——自变量;

a——直线截距;

y——因变量;

b——回归系数。

任务三

物流企业目标市场营销战略

一、目标市场的概念和重要性

目标市场是在市场细分的基础上,企业期望并有能力占领和开拓,能为企业带来最佳营销机会与最大经济效益的具有大体相近需求、企业决定以相应商品和服务去满足其需求、为其服务的消费者群体。目标市场选择的是否准确关系到企业经营的成败,对企业参与市场竞争具有重要意义。

(1)目标市场的选择关系到企业战略的制定和实施。选择和确定目标市场,明确企业的具体服务对象,是企业制定市场营销战略的首要内容和基本出发点。

(2)并非所有的细分市场对企业都有利可图,只有那些和企业资源条件相适应的细分市场对企业才具有较强的吸引力。

(3)消费需求越来越个性化,市场需求越来越复杂和多样化,企业的经营范围不可能满足全部市场需要,必须科学地进行细分和选择市场,才能实现更有效的发展。

二、目标市场选择策略

目标市场选择策略,即关于企业为哪个或哪几个细分市场服务的决定。通常有五种模式供参考：

1. 市场集中化

企业应选择一个细分市场，集中力量为之服务。较小的企业一般这样专门填补市场的某一部分。集中营销使企业深刻了解该细分市场的需求特点，采用针对的产品、价格、渠道和促销策略，从而获得强有力的市场地位和良好的声誉，但同时隐含较大的经营风险。

2. 产品专门化

企业集中生产一种产品，并向所有顾客销售这种产品。例如服装厂商向青年、中年和老年消费者销售高档服装，企业为不同的顾客提供不同种类的高档服装产品和服务，而不生产消费者需要的其他档次的服装。这样，企业在高档服装产品方面树立很高的声誉，但一旦出现其他品牌的替代品或消费者流行的偏好转移，企业将面临巨大的威胁。

3. 市场专门化

企业专门服务于某一特定顾客群，尽力满足他们的各种需求。例如企业专门为老年消费者提供各种档次的服装。企业专门为这个顾客群服务，能建立良好的声誉。但一旦这个顾客群的需求潜量和特点发生突然变化，企业要承担较大的风险。

4. 有选择的专门化

企业选择几个细分市场，每一个细分市场对企业的目标和资源利用都有一定的吸引力。但各细分市场彼此之间很少或根本没有任何联系。这种策略能分散企业经营风险，即使其中某个细分市场失去了吸引力，企业还能在其他细分市场中盈利。

5. 完全市场覆盖

企业力图用各种产品满足各种顾客群体的需求，即以所有的细分市场作为目标市场，例如服装厂商为不同年龄层次的顾客提供各种档次的服装。一般只有实力强大的大企业才能采用这种策略。例如 IBM 公司在计算机市场、可口可乐公司在饮料市场开发众多的产品，满足各种消费需求。

三、目标市场营销策略

1. 无差异化营销（Undifferentiated Marketing）策略

无差异化营销又称无差别市场策略、无差异性市场营销，是指面对细分化的市场，企业看重各子市场之间在需求方面的共性而不注重它们的个性，不是把一个或若干个子市场作为目标市场，而是把各子市场重新集合成一个整体市场，并把它们作为自己的目标市场。企业向整体市场提供标准化的产品，采取单一的营销组合，并通过强有力的促销吸引尽可能多的购买者，这样不仅可以增强消费者对产品的印象，也会使管理工作变得简单而有效。

无差异化营销的最大优点在于成本的经济性，就像制造上的“大量生产”与“标准化”一样：单一产品线可减少生产、存货和运输成本；无差异的广告计划能使企业经由大量使用而获得媒体的价格折扣；不必进行市场细分化所需的营销研究与规划，可降低营销研究的成本与管理费用。但这种策略可能会引起激烈的竞争，实行无差异营销的直销商一般针对整体市场，当同行中有许多人如法炮制之后，可能发生大市场内竞争过度，而小市场却乏人问津的情况。

2. 差异化营销(Differentiated Marketing)策略

差异化营销战略又叫差异性市场营销,是指面对已经细分的市场,企业选择两个或者两个以上的子市场作为市场目标,分别对每个子市场提供针对性的产品和服务以及相应的销售措施。企业根据子市场的特点,分别制定产品策略、价格策略、渠道(分销)策略以及促销策略并予以实施。

差异化营销,核心思想是“细分市场,针对目标消费群进行定位,导入品牌,树立形象”。它是在市场细分的基础上,针对目标市场的个性化需求,通过品牌定位与传播,赋予品牌独特的价值,树立鲜明的形象,建立品牌的差异化和个性化核心竞争优势。差异化营销的关键是积极寻找市场空白点,选择目标市场,挖掘消费者尚未满足的个性化需求,开发产品的新功能,赋予品牌新的价值。差异化营销的依据是市场消费需求的多样化特性。不同的消费者具有不同的爱好、不同的个性、不同的价值取向、不同的收入水平和不同的消费理念等,从而决定了他们对产品品牌有不同的需求侧重,这就是为什么需要进行差异化营销的原因。

差异化营销不是某个营销层面、某种营销手段的创新,而是产品、概念、价值、形象、推广手段、促销方法等多方位、系统性的营销创新,并在创新的基础上实现品牌在细分市场上的目标聚焦,取得战略性的领先优势。

企业采用差异化营销策略,可以使顾客的不同需求得到更好的满足,也使每个子市场的销售潜力得到最大限度的挖掘,从而有利于扩大企业的市场占有率。同时也大大降低了经营风险,一个子市场的失败不会导致整个企业陷入困境。差异化营销策略大大提高了企业的竞争实力,企业树立的几个品牌可以大大提高消费者对企业产品的信赖感和购买率。多样化的广告、多渠道的分销、多种市场调研费用、管理费用等,都是限制小企业进入的壁垒,所以对于财力雄厚、技术强大、拥有高质量的产品的企业,差异化营销是良好的选择。

同时,差异化营销策略有其自身的局限性,其最大的缺点就是营销成本过高,生产一般为小批量,使单位产品的成本相对上升,不具经济性。另外,市场调研、销售分析、促销计划、渠道建立、广告宣传、物流配送等许多方面的成本都无疑会大幅度地增加。这也是为什么很多企业做差异化营销,市场占有率扩大了,销量增加了,利润却降低了的原因所在。

3. 集中营销 (Concentrated Marketing)策略

集中营销亦称聚焦营销, 是指企业不是面向整体市场,也不是把力量分散使用于若干个细分市场,而只选择一个或少数几个细分市场作为目标市场。资源有限的中小企业多采用这一策略。这种策略的优点是适应了本企业资源有限这一特点,可以集中力量迅速进入和占领某一特定细分市场。生产和营销的集中性,使企业经营成本降低,但该策略风险较大。如果目标市场突然变化,如价格猛跌或突然出现强有力的竞争者,企业就有可能陷入困境。

企业进行集中营销策略市场的选择应考虑是否具备以下特点:(1)该市场的需求与企业的特长及目标相吻合,以便企业在未来的竞争角逐中能处于有利地位;(2)该市场应具有一定的规模和发展潜力,给企业的入主留有一定的上升空间;(3)该市场的现有市场结构具备长期的内在吸引力,为企业的赢利提供充分的前提条件;(4)目标市场能进一步促进企业新老产品的更替,实现企业扩大销售量和提高市场占有率的目的。

4. 定制营销(Customization Marketing)策略

定制营销是指在大规模生产的基础上,将市场细分到极限程度——把每一位顾客视为一个潜在的细分市场，并根据每一位顾客的特定要求，单独设计、生产产品并迅捷交货的营销方式。它的核心目标是以顾客愿意支付的价格并以能获得一定利润的成本高效率地进行产品定制。美国著名营销学者科特勒将定制营销誉为21世纪市场营销最新领域之一。在全新的网络环境下，兴起了一大批像Dell、Amazon.com、P&G等为客户提供完全定制服务的企业。在宝洁的Reflect.com网站能够生产一种定制的皮肤护理或头发护理产品以满足顾客的需要。

与传统的营销方式相比，定制营销体现出其特有的竞争优势。首先，它能体现出以顾客为中心的营销观念。从顾客需要出发，与每一位顾客建立良好关系，并为其开展差异性服务，实施一对一的营销，最大限度地满足了用户的个性化需求，提高了企业的竞争力。由于它注重产品设计创新与特殊化，个性化服务管理与经营效率，实现了市场的快速形成和裂变发展。在这种营销中，消费者需要的产品由消费者自已来设计，企业则根据消费者提出的要求来进行大规模定制。其次，实现了以销定产，降低了成本。在大规模定制下，企业的生产运营受客户的需求驱动，以客户订单为依据来安排定制产品的生产与采购，使企业库存最小化，降低了企业成本。因此，它的目的是把大规模生产模式的低成本和定制生产以客户为中心这两种生产模式的优势结合起来，在未牺牲经济效益的前提下，了解并满足单个客户的需求。可以这样说，它将确定和满足客户的个性化需求放在企业的首要位置，同时又不牺牲效益，它的基本任务是以客户愿意支付的价格并以能获得一定的利润的成本高效率地进行产品定制。最后，在一定程度上减少了企业新产品开发和决策的风险。

●阅读材料

北京快行线食品物流有限公司的冰淇淋配送

北京快行线食品物流有限公司市场经理王萌认为：冰淇淋产品主要分为三个档次，其物流状况也分为三种状况。

第一档次的产品如哈根达斯等，主要依靠自己的专卖店销售，而且对物流的要求相当高，要求全程冷链不断。这个档次的产品只有少量进入超市，收货过程类似于超市的进口商品，收货部只是点数，数量核对后通知卖场里的销售人员直接拉走，没有收货部进行扫码、打单等耗时的过程，但是货物还得从收货部通过，只是时间快一些，因此还是会出现断链的现象，只是不严重而已。

第二档次的产品如雀巢、八喜、和路雪等，其中一部分是通过专卖店销售，但主要依靠超市、大卖场等商业渠道销售。这个档次的产品价格也不便宜，也要求全程冷链，产品在仓储运输过程中不能变软，更不能融化。因为这些产品的含奶量和含糖量较高，一旦变软再结冻，口感就会发生变化。与第一档次的产品相比，这个档次的产品对物流的要求相对没有那么苛刻。

我们公司对这一档次的冷饮产品更新了配送方式。以前的老冷库达不到这个档次产品的要求，因为货物从冷库出来再装车是在一个敞开的站台上进行的，工人一箱箱往车厢里装货，即使速度再快，至少也要20分钟，这时货物都暴露在室外，导致冷链中断。我们公司的新冷库采用了封闭式月台，每一个出货口都装有门封，倒车时海绵门封把车厢四周包住，此时装货环境就和冷库环境连在一起了，冷链也就不会中断。

第三档次的产品如众多国内品牌，虽然有部分高端产品进入超市，但主要销售渠道还是通过批发市场发往各个街边小摊、零售专柜等网点。这个档次产品的运作模式还是以过去的冷冻储运模式为主，不太注重温度和对产品的保护，注重低价格。通常状况是三五辆车直接把产品从厂家仓库拉到批发市场,再由批发商发给各个零售商。

任务四
物流企业市场营销组合策略

一、物流企业市场营销组合概述

1. 市场营销组合概念

物流企业市场营销组合指的是物流企业在选定的目标市场上,综合考虑环境、能力、竞争状况对企业自身可以控制的因素,加以最佳组合和运用,以完成企业的目的与任务。市场营销组合是制定企业营销战略的基础,做好市场营销组合工作可以保证企业从整体上满足消费者的需求。市场营销组合是企业对付竞争者强有力的手段,是合理分配企业营销预算费用的依据。

1960 年,麦卡锡提出了著名的 4P 组合理论。麦卡锡认为,企业从事市场营销活动,一方面要考虑企业的各种外部环境,另一方面要制定市场营销组合策略,通过策略的实施,适应环境,满足目标市场的需要,实现企业的目标。麦卡锡绘制了一幅市场营销组合模式图(如图5-2所示),图的中心是某个消费群,即目标市场,中间一圈是四个可控要素:产品(Product)、渠道(Place)、价格(Price)、促销(Promotion),即 4Ps 组合。在这里,产品就是考虑为目标市场开发适当的产品,选择产品线、品牌和包装等;价格就是考虑制定适当的价格;渠道就是将要通过适当的渠道安排运输、储藏等把产品送到目标市场;促销就是考虑如何将适当的产品按适当的价格在适当的地点通知目标市场,包括销售推广、广告、培养推销员等。麦卡锡指出,4Ps 组合的各要素将要受到这些外部环境的影响和制约。

2. 市场营销组合的重要作用

企业营销管理者正确安排营销组合对企业营销的成败有重要作用:

(1)可扬长避短,充分发挥企业的竞争优势,实现企业战略决策的要求。

(2)可加强企业的竞争能力和应变能力,使企业立于不败之地。

(3)可使企业内部各部门紧密配合,分工协作,成为协调的营销系统(整体营销),灵活地、有效地适应营销环境的变化。

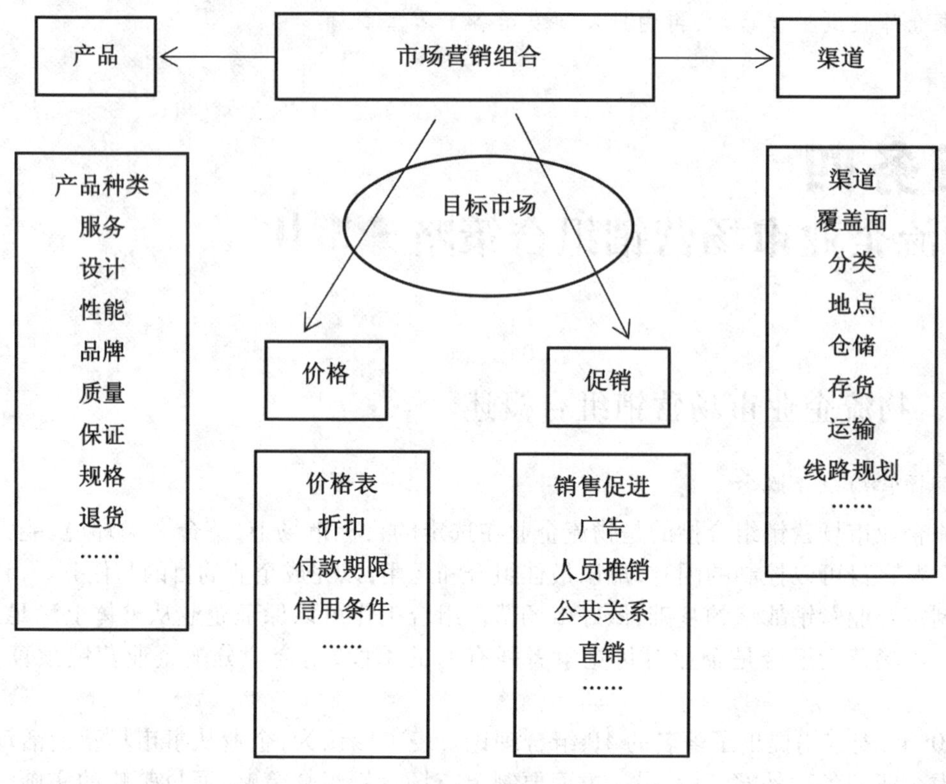

图 5-2 市场营销组合模式图

二、物流产品组合策略

(一)产品组合相关概念

产品好比人一样,都有其由成长到衰退的过程。因此,企业不能仅仅经营单一的产品,世界上很多企业经营的产品往往种类繁多,如美国光学公司生产的产品超过 3 万种,美国通用电气公司经营的产品多达 25 万种。当然,并不是经营的产品越多越好,一个企业应该生产和经营哪些产品才是有利的?这些产品之间应该有什么样的配合关系?——这就是产品组合问题。

产品组合是指一个企业生产或经营的全部产品线、产品项目的组合方式。它包括四个变数:产品组合的宽度、产品组合的长度、产品组合的深度和产品组合的一致性。例如美国宝洁公司的众多产品线中,有一条牙膏产品线,生产格利、克雷丝、登奎尔三种品牌的牙膏,所以该产品线有三个产品项目。其中克雷丝牙膏有三种规格和两种配方,则克雷丝牙膏的深度就是 5。如果我们能计算每一产品项目的品种数目,就可以计算出该产品组合的平均深度。

(二)物流产品组合策略

物流产品组合策略就是物流企业根据市场需求、竞争形势和企业自身能力对产品组合的广度、长度、深度和关联度方面做出的决策。

1. 扩大产品组合策略

这种策略着眼于扩大产品组合的深度和广度，即增加服务项目，扩展经营范围。例如：除了为物流服务对象提供运输、仓储等一般性服务外，还向客户提供物流网络设计、库存管理、订货管理、流通加工、订单处理、信息服务等一系列的增值服务。

2. 缩减产品组合策略

物流企业为了减少费用，或者为了在某一方面更为专业化，或者是由于客户需求减少，也或者是因为在某一市场竞争过于激烈，都有可能调整物流服务组合策略，将一条或几条物流服务线缩减掉。有时物流企业也可能通过消减某些服务项目或服务人员，即减少物流服务组合的宽度或降低物流服务组合的深度，以达到缩减物流服务组合策略的目的。

3. 改变物流服务档次策略（产品线延伸决策）

严格来讲，这是一种调整物流服务组合宽度的策略。在保持物流服务组合长度不变的条件下，物流企业利用价格变化来调整服务线内物流服务项目的档次，具体有三种策略可供选择：

（1）高档物流服务产品策略：即在原有收费较低的服务线中，增加收费较高的物流服务项目。例如：海尔物流建立的自动立体化仓库，Oceangate 公司的内部装配系统可以对货物如计算机完成装配等多种操作活动。

（2）低档物流服务产品策略：即在原有高价物流服务产品线中增加低附加值的服务产品项目，利用高档名牌的声誉吸引低档客户。例如：有些物流企业为培育长期客户，在过去主要做长途运输的基础上，增加了短途运输、送货上门等低附加值的物流服务。

（3）双向物流服务策略：即物流企业过去经营中档服务项目，现在同时增加高档和低档物流服务项目，以全面占领某一物流服务市场。

4. 特殊能力和特殊产品策略

物流企业凭借自己所拥有的特殊服务条件和服务能力，向客户提供能满足其特殊需要的物流服务。如为客户提供咨询及代办清关服务、夜间配送、GPS 实时监控等特殊化的物流服务。

5. 服务异样化和服务细分化策略

这种策略是指物流企业为从价格竞争中摆脱出来，以某种方式或手段改变基本物流服务形态，以满足不同物流服务对象的需求，形成区别于其他同类服务的吸引物流服务对象的特性，并以此挖掘更多的客户。

三、物流企业定价策略

（一）企业定价策略概述

1. 企业定价策略的概念

企业定价策略是指企业在充分考虑影响企业定价的内外部因素的基础上，为达到企业预定的定价目标而采取的价格策略。制定科学合理的定价策略，不但要求企业对成本进行核算、分析、控制和预测,而且要求企业根据市场结构、市场供求、消费者心理及竞争状况等因素做出判断与选择。价格策略选择的是否恰当,是影响企业定价目标的重要因素。

2. 企业定价策略应与市场营销组合策略的应用相结合

市场营销组合策略是企业一系列市场营销决策的核心决策,其包括产品、价格、渠道、促销四大要素。价格是其中最敏感的因素。在市场中,多数商品的营销渠道较为分散,如电视销售、网上销售、专卖店销售、百货商店销售等,不同的销售形式,其质优价廉物品的寻找成本不同, 因而价格的差异性较为显著,这为企业实行价格歧视策略提供了可能性。企业可对不同寻找成本或支付意愿的消费者制定不同的价格,对为数不多的网上消费群采用低价格策略,对网下消费群实行略高价策略,对价格极为敏感的消费群可借助报纸等媒介发放优惠券等促销方式,实施价格优惠策略。结合营销组合策略的多价格模式策略,给不同的消费者提供个性的价格服务,其目的为最大限度地扩大消费群。

3. 不同的细分市场对商品的需求弹性不同

需求价格弹性是需求量对价格变化反应的灵敏度。由于各种商品的特点不同,各种商品的需求价格弹性是不一样的,而同一种商品在不同的价格范围内,需求价格弹性也是不一样的。各种商品的有效需求总是在一定的价格范围内变动。因而,在价格决策中还要考虑决定某种商品需求价格弹性大小的主要经济因素,如:可替代商品的多少、市场竞争程度、商品的重要程度、商品用途多少和急用程度等。总之,企业定价的目标及策略应以企业的市场战略目标和现代企业经营理念为指导,在不同的市场竞争程度和市场结构下,以企业与消费者双赢为经营理念,通过市场细分对其所选定的目标市场进行分析,了解企业所服务的消费群的需求、欲望和收入状况,根据不同的市场状况采取不同的价格策略。

(二)物流企业定价相关策略

1. 折扣定价策略

企业为了鼓励顾客及早付清货款,或鼓励顾客大量购买,或为了增加淡季销售量,还常常需酌情给顾客一定的优惠,这种价格的调整叫作价格折扣和折让。

(1)现金折扣,是企业对现金交易的顾客或对及早付清货款的顾客给予一定的价格折扣。许多情况下采用此定价法可以加速资金周转,减少收账费用和坏账。

(2)数量折扣,是企业给那些大量购买某种产品的顾客的一种折扣,以鼓励顾客购买更多的货物。大量购买能使企业降低生产、销售等环节的成本费用。

(3)功能折扣,也叫贸易折扣,是制造商给予中间商的一种额外折扣,使中间商可以获得低于目录价格的价格。

(4)季节折扣,是企业鼓励顾客在淡季购买的一种减让,以使企业的生产和销售一年四季能保持相对稳定。

(5)推广津贴,是为扩大产品销路,生产企业向中间商提供促销津贴,如零售商为企业产品刊登广告或设立橱窗,生产企业除负担部分广告费外,还在产品价格上给予一定优惠。

2. 地区定价策略

通常一个企业的产品不仅在本地销售,同时还要销往其他地区,而产品从产地运到销地要花费一定的运输、仓储等费用,那么应如何合理分摊这些费用,不同地区的价格应如何制定,这就是地区定价策略所要解决的问题。具体有五种方法：

(1)产地定价

以产地价格或出厂价格为交货价格，运杂费和运输风险全部由买方承担。这种做法适用于销路好、市场紧俏的商品，但不利于吸引路途较远的顾客。

(2)统一交货定价

统一交货定价也称邮票定价法，企业对不同地区的顾客实行统一的价格，即按出厂价加平均运费制定统一交货价。这种方法简便易行，但实际上是由近处的顾客承担了部分远方顾客的运费，对近处的顾客不利，而比较受远方顾客的欢迎。

(3)分区定价

企业把销售市场划分为远近不同的区域，各区域因运距差异而实行不同的价格，同区域内实行统一价格。分区定价类似于邮政包裹、长途电话的收费，对企业来讲，可以较为简便地协调不同地理位置用户的运费负担问题，但对处于分界线两侧的顾客而言，还会存在一定的矛盾。

(4)基点定价

企业在产品销售的地理范围内选择某些城市作为定价基点，然后按照出厂价加上基点城市到顾客所在地的运费来定价。这种情况下，运杂费用等是以各基点城市为界由买卖双方分担的，该策略适用于体积大、运费占成本比重较高、销售范围广、需求弹性小的产品。

(5)津贴运费定价

津贴运费定价是指由企业承担部分或全部运输费用的定价策略。当市场竞争激烈，或企业急于打开新的市场时常采取这种做法。

3. 生鲜品定价

这里把生鲜商品定价拿出来另外讨论，原因在于生鲜商品的特殊性。生鲜经营是一个超市经营的核心，生鲜经营的好坏关系到一个超市的兴衰。生鲜在一个超市的作用是吸客、聚客，所以对生鲜商品价格的制定显得尤为重要。价格太高，达不到生鲜聚客功能；价格太低，不仅牺牲了自己应有的毛利，同时也会打击供应商及企业对生鲜经营的积极性。

对于生鲜商品，定价策略的核心是用低毛利来刺激销量，生鲜是以量取胜，量大才能维持产品的鲜度及周转率，而不是采取高毛利、低销量的策略。

(1)商品的敏感度策略

消费者对商品的敏感度决定价格的变化、毛利率的高低。较不敏感品项(水产冻品、干货)价格、毛利偏高；较敏感品项(肉、蛋、菜)价格、毛利偏低。

(2)树立公司低价形象策略

这一做法不仅适用于生鲜商品，还适用于食品、百货。通过经常性的促销、略低于竞争对手的价格水平、调低敏感商品价格等方式，在消费者头脑中建立整体低价的印象。同时，周期性不断强化，刺激购买欲，提高销售量，也能带动高毛利品项销售，赚得利润。

(3)公司毛利策略

公司根据自身发展方向、策略、费用、成本、以往销售状况分析和对自身销售预测等方式制定出综合毛利率要求，并分配到各个不同采购分类，作为各采购分类的定价依据和目标任务。

(4)定价配合促销策略

公司的毛利指标作为定价指导，并不是进价加上毛利指标等于公司售价，价格制度也要配合促销计划。降价不等于毛利损失,生鲜的定价核心是以量赚取利润。

生鲜商品的定价有其一定的依据,不像食品、百货一样可以保持一段时间稳定不变,生鲜商品的价格往往是灵活多变的。

四、物流企业分销渠道策略

(一)物流企业分销渠道策略概述

分销渠道策略(Distribution Strategy)是指企业为了使其产品或服务进入目标市场所进行的路径选择活动和管理过程。它关系到企业在什么地点、什么时间、由什么组织向消费者提供商品和劳务。企业应选择经济、合理的分销渠道,把商品送到目标市场。分销渠道因素包括渠道的长短决策、宽窄决策,中间商的选择以及分销渠道的分析评价和变革等内容。

物流企业从事的活动主要是将物品从接收地向目的地进行有效的转移。物流企业的分销渠道主要包括运输企业、货主、仓库、货运站场以及各种中间商和代理商等。起点是物流企业,终点是对物流服务有需求的货主,中间环节是为达成物流活动面进行货源组织的各种中间商。中间环节包括车站、码头、机场等站场组织,航运代理、货运代理、航空代理、船务代理以及受物流公司委托建立的售票点、揽货点等代理商,铁路、公路、水路、航空运输等联运公司。

(二)物流企业分销渠道系统

分销渠道系统是指渠道中各成员之间相互联系形成的一种体系。纵观现在物流企业的分销渠道系统,大致有以下几种系统结构:

1. 直接分销渠道系统

直接分销渠道没有营销中介层次,企业直接向消费者销售。随着科学技术的发展,特别是社会信息化的发展,直接分销渠道系统的内容日益丰富,现在采用的主要有广告、电话直销、电视直销、邮购直销、网络直销、会议直销、会展等。尤其是互联网的商务化开发和普及,使物流企业进行网上销售已成为一种具有广阔发展前景的被称为直复营销的直销形态。直复营销即直接回应的营销。直复营销的主要方式有网络营销、数据库营销、直邮营销、电话营销、电视营销等。

●阅读材料

航运巨头加大直销渠道力度

面对主要目标市场以及集装箱运输行业的特点,中远集团重点考虑以下几个方面的因素:一是集装箱市场供过于求,若使用中间商会造成货源不稳的市场局面。二是方便控制运价,以便运用价格手段开展竞争。三是直接与货主接触,拜访客户,了解客户需求,有利于更好地为客户服务。为此,中远集团在全球设立自己的办事处,大力拓展直销渠道,加强与顾客的直接接触,直销渠道的比例由1997年的5%扩大到了2000年的50%,揽货能力大大增强,提升了市场竞争力。

另外,作为市场的领导者的集装箱班轮运输巨头马士基在分销渠道中,直销比例已达到70%以上。

2. 垂直分销渠道系统

垂直分销系统是指由物流企业与中间商组成的统一系统，并由具有相当实力的物流公司担当领导者。这些企业能够通过其规模、谈判实力和减少重复服务而获得效益，其主要类型有公司式垂直分销系统、管理式垂直分销系统和合同式垂直分销系统。

垂直分销系统是由同一家物流公司拥有并通过统一管理若干个分公司和中间商来控制整个分销渠道的系统。管理式垂直分销系统是由一个规模大、实力强的物流企业出面组织的，由它来管理和协调物流过程的各个环节，综合协调整个货源的组织和运输存储的渠道系统。合同式垂直分销系统是由不同层次的独立物流企业和中间商在物流过程中组成的，以合同、契约等形式为基础建立的联合经营形式，目的在于获得比其独立行动时能得到更大的经济利益和销售效果。例如，一个物流企业可以同时给予多家货代企业代理权。

3. 水平分销渠道系统

水平分销渠道系统是由两个或两个以上的物流企业联合，利用各自的资金、技术、运力、线路等优势共同开发和利用物流市场机会的统一系统。例如，汽车运输公司与铁路运输部门，或与航空运输的联合形成的渠道系统；由全球20家最大的集装箱航运公司中的6家组成的五大全球性班轮联盟等。公司间的联合可以是暂时性的，也可以是永久性的，还可以创立一个专门公司。

4. 多渠道分销系统

多渠道分销系统是指一个物流企业建立两条或更多的营销渠道，为一个或更多的细分市场提供物流服务。通过增加更多的渠道，物流企业可以扩大市场覆盖面，降低渠道成本，实行顾客定制化销售，更好地满足顾客需要，从而提高经济效益。但多渠道营销也可能产生渠道冲突，因此，物流企业实行多渠道分销系统必须加强渠道的控制与协调，使多渠道系统健康发展并提高企业的实际效益。

●阅读材料

锦程国际物流的多渠道策略

锦程国际物流成立于1990年，由于分销渠道单一，用了十年时间才发展了5家分公司。2000年，锦程国际物流引入加盟连锁模式，目前以大连为基地，在哈尔滨、营口、天津、青岛、连云港、张家港、上海、苏州、南京、宁波、温州、福州、厦门、广州、深圳、北海等城市设立了300多家分支机构，并与国外众多物流企业建立了长期稳定的合作关系，拥有300多家海外代理，具有健全的国际网络，初步成为全球化经营的具有较大规模的物流企业。2004年在中国首届国际货运综合实力百强排名评选中，锦程综合实力全国排名第五；中国物流企业百强评选中，锦程排名第三，列民营企业第一位。

五、 物流企业促销策略

(一)企业促销策略概述

促销策略是指企业如何通过人员推销、广告、公共关系和营销推广等各种促销手段，向消费者传递产品信息,引起他们的注意和兴趣,激发他们的购买欲望和购买行为,以达到扩大销售目的的活动。企业将合适的产品在适当的地点、以适当的价格出售的信息传递到目标市场,一般是通过两种方式:一种是人员推销,即推销员和顾客面对面地进行推销;另一种是非人员推销,即通过大众传播媒介在同一时间向大量消费者传递信息,主要包括广告、公共关系和营销推广等多种方式。这两种推销方式各有利弊,起着相互补充的作用。此外,目录、通告、赠品、店标、陈列、示范、展销等也都属于促销策略范围。一个好的促销策略,往往能起到多方面作用,如提供信息情况,及时引导采购;激发购买欲望,扩大产品需求;突出产品特点,建立产品形象;维持市场份额,巩固市场地位,等等。

(二) 促销策略类型

根据促销手段的出发点与作用的不同,可以分为两种促销策略:

1. 推式策略

推式策略是以直接方式,运用人员推销手段,把产品推向销售渠道,其作用过程为:企业的推销员把产品或劳务推荐给批发商,再由批发商推荐给零售商,最后由零售商推荐给最终消费者。该策略适用于以下几种情况:(1)企业经营规模小,或无足够资金用以执行完善的广告计划。(2)市场较集中,分销渠道短,销售队伍大。(3)产品具有很高的单位价值,如特殊品、选购品等。(4)产品的使用、维修、保养方法需要进行示范。

2. 拉式策略

采取间接方式,通过广告和公共宣传等措施吸引最终消费者,使消费者对企业的产品或劳务产生兴趣,从而引起需求,主动去购买商品。其作用路线为:企业将消费者引向零售商,将零售商引向批发商,将批发商引向生产企业。这种策略适用于:(1)市场广大,产品多属便利品。(2)商品信息必须以最快速度告知广大消费者。(3)对产品的初始需求已呈现有利的趋势,市场需求日渐上升。(4)产品具有独特性能,与其他产品的区别显而易见。(5)能引起消费者某种特殊情感的产品。(6)有充分资金用于广告。

课后习题

一、单项选择题

1. 重点调查法的特点是(　　)。

A. 较少的人力,较少的费用

B. 调查具有资料的准确性和标准化程度比较高

C. 调查的工作量大

D. 调查工作时间长

2. 差异化营销策略有其自身的局限性,其最大的缺点是(　　)。

A. 营销成本过高　　B. 运营风险较大

C. 生产批量过小　　D. 利润无法提高

3. 推式策略适用于以下哪种情况?(　　)

A. 产品的使用、维修、保养方法需要进行示范

B. 商品信息必须以最快速度告知广大消费者

C. 对产品的初始需求已呈现出有利的趋势,市场需求日渐上升

D. 企业经营规模大,资金雄厚

二、多项选择题

1. 市场调研数据收集方法有(　　)。

A. 询问法　　B. 观察法

C. 实验法　　D. 问卷法

2. 目标市场选择策略有(　　)。

A. 市场集中化　　B. 产品专门化

C. 市场专门化　　D. 有选择的专门化

3. 折扣定价策略包括(　　)。

A. 现金折扣　　B. 功能折扣

C. 季节折扣　　D. 推广津贴

三、问答题

1. 什么是物流服务营销?它有哪些特点?
2. 简述物流服务营销管理的四种职能及其关系。
3. 简述市场调研的基本过程。
4. 什么是市场预测?其基本原理有哪些?
5. 目标市场选择策略有哪些?
6. 目标市场营销策略有哪些?
7. 请列举五种以上物流企业定价相关策略。
8. 物流产品组合策略有哪些?
9. 物流企业分销渠道系统结构有哪些?

四、计算题

某物流运输企业 2016 年 1 ~ 12 月运输业务量如表 5-4 所示,利用简单算术平均法预测 2017 年 1 月份的业务量。

表 5-4　某物流运输企业 2016 年 1 ~ 12 月运输业务量

月份	1	2	3	4	5	6	7	8	9	10	11	12
运输里程(万千米)	102	68	79	82	106	118	86	108	78	96	156	123

五、案例分析题

亚马逊物流促销纵横天下

亚马逊网上书店 2002 年底开始盈利,这是全球电子商务发展的福音。亚马逊网上书店自 1995 年 7 月开业以来,经历了七年的发展历程。到 2002 年底,全球已有 220 个国家的 4 000 万网民在亚马逊书店购买了商品,亚马逊为消费者提供的商品总数已达到 40 多万种。近年来在电子商务发展受挫,许多追随者纷纷倒地落马之时,亚马逊却顽强地活了下来并脱颖而出,创造了令人振奋的业绩:2002 年第三季度的净销售额达 8.51 亿美元,比上年同期增长了 33.2%;2002 年前三个季度的净销售额达 25.04 亿美元,比上年同期增长了 24.8%。虽然 2002 年前三个季度还没有盈利,但净亏损额为 1.52 亿美元,比上年同期减少了 73.4%,2002

年第四季度的销售额为14.3亿美元,实现净利润300万美元,是第二个盈利的季度。亚马逊的扭亏为盈无疑是对B2C电子商务公司的巨大鼓舞。

为什么在电子商务发展普遍受挫时亚马逊的旗帜并没有倒?是什么成就了亚马逊今天的业绩?亚马逊的快速发展说明了什么?带着这一连串的疑问和思索探究亚马逊的发展历程后,我们惊奇地发现,正是被许多人称为是电子商务发展"瓶颈"和最大障碍的物流拯救了亚马逊,是物流创造了亚马逊今天的业绩,那么亚马逊的生存和发展经历带给我们哪些有益的启示呢?

启示一:物流是亚马逊促销的手段。

在电子商务举步维艰的日子里,亚马逊提出了创新、大胆的促销策略——为顾客提供免费的送货服务,并且不断降低免费送货服务的门槛。到目前为止,亚马逊已经三次采取此种促销手段。前两次免费送货服务的门槛分别为99美元和49美元,2002年8月亚马逊又将免费送货的门槛降低一半,开始对购物总价超过25美元的顾客实行免费送货服务,以此来促进销售业务的增长。免费送货极大地激发了人们的消费热情,使那些对电子商务心存疑虑、担心网上购物价格昂贵的网民们迅速加入亚马逊消费者的行列,从而使亚马逊的客户群急速增长。由此产生了巨大的经济效益:2002年第三季度,书籍、音乐和影视产品的销量较上年同期增长了17%。物流对销售的促进和影响作用很大,"物流是企业竞争的工具"在亚马逊的经营实践中得到了最好的诠释。

多年来,网上购物价格昂贵的现实是使消费者摒弃电子商务而坚持选择实体商店购物的主要因素,也是导致电子商务公司失去顾客、经营失败的重要原因。在电子商务经营处于"高天滚滚寒流急"的危难时刻,亚马逊独辟蹊径,大胆地将物流作为促销手段,薄利多销,低价竞争,以物流的代价去占领市场,招揽顾客,扩大市场份额。此项策略显然是正确的,因为它抓住了问题的实质。据某市场调查公司最近一项消费者调查显示,网上顾客认为,在节假日期间送货费折扣的吸引力远远超过其他任何促销手段。同时这一策略也被证实是成功的,自2001年以来,亚马逊把在线商品的价格普遍降低了10%左右,从而使其客户群达到了4 000万人次,其中通过网上消费的达3 000万人次左右。为此,亚马逊创始人贝佐斯得以对外自信地宣称:"或许消费者还会前往实体商店购物,但绝对不会是因为价格的原因。"当然这项经营策略也是有风险的。因为如果不能消化由此产生的成本,转移沉重的财务负担,则将功亏一篑。那么亚马逊是如何解决这些问题的呢?

启示二:开源节流是亚马逊促销成功的保证。

如前所述,亚马逊盈利的秘诀在于给顾客提供的大额购买折扣及免费送货服务。然而此种促销策略也是一柄双刃剑:在增加销售的同时产生巨大的成本。如何消化由此而带来的成本呢?亚马逊的做法是在财务管理上不遗余力地削减成本:减少开支,裁减人员,使用先进便捷的订单处理系统降低错误率,整合送货和节约库存成本……通过降低物流成本,相当于以较少的促销成本获得更大的销售收益,再将之回馈于消费者,以此来争取更多的顾客,形成有效的良性循环。当然这对亚马逊的成本控制能力和物流系统都提出了很高的要求。此外,亚马逊在节流的同时也积极寻找新的利润增长点,比如为其他商户在网上出售新旧商品和与众多商家合作,向亚马逊的客户出售这些商家的品牌产品,从中收取佣金。使亚马逊的客户可以一站式地购买众多商家的品牌、商品以及原有的书籍、音乐制品和其他产品,既向客户提供了更多的商品,又以其多样化的选择和商品信息吸引众多消费者前来购物,同时自己又不增加额外的库存风险,可谓一举多得。这些有效的开源节流措施是亚马逊低价促销成功的重要保证。

启示三:完善的物流系统是电子商务生存与发展的命脉。

电子商务是以现代信息技术和计算机网络为基础进行的商品和服务交易,具有交易虚拟化、透明化、成本低、效率高的特点。在电子商务中,信息流、商流、资金流的活动都可以通过计算机在网上完成,唯独物流要经过实实在在的运作过程,无法像信息流、资金流那样被虚拟化。因此,作为电子商务组成部分的物流便成为决定电子商务效益的关键因素。在电子商务中,如果物流滞后、效率低、质量差,则电子商务经济、方便、快捷的优势就不复存在,所以完善的物流系统是决定电子商务生存与发展的命脉。分析众多电子商务企业经营失败的原因,在很大程度上是缘于物流上的失败。而亚马逊的成功也正是得益于其在物流上的成功。亚马逊虽然是一个电子商务公司,但它的物流系统十分完善,一点儿也不逊色于实体公司。由于有完善、优化的物流系统作为保障,它才能将物流作为促销手段,并有能力严格地控制物流成本和有效地进行物流过程的组织运作。在这些方面亚马逊同样有许多独到之处:

(1)在配送模式的选择上采取外包的方式。在电子商务中亚马逊将其国内的配送业务委托给美国邮政和UPS,将国际物流委托给国际海运公司等专业物流公司,自己则集中精力去发展主营和核心业务。这样既可以减少投资、降低经营风险,又能充分利用专业物流公司的优势,节约物流成本。

(2)将库存控制在最低水平,实行零库存运转。亚马逊通过与供应商建立良好的合作关系,实现了对库存的有效控制。亚马逊公司的库存图书很少,维持库存的只有200种最受欢迎的畅销书。一般情况下,亚马逊是在顾客下了订单后,才从出版商那里进货。购书者以信用卡向亚马逊公司支付书款,而亚马逊却在图书售出46天后才向出版商付款,这就使得它的资金周转比传统书店要顺畅得多。由于保持了低库存,亚马逊的库存周转速度很快,并且从2001年以来越来越快。2002年第三季度库存平均周转次数达到19.4次,而世界第一大零售企业沃尔玛的库存周转次数也不过在7次左右。

(3)降低退货比率。虽然亚马逊经营的商品种类很多,但由于对商品品种选择适当,价格合理,商品质量和配送服务等能满足顾客需要,所以保持了很低的退货比率。传统书店的退书率一般为25%,高的可达40%,而亚马逊的退书率只有0.25%,远远低于传统的零售书店。极低的退货比率不仅减少了企业的退货成本,也保持了较高的顾客服务水平并取得了良好的商业信誉。

(4)为邮局发送商品提供便利,减少送货成本。在送货中亚马逊采取一种被称为“邮政注入”的方式减少送货成本。所谓“邮政注入”,就是使用自己的货车或由独立的承运人将整卡车的订购商品从亚马逊的仓库送到当地邮局的库房,再由邮局向顾客送货。这样就可以免除邮局对商品的处理程序和步骤,为邮局发送商品提供便利条件,也为自己节省了资金。据一家与亚马逊合作的送货公司估计,靠此种“邮政注入”方式节省的资金相当于头等邮件普通价格的5%~17%,十分可观。

(5)根据不同商品类别建立不同的配送中心,提高配送中心作业效率。亚马逊的配送中心按商品类别设立,不同的商品由不同的配送中心进行配送。这样做有利于提高配送中心的专业化作业程度,使作业组织简单化、规范化,既能提高配送中心作业的效率,又可降低配送中心的管理和运转费用。

(6)采取“组合包装”技术,扩大运输批量。当顾客在亚马逊的网站上确认订单后,就可以立即看到亚马逊销售系统根据顾客所订商品发出的是否有现货、选择的发运方式、估计的发货日期和送货日期等信息。如前所述,亚马逊根据商品类别建立不同的配送中心,所以顾客订购的不同商品是从位于美国不同地点的不同的配送中心发出的。由于亚马逊的配送中心只保持少量的库存,所以在接到顾客订货后,亚马逊需要查询配送中心的库存,如果配送中心没有现货,就要向供应商订货,因此同一张订单上的商品有的可以立即发货,有的则需要等待。为了节省顾客等待的时间,亚马逊建议顾客在订货时不要将需要等待的商品和有现货的商品放在同一张订单中。这样在发运时,承运人就可以将来自不同顾客、相同类别,而且配送中心也有现货的商品配装在同一货车内发运,从而缩短了顾客订货后的等待时间,也扩大了运输批量,提高了运输效率,降低了运输成本。

完善的发货条款、灵活多样的送货方式及精确合理的收费标准体现出亚马逊配送管理的科学化与规范化。

亚马逊的发货条款非常完善,在其网站上顾客可以得到以下信息:拍卖商品的发运,送货时间的估算,免费的超级节约发运,店内拣货,需要特殊装卸和搬运的商品,包装物的回收,发运的特殊要求,发运费率,发运限制,订货跟踪,等等。

亚马逊为顾客提供了多种可供选择的送货方式和送货期限。在送货方式上有以陆运和海运为基本运输方式的"标准送货",也有空运方式。送货期限上,根据目的地是国内还是国外的不同,以及所订的商品是否有现货而采用标准送货、2 日送货和 1 日送货等。根据送货方式、送货期限及商品品类的不同,采取不同的收费标准,有按固定费率收取的批次费,也有按件数收取的件数费,亦有按重量收取的费用。

所有这些都表明亚马逊配送管理上的科学化、法制化和运作组织上的规范化、精细化,为顾客提供了方便、周到、灵活的配送服务,满足了消费者的多样化需求。亚马逊以其低廉的价格和便利的服务在顾客心中树立起良好的形象,增加了顾客的信任度,并增强了其对未来发展的信心。

总之,亚马逊带给我们的启示很多,其中最重要的一点就是物流在电子商务发展中起着至关重要的作用。有人将亚马逊的快速发展称为"亚马逊神话",如果中国的电子商务企业在经营发展中能将物流作为企业的发展战略,合理地规划企业的物流系统,制定正确的物流目标,有效地进行物流的组织和运作,那么对中国的电子商务企业来讲,亚马逊神话将不再遥远。

思考题

1. 亚马逊是如何确定市场需求的?
2. 亚马逊的促销策略有哪些?

项目六 人力资源管理

●学习目标

知识目标

了解我国物流企业人力资源的状况以及企业的薪酬，明确物流人力资源规划的内容、工作分析的含义及内容，明确人员招聘的方式与过程、物流人力资源培训的内容；掌握人力资源管理的定义、原则及内容；掌握招聘中应聘者不同来源的优缺点；描述人员选聘的过程和方法；明确员工培训的内容及方法，绩效评估的概念、意义及评估方法；掌握薪酬的概念及功能、薪酬体系设计的原则及影响薪酬的因素、薪酬管理目标及基本内容、激励薪酬制度的内容。

技能目标

能够进行物流企业人力资源需求预测，能够编制物流企业工作岗位说明书。

●引导案例

林森物流集团

一、公司简介

林森物流集团有限公司（以下简称“林森集团”）由南通交运物流集团更名而来，成立于1951 年 3 月，经过 60 多年的发展，集团完成了自身的结构调整和转型升级，由传统运输企业转变为集普通货物运输、化学危险品运输、大件运输、冷链运输、甩挂运输、仓储、配送、分拣、包装、信息处理，以及驾驶培训、车辆维修等为一体的现代综合型物流企业。林森集团目前拥有各类营运车辆近1 500辆,整合运力达3 000辆,拥有仓储面积近20万平方米,堆场面积达5万平方米。

20世纪90年代,林森集团开始改制,改制后的公司设备破旧、管理落后、员工消极,集团曾长期处于亏损状态。进入21世纪,面对困境,公司领导层更新观念、奋力拼搏,终于扭转局面,将公司带上了良性发展的轨道。

二、林森集团人力资源管理特点

(一)不同类型的人员需求量大

物流属于服务类劳动密集型产业,其发展既需要专业管理人才,也离不开技术人才。技术人才里既需要有偏向体力型的运输、仓储、搬运、包装等专业人才,又需要有偏向脑力型的制定物流方案、开发物流软件的专业人才。林森集团作为综合型物流企业,业务活动烦琐多样,涵盖"公、铁、江、海、空"五大运输体系,及仓储、配送、流动加工等其他物流功能,需要有不同类型的人才资源。

(二)专业性强

专业的物流公司需要配备专业的基础设施和专用设备。林森集团拥有面积较大的仓库和堆场,以及专业化水平较高的现代管理信息系统,如自动化仓储系统、计算机辅助运输线路设计、GPS全球定位系统、电子数据交换和车辆配载等,需要有专业的管理人员和技术人员操作。

林森集团还特别注重服务质量,尤其重视对特殊客户服务的"量体裁衣",针对不同的服务对象设置不同的服务人员。物流信息不准确、及时,作业差错率高,作业速度慢都有可能引发客户的不满。林森集团目前为可口可乐、中国移动等世界500强企业在内的优秀企业提供专业的物流服务,并与多家优秀企业进行深度合作。

(三)分散性强

物流企业是具有规模经济特点的网络型企业,分散性强,遍布各地,从组织形态来讲,往往具有分公司数量众多但平均员工数量少的特点。林森集团有将近60个项目部,分散在全国近200个城市,每个项目部因业务量大小而人数不定,多则一两百,少则数十人。分散的物流节点有利于取得规模经济效益,但同时也给员工管理带来一系列问题。

三、林森集团人力资源管理存在问题分析

(一)员工流动性大影响企业稳定性

林森集团目前有员工1 500多名(含季节工),调查显示,近四年来每年的离职率都在20%以上。究其原因,物流的入行门槛较低,很多求职者加入林森集团后因为技术能力有限,只能从基层做起,工作辛苦,上班时间固定,下班时间不固定,经常需要倒班。枯燥、劳动强度大、工作时间长等特点均与员工的心理预估不一样,所以跳槽、转行的情况频频发生。员工的大量流动给企业增加了替换成本、离职成本和培训成本。同时会存在一个员工带走一个团队或者带走一些客户资源及行业信息等问题,影响了企业的稳定性。

(二)员工结构趋于年轻化,对企业忠诚度低

林森集团现有员工中很多是从过去的物资仓储领域、交通运输领域转型而来,平均文化程度比较低,很多一线物流从业人员只有高中以下学历,而且员工的年龄和工龄也都呈现低龄化的趋势。年轻员工多会让企业呈现欣欣向荣的景象,但同时年轻员工和学历较低的员工稳定性也比较差,对企业的忠诚度低。自2005年起林森集团开始着力向第三方物流转变,逐步引进大中专毕业生,到目前为止大专及以上学历的员工已占总员工数的3/4。但在员工管理方

面还没有形成现代意义上的人力资源管理模式，仍然沿袭师傅带徒弟的传统，又因师傅们本身的学历低，不能从理论上引导，新员工就认为物流很简单，没有什么可以学的，认为物流只是一个简单、机械的劳动，没有挑战性。另外新员工学历虽有所提高，但普遍欠缺吃苦耐劳的奉献精神。而且现在大部分是独生子女，父母心疼子女吃苦，所以对子女"这山望着那山高"的态度也不闻不问。

（三）重引进，轻开发，缺乏人文关怀

林森集团根据企业发展情况每年都会招聘大量新员工，但是因为物流行业流动性大，员工忠诚度低，企业一方面想要留住人才，一方面又害怕辛辛苦苦培养出来的人才另攀高枝，因此对人才的开发培训投入很少。林森集团虽然意识到开发培训不仅能提高员工的素质，还会给企业带来长期收益，但面对居高不下的离职率，林森集团并未采取有效措施来解决这个问题，而是应付式地进行员工培训。员工对培训的需求得不到重视，也无法通过培训掌握新知识和新技能；再加上物流工作多采用人工或半机械作业，劳动强度大，工作枯燥乏味；另外林森集团奖惩机制过于死板，片面追求用工成本最小化，导致劳动关系紧张。员工在企业里得不到关怀和进步，感觉上班是一件痛苦的事，所以纷纷选择其他出路。

（四）激励、晋升机制不完善

物流行业待遇偏低是普遍存在的问题，在这种情况下，如果再缺乏激励、晋升机制，则会使员工工作积极性受挫。激励人才不仅要从物质方面采取措施，还要从精神方面完善机制。激励机制单一会打击员工的进取心和积极性，甚至会使员工慢慢地对公司失去信心。虽然林森集团每年都会招聘大量专科生，员工的平均学历水平逐渐提高，但是企业内部激励、晋升机制却还不完善。目前林森集团的中层管理人员中，有近10%是返聘退休人员。很多年轻员工即使已经掌握了管理层人员的技能，却因为缺乏外部晋升条件而只能从事基层工作，这种不公平、不完善的晋升机制会让员工失望，并使他们难以突破事业瓶颈期，最后导致离职的发生。

（五）工作环境不尽如人意

林森集团驻点多，员工经常需要出差，长期奔波于各地，工作地点不确定，公司的精神不能及时传达到，使员工缺乏归属感。而且林森集团的项目点大多集中在人烟稀少、生活配套设施简陋的工业区，生活很不方便。有些偏远郊区项目点的工作环境和生活条件更为艰苦，经常停水、断电，更没有网络。很多员工不能适应这样单调枯燥且缺少娱乐和人际交往的工作，并且经常抱怨工作环境差。

林森集团人力资源管理存在的问题已影响到企业的发展，亟须解决。

案例讨论

针对林森集团人力资源管理存在的问题，你认为应该如何解决？

任务一 人力资源管理概述

一、我国物流企业人力资源状况

(一)人力资源管理的含义

我们通常所说的人力资源管理是指企业内部对人的管理。宏观意义上的人力资源管理，是指政府对社会人力资源的开发和管理过程。本书所涉及的是微观意义上的人力资源管理，即企业的人力资源管理。

物流企业的人力资源管理就一般意义而言是指物流企业管理者通过人力资源计划、招聘、选拔、培训与发展，业绩评估，制定工资和福利制度等一系列活动，向组织提供合适的人选，并取得高绩效水平和职工最大满足的过程。通俗点说，现代人力资源管理主要包括求才、用才、育才、激才、留才等内容和工作任务。

(二)物流人力资源管理现状

现代物流业作为一个兼具知识密集、资本密集、劳动密集和技术密集的服务行业，对人才的需求日益提高。但是随着物流行业的快速发展，当前我国物流人才总体状况并不乐观，主要表现在以下几个方面：

1. 人员数量不足

在我国以新型流通方式为代表的连锁经营、物流配送、电子商务等发展迅速，各大企业对物流专业人才的需求急剧上升，现代物流业正面临着人才缺乏的状况，物流专业人才供需缺口巨大，已成为制约现代物流业发展的一个瓶颈。

2. 人员质量不高

物流企业现有员工很多是从过去的物资仓储领域、交通运输领域转型而来，平均文化水平相对较低。很多基层物流从业人员只有高中以下学历，管理人员具有大专以上层次者比例不高，很难适应现代物流发展的新要求。

3. 人员供需结构失调

物流企业中缺乏具备现代物流观念、熟悉物流运作的复合型专业人才和技能人才，诸如物流部门经理和物流规划人员等关键人才极度缺乏，严重制约了我国物流企业的可持续发展。

二、我国物流企业人力资源管理存在的问题

1. 人力资源管理观念落后

我国物流企业起步比较晚,对人力资源管理的理解仍停留在传统的人事管理理念上,没有充分认识到人力资源管理在现代企业管理中的核心地位。没有把人看成是一种活的资源来加以开发利用,造成人才浪费。

2. 人力资源规划不完善

由于物流行业的综合性强、操作性强,所涉及的领域十分广阔,对人才的知识结构、技能素质要求高。近几年物流行业的快速发展,物流人才尤其是高级复合人才的短缺困扰着众多物流企业。多数物流企业忽视人力资源的规划,以至于每年都希望招聘高素质人才,却每年处于被动状态。因此,物流企业应提前做好科学的人力资源规划,合理安排人力资源结构,避免在用人时出现无人可用的情况。

3. 人力资源招聘简单

物流企业往往设置类型分散、工作各异的职位,增加了工作分析的难度,很多企业存在工作分析不够深入、岗位描述不够清晰的问题。再加上不少公司招聘人员不专业,招聘程序不规范,造成招聘的人员不能与职位很好的契合,为日后人员流失埋下了隐患。

4. 对人才培训不够重视

很多物流企业存在一些短期行为,往往只重视人才的引进而不重视人才的培训,造成人力资源的贬值。另外,有些企业虽然比较重视人才的培训,但存在着培训经费不足、培训场所和培训时间难以保证、培训方式单一、培训内容不能满足岗位需求等问题。

5. 绩效管理体系不合理

在绩效管理方面,物流企业普遍存在以下问题:对绩效管理不够重视;缺乏完整的绩效评价体系;绩效考核标准单一,内容空乏;绩效考核流于形式,考核结果与应用严重脱节,难以保证绩效评估的公平性和科学性。

6. 薪酬管理体系不完善

在薪酬管理方面,物流企业往往出于压缩成本的考虑,平均薪酬并不高,物流人才在薪酬方面的满意度比较低。还有不少物流企业没有完善的薪酬管理体系,企业内部员工薪酬标准混乱,极大地挫伤了员工的工作积极性。

我国物流业人力资源管理存在这些问题,究竟应该如何应对? 物流企业要想合理有效地运行下去,与人力资源的管理和培养是紧密相连的。

三、人力资源管理的内容与原则

(一)人力资源管理的内容

人力资源管理包括对组织成员所进行的计划、组织、领导、控制,对人力资源的充分发掘与合

理利用和对人力资源的培养与发展等极为丰富的内容。其主要内容包括人力资源规划、招聘与甄选、员工培训与发展、绩效考评、薪酬与福利等。这些内容体现了人力资源管理过程活动。

本项目主要研究人力资源管理五个方面的内容:人力资源规划、人员选聘、人力资源培训与开发、绩效评估、薪酬与福利。

(二)人力资源管理的原则

1. 人与事的科学配合

选拔配备人员最基本的要求是人与事的科学配合。要使人才的类型、特长与其所从事的工作的性质、特殊要求相一致,使最适宜的人担任最适宜的职务。

2. 要择优选拔人才

要选拔最优秀的人才到组织中担任运动员、教练员和管理者,而且要破格选拔,决不可论资排辈。没有一流的人才,就没有一流的业绩。

3. 要用人所长

任何人都是既有优点又有缺点的,关键是能否做到用人所长。择其长而用之,就会最大限度地发挥人的作用。

4. 要人才互补、优化组合

在组织中需要各种各样的人才。只有把不同类型的人才合理地组合到一起,实行优化组合,才能实现组织的整体最优。

5. 要公平竞争

要选拔与培养优秀的人才,就必须引入竞争机制,公开选拔,公平竞争。

任务二 人力资源管理过程

一、物流企业人力资源规划

(一)物流企业人力资源规划的含义与内容

1. 物流企业人力资源规划的含义

物流企业人力资源规划是指根据企业发展战略和所处的内外部环境,在分析人力资源需求与供给状况的基础上,制订必要的政策、计划或方案,以确保在需要的时间和需要的岗位上获得各种所需要的人才,以满足企业的需求。

2. 企业人力资源规划的内容

企业人力资源规划包括两个层次：

一是人力资源总体规划。即在计划期内人力资源管理的总目标、总政策、实施步骤和总预算的安排。

二是人力资源业务计划。它包括人员选聘计划、人员分配计划、人员接替和晋升计划、培训与开发计划、薪资激励计划、劳动关系计划、退休解聘计划等。

这些业务计划是总体规划的展开和具体化，每一项业务计划都由目标、任务、政策、步骤及预算等部分构成。这些业务计划的结果应能保证人力资源总体规划的实现。

（二）人力资源规划的步骤

物流企业人力资源规划是在企业高层决策者的指导下，由人力资源职能部门协调企业所有成员共同参与并制订的企业人力资源管理活动的未来行动计划和方案。它一般要经过以下主要程序，如图 6-1 所示。

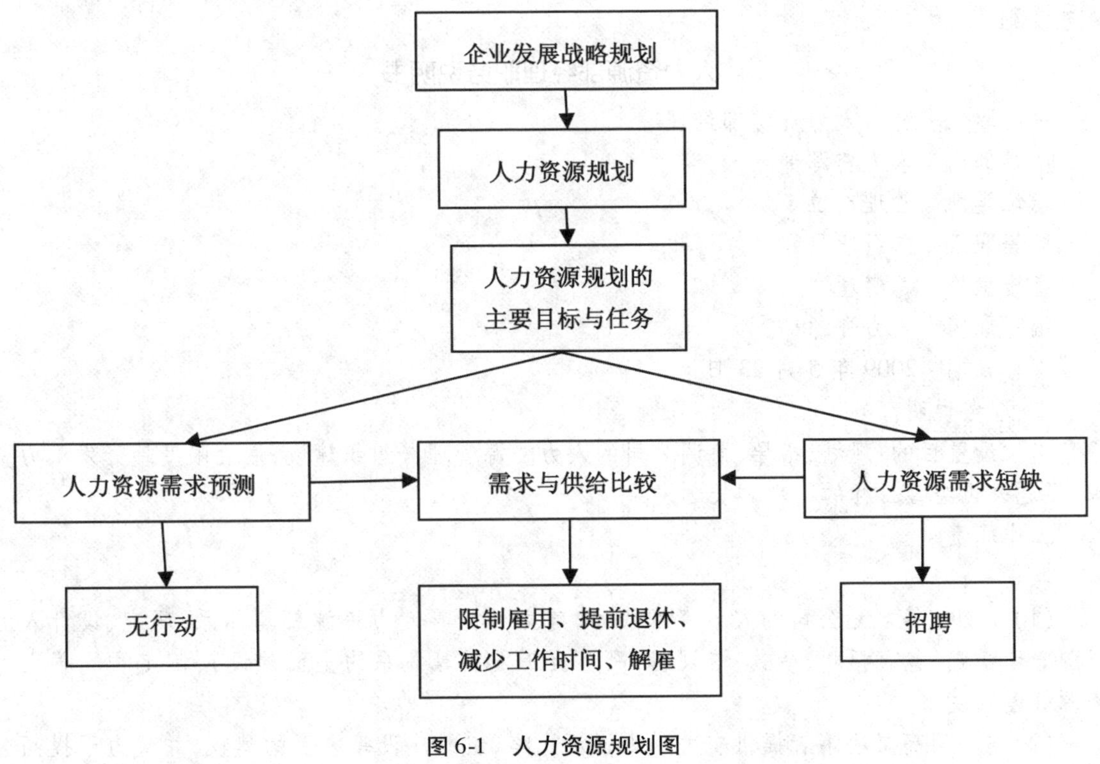

图 6-1 人力资源规划图

1. 对组织的使命、目标和战略的检查

通过调查分析组织内外部环境，审视检查组织的使命、目标和战略，并进行相应的调整，使组织战略目标能适应内外部环境的变化。

2. 检查并调整人力资源管理的目标和战略

根据组织战略目标检查并调整人力资源管理的目标和战略。其实质是把组织战略目标向下细化，分解到人力资源管理部门，由此产生相应的人力资源管理目标和战略。

3. 评估组织现有的人力资源

首先对组织现有的人力资源状况进行通盘考虑。这通常以调查方式来取得,比如让员工填写调查表,调查内容包括姓名、性别、最高学历、专业、所受培训、以前就业、能力和专长等。此项调查能帮助管理当局评价组织中现有的人才及其技能。

其次进行工作分析。人力资源规划的基础性工作是工作分析。这是一种研究在现实或潜在的工作中由谁在什么时间、什么地点如何完成何种任务的系统性分析。工作分析提供的信息可以用来更新工作描述,包括工作的职责。这些信息也可以用来制定职务说明书与职务规范。

职务说明书是指对任职者需要做什么、怎么做和为什么这样做的说明。它通常能反映职务的内容、环境和从业条件。

职务规范是指任职者要成功地开展某项工作必须拥有何种最低限度可以接受的资格标准。具体包括知识、技术和能力等方面,也就是有效地承担职务所必须具备的条件。

职务说明书和职务规范是管理者开始招聘和挑选人员时应该持有的重要文件。

●阅读材料

人力资源部经理职务说明书

一、职位名称　人力资源部经理

所属部门　人力资源部

职位类别　管理岗位

职等职级　二级职员

直接主管　总经理

编写部门　人力资源部

编写日期　2009 年 5 月 23 日

二、职务说明

岗位设置目的:规划、指导、协调公司的人力资源管理与组织建设,最大限度地开发人力资源,促进公司经营目标的实现和长远发展。

工作职责

职责一:

(1)全面统筹规划公司的人力资源战略,建立并完善人力资源管理体系,研究、设计人力资源管理模式(包含招聘、绩效、培训、薪酬及员工发展等体系的全面建设),制定和完善人力资源管理制度。

(2)向公司高层决策者提供有关人力资源战略、组织建设等方面的建议,并致力于提高公司的综合管理水平。

(3)塑造、维护、发展和传播企业文化。

(4)组织制定公司人力资源发展的各种规划,并监督各项计划的实施。

职责二:

(1)为公司主管以上的管理者进行职业生涯规划设计。

(2)及时处理公司管理过程中的重大人力资源问题。

(3)完成总经理临时交办的各项工作任务。

三、岗位权限

(1)人事权限:对行政人事部日常管理事项有决定权和建议权。

(2)财务权限:对人事部财务费用使用有建议权、使用权和控制权。

四、任职者素质要求

1. 任职者应具备的知识、专业技能、素质等

(1)对现代企业人力资源管理模式有系统的了解和实践经验积累,对人力资源管理各个职能模块均有较深刻的认识,能够指导各个职能模块的工作。

(2)具备现代人力资源管理理念和扎实的理论基础。

(3)熟悉国家、地区及企业关于合同管理、薪金制度、用人机制、保险福利待遇、培训等方面的法律、法规及政策。

(4)熟悉办公软件及相关的人事管理软件。

(5)具有战略、策略化思维,有能力建立、整合不同的工作团队。

(6)具有解决复杂问题的能力。

(7)具有很强的计划性和实施执行的能力。

(8)具有很强的激励、沟通、协调、团队领导能力,责任心、事业心强。

2. 教育背景

人力资源、管理或相关专业本科以上学历。

3. 性别及年龄

(1)该职位性别要求:不限。

(2)最佳年龄阶段:30~40岁。

4. 工作经验及相关培训

(1)受过战略管理、战略人力资源管理、组织变革管理、管理能力开发等方面的培训。

(2)8年以上相关工作经验,3年以上人力资源总监或人力资源部经理工作经验。

五、职位发展

(1)可直接晋升职位:总经理助理、副总经理。

(2)可晋升到此的职位:副人力资源经理、人力资源经理助理。

(3)可轮换的职位:副人力资源经理、总经理助理、营销部经理。

在结合人力资源管理目标与战略和现有人力资源评估的前提下,预测组织人力资源需求。开始实施人力资源规划,使人力资源适应组织需要,整个规划过程必须在合法条件下完成。

二、选聘

(一)选聘的概念

管理者对人力资源计划后,可了解他们现有的人事状况,是人员短缺还是人员剩余,就可以着手对此做些调整。如果组织中存在一个或多个职位空缺,就可以根据职务分析得到的信息来指导选聘。

企业选聘是指一系列为吸引合格的应聘者而设计的活动。要依据职位或岗位本身的要求

和受聘者应具备的素质和能力进行选聘。一个典型的选聘过程可以分为三步:①对空缺的工作职位以广告形式发布;②与潜在的工作申请人的初步接触;③为确认所有的合格申请人而进行初步的筛选。以对大学毕业生的招聘为例,招聘的公司通过大学校园里的招聘中心张贴告示或在网络主页发布消息,对所要招聘的工作职位进行简要的描述。然后公司招聘人员在校园里与登记了的应聘者接触进行初试。这个过程通常需要一个20~30分钟的面试,其间应聘者要递交自己的简历,并对自己的工作能力进行简单的描述。招聘人员选取进入最终复试的人员,邀请他们正式访问公司,以进行下一步的面试。

(二)选聘途径

1. 人员选聘方式

(1)内部选拔

它是指根据工作需要,从组织内部成员中选拔优秀的人员担任更为重要的管理职务。

内部选拔途径:内部提升、调动、工作轮换、返聘、员工推荐。

(2)对外公开招聘

它是指根据一定的标准和程序,从组织外部的众多候选人中选拔符合空缺岗位工作要求的管理人员。

外部招聘的渠道有:①广告;②各级劳务市场、职介所,各级各类人才市场;③猎头公司;④校园招聘;⑤招聘会;⑥互联网;⑦自荐;⑧员工推荐。

物流企业中一般员工的招聘录用多是通过人才招聘会进行的。物流企业某些关键性岗位需要稀缺人才时,现有员工可能不具备胜任空缺职位所需要的知识、经验,物流企业就有必要利用各种人才中介机构甚至猎头公司招聘。有的物流企业与大学建立稳定、持续的发展关系,培养关键人才,为公司储备各个层次的下一代领导者。如宝供物流就设立了"宝供奖学金",用以奖励那些在学校中对物流做出突出贡献的学生,让其物流专业的学生定期到企业实习,为企业将来的人才资源打下基础。

2. 内部选聘与外部选聘的优缺点

(1)内部选聘的优点:选任时间较为充裕,了解全面,能做到用其所长,避其所短;他们对组织情况较为熟悉,了解与适应工作的过程会大大缩短,他们上任后能很快进入角色;内部提升给每个人带来希望,有利于鼓舞士气,提高工作热情,调动员工的积极性,激发他们的上进心。

内部选聘的缺点:内部选聘容易造成"近亲繁殖",老员工有老的思维定式,不利于创新,而创新是组织发展的动力;容易在组织内部形成错综复杂的关系网,任人唯亲,拉帮结派,给公平、合理、科学的管理带来困难;内部备选对象范围狭窄。

(2)外部选聘的优点:候选人员来源广泛,具备各类条件和不同年龄层次的求职人员有利于满足企业选择合适人选的需要;有利于组织吸收外部先进的经营管理观念、管理方式和管理经验,内外结合不断开拓创新;对外招聘管理人员,在某种程度上可以缓解内部候选人竞争的矛盾。当有空缺位置时,一些人往往会通过自我"打分"而有被入选提拔的希望;如果参与竞争的人条件大致相当,竞争比较激烈,但却又都不太合适,在这种情况下,从外部选聘就可以缓解这一矛盾,使未被提拔的人获得心理平衡。

外部选聘的缺点:外部招聘成本相对较高,筛选难度大,人员风险高,工作适应慢,影响内部人员的积极性。

确定选聘途径的依据,要考虑的因素有三个,分别为:职务的性质、企业经营状况和内部人员的素质。无论是专业人才还是管理人才,选聘的重要方式是公开招聘。

3. 选择过程

选择是从所有应聘者中选取最具潜力的合适人员的过程。选择过程所包含的步骤是:(1)申请表分析;(2)面试;(3)测试;(4)核实材料;(5)体检;(6)定向。好的雇主都拥有一个非常优秀的选择过程。例如,每年西南航空公司都要收到15 000多份简历,经过一个严格的选择过程,仅有5 000名应聘者被录用。在这个公司的文化中蕴含着幽默的元素。例如,一个紧张的应聘者可能被要求"讲一个笑话"。这是一个认真的要求,如果你不能通过花样多变的测试,你就不能为西南航空公司工作。

(1)申请表和简历:应聘者要填写申请表,申请表包括个人基本情况、教育背景、工作经历、技能专长、应聘职位等。为避免应聘者提供虚假信息,还要求应聘者声明信息属实并签名。

(2)面试:由于面试是最常用的一种选拔手段,它提供了一种面对面地交流意见的机会,了解求职者的个性、经验、能力、求职动机等情况,从而可以分析候选人的特点、态度、潜能、适应职位的可能性及发展潜力等,可有效地判断应试者是否符合本公司的要求,因而面试不仅需要技巧,而且也是一门艺术。

(3)测验:测验是运用系统的、统一的标准及科学的、规范化的工具,对不同人的素质加以公正而客观的评价。它是选聘过程中重要的辅助手段,特别是对于那些其他手段无法确定的个人素质,如能力、个性特征、实际技能等。最常用的测验包括智力测验、知识测验、个性测验和兴趣测验等。

无论通过何种测验来进行选拔,通常都有两项检验指标:信度和效度。

测试的信度是指一种手段能否对同一事物做出持续一致的测量结果。如果测度的问题一再重复,被测试者的得分记录也重复,说明该测试是可信的。效度是指测试的结果与工作表现有确实的相关关系。如果得高分的人将来表现出高绩效,低分表现出低绩效,则说明测试是有效的。例如,如果人事经理通过笔试来达到甄选合适的雇员的手段,他就必须证明笔试成绩越高,雇员的能力越强,否则笔试这个甄选手段就是没有效度的。

(4)核实材料:对资料进行核实是十分有用的,它可以确定求职者是否具备简历中的所列明的学历和工作经验。通常从求职人前雇主处了解该雇员的经验和表现。有些组织要求应聘者至少有一位证明人,以证实其所提供的信息属实。据沙克尔顿和纽厄尔调查(1991)表明,被调查的英国机构中有74%用过证明人的方法。

(5)体检:检查身体也是挑选的必要步骤之一,对于某些对体能有特殊要求的工作,体格检查具有一定的效度。其他如对传染病的检查,也是避免企业今后遭受指控的重要预防手段。

(6)定向:一旦选定了某项职务的候选人,这个候选人就需要被介绍到招聘岗位和组织中,使他们适应工作环境,这个过程称为定向。定向的目的是减轻新员工刚开始工作时的焦虑和不安,让新员工熟悉工作岗位、工作单位和整个组织,并设法促进其由外来者角色向内部人转换。

●阅读材料

FedEx 的员工招聘

FedEx 公司从最初的招聘环节就开始紧抓人力资源的质量。公司招聘时,非常注重应聘者的服务意识,看该应聘者是否真正适应公司的企业文化。因此在招聘过程中,应聘者除了要通过一般的技能考核之外,还要接受心理和性格方面的测试。此外,员工的个性与工作态度也很可能直接影响到他在公司未来的发展。

三、培训

(一)培训的概念

员工培训是现代企业经营过程的一项重要内容,是一种投资行为。培训是企业根据人力资源规划的要求,有目的、有计划、多渠道地提高员工的技能,丰富员工的知识,改变员工的工作态度,增强对企业文化认同感的教学和训练活动。

员工的培训应该遵循以下原则:战略性原则;因材施教和学以致用的原则;全员参与和重点培训相结合的原则;专业知识与企业文化相结合的原则;激励自我提高的原则。

(二)培训计划的制订

1. 培训内容(What,Why)

培训对象是谁,是新员工、老员工、干部、技术人员?

为什么培训,是组织、工作需要还是个人需要?技能、知识、态度怎样?

培训的目标和内容是什么?选择哪些有意义的培训材料?

2. 何时培训(When)

用什么时间进行培训,需要多少时间?

选择什么时机进行培训?

3. 何处培训(Where)

选择什么样的培训场所和环境?

4. 谁来培训(Who)

谁是培训的主体以及由何人来培训?

选择何种培训的资源?

5. 如何培训(How)

培训的实施操作步骤有哪些?培训的指导过程要点有哪些?

采用什么样的培训方法、技术、技巧和手段工具?

6. 培训费用(How much)

培训的投入和预算是多少?培训的直接成本和间接成本是多少?

(三)培训的内容

人员培训的内容:各级各类人员的素质、能力要求不同,故其具体培训内容不同。但培训的基本内容不外乎三部分:价值观与职业道德教育培训、技术与业务理论知识培训、技术与业务能力培训。

1. 价值观与职业道德教育培训

价值观与职业道德教育培训包括企业精神,价值观的塑造,员工忠诚职守、团结合作及积极进取等个人品质及企业文化的培养。

2. 技术与业务理论知识培训

技术与业务理论知识培训主要包括物流业务知识、信息管理知识、安全知识、相关法律制度等。

3. 技术与业务能力培训

技术与业务能力培训也叫技能培训,主要包括物流业务技能、管理技能和操作技能培训等(如表 6-1 所示)。

表 6-1 物流企业管理层次及岗位、培训目标

管理层次及岗位	培训目标
操作人员	了解物流行业的基本知识,掌握本岗位职责和作业所需的技能和技巧;具有较强的责任心和团队协作意识
初级管理人员	了解物流行业的基本知识,掌握本岗位职责和作业所需的技能和技巧;具有相当的专业技术和专业知识;具有一定的创造性和进取精神
中级管理人员	具有丰富的物流专业知识和较高的专业技术水平,能从自己负责的部门工作全局着想,顾及各部门之间的协调合作;具备营销能力和独当一面、处理应急事件的能力
高级管理人员	了解国内外物流行业的发展现状和先进理念、技术;能对物流企业的发展战略或货主企业的物流发展提出针对性的建议;具有全局观和领导能力;具有开发系统思考和开拓创新能力

(四)培训的类型

1. 按培训的对象与重点划分

(1)新员工导向培训。新员工导向培训又称为新员工定向培训、上岗培训或社会化培训。它主要是指向新聘用员工介绍组织情况和组织文化,介绍工作任务和规章制度,使之认识必要的人,了解必要的事情,尽快按组织要求安下心来开始上岗工作的一种培训。

(2)员工岗前培训。员工岗前培训主要包括新员工岗前培训、新员工导向培训以及老员工工作变动,走上新岗位之前所接受的培训教育活动。

(3)员工在岗培训。员工在岗培训又称为员工上岗后的培训或员工岗上培训,主要是指组织围绕工作需要,对从事一定岗位工作的员工开展的各种知识、技能和态度等相关内容的教育培训活动,为员工提供思路、信息和技能,帮助他们提高工作效率的各种培训活动。员工在岗培训可以按员工类别不同分为操作人员培训、技术人员培训、管理人员培训等。

(4)管理人员开发。主要对象是管理人员和一部分可能成为管理人员的人员,通过研讨、交流、案例研究、角色扮演、行动学习等方法,使他们建立正确的管理心态,掌握必要的管理技能,学习和分享先进的管理知识和经验,进而改善管理绩效。

(5)员工职业生涯开发。它是以组织的所有成员(重点是组织中的关键人才和关键岗位的工作者)在组织中的职业发展为开发管理对象,通过各种教育、培练、咨询、激励与规划工作,帮助员工开展职业生涯规划与开发工作,使个人目标与组织目标结合起来,培育员工的事业心、责任感。

2. 按培训与工作的关系划分

(1)不脱产培训。不脱产培训也叫在职培训,指的是员工边工作边接受培训,主要在实际工作中得到培训。这种培训方式经济实用,但在组织性、规范性上有所欠缺。

(2)脱产培训。脱产培训即员工脱离岗位,专门去各类培训机构或院校接受培训。这种形式的优点主要是员工时间和精力集中,没有工作压力,知识和技能水平会提高较快,但在针对性、实践应用性、培训成本等方面往往存在缺陷。

(3)半脱产培训。半脱产培训是脱产培训与不脱产培训的一种结合,其特点是介于二者之间,可在一定程度上取二者之长,弃二者之短。但二者如何恰当结合却是一个难点。

(五)人员培训的方式

培训的方式需根据培训的人数、培训的专业以及组织具体情况等而定,培训的项目也应根据被培训人员的不同情况和岗位而定,培训的方法一般分为在岗培训和脱产培训。

1. 在岗培训

大量的培训是在工作岗位上进行的,这是一种将学习和应用直接结合起来的培训方法,因此没有从理论到实践的转化问题。一般由经验丰富的员工或基层的管理人员向受培训者实地示范工作,它可以是在工作过程中,也可以利用工余时间进行。常见的在职培训有:

(1)示范。受培训者先观摩演示者的工作示范,然后自己逐渐动手熟悉。

这种方法的优点是学习的内容与工作直接相关、针对性强,缺点是可能会由于演示者自身的不足(比如演示者尽管经验丰富,却不擅于解释事物)而造成失误。要避免失误的发生,应在示范之后进入辅导教育阶段,建立受培训者与培训员之间的互动关系,以促使受培训者尽快掌握操作技能。

(2)指导。这种方式特别适合高级经理,最近越来越受到重视。受培训者观察到指导者演示的技能,然后受培训者模仿指导者的举止行为。

(3)工作轮换。经过系统的换岗安排,目的是丰富员工的经历,使员工能通过参与不同活动需要发展自身的灵活性,并使不同部门之间建立更紧密的联系,但由于时间的限制,每种工作轮换的时间都不会很长,使员工没有完整运用某些技能的机会。

2. 脱产培训

脱产培训是指离开工作岗位,放下手中的工作参加培训。常见的有课堂教学、多媒体教学、模拟训练、角色扮演、案例分析等。有许多企业自己办大学,如国际商用机器公司开办的"企业技术学院"、麦当劳公司开设的"汉堡包大学"等,就是专门为脱产学习的员工提供的;还有的公司将员工送到国内外有关的教育或专门的培训学校。

四、绩效评估

(一)绩效评估的概念与作用

绩效评估是指组织按照一定的标准,采用科学的方法,检查和评定企业员工对其工作职责的履行程度,以确定其工作业绩的一种有效的员工分析与评价体系。

绩效评估的作用:

(1)为决策提供依据。

(2)为组织发展提供支持。

(3)为员工提供一面有益的"镜子"。

(4)为确定工作报酬提供依据。

(5)为员工潜能的评价以及相关人事调整提供依据并及时将绩效评估结果反馈给员工,可以起到有效的检测及控制作用。

(二)企业绩效管理的基本原则

1. 实用性原则

在制定企业的绩效管理制度时,应充分考虑企业人力资源管理的水平及企业的经营特点和行业特点,还需考虑绩效管理方案制订和实施所需的人力、财力和物力。考评工具和方法应适合员工的素质特点。

2. 客观公平原则

员工的实际工作表现和职务说明书中对工作内容的描述是绩效评价的依据,无论用什么方法进行绩效评价,都要以此为客观依据,对考评者实事求是地做出评价。同时,应在考评中一视同仁,避免人为因素使绩效评价结果与员工的实际工作绩效有较大的差距,影响绩效评价结果的可信度。

3. 全面原则

绩效评价的目的是提高员工的工作绩效,所以在绩效评价要素的选择方面,应尽量能够概括所需绩效评价工作岗位的工作内容和任职者的素质要求是否符合岗位的要求。在时间和绩效事件的选取上都要把握全面的原则,只有对员工进行全面的评价,才能准确地对员工的绩效进行衡量,才能提高绩效评价的效度。在现代企业中实行的考评方法,基本上都是多层次、多渠道、全方位的考评。

4. 公开原则

绩效评价工作应是公开的,要对评价的标准、考评的程序、考评的方法及时间的选择等公开宣布,使员工心里有数,积极参与考评,而不是被动地等着上级考评。同时,考评的结果也应该是公开的,这样有利于员工的横向和纵向的比较,明确自己在整个企业中的绩效水平,可以确定自己今后努力的方向。公开原则和公平原则是绩效评价的两个基本原则。

5. 相对稳定原则

绩效评价的要素、绩效评价的方法及绩效评价的频率一旦制定出来,就要保持其实施在一定的时段内的持续性,朝令夕改,员工没有归属感,不利于长久地激励员工,更不利于组织的稳定性。但随着科学技术的发展及生产方式的变化,工作内容也在变化,相应的绩效评价内容和方法也在变化,必须及时地丰富、完善及改进现有的绩效评价方式以适应实际情况的变化,才能使绩效评价系统持续地良性循环,稳定地提高员工的绩效。

(三)绩效评估的内容

对员工进行绩效评估,主要涉及德、能、勤、绩和个性等五个方面的内容。

(1)德:即考核人员的思想政治表现与职业道德。

(2)能:是指人员的工作能力。主要包括人员的基本业务能力、技术能力、管理能力与创新能力等。

(3)勤:是指人员的工作积极性和工作态度。工作态度包括积极性、责任感、协调性等。

(4)绩:主要指工作业绩。包括可以量化的刚性成果和不易量化的可评估成果。这是最重要的评估内容。对业绩的考评,主要包括员工所完成工作成果的数量、质量及时效。它是确定对其评价、奖酬、使用的最基本的依据。

(5)个性:主要了解人员的性格、偏好、思维特点等。对员工个性的了解,有利于管理者掌握下属的特点,从而更有针对性地、更富有成效地搞好管理。

(四)绩效评估的方法

1. 书面报告

评定人针对被评定人的优缺点、以往业绩和将来发展的潜力,以及需要改进的地方等用书面形式进行描述,并提出进一步提高或改进的有关建议。书面报告可能是一种最为简单的考核方法,不需复杂的形式或专门的培训即能完成,但评定人要具有相当的写作能力,准确地进行表述。

2. 关键事件法

评估者记下一些细小但能说明所做的特别有效果的事件,这里的要点是只描述具体行为,为某一个人记下一长串关联事件,就可以提供丰富的评估依据,并给员工指明上级有哪些期望或不期望的行为。比如针对某一工作岗位,根据这一岗位的职能要求,客观记录完成这一工作职能及一系列工作事件,标出哪些事件做得非常有效,哪些事件效果很差,哪些事件效果一般,这样就可以对某一员工做出一个客观的评价。

3. 评价表法

评价表法是一种最古老的也是最常用的绩效评估方法。它列出一系列绩效因素,如工作的数量与质量、职务知识、协作与出勤、对事业的忠诚和首创精神,然后评估者逐一对表中的每一项给出评分,评分一般采用 5 分制或百分制。总分就是评价结果,如表 6-2 所示。

表 6-2 评价表法

姓名	职称	工号	考核项目/配号					
			专业力（17 分）	计划力（17 分）	组织力（16 分）	协调力（16 分）	改善力（17 分）	责任感（17 分）

4. 排队法

这种方法是相对性评估而不是绝对性评估，通常将一名员工与他人或多人的工作业绩进行比较，做出从最佳至最差的排列，并不把每个评估者的工作表现与某一具体标准逐项对比。它包括三种发展完善的方法，即个人排名、小组排名和两两比较。

（1）个人排名。只将被评估者从最好到最差排序，相互之间很少联系。

（2）小组排名。评定人员将评估对象按业绩分类。例如，一位表现出色的员工可被列入10% 的先进小组，而表现极差的员工则归入 10% 的后进小组。

（3）两两比较。在一组员工中，每人都与他人两两进行比较，比较结果或优或差于对方。待全部比较完毕后，将每位员工得优的次数做出排名，尽管这种方式理论上允许每个人与小组中其他成员一一比较，但如果组织人数较多，实际操作会较困难。两两比较评估法实例如表6-3 所示。

表 6-3 两两比较评估法实例

工作质量						创造性					
评估人						评估人					
作为对比评估的另一方	A	B	C	D	E	作为对比评估的另一方	A	B	C	D	E
A		+	+	–	–	A		–	–	–	–
B	–		–	–	–	B	+		–	+	+
C	–	+		+	–	C	+	+		–	+
D	+	+	–		+	D	+	–	+		–
E	+	+	+	–		E	+	–	–	+	

注：“+”意味着“好于”；“-”意味着“差于”。把每一个特性指标空格内的“+”都加起来，就可以得到排序结果。

5. 目标管理法

根据目标管理法，评估之前员工根据组织目标制定自己的绩效目标，然后针对目标的完成情况对员工的工作绩效进行评估。在国外，已有许多企业将目标管理作为一项制度，使员工的个人目标、经理的部门目标与企业的目标相协调，以改进工作成效；同时，也为绩效评估提供了客观标准。

6. 600 绩效评估

600 绩效评估又称为全方位绩效评估，即被评估者选择上司、同事、下属、自己和顾客等作为评估者，每个评估者站在自己的角度对被评估者进行评估。全方位绩效评估，可以避免一方评估的主观武断，可增强绩效评估的信度和效度。

（五）绩效反馈

绩效反馈也叫绩效面谈。在进行绩效反馈时，可以划分为两种情况：绩效好、令人满意的和绩效差、需要改进的。而对于绩效很差、无法改善的，则无须再进行面谈，而用书面警告的方式，明确指出其差距，使其受到触动。对第一种情况，进行绩效反馈比较容易，谈话双方都比较愉快，主要是与其讨论职业发展规划，提升计划。对第二种情况的绩效反馈是最复杂的，在反馈前，必须熟悉将要面谈对象的绩效状况和具体的工作表现，有针对性地进行谈话。因为谈话的目的是指出不足，促使其改善绩效。

将评估结果反馈给员工，让员工感觉到评估是公正客观的，会使员工了解到自己需要改进的绩效领域，并下决心改正现有的缺陷。

任务三
薪酬

一、薪酬

物流企业薪酬是指物流企业对其员工从事组织（如企业）所需要的劳动而得到的货币性或非货币性的补偿，对员工起到保健与激励的作用。通常，薪酬由基本薪资、激励薪资、津贴以及福利等几部分构成，其中保健性因素是指基本工资、固定津贴、社会强制性福利以及企业内部的福利与服务项目等。激励性因素则指公司股份、利润分享、奖励等。通常认为，薪酬具有补偿、激励和调节等三大功能。

二、薪酬体系

（一）薪酬体系的概念

薪酬体系是指薪酬的构成，即一个人的工作报酬由哪几部分构成。一般而言，员工的薪酬包括以下几个主要部分：基本薪酬（即本薪）、奖金、津贴、福利。

1. 基本薪酬（即本薪）

在公司内部，员工之间的基本薪酬差异是明显的，一般能升不能降，表现出较强的刚性。

它是由基本工资、职位工资、年龄工资、技能工资及其他基本薪酬组成的。基本薪金的特点是比较稳定,因此又被称为“不变薪酬”。

2. 奖金

薪酬反映员工的工作业绩部分为绩效奖金,薪酬反映公司的经济效益部分为效益奖金。绩效奖金及效益奖金的缺少导致薪酬与工作业绩、经济效益脱节。调查资料表明,美国90%的公司采用了绩效工资。我国的广大企业在2000年前后开始的新一轮工资改革中也都纷纷建立了以绩效工资为主要组成部分的岗位工资体系,事业单位在2006年的工资改革中也都设置了绩效工资单元。

3. 津贴

津贴包括工作津贴与地区性津贴。前者主要以员工特殊的工作性质、工作环境和工作强度为依据计算求得,是对员工在特定的劳动条件下,或从事超常劳动强度的工作,所付出的特殊补偿,或由此而引起的额外生活开支所需要的补偿,一般约占薪资总量的5% ~10%。地区性津贴主要以员工所在地区的生活水平指数和物价指数为依据计算求得,是对员工在不同地区间的实际薪资的一种补偿,一般约占薪资总量的5% ~10%。如果津贴设置不合理,对一些特殊的工作岗位缺少补偿,会使薪酬失去其灵活性。

4. 福利

福利应是人人都能享受的利益,它能给员工以归属感。福利具有公共性、普惠性的特点。福利是企业许诺给员工的基本保障,与企业的经营策略、管理理念和盈利状态密切相关。

(二)薪酬体系设计的原则

薪酬作为分配价值形式之一,设计时应当遵循按劳分配、效率优先、兼顾公平及可持续发展的原则。

1. 内部公平性

按照承担的责任的大小、需要的知识能力的高低,以及工作性质要求的不同,在薪资上合理体现不同层级、不同职系、不同岗位在企业中的价值差异。

2. 外部竞争性

保持企业在行业中薪资福利的竞争性,能够吸引优秀的人才加盟。

3. 公平性

薪酬必须与企业、团队和个人的绩效完成状况密切相关,不同的绩效考评结果应当在薪酬中准确地体现,实现员工的自我公平,从而最终保证企业整体绩效目标的实现。

4. 激励性

薪酬以增强工资的激励性为导向,通过动态工资和奖金等激励性工资单元的设计激发员工的工作积极性;另外,应设计和开放不同的薪酬通道,使不同岗位的员工有同等的晋级机会。

5. 合法性

薪酬体系设计应当在国家和地区相关劳动法律法规允许的范围内进行。

6. 可操作性

薪酬管理制度和薪酬结构应当尽量浅显易懂,使得员工能够理解设计的初衷,从而按照企业的引导规范自己的行为,达到更好的工作效果。只有制度简洁明了,流程操作性才会更强,有利于迅速推广,同时也便于管理。

7. 灵活性

企业在不同的发展阶段和外界环境发生变化的情况下,应当及时对薪酬管理体系进行调整,以适应环境的变化和企业发展的要求,这就要求薪酬管理体系具有一定的灵活性。

8. 适应性

薪酬管理体系应当能够体现企业自身的业务特点以及企业性质、所处区域、行业的特点,并能够满足这些因素的要求。

为了实现上述目标,薪酬体系设计必须遵照以上的各项原则,细致入微地开展一系列工作,才能使方案切合实际且具有广泛的接受程度及良好的可实施性。

(三)影响薪酬水平的因素

1. 工作价值,即岗位价值

要通过工作分析,确定岗位的工作内容、工作性质、相对重要性及对企业的相对贡献率,进而确定各个岗位的奖酬差别,这是确定奖酬最基本的依据。

2. 员工的价值,即员工的技能因素

这主要是指员工本身所具备的工作技能与工作相关的知识。按照员工的技能因素确定奖酬,既是对员工的人力资本投入的回报,更是对员工努力提高技能的一种激励。因此,员工的价值是决定奖酬的重要因素。

3. 人力市场情况

一方面,人力市场上各职种的薪酬水平是决定奖酬的重要依据,这是实现外部公平的重要尺度;另一方面,通过与人力市场价位的比较来确定奖酬,有利于增强本企业的竞争优势,以吸引优秀人才来本企业工作,并留住本企业的核心员工。

4. 社会成员的生活成本

这反映了人力资源的再生产费用。企业确定薪酬必须考虑政府规定的最低生活费与当地居民的生活水平。

5. 企业的支付能力

根据企业的效益状况与水平确定与调整员工的奖酬水平。

6. 国家法规

企业确定奖酬体系必须符合国家的政策法规。

三、薪酬管理

(一)薪酬管理目标

薪酬管理的主要目标是:一方面使组织保持住现有的人力资源,并激励员工提高工作业绩,实现组织的发展目标;另一方面使员工获得基本的生活保障,获得心理满足和一定的社会地位。

(二)薪酬管理内容

薪酬管理的基本内容包括职务评价、薪酬等级、薪酬调查、激励薪酬制度等。

1. 职务评价

职务评价是企业薪酬管理的一项重要工作,就是确定不同岗位之间合理的工资差距,而这一工作的基础则是对不同岗位的价值进行分析和判断,这种方法称为职务评价。职务评价的方法主要有排序法、等级法、要素计分法、因素比较法。

(1)排序法

这是最原始也是最简单的一种方法。通常以职务说明与规范作为基础,与企业的职务逐一配对比较,按各职务对企业相对价值或重要性排出顺序,以确定职务的高低。

此法的优点在于简单,不必请专家参与,因为无需复杂的量化技术,主管者可以自己操作,因而成本低。此法的缺点是,因为没有详细具体的评价标准,主观成分很大,尤其在职务较复杂时。此法一般只为那些规模小、结构简单、职务类型较少的小型企业使用。

(2)等级法

此法须预先制定一套供参照用的等级标准,再将各待定级别的服务与之比照,从而确定该职务的相应级别。

等级法通常以员工岗位分类为基础。一般分为管理干部类、工程技术人员类、销售人员类、文秘办事员类、生产人员类等。每类职务再划分为若干等级,等级数的多少取决于职务的复杂性,即所要承担的职责权重、所要掌握的技能繁简等,情况越复杂则分级越多。

(3)要素计分法

根据工作分析所评定的点数,定量地分析、评价工作的相对价值。在职务评价过程中,首先应根据组织和工作的性质来确定构成工作的主要因素的数量,如技能、努力程度、职责工作条件等。其次应根据各项因素在组织中的相对重要性而赋值。最后再将每一因素分成若干等级,以区分每一工作在该项因素中的相对难易程度,并确定分值。

(4)因素比较法

与要素计分法的相同之处在于,因素比较法也是一种将职务因素进行比较而确定其相对价值的方法。不同之处是因素比较法应首先确定组织内的关键职务工作,并将关键职务作为评价的基准。这些职务的数量应有较大涵盖面,足以代表本企业内各种类型的职务,而且它们都是员工普遍熟悉和了解并为企业外部公认的典型性的职务。

2. 薪酬等级

薪酬等级是在岗位价值评估结果基础上建立起来的一个基本框架,它将岗位价值相近的岗位归入同一个管理等级,并采取一致的管理方法处理该等级内的薪酬管理问题。薪酬等级划分的考虑要素包括:企业文化、企业所属行业、企业员工人数、企业发展阶段、企业组织架构。等级越多,薪酬管理制度和规范要求越明确,但容易导致机械化;等级越少,相应的灵活性也越高,但容易使薪酬管理失去控制。目前的趋势主要是薪酬等级数目减少,每个等级之间的薪酬幅度拉宽,同一薪酬等级内的薪酬差距拉大,即出现薪酬等级结构的宽带化趋势。

薪酬等级的类型可以根据工作、能力、综合结构等标准，对其进行划分：

(1)能力薪酬制度

技术等级制是根据企业员工所掌握的技术复杂程度和劳动熟练程度来相应地划分员工等级与工资水平的一种薪酬等级。技术等级制所显示出来的等级的差别体现在技术等级和工资表上。

能力资格制是指按照能力和资格进行分等的薪酬制度。比较典型的代表是年功序列制，即按照企业员工的工龄长短和相应工龄所计的工资额来确定工资等级，是一种终身雇佣关系下的薪酬等级制度。

(2)工作薪酬制度

工作薪酬制度分为职务工资制和岗位工资制。选择这两种薪酬等级制度时，需要考虑的仅仅是“工作”，而不应该是“人”。因为工作薪酬制度顾名思义就是针对工作分等级而设立的，谁担任什么等级的工作，谁就相应地领什么等级的工资。

(3)综合薪酬制度

综合薪酬制度指的是综合各种标准来设置薪酬单元结构的等级薪酬制度。也就是说，通常薪酬管理者会连同工作、能力等因素一起综合考虑，将薪酬分配在不同的支付因素中，构成一种复合的薪酬等级体系。

3. 薪酬调查

薪酬调查是指企业采用科学的方法，通过各种途径采集有关企业各类人员的工资福利待遇以及支付状况的信息，并进行必要处理分析的过程。

目前，国内外绝大多数的企业在确定自己员工的薪酬水平时，为了赢得人才竞争的优势，都非常重视市场薪酬调查数据的采集和分析，并以此作为本企业薪酬决策的重要依据之一。

通过薪酬的市场调查，能够获得劳动力市场各类企业(包括自己的竞争对手)员工薪酬水平及其结构等方面的真实信息。获得市场调查信息的企业，不仅可以弄清自己当前的薪酬水平，相对于竞争对手在目前劳动力市场上所处的位置，而且可以根据人力资源发展战略的要求，及时地调整自己企业的薪酬结构和水平。

4. 激励薪酬制度

激励薪酬是将员工的薪酬水平及薪酬结构与其绩效水平相联系，依据他们为企业做出的贡献大小和业绩状况而支付给他们的报酬。激励薪资制度可以分为个人激励、团队激励和企业激励等三种形式。

(1)个人激励是将员工薪酬的某一部分与个人的工作业绩相联系，具体的激励形式通常包括计件、标准工时制、绩效加薪和奖金、佣金。

(2)团队激励是基于员工的绩效水平而设定的奖励薪资。其形式可以是以分享利润为基础的奖励，如团队薪酬；也可以是根据团队的业绩、减少生产成本情况等设定的基金奖励，如斯坎伦计划。

(3)企业激励是组织范围内的激励，具有长期的激励效果，可以增强员工的归属感和团队意识。为使员工成为与企业利润共享、风险共担的合作者，企业激励计划主要包括利润分享、员工持股计划和股票期权等几种形式。

①员工分享企业利润。有的企业为了调动员工的积极性，并提高员工对企业的忠诚度，除

了一般薪酬之外,还会将企业的一部分利润以分红形式发放给企业的员工。分红的前提是企业的利润与员工的工作绩效相联系。

②员工持股制度是指公司内部员工个人出资认购本公司部分股份,并委托公司员工基金会进行集中管理的一种新型的工资构成形式。一般来说,内部员工股分为优先股和普通股两种利益和风险不同的股份,在分配时对一线员工和各级管理人员应有所区别,高层管理者所持有内部员工股中普通股应占多数,一线员工所持内部员工股中优先股应占多数。

如果企业经营得好,股票升值,员工可以得到长期可观的收入。如果公司经营得不好,股票贬值,员工就可能得不到任何的股票收入。实施内部员工持股制度有利于充分调动员工积极性,留住企业的核心人才。

四、福利

福利是组织整体报酬的一部分,是企业通过设置福利和建立各种补贴,为员工生活提供方便,减轻员工经济负担的一种非直接支付。福利与工资不同,它的提供与员工的工作绩效及贡献无关。企业的员工福利制度可以为员工提供基本保障,增强员工对企业的归属感。

(一)法定福利

法定福利亦称基本福利,是指按照国家法律法规和政策规定必须发生的福利项目,其特点是只要企业建立并存在,就有义务、有责任且必须按照国家统一规定的福利项目和支付标准支付,不受企业所有制性质、经济效益和支付能力的影响。

从 1993 年实行统筹养老保险起,国家和地方政府就陆续出台了一系列的有关医疗、失业、养老等社会保险,及住房基金和公积金制度等的管理条例。

企业福利体系中一定要包括国家的相关法律规定中所规定的最重要的条款,这样做可有效避免发生大的劳资纠纷。

(二)企业福利

企业福利是自愿性福利,是企业根据自身特点有目的、有针对性地制定的福利政策及福利体系。企业福利项目的多少、标准的高低,在很大程度上要受到企业经济效益和支付能力的影响以及企业出于自身某种目的的考虑。由于大多数福利项目具有非货币性和延期支付的特征,大多数员工福利计划,如补充养老保险以及医疗保险等有税收方面的优惠。而且在某些福利项目上,企业集体购买比员工个人购买具有一定的价格优势,可以降低成本。因此,建立合适的福利体系对企业和员工双方是十分有益的,企业可以以此吸引和保留优秀员工。

(三)弹性福利

弹性福利又称“自助餐福利”,员工可以依照自己的需求,于公司在控制成本下所提供的各种福利方案中选择最能满足自己的福利。它有别于传统的固定福利,具有一定的灵活性,使员工更有自主权。除了国家的法定福利外,每个公司都有自己的特色福利,例如弹性工作时间、旅游费、语言进修、保姆费、健身俱乐部、电影票、房贷利息、补充医疗保险,等等。特别是一些知名企业,非常注重员工的福利保障,而且相当有特色。

任务四
员工激励

一、激励的含义

激励是指激发人的行为动机的心理过程,即通过各种客观因素的刺激,引发和增强人的行为的内驱力,使人达到兴奋状态的过程。需要是人类一切行为的出发点。在实施激励时,无论采取何种激励模式,都要考虑员工的各种需求,把组织目标和个人利益尽可能结合起来,从而激发人的工作动机。

二、激励的原则

1. 理解人、尊重人

激励的根本目的是要调动人的积极性。与其他管理职能相比较,激励是做人的工作的艺术,激励得当,人们的工作热情高涨;反之,人们的工作情绪低落,组织的目标就难以实现。做好人的工作,其前提是必须理解人、尊重人。

人的行为具有多变性、多样性、创造性,但又遵循一定规律。管理者必须认识这种规律。

首先,一个人的工作态度好、热情高,或者恰恰相反,工作积极性不高、效率低,都有一定的原因。了解人就是要认识人,找到这个原因。

其次,做好激励工作,还必须理解人。仅了解人,知道了事情为什么是这样还不够,还应该站在当事人的立场上考虑问题,由此才能找到解决问题最有效的办法。

最后,激励还必须尊重人。无论是正激励的表扬还是负激励的批评,都必须考虑受激励者所处的情境,采取合适的方式,只有真正地尊重他人,激励才会为人们所接受,奖励才不被人们认为是恩赐的,批评也不会被人们当作是打击。

2. 时效原则

时效原则是指奖励必须及时,不能拖延。一旦时过境迁,激励就会失去作用。实践一再证明,应该表扬的行为得不到及时的鼓励,会使人气馁,丧失积极性;错误的行为受不到及时的处罚,会使错误行为越加泛滥,造成积重难返的局面。

把握好激励的时效是一种艺术。一般来说,正激励多在行为一发生就给予表扬,以求支持。对错误的行为,应先及时制止,不让其延续下去或扩散开,采取批评及其他的惩罚措施,应根据不同的情形分别处理。因为在有些情况下,当场的严厉批评会使受批评的员工面子上过不去,进而产生对立情绪,甚至导致矛盾冲突。在这种情况下,适当的冷处理或许是十分必要的。

3. 功过分开,一视同仁

我国传统文化在奖励问题上有一种将功抵过的主张,这是不符合现代管理要求的。奖赏与惩罚应当分明,这不仅指对该奖的人给予奖赏,对该罚的人给予惩罚,而且还包含着对同一个人的功过应当严格区分,分别处理,有功该赏,有过当罚,不能将功抵过,扯平完事。

4. 以奖为主,以罚为辅

奖励和惩罚都属于激励,最终目的是一样的,即调动人的积极性,消除组织存在的消极因素,可根据个人不同情况,在偏重赏或者偏重罚之间适当地做出选择。但在采用激励制度时,应执行以奖为主、以罚为辅的原则;因为完成组织的目标,最终还是要靠调动人的积极性和创造性,要激励员工努力工作。

5. 物质奖励与精神奖励相结合的原则

物质利益是人们行为的基本动力,但不是唯一的动力。任何人都不可能仅为物质利益而活着,现实生活中人们的需求是多方面的,既有物质方面的,也有精神方面的,只不过对于不同的人而言,两种需求的强度有所不同罢了。所以,必须注意将物质奖励与精神奖励相结合,无论片面地强调哪方面都是不正确的。

6. 实事求是,奖惩合理

无论是正向激励还是负向激励,都必须实事求是,掌握好分寸,这也是激励的艺术性所在。要做到实事求是,奖罚合理,首先必须端正奖罚的思想。奖励不能唯奖励而奖励,不能借奖励来拉关系,培植山头势力;不能故意拔高成绩,树立虚假典型;也不能搞平均主义,人人有份。批评、惩罚应该从事实出发,对事不对人;不能无限上纲,更不能借机打击报复;也不能因为受罚者是与自己关系不错的人,文过饰非,大事化小,小事化了。其次,还要学会应用激励工具的艺术,特别是语言艺术。无论是奖励还是批评、惩罚,都要运用一定的语言表达出来。不同的语言或同一语言在不同的情况下会表达出不同的激励强度。

三、物流企业激励的基本方法

(一)物质激励

物质激励是指以物质利益为诱因,通过调节被管理者物质利益来刺激其物质需要,以激发其动机的方式与手段。它主要包括以下具体形式:

1. 奖酬激励

金钱并不是唯一能激励人的力量,但在现实生活中,金钱作为一种很重要的激励因素是不可忽视的。无论采取工资的形式,还是采取其他鼓励性报酬、奖金、优先认股权、红利、公司支付的保险金,或在做出成绩而给予人们的其他东西等形式,金钱都是重要的因素。虽然在知识经济时代的今天,人们的生活水平已经显著提高,金钱与激励之间的关系渐呈现弱化趋势,然而,物质需要始终是人类的第一需要,是人们从事一切社会活动的基本动因,所以,物质激励仍是激励的主要形式。要使金钱能够成为一种激励因素,管理者应该记住下面几点:

(1)对于不同的人,金钱的价值不一。相同的金钱,对不同收入的员工有不同的价值。对于需要扶养家庭、生活负担重的人来说,金钱总是很重要的,这是他们满足低层次需求的主要手段;而对另外一些在金钱方面需要已不再是很迫切的人来说,对金钱就不会那么看重。

(2)金钱激励必须公正。用奖酬作为激励手段,必然涉及刺激量的问题。奖酬刺激量一是表现为绝对量,即工资、奖酬绝对数量的大小;二是表现为相对量,即工资、奖金同一时期不同人的差别以及同一个不同时期的差别。一个人对他所得的报酬是否满意不是只看其绝对值,而更主要的是看其相对刺激量,即要进行社会比较或历史比较,通过相对比较判断自己是否受到了公平对待,从而影响自己的情绪和工作态度。这正体现了公平理论的要求。在实际工作中,既要有选择地进行重奖,以期引起奖励效应,同时又要防止引起员工产生不公平心理。

(3)金钱激励必须反对平均主义,平均分配等于无激励。要使金钱成为一种有效的激励因素,则对于在各种职位上的人们,即使是级别相当,给予他们的薪水和奖金也必须能反映出他们个人的工作业绩。在现实中,除非员工的奖金主要是根据个人业绩来发放,否则企业尽管支付了奖金,对他们也不会有很大的激励。据调查,实行平均奖励,奖金与工作态度的相关性只有20%,而进行差别奖励,则奖金与工作态度的相关性能够达到80%。

(4)物质激励应与相应制度结合起来。制度是目标实现的保障。因此,物质激励效应的实现也要靠相应制度的保障。企业应通过建立一套制度,创造一种氛围,以减少不必要的内耗,通过利益驱动引导下属朝工作目标努力,使组织成员都能以最佳的效率为实现组织的目标而多做贡献。例如,物质奖惩标准在事前就应制定好并公之于众且形成制度稳定下来,而不能靠事后的“一种冲动”,想起来则奖一下,想不起来就作罢,那样是达不到激励效果的。

2. 处罚

激励并不全是鼓励,它也包括许多负激励措施,如在经济上对员工进行处罚,是一种管理上的负激励,属于一种特殊形式的激励。按照激励中的强化理论,激励可采用处罚方式,即利用带有强制性、威胁性的控制技术,如批评、降级、罚款、降薪、淘汰等来创造一种令人不快或带有压力的条件,以否定某些不符合要求的行为。

现代管理理论和实践都指出,在员工激励中,正面的激励远远大于负面的激励。越是素质较高的人员,处罚对其产生的负面作用就越大。它易给员工造成工作不稳定感,同时还会使员工与上级主管之间的关系紧张、同事间关系复杂等。因此在应用这种方式时要注意,在进行处罚时必须有可靠的事实根据和政策依据,做到令人信服;处罚的方式与处罚量要适当,既要起到教育作用,又不能激化矛盾;同时要与思想政治工作相结合,注意疏导,尽可能减少其副作用,化消极为积极,真正起到激励作用。

(二)精神激励

物质激励自身也存在一些缺陷。美国管理学家汤姆·皮特(Tom Peters)曾指出重赏会带来副作用,它会使大家彼此封锁消息,影响工作的正常开展。而精神激励是在较高层次上调动职工的工作积极性,其激励深度大,维持时间也较长。所谓精神激励,就是对员工精神上的一种满足和激励,让员工能够感觉到来自企业的关怀。精神激励的方法有许多,比如尊重、关爱、赞美、宽容员工:给员工提供公正的竞争环境;让员工明确自己应该奋斗的目标;帮助员工规划自己的职业发展蓝图,等等。这里着重论述以下四种方法:

1. 目标激励

目标激励,就是确定适当的目标,诱发人的动机和行为,达到调动人的积极性的目的。目标作为一种诱引，具有引发、导向和激励的作用。员工在管理中的自觉行为，都是追求目标的过程，当每个人的目标强烈和迫切地需要实现时，他们就对企业的发展产生热切的关注，对工作产生强大的责任感，并能自觉地把工作做好。管理者就是要将每个人内心深处的这种或隐或现的目标挖掘出来，并协助他们制定详细的实施步骤，在随后的工作中引导和帮助他们努力实现目标。这种目标激励会产生强大的效果。可用以激励的目标主要有三类：工作目标、个人成长目标和个人生活目标。

（1）尽可能地增大目标的效价。根据期望理论，激发力量大小取决于期望值和效价。因此，管理者在设计目标时，一是要使所选择的目标尽可能多地满足下级的需要；二是要使目标的实现与奖酬、晋升等挂钩，加大目标实现的效价；三是要将企业目标进行宣传，使职工更加了解企业，了解自己在目标的实现过程中应起到的作用；四是应注意把组织目标和个人目标结合起来，宣传两者的一致性，使大家了解到只有在完成企业目标的过程中才能实现个人的目标。个人事业的发展、待遇的改善与企事业的发展、效益的提高休戚相关。

（2）增加目标的可行性。只有通过努力能够实现的目标，才能真正地起到激励作用。因此，在设计目标水平时要先进合理，要具备相应的实施条件和可操作性，使下级能充分认识到目标实现的可能情形。

2. 工作激励

按照弗雷德里克·赫茨伯格的双因素理论，对人最有效的激励因素来自于工作本身，即满意于自己的工作是最大的激励。日本著名企业家稻山嘉宽在回答“工作的报酬是什么”时指出“工作的报酬就是工作本身”，这也表明工作本身具有激励力量。因此，为了更好地发挥职工的工作积极性，管理者要善于调整和运用各种工作因素，进行“工作设计”，如使工作内容丰富化和扩大化，并创造良好的工作环境，还可通过员工与岗位的双向选择，使职工对自己的工作有一定的选择权等，通过一系列措施使工作本身变成更具有内在意义和更高的挑战，让下级满足于自身的工作，给职工一种自我实现感，以实现最有效的激励。

3. 参与激励

参与管理是指在不同程度上让职工参与组织决策和各级管理工作的研究和讨论，调动职工的积极性、创造性。现代人力资源管理的实践经验和研究表明，现代的员工都有参与管理的要求和愿望，创造和提供一切机会让职工参与管理是调动他们积极性的有效方法。让职工参与管理，有利于集中群众意见，防止决策失误；有利于满足职工归属感和受人赏识的心理需求，可使职工感受到上级主管的信任、重视和赏识，从而体验到自己的利益同组织的利益及组织的发展密切相关而产生的责任感；有利于职工对决策的认同，从而激励他们自觉推进决策的实施。主管人员与下属在商讨组织问题时，对双方来说都是提供了一个获取别人重视的机会，从而给人一种成就感。因此，让职工恰当地参与管理，既能激励职工，又能为企业的成功获得有价值的知识。通过参与，形成职工对企业的归属感、认同感，可以进一步满足自尊和自我实现的需要。

支持职工参与管理时，一方面要增强民主管理意识，建立科学合理的参与管理机制；其次要真正授权于职工，使其能真正地参与决策和管理过程；最后要有效地利用多种参与形式，鼓励全员参与。

事实证明，参与管理会使多数人受到激励。正确地参与管理既对个人产生激励，又为组织目标的实现提供了保证。

4. 荣誉激励

荣誉是众人或组织对个体或群体的崇高评价(如发奖状、证书、记功、通令嘉奖、表扬等),是满足人们自尊需要、激发人们奋力进取的重要手段。它可以调动人们的积极性,形成一种内在的精神力量。从人的动机看,人人都有荣誉感,具有自我肯定、争取荣誉的需要,因此管理者要设法让员工们感觉到、认识到荣誉感的崇高性。

在实施精神激励时要注意其针对性。目前,职工受社会、企业、家庭等因素的影响,思想波动的因素很多。在这种情况下的激励工作必须与个人特点相结合,根据不同层次、不同类别采取不同方法。管理者必须具有体察人心的能力,要保证经常而及时地与员工进行思想交流和相互交往,形成集体内部人与人之间亲密、融合、协调的关系,调动他们潜在的积极性,从而推进事业发展。在实施精神激励时,还要注意对集体的荣誉激励,即通过给予集体荣誉,培养集体意识,从而产生自豪感和光荣感,形成一种自觉维护集体荣誉的力量。企业制定的各种管理和奖励制度都要有利于集体意识的形成,形成竞争合力。

课后习题

一、单项选择题

1. 内部选聘的缺点是(　　)。

A. 容易造成“近亲繁殖”　　B. 招聘成本小

C. 有利于培养员工的忠诚感　　D. 有利于鼓舞员工的士气

2. (　　)培训目标是:了解国内外物流行业的发展现状和先进理念、技术;能对物流企业的发展战略或货主企业的物流发展提出针对性的建议;具有全局观念和领导能力。

A. 操作人员　　B. 初级管理人员

C. 中级管理人员　　D. 高级管理人员

3. 被评估者选择上司、同事、下属、自己和顾客,评估者站在自己的角度对被评估者进行评估,这是哪种绩效评估方法?(　　)

A. 书面报告　　B. 关键事件法

C. 排队法　　D. 360°绩效评估

二、多项选择题

1. 物流企业内部招聘的方式有(　　)。

A. 提拔晋升　　B. 猎头公司招聘

C. 工作调换　　D. 工作轮换

2. 企业的福利形式有(　　)。

A. 安全福利　　B. 保险福利

C. 各种津贴　　D. 带薪节假日

3. 物流企业激励的方法有(　　)。

A. 目标激励　　B. 物质激励

C. 工作激励　　D. 荣誉激励

4. 物流企业人力资源管理的内容包括(　　)。

A. 人力资源规划　　B. 职务设计与职务分析

C. 招聘与选择员工　　D. 培训与开发

E. 绩效考核与薪酬福利

5. 外部选聘的优点是(　　)。

A. 候选人员来源广泛

B. 有利于组织吸收外部先进的经营管理观念、管理方式和管理经验

C. 以缓解内部候选人竞争的矛盾

D. 容易造成"近亲繁殖"

6. 在岗培训包括(　　)。

A. 示范　　B. 指导

C. 工作轮换　　D. 课堂教学

7. 绩效评估的方法包括(　　)。

A. 书面报告　　B. 关键事件法

C. 评价表法　　D. 排队法

E. 目标管理法　　F. 360°绩效评估

三、问答题

1. 阐述人力资源管理的概念与内容。
2. 人力资源规划包括哪几个步骤?
3. 简述企业招聘员工的渠道,并评价其优缺点。
4. 员工培训的方法有哪些?
5. 简述绩效评估的概念、意义及绩效评估的方法。
6. 简述薪酬的概念及功能。
7. 简述薪酬体系设计的原则及影响薪酬的因素。
8. 简述薪酬管理目标及基本内容。
9. 简述激励薪酬制度的内容。
10. 简述激励的定义、原则、方法及策略。

四、案例分析题

联邦快递成功的薪酬激励原则

每月两次,总有许多世界各地商业人士愿付250美元、花几个小时去参观联邦快递公司的营业中心。其目的是亲身体会一下这个巨人如何在短短23年间从零开始,发展为拥有100亿美元、占据大量市场份额的行业领袖。

以下是联邦快递之所以能取得史无前例成就的管理原则:

一、倾心尽力为员工

公司创始人、主席兼行政总监弗雷德·史密斯(Fred Smith)创建的扁平式管理结构,不仅得以向员工授权赋能,而且扩大了员工的职责范围。

与很多公司不同的是,联邦快递的员工敢于向管理层提出质疑。他们可以求助于公司的Guaranteed Fair Treatment Procedure(编者译:保证公平待遇程序),以处理跟经理不能解决的争执。

公司还耗资数百万美元建立了一个FXTV(编者译:联邦快递电视网络),使世界各地的管理层和员工可建立即时联系。它充分体现了公司快速、坦诚、全面、交互式的交流方式。

二、倾情投入

20世纪90年代初,联邦快递准备建立一个服务亚洲的超级中心站,负责亚太地区的副总裁乔·麦卡提(Joe McCarty)在苏比克湾(Subic)找到了一个很好的选址。但日本怕联邦快递在亚洲的存在会影响到它自己的运输业,不让联邦快递通过苏比克湾服务日本市场。

在联邦快递公司,这不是麦卡提自己的问题,必须跨越部门界限协同解决。联邦快递在美国的主要法律顾问肯恩·马斯特逊(Ken Masterson)和政府事务副总裁多约尔·克劳德(Doyle Cloud)联手,获得政府支持。与此同时,在麦卡提的带领下,联邦快递在日本发起了一场大胆而又广泛的公关活动。这次行动十分成功,使日本人接受了联邦快递连接苏比克湾与日本的计划。

三、奖励至关重要

联邦快递经常让员工和客户对工作做评估,以便恰当表彰员工的卓越业绩。其中几种比较主要的奖励有:

Bravo Zulu(编者译:祖鲁奖):奖励超出标准的卓越表现。

Finder's Keepers(编者译:开拓奖):给每日与客户接触、给公司带来新客户的员工以额外奖金。

Best Practice Pays(编者译:最佳业绩奖):对员工的贡献超出公司目标的团队给一笔现金。

Golden Falcon Awards(编者译:金鹰奖):奖给客户和公司管理层提名表彰的员工。

The Star/Superstar Awards(编者译:明星/超级明星奖):这是公司的最佳工作表现奖,相当于受奖人薪水2%~3%的支票。

四、融合多元文化

联邦快递有自己的大文化,同时也有各种局域文化。在超级中心站,它的文化在于其时间观念;而在软件开发实验室和后勤服务部门,它的文化则在于创新和创意;在一线现场,它强调的是顾客满意的企业文化。

负责美国和加拿大业务的高级副总裁马丽·爱丽丝·泰勒(Mary Alice Taylor)指出:"我们的文化之所以有效,是因为它与我们的宗旨紧密相连,即提供优秀品质服务顾客。"

五、激励胜于控制

联邦快递的经理会领导属下按工作要求做出适当个人调整,创造一流业绩。正如马丽在报告中所说:"我们需要加强地面运作。我想,如果让每个员工专注于单一目标,就能整体达到一定水平。正因为此,我们才引入最佳业绩奖。它使我们能吸引50 000名员工专注于提高生产效率和服务客户。我们达到了以前从没想过能实现的另一个高峰,工作绩效接近100%,而成本却降到最低水平。"公司设计了考核程序和培训计划,以确保经理知道如何做出正确的榜样。公司的高级经理就是下级经理的榜样。

从上述案例中我们可以看到,联邦快递的成功与其成功的薪酬激励原则的构建是密不可分的。从管理模式上看,联邦快递注重人的管理,在管理中注重人的诉求以及反馈。而联邦快递的"保证公平待遇程序"保护了员工的发言权,从而共同促进企业的进步。

在人的管理上,人性化的管理能够激发员工对于企业的归属感,然而,要真正促进企业的业绩进步,激励是上上之策。为了激励员工,联邦快递设计了多种奖项,并以薪酬激励来代替控制，让员工自觉地为企业奋斗。

企业人才作用与价值存在着20/80原则，也就是核心人才对企业的作用和价值是最大的，因而在分享利润、发展机会、分配和支持方面就应该给予更多，以充分体现其价值，激励其继续进步。

对人才的激励可以从多个维度分解，不仅仅包括物质激励。激励首先应实施长短激励的结合、物质激励与短期激励的结合。过多的金钱激励不利于员工对企业的忠诚，而给予员工更多的非物质关怀以及宽阔的发展空间能够有效地增加人才对企业的忠诚度。人才激励的目标是让人才感到企业对他的重视，感到有很大的发展空间，感到有值得信赖的工作环境，以及工作不努力的严重后果和压力感。因而，只有系统性地构建人才的薪酬激励体系，才能最大限度地实现留住人才并持续产生价值的目标。

思考题

联邦快递实现成功的因素是什么？薪酬激励的原则是什么，采取了哪些激励方法？

项目七 物流企业质量管理

●学习目标

知识目标

了解质量管理的基本内涵,掌握全面质量管理与物流质量管理的内涵,理解物流质量管理体系的构成与运作;熟悉质量统计的方法,掌握PDCA循环法与六西格玛质量管理法。

技能目标

灵活运用所学知识分析案例,具备运用理论知识对物流企业质量管理进行分析的基本技能。

●引导案例

联合邮包服务公司(UPS)的科学质量管理

联合邮包服务公司(UPS)雇用了15万名员工,平均每天将900万个包裹发送到美国各地和世界180多个国家和地区。他们的宗旨是:在邮递业中办理最快捷的运送。UPS的管理者系统地培训他们的员工,使员工以尽可能高的效率从事工作。

让我们看一下员工的工作情况。UPS的工程师们对每一位司机的行驶路线进行了时间研究,对每种送货、取货和暂停活动设立了工作标准。这些工程师们记录了红灯、通行、按门铃、穿过院子、上楼梯、中间休息喝咖啡的时间,甚至上厕所的时间,将这些数据输入计算机中,从而给出每一位司机每天工作中的详细时间标准。

为了完成每天取送130件包裹的目标，司机们必须严格遵守工程师们设定的程序。当他们接近发送站时，他们松开安全带，按喇叭，关发动机，拉起紧急制动，把变速器推到一挡上，为送货完毕后的启动离开做好准备，对这一系列动作要求极为严格。然后司机从驾驶室下到地面上，右臂夹着文件夹，左手拿着包裹，右手拿着车钥匙。他们看一眼包裹上的地址，把它记在脑子里，然后以每秒钟3英尺(1英尺=0.304 8米)的速度快步走到顾客的门前，先敲一下门以免浪费时间找门铃。送货完毕，他们在回到卡车上的路途中完成登录工作。

UPS是世界上效率最高的公司之一。联邦捷运公司每人每天取运80件包裹，而UPS公司却是130件。高的效率为UPS公司带来了丰厚的利润。

案例讨论

为什么UPS被称为质量领先的第三方物流企业？

任务一 质量管理概述

一、质量

中华人民共和国国家标准《质量管理和质量保证术语》(GB 6583—1994)对质量管理中的基本术语给出了标准定义。

质量(Quality)是反映实体满足明确和隐含需要的能力的特性总和。对质量管理中的基本术语的理解如下：

(1)实体是指可以单独描述和研究的实物，既可以是活动或者过程，也可以是产品，包括硬件、软件和服务等，还可以是组织、体系、个人等。

(2)明确需要是指在标准、规范、图样、技术要求和其他文件中已经做出规定的需要；隐含需要包括顾客和社会对实体的期望，人们公认的、不言而喻的、不必明确的需要。

(3)特性是指实体所持有的性质，反映实体满足需要的能力。硬件类别产品的质量特性可以归纳为性能、可信性、安全性、适应性、经济性、时间性等。软件类别产品的质量特性可以归纳为功能、可靠性、便于操作、效率、可维修性、可移植性、保密性、经济性等。

(4)质量特性要由过程或活动来保证。

(5)“满足需要”不限于满足顾客的需要，还要考虑到社会的需要，符合法律、法规、环境、安全等方面的要求。

二、质量管理

1. 质量管理的定义

质量管理(Quality Management)是指确定质量方针、目标和职责,并在质量体系中通过诸如质量策划、质量控制、质量保证和质量改进使其实施的全部管理职能的所有活动。

对质量管理定义的理解如下:

(1)质量管理的实施涉及组织中的所有成员,必须由最高管理者进行领导。

(2)质量管理的职责是制定并实施质量方针、质量目标和质量职责,质量管理应与经营活动结合。

(3)质量管理是有计划的系统活动,为了实施质量管理,需要建立质量体系。

(4)质量管理是以质量体系为基础,通过质量策划、质量控制、质量保证和质量改进等活动发挥其职能。

2. 质量管理的发展历程

质量管理的发展大致经历了三个阶段:

(1)质量检验阶段

20 世纪前,产品质量主要依靠操作者本人的技艺水平和经验来保证,属于"操作者的质量管理"。20 世纪初,以 F. W. 泰勒为代表的科学管理理论的产生,促使产品的质量检验从加工制造中分离出来,质量管理的职能由操作者转移给工长,是"工长的质量管理"。随着企业生产规模的扩大和产品复杂程度的提高,产品有了技术标准(技术条件),公差制度(见公差制)也日趋完善,各种检验工具和检验技术也随之发展,大多数企业开始设置检验部门,有的直属于厂长领导,这时是"检验员的质量管理"。上述几种做法都属于事后检验的质量管理方式。

(2)统计质量控制阶段

1924 年,美国数理统计学家 W. A. 休哈特提出控制和预防缺陷的概念。他运用数理统计的原理提出在生产过程中控制产品质量的"6σ"法,绘制出第一张控制图并建立了一套统计卡片。与此同时,美国贝尔研究所提出关于抽样检验的概念及其实施方案,成为运用数理统计理论解决质量问题的先驱,但当时并未被普遍接受。以数理统计理论为基础的统计质量控制的推广应用始自第二次世界大战。由于事后检验无法控制武器弹药的质量,美国国防部决定把数理统计法应用于质量管理,并由标准协会制定有关数理统计方法应用于质量管理方面的规划,他们还成立了专门委员会,并于 1941—1942 年先后公布了一批战时的质量管理标准。

(3)全面质量管理阶段

20 世纪 50 年代以来,随着生产力的迅速发展和科学技术的日新月异,人们对产品的质量从注重产品的一般性能发展为注重产品的耐用性、可靠性、安全性、维修性和经济性等。在生产技术和企业管理中要求运用系统的观点来研究质量问题。在管理理论上也有新的发展,突出重视人的因素,强调依靠企业全体人员的努力来保证质量。此外,还有"保护消费者利益"运动的兴起,企业之间的市场竞争越来越激烈。

质量管理发展到全面质量管理,是质量管理工作的又一大进步,统计质量管理着重于应用统计方法控制生产过程质量,发挥预防性管理作用,从而保证产品质量。然而,产品质量的形成过程不仅与生产过程有关,还与其他许多过程、许多环节和因素相关联,这不是单纯依靠统计质量管理所能解决的。全面质量管理相对更加适应现代化大生产对质量管理整体性、综合性的客观要求,从过去限于局部性的管理进一步走向全面性、系统性的管理。

3. 质量管理的基本特性

质量管理的发展与工业生产技术和管理科学的发展密切相关。现代关于质量的概念包括对社会性、经济性和系统性三方面的认识。

(1)质量的社会性

质量的好坏不仅是从直接的用户,而且是从整个社会的角度来评价,尤其是当它关系到生产安全、环境污染、生态平衡等问题时更是如此。

(2)质量的经济性

质量不仅要从某些技术指标来考虑,还要从制造成本、价格、使用价值和消耗等方面来综合评价。在确定质量水平或目标时,不能脱离社会的条件和需要,不能单纯追求技术上的先进性,还应考虑使用上的经济合理性,使质量和价格达到合理的平衡。

(3)质量的系统性

质量是一个受设计、制造、使用等因素影响的复杂系统。例如,汽车是一个复杂的机械系统,同时又是涉及道路、司机、乘客、货物、交通制度等特点的使用系统。产品的质量应该达到多维评价的目标。费根鲍姆认为,质量系统是指具有确定质量标准的产品和为交付使用所必需的管理上和技术上的步骤的网络。

4. 全面质量管理

(1)全面质量管理的定义

20 世纪 50 年代末,美国通用电气公司的费根鲍姆和质量管理专家朱兰提出了"全面质量管理"(Total Quality Management,TQM)的概念,认为"全面质量管理是为了能够在最经济的水平上,并考虑到充分满足客户要求的条件下进行生产和提供服务,把企业各部门在研制质量、维持质量和提高质量的活动中构成为一体的一种有效体系"。20 世纪 60 年代初,美国一些企业根据行为管理科学的理论,在企业的质量管理中开展了依靠职工"自我控制"的"无缺陷运动"(Zero Defects),日本在工业企业中开展质量管理小组(Quality Control Circle)行动,使全面质量管理活动迅速发展起来。

全面质量管理就是一个组织以质量为中心,以全员参与为基础,目的在于通过让顾客满意和本组织所有成员及社会受益而达到长期成功的管理途径。

(2)全面质量管理的内容

全面质量管理由结构、技术、人员和变革推动者四个要素组成,只有这四个方面齐备,才会有全面质量管理这场变革。

全面质量管理有三个核心的特征,即全员参加的质量管理、全过程的质量管理和全面的质量管理。

全员参加的质量管理即要求全部员工,无论是高层管理者还是普通办公职员或一线工人,都要参与质量改进活动。参与"改进工作质量管理的核心机制"是全面质量管理的主要原则之一。

全过程的质量管理必须在市场调研、产品的选型、研究试验、设计、原料采购、制造、检验、储运、销售、安装、使用和维修等各个环节中都把好质量关。其中,产品的设计过程是全面质量管理的起点,原料采购、生产、检验过程是实现产品质量的重要过程,而产品的质量最终是在市场销售、售后服务的过程中得到评判与认可。

全面的质量管理是用全面的方法管理全面的质量。全面的方法包括科学的管理方法、数理统计的方法、现代电子技术、通信技术。全面的质量包括产品质量、工作质量、工程质量和服务质量。

另外,全面质量管理还强调以下观点:

①"用户第一"的观点,并将用户的概念扩充到企业内部,即下道工序就是上道工序的用户,不将问题留给用户。

②预防的观点,即在设计和加工过程中以预防为主、为核心,由管结果变为管不良因素,消除质量隐患。

③定量分析的观点,只有定量化才能获得质量控制的最佳效果。

④以工作质量为重点的观点,因为产品质量和服务均取决于工作质量。

●阅读材料

纽约市公园及娱乐局实施"全面质量管理"技术

纽约市公园及娱乐局的主要任务是负责城市公共活动场所(包括公园、沙滩、操场、娱乐设施、广场等)的清洁和安全工作,并增进居民在健康和休闲方面的兴趣。

市民将娱乐资源看作重要的基础设施,因此公众对该部门的重要性是认同的。但是在采用何种方式实现其使命及该城市应投入多少资源去实施其计划方面却很难达成共识。该部门面临着管理巨大的系统和减少的资源。和美国的其他城市相比,纽约市的计划是庞大的。该部门将绝大部分资源用于现有设施的维护和运作,尽管为设施维护和运作投入的预算从1994年到1995年削减了4.8%。

为了对付预算削减,并能维持庞大复杂的公园系统,该部门的策略包括:与预算和管理办公室展开强硬的幕后斗争,以恢复一些已削减的预算;发展公司伙伴关系以取得更多的资源,等等。除了这些策略,该组织采纳了全面质量管理技术,以求"花更少的钱干更多的事"。

在任何环境下产生真正的组织变化都是困难的,工人们会对一系列管理策略产生怀疑。因此,该部门的策略是将全面质量管理逐步介绍到组织中,即顾问团训练高层管理者让他们接受全面质量管理的核心理念,将全面质量管理观念逐步灌输给组织成员。这种训练提供了全面质量管理的概念,选择质量改进项目和目标团队的方法,管理质量团队和建立全面质量管理组织的策略。虽然存在问题,但这些举措使全面质量管理在实施的最初阶段获得了相当大的成功。

有关分析显示了该部门实施全面质量管理所获得的财政和运作收益。启动费用是22.3万美元,平均每个项目是2.3万美元。总共节省了71.15万美元,平均每个项目一年节约7.1万美元。这个数字不包括间接收益和长期收益,只是每个项目每年直接节约的费用。

在全面质量管理技术执行五年后,情况出现了变化。

该部门负责人是由政府任命的。以前的官员落选了,新一任官员就任后,TQM执行计划被搁浅。新上任的负责人将其前任确立的全面质量管理技术看作他能够忽略的其前任的优势。大部分成员没有完全理解或赞成TQM哲学,认为只是前任遗留下来的东西。但是新任同样面临着削减的预算和庞大的服务系统的问题，但却没有沿用前任采取的工具，其采用的是私有化、绩效管理等手段。

三、物流质量

GB 6538—1994 中对质量及相关概念的定义为界定物流质量及物流质量管理的含义的有关内容提供了理论基础。

1. 物流质量的定义

物流质量是指物流活动满足企业生产需要和顾客消费需要的特性的总和，是物流商品质量、服务质量、工作质量和工程质量的总称。

(1)商品质量:指物流过程对商品质量的保证。

(2)物流服务质量:如货物运输是否准确、及时，供货是否有保障。

(3)工作质量:物流各环节、各工种、各岗位的具体工作质量，如装卸作业操作、货物分拣。

(4)物流工程质量:物流系统软硬件的质量保证，如设施设备、组织管理、信息网络等。

2. 物流质量的分类

(1)商品质量

商品质量指商品运送过程中对商品原有质量(数量、形状、性能等)的保证，尽量避免破损，而且现代物流由于采用流通加工等手段，可以改善和提高商品质量。

(2)物流服务质量

物流服务质量指物流企业对用户提供服务，使用户满意的程度。如现在许多 TPL 公司都采用 GPS 定位系统，能使客户对货物的运送情况随时进行跟踪。由于信息和物流设施的不断改善，企业对客户的服务质量必然不断提高。

(3)物流工作质量

物流工作质量是指物流服务各环节、各工种、各岗位具体的工作质量。这是相对于企业内部而言的，是在一定标准下的物流质量的内部控制。

(4)物流工程质量

物流工程质量是指把物流质量体系作为一个系统来考察，用系统论的观点和方法对影响物流质量的诸要素进行分析、计划，并进行有效控制。这些因素主要有:人的因素、体制因素、设备因素、工艺方法因素、计量与测试因素以及环境因素等。

3. 物流质量的衡量

如何衡量物流质量是物流管理的重点。物流质量的保证首先建立在准确有效的质量衡量上。大致说来，物流质量主要从以下三个方面来衡量:

(1)物流时间

时间的价值在现代社会的竞争中越来越凸显出来，保证时间的准确性是获得客户的一大前提。

由于物流的重要目标是保证商品送交得及时，因此时间成为衡量物流质量的重要因素。然而，在货物运输中，中国现行运输管理体制在一定程度上制约了不同运输方式之间的高效衔接，减缓了物流速度。由此可见，物流质量的提高还依赖于物流大环境的改善。

(2)物流成本

物流成本的降低不仅是企业获得利润的源泉,也是节约社会资源的有效途径。

在国民经济各部门中,因各部门产品对运输的依赖程度不同,运输费用在生产费用中所占的比重也不同。从物流业总体费用考虑,有关资料显示,物流费用占商品总成本的比重从账面反映已超过40%。

(3)物流效率

对于企业来说,物流效率指的是物流系统能否在一定的服务水平下满足客户的要求,也指物流系统的整体构建。对于社会来说,衡量物流效率是一件复杂的事情。因为社会经济活动中的物流过程非常复杂,物流活动内容和形式不同,必须采用不同的方法分析物流效率。

四、物流质量管理

物流质量管理是指科学运用先进的质量管理方法、手段,以质量为中心,对物流全过程进行系统管理,包括保证和提高物流产品质量和工作质量而进行的计划、组织、控制等各项工作。

物流质量管理是一个不断优化的过程,物流质量管理过程中有很多工作,归纳起来主要包括以下三个方面:

1. 建立必要的管理组织和管理制度

质量管理工作是在每一个过程中体现出来的,因此,质量工作应是整个企业的事情。但是各个过程又都有其独特的功能,往往在操作时只注重实现这一功能,注意力集中在完成工作任务上,而忽视质量管理。另外,物流过程的连续性又很难明确区分质量状况和质量责任。所以,建立一个统筹的质量组织,实行质量管理的规划、协调、组织、监督是十分必要的。

2. 做好物流质量管理信息工作

物流过程涉及的范围广,信息传递距离远,收集难度大,及时性差。为了解决这些问题,应建立有效的质量管理信息系统,对物流过程实行动态管理,以提高质量保证程度,指导管理工作。

3. 做好实施质量的标准化和制度化工作

标准化是开展物流质量管理工作的依据之一。在标准化过程中,要具体制定各项工作的质量要求、工作规范、质量检查方法,各项工作的结果都要在标准对产品质量的规定范围之内。另外,质量管理作为企业的一项永久性工作,必须有制度的保证。建立协作体制、建立质量管理小组都是制度化的一部分,而且制度要程序化,以便于了解、执行和检查。制度化的另一个重要方式是要与岗位责任制紧密结合起来,使质量工作在日常的细微工作中能体现出来。

任务二
物流企业质量管理体系

一、物流企业质量管理体系的构成及运作

任何一个企业要实现自己的质量战略,都需要有完善的质量体系作为保证。物流企业要不断提高物流服务质量,就必须建立质量管理体系,并把质量管理作为企业管理的核心和重点。

(一)物流企业质量管理体系的原则

1. 以顾客为中心

物流企业应当了解顾客当前和未来的需求,满足并努力超越顾客的需求,以顾客为中心,做好营销工作。

2. 领导作用

物流企业领导者负责确立企业的宗旨和方向,通过各种方式营造使员工能充分参与和实现企业目标的内部环境,提高员工参与质量管理的积极性、主动性和创造性。

3. 全员参与

广大员工是物流企业经营管理之本,只有他们的积极性和聪明才智得以充分发挥时,企业的效率才是最高的,收益也才能最大化。

4. 过程的方法

将物流活动和相关资源作为过程进行管理,可以更高效地实现物流质量管理目标。

5. 管理的系统方法

对相互联系的物流过程进行系统的分析和管理,有助于实现物流企业质量目标。过程的方法强调对具体过程的控制,而系统方法重点在于协调过程之间的相互关系。

6. 持续改进

由于顾客和其他相关方的需求是不断变化的,只有实现持续改进,企业才有生命力。

7. 基于事实的决策方法

利用信息技术对物流运作和物流服务过程中产生的实时信息进行分析处理,在数据和信息的基础上进行企业决策。

8. 与供方互利的关系

物流企业与其上下游企业是相互依存的,互利共赢的关系将提高双方创造的价值和整条供应链的竞争能力。

(二)物流企业质量管理体系的构成

企业质量管理体系主要包括管理职责、物流服务资源、质量体系结构三个关键要素,它们是物流企业实施质量管理的基础。

1. 管理职责

物流企业管理者的职责是制定和实施服务方针并使顾客满意,明确质量管理的层级关系,各部门的目标、职能和权限等,明确物流服务水平、质量目标和质量活动等内容。

2. 物流服务资源

物流服务资源主要包括以下三个方面的内容:

(1)人力资源。物流企业能否实施有效的质量管理,人的因素具有决定性作用。能否充分发挥物流企业的人力资源要素的作用,必须考虑发挥管理者的领导力、对员工不断进行培训、对员工进行适当的激励等几个因素。

(2)物流设施设备。为保证顾客得到高质量的物流服务,进行质量管理必定离不开物流设备、通信设备、信息系统等。

(3)信息资源。物流企业必须有效地收集和利用来自客户、员工的质量反馈信息,为质量管理提供依据。

3. 质量体系结构

物流企业质量管理体系结构包括组织结构、物流服务过程、程序文件三个部分。

(1)组织结构。组织结构是指组织为行使其职能按某种方式建立的职责、权限及其相互关系。物流企业建立一个统筹的质量组织来实行质量管理的策划、协调、组织、监督是十分必要的。

(2)物流服务过程。所有的工作都是通过过程来完成的,物流企业通过对内部各种过程的控制来实现质量管理。物流企业服务过程可划分为服务设计和服务提供两个主要过程。

(3)程序文件。程序是对物流服务和质量管理过程的所有活动规定恰当的方法,使服务过程按规定运作,达到系统输出的要求。物流企业质量管理的每一个环节都应形成程序文件,各部门通过严格执行作业规范等,使服务质量始终处在受控状态,降低各环节出现质量问题的可能性。在具备管理职责、人员与物质资源等要素后,物流企业以顾客要求为输入,以提供给顾客满意的服务为输出,通过信息反馈掌握质量状况。

(三)物流企业质量管理体系的运作

根据物流企业运作的特点,并结合"朱兰三部曲"关于质量管理过程的划分,将物流企业质量管理体系的运作步骤分为质量计划、质量控制和质量改进三个阶段。下面按照过程方法来描述物流企业质量管理体系的运作步骤,如图 7-1 所示。

这三个过程既有各自的目标,又相互联系。质量计划的目的是要建立有能力满足质量标准化的工作程序,主要内容包括识别顾客、确定顾客需求、制定质量目标、确定实现顾客需求的资源和职责等。质量控制的目的是为掌握何时采取必要措施纠正质量问题提供参考和依据。质量改进的目的是要挖掘更合理、更有效的管理方式,是要改进企业现有质量状况,使质量达到一个新水平、新高度。

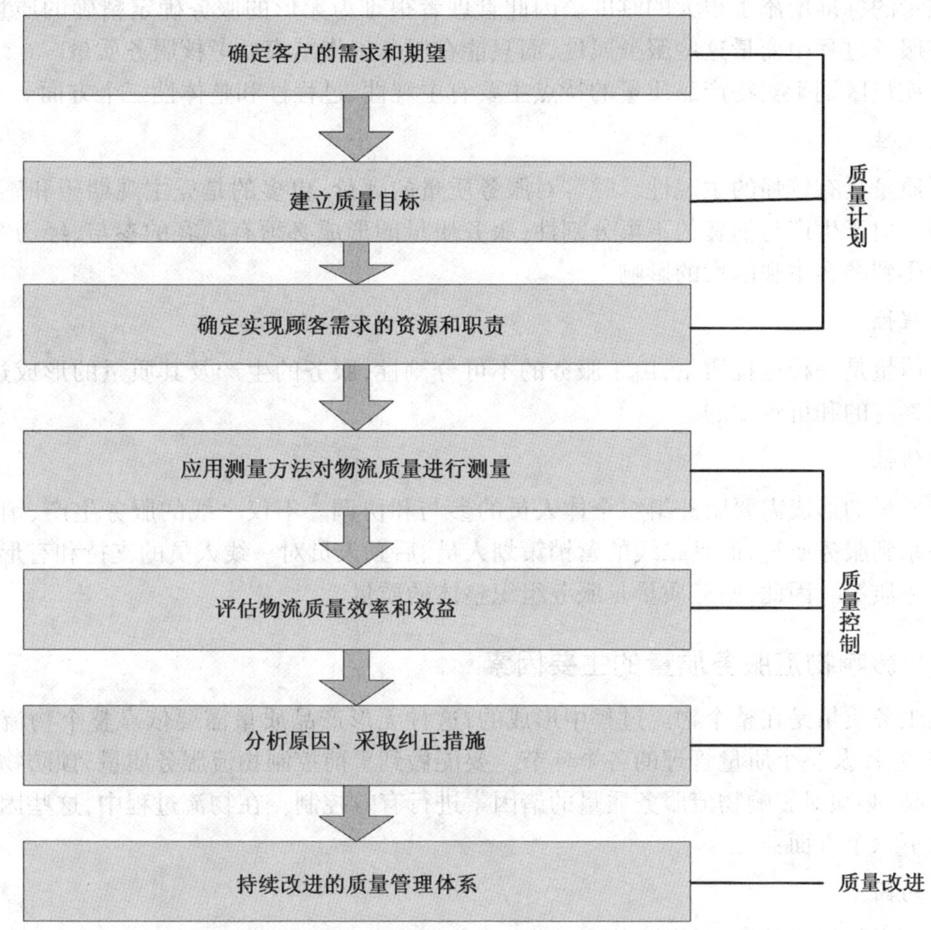

图 7-1　物流企业质量管理体系的运作步骤

二、服务质量与物流质量管理

物流业与一般制造业和服务业不同，它具有运输、仓储等公共职能，是为生产、销售提供物流服务的产业。物流服务就是以顾客的委托为基础，按照顾客的要求，为克服货物在空间和时间上的间隔而进行的物流业务活动。它所追求的目标是企业能在恰当的时间，以正确的货物状态和适当的货物价格，伴随准确的商品信息，将商品送达准确的地点，满足顾客各方面的要求。

(一)服务质量的特点

有形产品可以根据其规格、外观、材质和性能等指标衡量质量的好坏，这些指标大多是可以被具体量化的，所以对于生产制造业的产品质量控制比较容易实现，企业管理人员可以依据标准对产品进行事先检验，防止不合格产品的生产。而服务是无形的，通常情况下服务提供过程和顾客消费过程同时发生，服务质量很大程度上是顾客“感知”的结果，而顾客的“感知”又因人而异、因时间而异，即使同一个人对同一种服务的态度也不是一成不变的。这就为制定保证服务质量的标准增添了很大的难度。因此管理者很难为无形的服务确定精确的质量标准,也无法在服务过程中衡量这些服务属性,而只能在服务工作结束后考核服务质量。

服务质量区别于实物产品质量的特点主要有主观性、过程性和整体性三个方面。

1. 主观性

服务质量具有较强的主观性。顾客对服务质量的评价,更多的是凭主观期望和感受而做出的判断。由于生产与消费的不可分割性,服务质量的形成必须有顾客的参与、经历与认可,因而必然受到顾客主观因素的影响。

2. 过程性

服务质量是一种过程质量,由于服务的不可分割性,服务的生产及其质量的形成过程,顾客通常是参与的和可感知的。

3. 整体性

服务质量的形成需要服务组织全体人员的参与和协调。不仅一线的服务生产、销售和辅助人员关系到服务质量,而且二线的营销策划人员、后勤人员对一线人员的支持和有形实物也关系到服务质量。因此,服务质量是服务组织整体的质量。

(二)影响物流服务质量的主要因素

物流服务质量是在整个物流过程中形成的,这种无形产品质量需要依靠整个物流公司综合的改进,它涉及整个质量管理的各个环节。要能做到事前控制物流服务质量,预防物流造成的不良产品,必须对影响物流服务质量的诸因素进行有效控制。在物流过程中,这些因素可以归纳为以下六个方面:

1. 人的因素

人的因素包括人的知识结构、能力结构、技术熟练程度、质量意识、管理意识、个人素质与修养、责任心和归属感等反映人的综合素质的各项因素。

2. 体制因素

体制因素包括企业战略与发展规划、领导方式、组织结构、工作制度等。

3. 设备因素

设备因素包括物流各项装备的技术水平、设备生产能力、设备适应性、维修及保养状况及设备配套能力等。

4. 工艺方法因素

工艺方法因素包括物流流程设计、设备组合及配置、工艺操作等。

5. 计量与测试因素

计量与测试因素包括计量、测试、检查手段及方法等。

6. 环境因素

环境因素包括物流设施规模、水平、湿度、粉尘、照明、噪声、卫生条件等。

这六个因素在物流过程中同时对物流服务质量、物流工作质量和物流工程质量产生影响。物流公司通过设计、建设、培训等方式创造条件,全面监控物流过程,改善物流工程质量。这些是进行物流质量管理的基础工作,也是进行"预防为主"的物流质量管理的必要环节。

影响物流质量的因素具有综合性、复杂性,加强物流质量管理就是必须全面分析各种相关因素,把握内在规律。物流质量管理不仅管理物流对象本身,而且管理物流工作质量和物流工程质量,最终对成本及交货期起到管理作用,具有全面性。因此,必须从系统的各个环节、各种资源及整个物流活动的相互配合和相互协调做起,只有质量管理整体发展,才能最终实现物流管理目标。

(三)物流过程对物流服务质量的影响分析

物流过程是由各个物流功能相互衔接构成的一个系统,所以物流过程中各功能的管理直接影响着物流服务质量。

1. 仓储管理对物流服务质量的影响分析

仓储是物流系统不可缺少的组成部分,是物流的支柱功能之一。它的基本任务是保管储存、库存控制、质量维护。近20年来,仓储目标由长期静态储存原材料及产成品转变为以较短周转时间、较低的存货率、较低的成本和较好的客户服务为内容的动态储存,仓储在物流系统中起到了"蓄水池"和"调节阀"的作用。通过仓储,物流企业能在顾客要求的时间和地点将货物交到顾客手上。

2. 运输管理对物流服务质量的影响分析

运输主要是干线运输,既是完成货物运输的功能模块,也是物流系统中的重要组成部分。物流企业可以通过对货物的集聚,组织合理有效的运输来节约运力,降低物流成本。

运输创造了时间效用或者空间效用,而时间效用和空间效用是物流企业获得成功的必要条件。如果产品不能及时发送到消费者的手中,就会形成很大的负面效应。快速、有效的运输可以提高客户的满意度,而满意度是衡量客户服务质量的一个重要指标。同时,由于运输成本在现代物流总成本中占的比重很大,运输成本的高低直接关系到物流成本的大小,影响物流企业的价格及企业的经济效益。

3. 装卸搬运对物流服务质量的影响分析

装卸搬运作业是物流企业的主要作业之一,是衔接物流系统其他功能要素的桥梁和纽带。随着自动化技术、智能化技术以及计算机信息技术的不断发展,机械手、传送带、自动导引车等各种先进的设备设施不断涌现,装卸搬运工作效率在大大提高。因此,物料搬运的改善成为降低成本的首要任务。装卸搬运对物流系统的作用是不言而喻的,它与运输、保管、包装、流通加工等其他物流要素有着密切联系。如果没有物料搬运,物流的各个环节就无法进行。物料搬运不仅直接影响着物流服务的质量和效率,而且还影响着物流活动的安全和物流服务成本。

4. 配送质量对物流服务质量的影响分析

配送是物流中一种特殊的活动形式,它是一种包含了物流中若干功能要素的综合物流活动,是商物合一的产物,是物流过程中的增值活动。配送是指物流企业按用户订单或配送协议进行配货,经过科学统筹规划,在用户指定的时间内将货物送达用户指定的地点的一种供应方式。正是通过配送系统,物流企业才得以最终完成货物从生产商到用户的转移,实现商品的使用效用。一般的配送包括装卸、包装、保管、市内运输等,通过这一系列活动实现将物品送达客户的目的。

5. 流通加工对物流服务质量的影响分析

流通加工是指物品在从生产领域向消费领域流动的过程中,为了维护产品质量、改善产品功能、增加附加价值、满足客户需求、促进销售以及提高物流效率而对物品进行的加工。流通加工是生产加工的延伸和补充,相对生产加工而言,流通加工只对物品进行简单的处理和改变,通常包括包装、组装、分拣、计量、贴标签等简单的加工作业,对产品功能进行完善,使其更有利于销售和流通。流通加工作业多在配送中心、流通仓库、卡车终端等物流场所进行。流通加工通过提高原材料利用率、方便消费者购买、促进产品销售等创造附加价值,间接地提高了商品的价值和使用价值,提高了物流服务水平,从而为流通加工者提供了丰厚的利润空间。从利润角度看,流通加工是一种低投入、高产出的加工方式,大力发展流通加工是促进物流增值的有效手段。流通加工并非是物流业务流程的必然作业,但它不仅能够提高物流系统效率,提高物流服务质量水平,而且对于生产的标准化和计划化,提高销售效率、商品价值,促进销售也将越来越重要。随着销售竞争的日益激烈和满足用户的个性化、多样化需求,用户对于物流过程的要求越来越高,流通加工越来越显示出它对物流系统的影响。

6. 信息管理对物流服务质量的影响分析

除了以上所述的实体功能外,在物流运作过程中还有很重要的一部分——信息。物流、资金流、商流、信息流是维系物流企业运作的四大主要流程,其中信息流更是决定物流运作顺畅与否的关键因素。面对现代科技的突飞猛进,一个完整的物流作业体系除了要具有现代化、自动化的硬件设备,更需要有整体结合的物流信息管理系统,以提高物流服务效率、信息传输的及时性和正确性,同时加快商品的流通效率,提升物流服务质量水平,从而提高物流企业的竞争能力。信息是整个物流过程和企业客户之间极其重要的联系。准确、及时的信息沟通是保证物流质量的基础。信息系统自动化有助于物流系统的集成,最终实现最低的物流总成本。因此,物流信息的质量和及时性是物流运作的关键因素。

三、物流质量指标体系

由于物流质量是衡量物流系统的重要方面,所以发展物流质量的指标体系对于控制和管理物流系统来说至关重要。物流质量指标体系的建立必须以最终目的为中心,是围绕最终目标发展出来的一定的衡量物流质量的指标。

一般说来,物流服务目标质量指标,包括物流工作质量指标和物流工程质量指标两个系列。以这两个指标为纲,在各工作环节和各系统中又可以制定一系列分目标的质量指标,从而形成一个质量指标体系,如表 7-1 所示。整个质量指标体系犹如一个树状结构,既有横向的扩展,又有纵向的挖掘。横向的主干是为了将物流系统各个方面的工作都包括进去,以免遗漏;纵向的分支是为了将每个工作的质量衡量指标具体化,便于操作。没有横向的扩展就不能体现其广度,没有纵向的挖掘就不能体现其深度。

表 7-1 物流服务目标质量指标体系

物流服务目标质量指标	物流工作质量指标	信息工作质量指标
		运输工作质量指标
		装卸搬运工作质量指标
		仓库工作质量指标
		流通加工工作质量指标
		包装工作质量指标
	物流工程质量指标	信息工程质量指标
		运输工程质量指标
		装卸搬运工程质量指标
		仓库工程质量指标
		流通加工工程质量指标
		包装工程质量指标

1. 物流目标质量指标

(1)服务水平指标 F,或者以缺货率 Q 来表示

F = 满足订单次数/总服务次数 ×100%

Q = 缺货次数/用户要求次数 ×100%

(2)满足程度指标 M

M = 满足要求数量/用户要求数量

(3)交货水平指标 J(水)

J(水) = 按交货期交货次数/总交货次数

(4)交货期质量指标 J(天)

J(天) = 规定交货期 - 实际交货期

(5)商品完好率指标 W,或者以缺损率 Q'来表示,也可以用货损货差赔偿费率 P 表示

W = 交货时完好的商品量/物流商品总量 ×100%

Q' = 缺损商品量/物流商品总量 ×100%

P = 货损货差赔偿费总额/同期业务收入总额 ×100%

(6)物流吨费用指标 C

C = 物流费用/物流总量(元/吨)

2. 仓库质量指标

(1)仓库吞吐能力实现率 T

T = 期内实际吞吐量/仓库设计吞吐量 ×100%

(2)商品收发正确率 S

S = (某批吞吐量 - 出现差错总量)/同批吞吐量 ×100%

(3)商品完好率 W(库)

W(库) = (某批商品库存量 - 出现缺损的商品量)/某批商品库存量 ×100%

(4)库存商品缺损率

Q'(库)=某批商品缺损量/该批商品总量×100%

(5)仓库面积利用率 M(总)

M(总)=库房、货棚、货场占地面积之和/仓库总面积×100%

(6)仓容利用率 R

R=存储商品的实际数量或容积/库存数量或容积×100%

(7)设备完好率 W(设)

W(设)=期内设备完好台数/同期设备总台数×100%

(8)设备利用率 L

L=全部设备实际工作时数/设备总工作能力(时数)×100%

(9)仓储吨日成本 C(仓)

C(仓)=仓储费用/库存量×100%(元/吨×天)

这几项指标主要是反映工作质量及工程质量的指标。

3. 运输环节质量指标

有许多指标和仓库有类似之处,这里只讲具有特殊意义的质量指标。

(1)正点运输率 Z

Z=正点运输次数/运输总次数×100%

(2)满载率 M(运)

M(运)=车辆实际装载量/车辆装载能力×100%

(3)运力利用率 Y

Y=实际吨千米数/运力往返运输总能力(t·km)×100%

任务三 物流企业质量管理的常用方法

质量管理中广泛使用各种方法,常用的质量管理方法包括排列图、因果图、直方图、控制图、散布图、分层图、调查表等。

一、质量统计方法

(一)排列图

1. 排列图的基本内涵

排列图又叫帕累托图,建立在帕累托原理的基础上,其作用是寻找质量问题的主次影响因素，并将这些因素用图形或曲线表示出来，这是 ABC 分析法在质量管理中的应用。

帕累托原理是指意大利经济学家帕累托在分析意大利社会财富分布状况时得到的“关键的少数和次要的多数”的结论。通常把累计比率在 0% ~80% 间的因素归为 A 类因素；在 80% ~90% 间的因素归为 B 类因素；在 90% ~100% 间的因素归为 C 类因素。

一个质量问题往往有许多相关的影响因素，这些影响因素也存在“关键的少数和次要的多数”。在解决质量问题时，对这些影响因素的解决也要有所侧重。如果抓住关键的少数，质量问题就基本能够解决，取得较好的技术经济效果。

2. 排列图分析的步骤

排列图的应用程序是：

(1)选择要进行质量分析的项目，即将要处置的事，以状况(现象)或原因加以区别。

(2)选择用于质量分析的量度单位，如出现的次数(频数)、成本、金额或其他量度单位。

(3)选择进行质量分析的数据的时间间隔。

(4)画横坐标。按项目频数递减的顺序自左向右在横坐标上列出项目。

(5)画纵坐标。在横坐标的两端画两个纵坐标，左边的纵坐标按量度单位规定，其高度必须与所有项目的量值和相等，右边的纵坐标应与左边的纵坐标等高，并从 0% ~100% 进行标定。

(6)在每个项目上画长方形，其高度表示该项目量度单位的量值，长方形显示出每个项目的作用大小。

(7)由左到右累加每一项目的量值(以% 表示)，并画出累计频数曲线(帕累托曲线)，用来表示各项目的累计作用。

(8)利用排列图确定对质量改进最为重要的项目。

例：

表 7-2 不良品数量及比例

序号	产品	不良品	占不良总数比例(%)	累积比例(%)
1	A	130	66.7	
2	B	35	17.9	84.6
3	C	10	5.1	89.7
4	D	8	4.1	93.8
5	其他	12	6.2	100
合计		195	100	

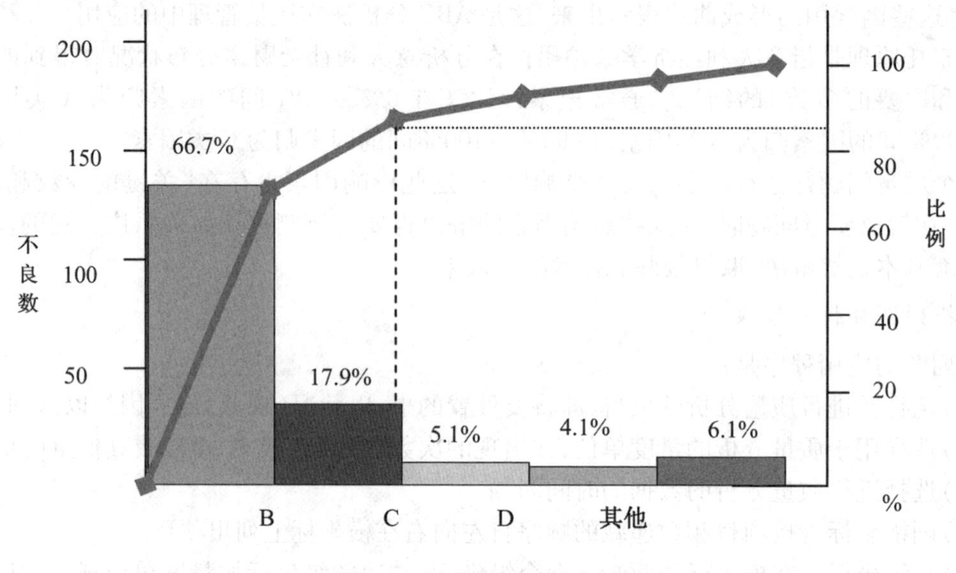

图 7-2　不良品数量及比例

(二)因果图

1. 因果图的基本内涵

因果图又名特性因素图,是一种发现问题根本原因的方法,它也可以称为“鱼骨图”。鱼骨图原本用于质量管理。问题的特性总是受到一些因素的影响,我们通过头脑风暴找出这些因素,并将它们与特性值一起,按相互关联性整理而成的层次分明、条理清楚并标出重要因素的图形就叫特性要因图。因其形状如鱼骨,所以又叫鱼骨图,它是一种透过现象看本质的分析方法。同时,鱼骨图也用在生产中,来形象地表示生产车间的流程。

2. 因果图的应用程序

(1)简明扼要地规定结果,即规定需要解决的质量问题。

(2)规定可能发生的原因的主要类别。这时要考虑的类别因素主要有人员、机器设备、材料、方法、测量和环境等,称为“5M1E”。

(3)开始画图,把“结果”画在右边的矩形框中,然后把各类主要原因放在它的左边,作为“结果”框的输入。

(4)寻找所有下一个层次的原因,画在相应的主(因)枝上,并继续一层层地展开下去。一张完整的因果图展开的层次至少应有 2 层,许多情况下还可以有 3 层、4 层或更多层。

(5)从最高层次(即最末一层)的原因(末端因素)中选取和识别少量(一般为 3 ~ 5 个)看起来对结果有最大影响的原因(一般称重要因素,简称“要因”),并对它们做进一步的研究,如收集资料、论证、试验、控制等。

3. 画因果图的注意事项

(1)画因果图时必须充分发扬民主、畅所欲言、各抒己见、集思广益,把每个人的意见都一一记录在图上。

(2)确定要分析的主要质量问题(特性)。因果图是只能用于单一目的的研究分析工具，即一个主要质量问题只能画一张因果图,多个主要质量问题则应画多张因果图(如图7-3所示)。

(3)因果关系要层次分明,最高层次关系的原因也可以寻求到直接采取的具体措施。

(4)“要因”一定要确定在末端因素上。

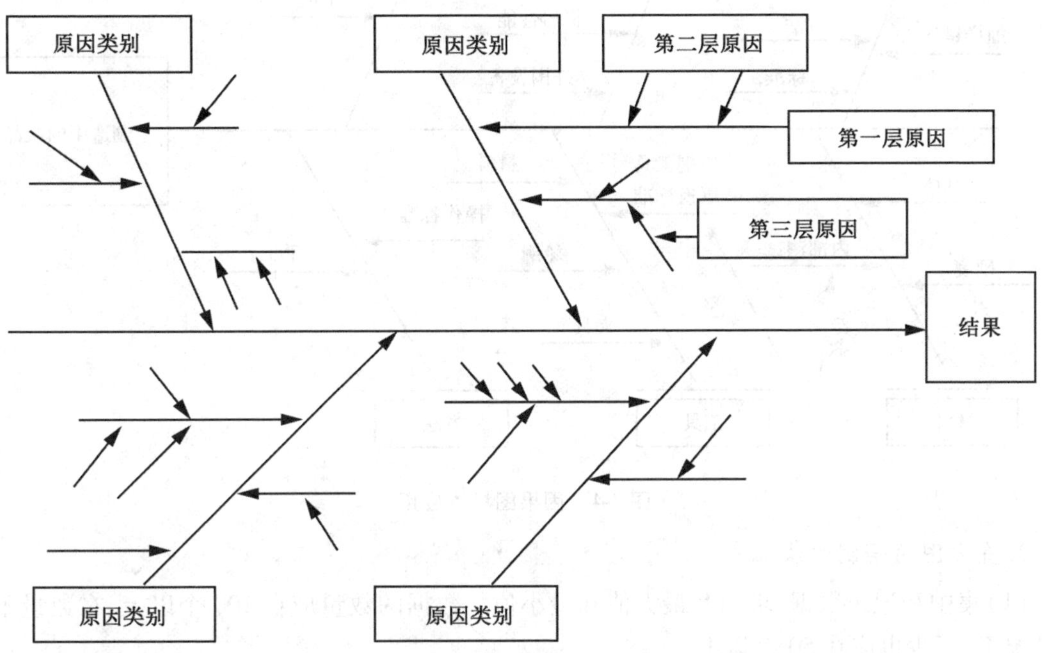

图7-3 因果图

因果图具体应用如图7-4所示,当企业在生产制造中出现次品,通过因果图展示可能出现的各种原因,并一一进行分析。

(三)直方图

1.直方图的基本内涵

直方图(Histogram)又称柱状图、质量分布图,是一种几何形图表。它是根据从生产过程中收集来的质量数据分布情况,画成以组距为底边、以频数为高的一系列连接起来的直方型矩形图。它通过对收集到的貌似无序的数据进行处理来反映产品质量的分布情况,判断和预测产品质量及不合格率。

作直方图的目的就是通过观察图的形状,判断生产过程是否稳定,预测生产过程的质量。具体来说,作直方图的目的有:

(1)显示数据的波动状态,判断一批已加工完毕的产品。

(2)直观地传达有关过程情况的信息,例如验证工序的稳定性。

(3)为计算工序能力搜集有关数据。

(4)决定在何处集中力量进行改进。

(5)观察数据真伪,用以制定规格界限。

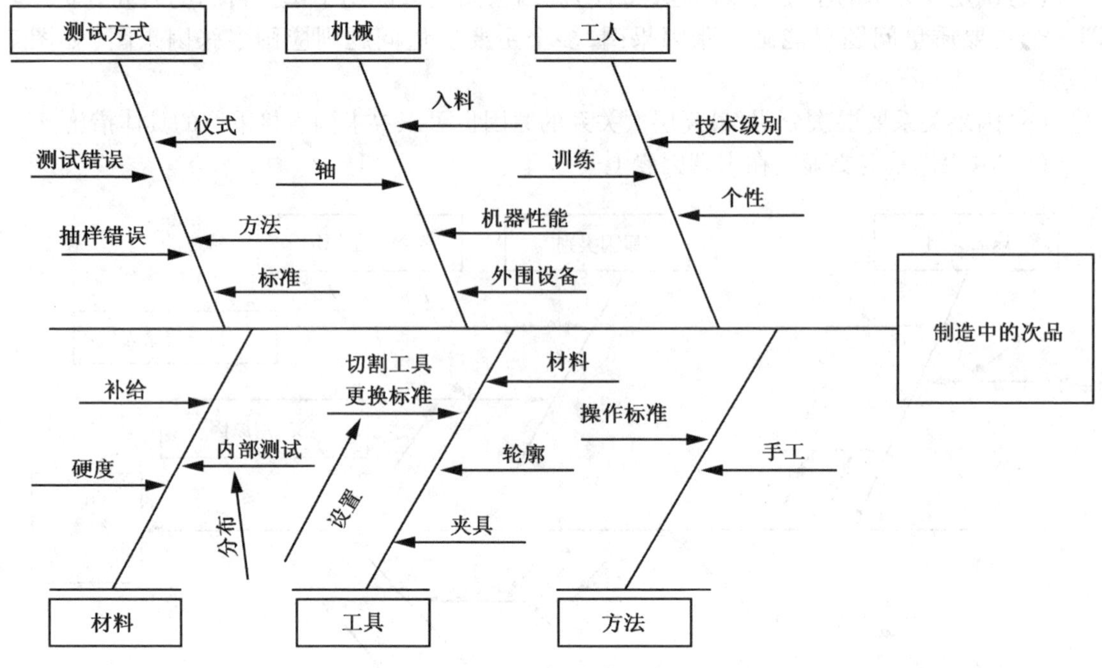

图 7-4 因果图具体应用

2. 直方图的绘制方法

(1)集中和记录数据,求出其最大值和最小值。数据的数量应在 100 个以上,在数量不多的情况下,至少也应在 50 个以上。

(2)将数据分成若干组,并做好记号。分组的数量在 6~20 个较为适宜。

(3)计算组距的宽度。用去除最大值和最小值之差去除以组数,求出组距的宽度,组数 k 可以根据数学家史特吉斯(Sturges)提出的公式,根据测定的次数 n 来求得,$k=1+3.32\times\log n$。例如:$n=60$,则 $k=1+3.32\times\log 60=1+3.32\times1.78=6.9$,即可分为 6 组或 7 组。

(4)计算各组的界限位。各组的界限位可以从第一组开始依次计算,第一组的下界为最小值减去最小测量单位的一半,第一组的上界为其下界值加上组距。第二组的下界限位为第一组的上界限值,第二组的下界限值加上组距,就是第二组的上界限位,以此类推。即整数的最小测量单位为 1,一半即为 1/2;一位小数的最小测量单位为 0.1,一半即为 0.1/2;两位小数的最小测量单位为 0.01。

(5)统计各组数据出现频数,作频数分布表。

(6)作直方图。以组距为底长,以频数为高,作各组的矩形图。

以坐标横轴表示组距,坐标纵轴表示频数,所画出的矩形图称为频数直方图(简称“直方图”),如图 7-5 所示。

3. 直方图分布类型

产品质量特性值的分布一般都是服从正态分布或近似正态分布。当产品质量特性值的分布不具有正态性时,往往是生产过程不稳定,或生产工序的加工能力不足。因而,根据产品质量特性值所作的直方图的形状可以推测生产过程是否稳定,或工序能力是否充足,由此可对产

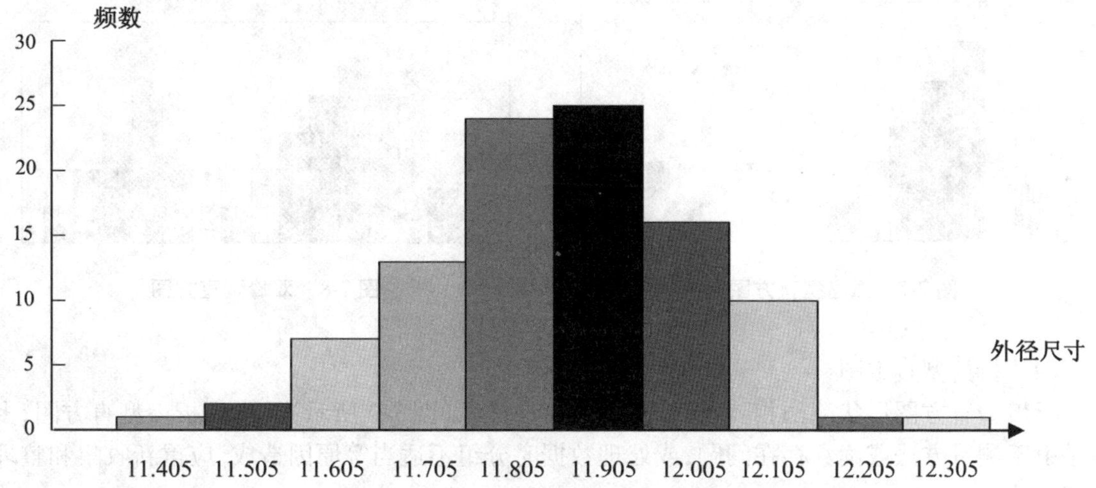

图 7-5 频数直方图

品的质量状况做出初步判断。根据产品质量特性值的频数分布,可将直方图分为以下几种类型。

(1)正常型直方图

看直方图时应着眼于图形的整体形状,根据形状判断它是正常型还是异常型。正常型直方图具有“中间高,两边低,左右对称”的特征,它的形状像“山”字(如图 7-6 所示)。因此,根据产品质量特性值的频数分布所画出来的直方图是正常型时,就可初步判断为生产过程是稳定的,或工序加工能力是充足的。

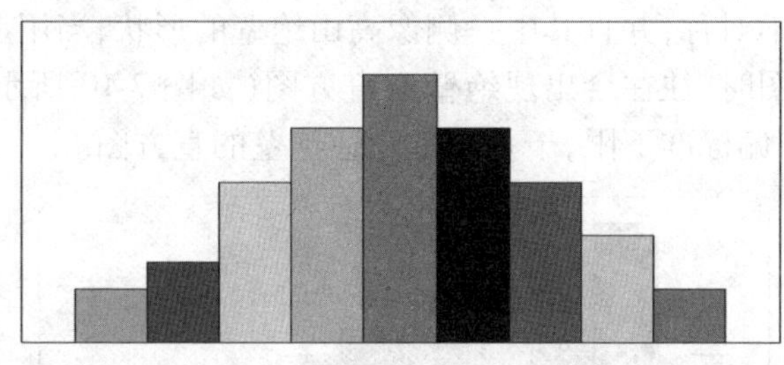

图 7-6 正常型直方图

(2) 孤岛型直方图

在主体直方图的左侧或右侧出现孤立的小块,像一个孤立的小岛(如图 7-7 所示)。出现孤岛型直方图,说明有特殊事件发生,往往可能是原材料发生变化,或者一段时间内设备发生故障,或者短时间内由不熟练的工人替班等。所以只要找出原因,就能使直方图恢复到正常型。

(3) 双峰型直方图

双峰型直方图是指在直方图中有左右两个峰,出现双峰型直方图是由于观测值来自两个总体、两种分布,数据混在一起(如图 7-8 所示)。往往是由将两个工人或两台机床等加工的相同规格的产品混在一起所造成的。

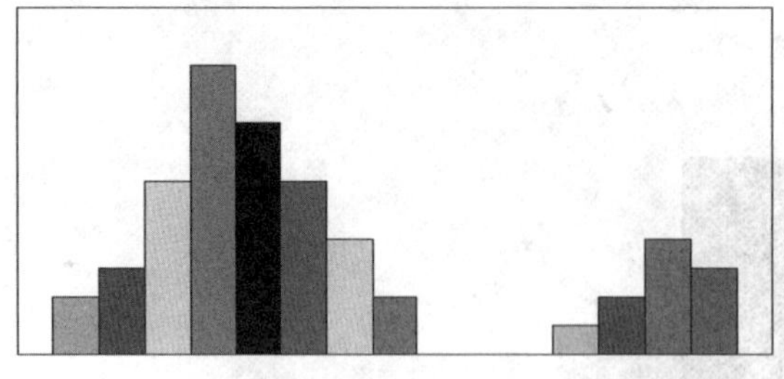
图 7-7　孤岛型直方图

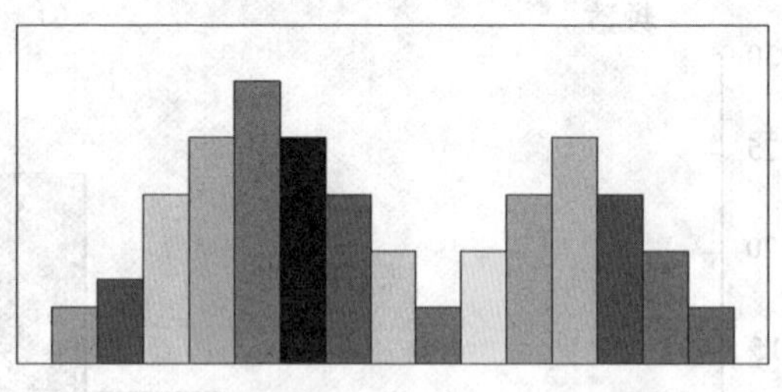
图 7-8　双峰型直方图

(4) 折齿型直方图

折齿型直方图形状凹凸相隔,像梳子折断齿一样(如图 7-9 所示)。出现折齿型直方图,多数是由于测量方法或读数存在问题,或处理数据时分组不适当等原因造成,应重新收集和整理数据。

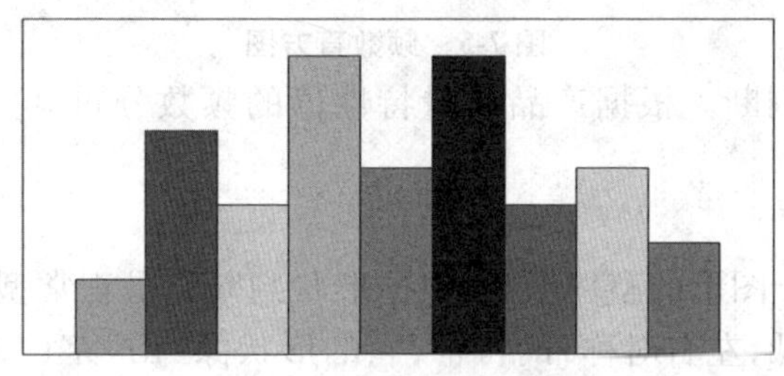
图 7-9　折齿型直方图

(5) 绝壁型直方图

绝壁型直方图左右不对称,并且其中一侧像高山绝壁的形状,当用剔除了不合格品的产品质量特性值数据作直方图时,往往会出现绝壁型直方图(如图 7-10 所示)。此外,也可能是操作者的工作习惯,习惯于偏标准下限,于是出现左边绝壁的直方图。

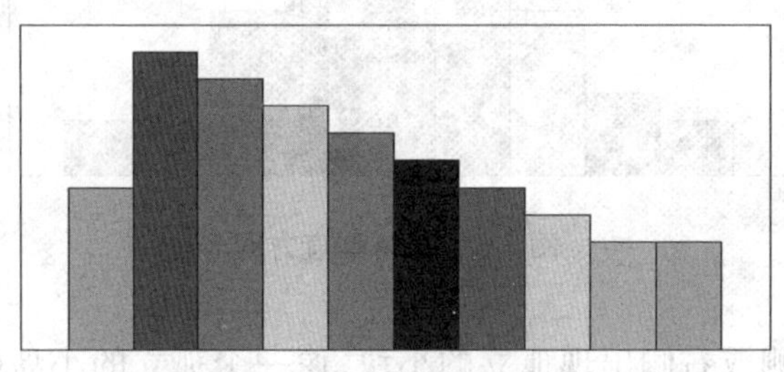
图 7-10　绝壁型直方图

(6) 偏态型直方图

某种原因使下(上)限受到限制时,容易发生偏左型(偏右型)直方图(如图 7-11 所示)。

(7) 平顶型直方图

与双峰型类似,由多个总体、多种分布混在一起形成(如图 7-12 所示)。

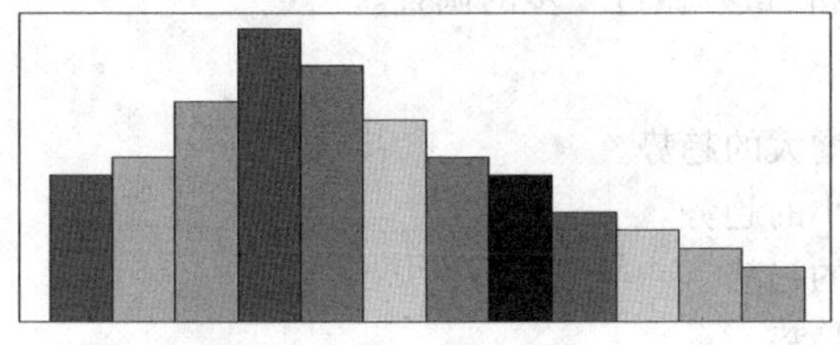
图 7-11 偏态型直方图

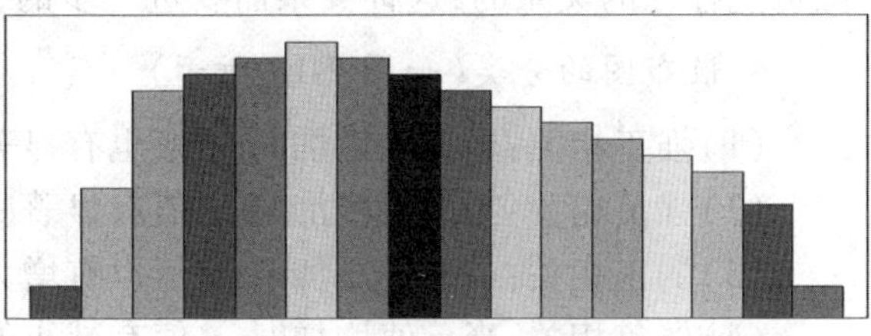
图 7-12 平顶型直方图

(四)散布图

1.散布图的基本内涵

散布图又叫相关图,是用非数学的方式来辨认某现象的测量值与可能原因因素之间的关系。这种图示方式具有快捷,易于交流、理解的特点。用来绘制散布图的数据必须是成对的(x,y)。通常用垂直轴表示现象测量值y,用水平轴表示可能有关系的原因因素x。推荐两轴的交点采用两个数据集(现象测量值集、原因因素集)的平均值。收集现象测量值时要排除其他可能影响该现象的因素。例如,测量机器制产品的表面品质时,也要考虑到其他可能影响表面品质的因素,如进给速度、刀具状态等。

散布图是将两个可能相关的变数资料用点画在坐标图上,观察成对的资料之间是否有相关性。这种成对的资料或许是特性—原因,特性—特性—原因的关系。通过对其观察分析来判断两个变数之间的相关关系。这种图在生产中也是常见的,例如热处理时淬火温度与工件硬度之间的关系、某种元素在材料中的含量与材料强度的关系等。这种关系虽然存在,但又难以用精确的公式或函数表示,在这种情况下用相关图来分析是很方便的。假定有一对变数x和y,x影响因素,y表示某一质量特征值,通过实验或收集到的x和y的资料,在坐标图上用点标示出来,根据点的分布特点就可以判断x和y的相关情况。在我们的生活及工作中,许多现象和原因,有些呈规则的关联,有些呈不规则的关联。我们要了解它,就可借助散布图统计方法来判断它们之间的相关关系。

2.散布图的作法

(1)收集x与y两个变量足够之对应数据。

(2)计算x变量测定值的平均值,计算y变量测定值的平均值。

(3)在直角横坐标X轴上画出x值的刻度(刻度在轴的内侧,数字标示在轴的外侧),并且以最小值当起点,刻度间表示均为同等值。在纵坐标Y轴上画出y值的刻度(刻度在轴的内侧,数字标示在轴的外侧),并且以最小值当起点,刻度间表示均为同等值。

(4)X轴与Y轴之交点处不可标示0数字,并且x轴的全宽度与y轴的全宽度最好相等。

(5)将各组之数据的点绘于坐标上。

3.制作散布图时应注意事项

(1)两组变量的对应数至少在30个以上,50个最好,100个最佳。

(2)找出X、Y轴的最大值与最小值,并以x、y的最大值及最小值建立$x-y$坐标。

(3)通常横坐标用来表示原因或自变量,纵坐标表示效果或因变量。

(4)散布图绘制后,分析散布图应谨慎,因为散布图是用来理解一个变量与另一个变量之间可能存在的关系的，这种关系需要进一步的分析，最好做进一步的调查。

4.散布图的分类（如图 7-13 所示）

（1）强正相关：当 x 值增加时，y 值也有显著增大的趋势。

（2）强负相关：当 x 值增加时，y 值有显著减小的趋势。

（3）弱正相关：当 x 值增加时，y 值也有增大的趋势。

（4）弱负相关：当 x 值增加时，y 值有减小的趋势。

（5）不相关：x 值变化对 y 值没有什么影响。

（6）曲线相关：两个变量之间可能存在某种曲线关系。

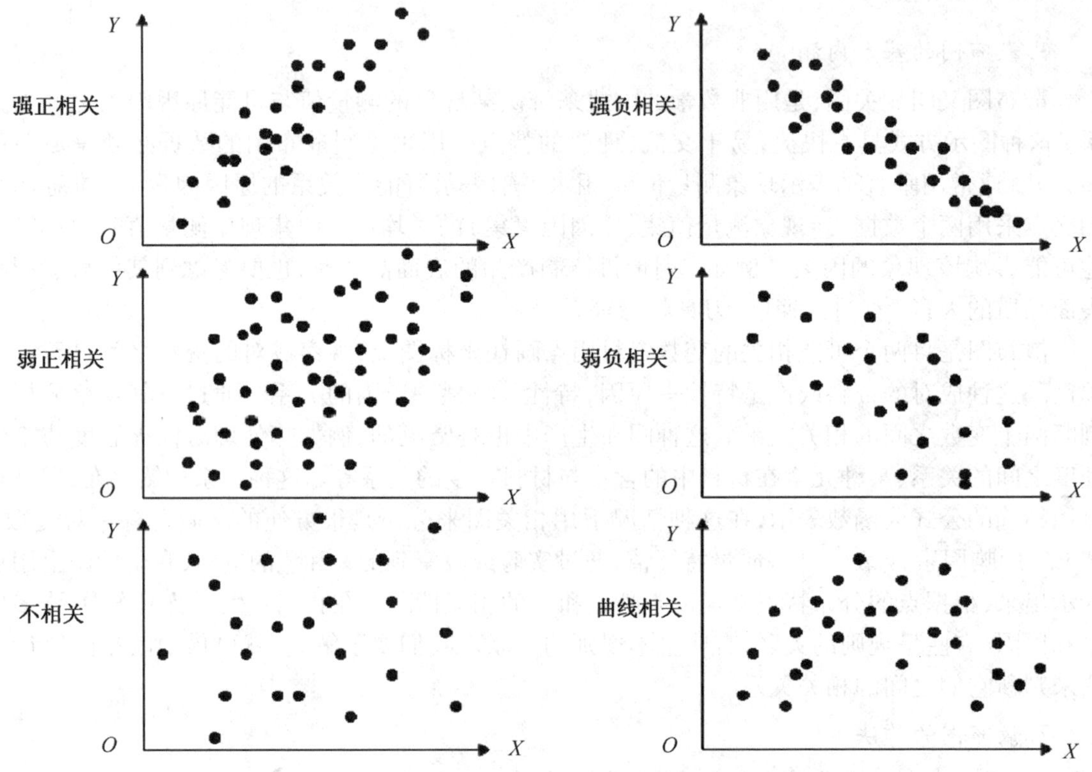

图 7-13　散布图的分类

二、质量管理方法

（一）PDCA 循环法

1.基本内涵

PDCA 循环又叫质量环，最早由沃尔特 · A. 休哈特（Walter A. Shewhart）于 1930 年构想，后来被美国质量管理专家爱德华兹 · 戴明（Edwards Deming）博士在 1950 年再度挖掘出来。它是全面质量管理所应遵循的科学程序。

“PDCA”由英语单词 Plan（策划）、Do（实施）、Check（检查）和 Act（处置）的首字母组合而成,PDCA 循环就是按照这样的顺序进行质量管理,并且循环不止地进行下去的科学程序。

(1)P (Plan) 策划:根据顾客的要求和组织的方针,为提供结果建立必要的目标和过程。

(2)D (Do) 实施:实施过程。

(3)C (Check) 检查:根据方针、目标和产品要求,对过程和产品进行监视和测量,并报告结果。

(4)A (Act)处置:采取措施,以持续改进过程绩效。对于没有解决的问题,应提交给下一个 PDCA 循环解决。

以上四个过程不是运行一次就结束,而是周而复始地进行,一个循环完了,解决一些问题,未解决的问题进入下一个循环,这样阶梯式上升的。

PDCA 循环是全面质量管理所应遵循的科学程序。全面质量管理活动的全部过程,就是质量计划的制订和组织实现的过程,这个过程就是按照 PDCA 循环,不停地、周而复始地运转的。PDCA 循环不仅在质量管理体系中运用,也适用于一切循序渐进的管理工作。

2. PDCA 应用阶段

(1)P 阶段

P 阶段即根据顾客的要求和组织的方针,为提供结果建立必要的目标和过程。

①选择课题、分析现状、找出问题。其强调的是对现状的把握和发现问题的意识、能力,发现问题是解决问题的第一步,是分析问题的前提。

新产品设计开发所选择的课题范围是以满足市场需求为前提,以企业获利为目标的。同时也需要根据企业的资源、技术等能力来确定开发方向。

课题是本次研究活动的切入点,课题的选择很重要,如果不进行市场调研和论证课题的可行性,就可能带来决策上的失误,有可能在投入大量人力、物力后导致设计开发的失败。比如:一个企业如果对市场发展动态信息缺少灵敏性,花大力气开发的新产品,可能在另一个企业已经是普通产品,就会造成人力、物力、财力的浪费。选择一个合理的项目课题可以减少研发的失败率,降低新产品投资的风险。选择课题时可以使用调查表、排列图、水平对比等方法,使头脑风暴能够结构化呈现较直观的信息,从而做出合理决策。

②设定目标,分析产生问题的原因。找准问题后分析产生问题的原因至关重要,运用头脑风暴法等多种集思广益的科学方法,把导致问题产生的所有原因统统找出来。

明确了研究活动的主题后,需要设定一个活动目标,也就是规定活动所要做到的内容和达到的标准。目标可以是定性+定量化的,能够用数量来表示的指标要尽可能量化,不能用数量来表示的指标也要明确。目标是用来衡量实验效果的指标,所以设定应该有依据,要通过充分的现状调查和比较来获得。例如:开发一种新药,必须了解、掌握政府部门所制定的新药审批政策和标准。制定目标时可以使用关联图、因果图来系统化地揭示各种可能的联系,同时使用甘特图来制订计划时间表,从而可以确定研究进度并进行有效的控制。

③拟出各种方案并确定最佳方案,区分主因和次因是最有效解决问题的关键。创新并非单纯指发明创造新产品,还可以包括产品革新、产品改进和产品仿制等。其过程就是设立假说,然后去验证假说,目的是从影响产品特性的一些因素中寻找出好的原料搭配、好的工艺参数搭配和工艺路线。然而现实条件中不可能把所有想到的实验方案都实施,所以提出各种方案后优选并确定出最佳的方案是较有效率的方法。

筛选出所需要的最佳方案,统计质量工具能够发挥较好的作用。正交试验设计法、矩阵图都是进行多方案设计中效率高、效果好的工具和方法。

④制定对策、制订计划。

有了好的方案,其中的细节也不能忽视,计划的内容如何完成好,需要将方案步骤具体化,逐一制定对策,明确回答出方案中的“5W1H”,即:为什么制定该措施(Why)、达到什么目标(What)、在何处执行(Where)、由谁负责完成(Who)、什么时间完成(When)、如何完成(How)。使用过程决策程序图或流程图,方案的具体实施步骤将会得到分解。

(2)D 阶段

D 阶段即按照预定的计划、标准,根据已知的内外部信息设计出具体的行动方法、方案,进行布局。再根据设计方案和布局进行具体操作,努力实现预期目标的过程。

产品的质量、能耗等是设计出来的,通过对组织内外部信息的利用和处理,做出设计和决策,是当代组织最重要的核心能力。设计和决策水平决定了组织执行力。

对策制定完成后就进入了实验、验证阶段,也就是做的阶段。在这一阶段除了按计划和方案实施外,还必须对过程进行测量,确保工作能够按计划进度实施。同时建立起数据采集,收集起过程的原始记录和数据等项目文档。

(3)C 阶段

C 阶段即确认实施方案是否达到了目标。

效果检查,即检查验证、评估效果;“下属只做你检查的工作,不做你希望的工作”,IBM 前 CEO 郭士纳的这句话将检查验证、评估效果的重要性一语道破。

方案是否有效、目标是否完成,需要进行效果检查后才能得出结论。将采取的对策进行确认后,对采集到的证据进行总结分析,把完成情况同目标值进行比较,看是否达到了预定的目标。如果没有出现预期的结果,就应该确认是否严格按照计划实施对策,如果是,就意味着对策失败,那就要重新进行最佳方案的确定。

(4)A 阶段

①标准化,固定成绩。标准化是维持企业治理现状不下滑,积累、沉淀经验的最好方法,也是企业治理水平不断提升的基础。标准化是企业治理系统的动力,没有标准化,企业就不会进步,甚至会下滑。

对已被证明的有成效的措施要进行标准化,将其制定成工作标准,以便以后的执行和推广。

②问题总结,处理遗留问题。所有问题不可能在一个 PDCA 循环中全部解决,遗留的问题会自动转进下一个 PDCA 循环,如此,周而复始,螺旋上升。

对方案效果不显著的或者实施过程中出现的问题进行总结,为开展新一轮的 PDCA 循环提供依据。

处理阶段是 PDCA 循环的关键,因为处理阶段就是解决存在的问题、总结经验和吸取教训的阶段。该阶段的重点又在于修订标准,包括技术标准和管理制度。没有标准化和制度化,就不可能使 PDCA 循环转动向前。

3. PDCA 循环特点

(1)大环套小环,小环保大环,推动大循环

PDCA 循环作为质量管理的基本方法,不仅适用于整个工程项目,也适用于整个企业和企业内的科室、工段、班组以及个人。各级部门根据企业的方针目标,都有自己的 PDCA 循环,层

层循环,形成大环套小环,小环里面又套更小的环。大环是小环的母体和依据,小环是大环的分解和保证。各级部门的小环都围绕着企业的总目标朝着同一方向转动。通过循环把企业上下或工程项目的各项工作有机地联系起来,彼此协同,互相促进。

(2)不断前进,不断提高

PDCA 循环就像爬楼梯一样,一个循环运转结束,生产的质量就会提高一步,然后再制定下一个循环,再运转、再提高,不断前进,不断提高。

(3)门路式上升

PDCA 循环不是在同一水平上循环,每循环一次,就解决一部分问题,取得一部分成果,工作就前进一步,水平就提高一步。每通过一次 PDCA 循环,都要进行总结,提出新目标,再进行第二次 PDCA 循环,使品质治理的车轮滚滚向前。PDCA 每循环一次,品质水平和治理水平均前进一步(如图 7-14 所示)。

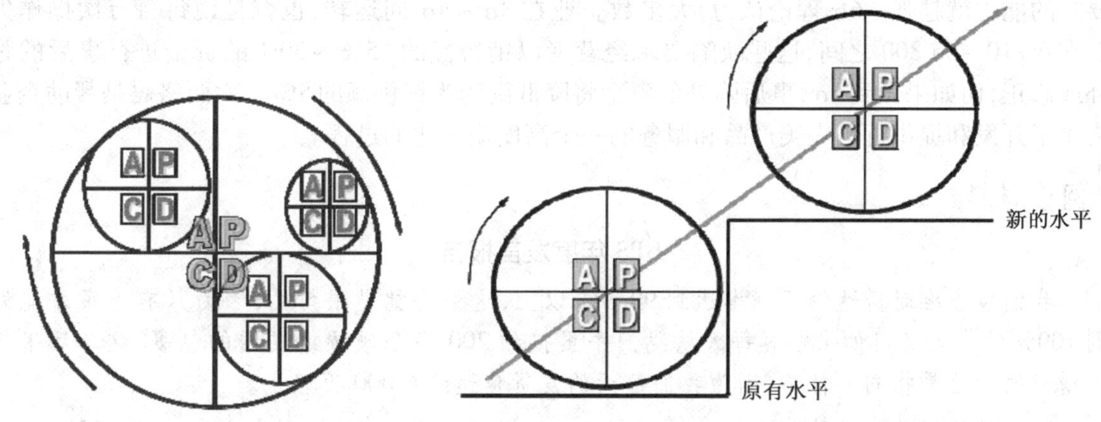

图 7-14 PDCA 循环特点之门路式上升

(二)六西格玛质量改进模式

1. 六西格玛管理法

(1)六西格玛的由来

六西格玛(6σ)概念于 1986 年由摩托罗拉公司的比尔·史密斯提出,此概念属于品质管理范畴,西格玛(Σ,σ)是希腊字母,这是统计学里的一个单位,表示与平均值的标准偏差。这一概念旨在生产过程中降低产品及流程的缺陷次数,防止产品变异,提升产品质量。

六西格玛(Six Sigma)是在 20 世纪 90 年代中期开始被 GE 从一种全面质量管理方法演变成为一个高度有效的企业流程设计、改善和优化的技术,并提供了一系列同等地适用于设计、生产和服务的新产品开发工具。继而与 GE 的全球化、服务化、电子商务等战略齐头并进,成为全世界追求管理卓越性的企业最为重要的战略举措。六西格玛逐步发展成为以顾客为主体来确定企业战略目标和产品开发设计的标尺,追求持续进步的一种管理哲学。

20 世纪 90 年代发展起来的 6σ(西格玛)管理是在总结全面质量管理的成功经验,提炼其中流程管理技巧的精华和最行之有效的方法的基础上发展而成的一种提高企业业绩与竞争力的管理模式。该管理法在摩托罗拉、通用、戴尔、惠普、西门子、索尼、东芝等众多跨国企业的实践中被证明是卓有成效的。为此,国内一些机构和部门在国内企业大力推广 6σ 管理工作,引导企业开展6σ管理。

(2)6σ管理法的概念

6σ管理法是一种统计评估法,其核心是追求零缺陷生产,防范产品责任风险,降低成本,提高生产率和市场占有率,提高顾客满意度和忠诚度。6σ管理既着眼于产品、服务质量,又关注过程的改进。"σ"是希腊文的一个字母,在统计学上用来表示标准偏差值,用以描述总体中的个体对均值的偏离程度,测量出的σ表征着诸如单位缺陷、百万缺陷或错误的概率性,σ值越大,缺陷或错误就越少。

6σ是一个目标,这个质量水平意味的是所有的过程和结果中,99.99966%是无缺陷的,也就是说,做100万件事情,其中只有3.4件是有缺陷的,这几乎趋近到人类能够达到的最为完美的境界。6σ管理关注过程,特别是企业为市场和顾客提供价值的核心过程。因为过程能力用σ来度量后,σ越大,过程的波动越小,过程以最低的成本损失、最短的时间周期,满足顾客要求的能力就越强。6σ理论认为,大多数企业在3σ~4σ间运转,也就是说每百万次操作失误在6 210~66 800之间,这些缺陷要求经营者以销售额的15%~30%的资金进行事后的弥补或修正,而如果做到6σ,事后弥补的资金将降低到约为销售额的5%。六西格码是帮助企业集中于开发和提供近乎完美产品和服务的一个高度规范化的过程。

●阅读材料

UPS年度发言报告

我们包裹准时送达的正确率达到99.9%以上,这个感觉是很好的,因为只有上帝才能做到100%的完美。但如果顾客每天从我们手里接到200多个破损或发错的包裹,这个后果是很糟糕的。这是指同一件事,因为我们每天的发货量达到6 000万以上。

2.六西格玛管理的特征

(1)它是以顾客为关注焦点的管理理念

六西格玛以顾客为中心,关注顾客的需求。它的出发点就是研究客户最需要的是什么,最关心的是什么。比如改进一辆载货车,可以让它的动力增大一倍,载重量增大一倍,这在技术上完全做得到,但这是不是顾客最需要的呢?因为这样做,成本就会增加,油耗就会增加,顾客就不一定想要,那么什么才是顾客最需要的呢?这就需要去调查和分析。假如顾客买一辆摩托车要考虑30个因素,这就需要分析这30个因素中哪一个最重要,然后通过一种计算找到最佳组合。因此六西格玛是根据顾客的需求来确定管理项目,将重点放在顾客最关心、对组织影响最大的方面。

(2)通过提高顾客满意度和降低资源成本促使组织的业绩提升

六西格玛项目瞄准的目标有两个:一是提高顾客满意度。通过提高顾客满意度来占领市场、开拓市场,从而提高组织的效益。二是降低资源成本。通过降低资源成本,尤其是不良质量成本损失COPQ(Cost of Poor Quality),从而增加组织的收入。因此,实施六西格玛管理方法能给一个组织带来显著的业绩提升,这也是它受到众多组织青睐的主要原因。

(3)注重数据和事实,使管理成为一种真正意义的基于数字上的科学

六西格玛管理方法是一种高度重视数据,依据数字、数据进行决策的管理方法,强调"用数据说话""依据数据进行决策""改进一个过程所需要的所有信息,都包含在数据中"。另外,它通过定义"机会"与"缺陷",通过计算DPO(每个机会中的缺陷数)、DPMO(每百万机会中的

缺陷数),不但可以测量和评价产品质量,还可以把一些难以测量和评价的工作质量和工程质量变得像产品质量一样可测量和用数据加以评价,从而有助于获得改进机会,达到消除或减少工作差错及产品缺陷的目的。因此,六西格玛管理广泛采用各种统计技术工具,使管理成为一种可测量、数字化的科学。

(4)实现对产品和流程的突破性质量改进

六西格玛项目的一个显著特点是项目的改进都是突破性的。通过这种改进能使产品质量得到显著提高,或者使流程得到改造,从而使组织获得显著的经济利益。实现突破性改进是六西格玛的一大特点,也是组织业绩提升的源泉。

(5)有预见的积极管理

"积极"是指主动地在事情发生之前进行管理,而不是被动地处理那些令人忙乱的危机,有预见地积极管理意味着我们应当关注那些常被忽略了的业务运作,并养成习惯:确定远大的目标并且经常加以检视;确定清晰的工作优先次序;注重预防问题而不是疲于处理已发生的危机;经常质疑我们做事的目的,而不是不加分析地维持现状。

六西格玛包括一系列工具和实践经验,它用动态的、即时反应的、有预见的、积极的管理方式取代那些被动的习惯,促使企业在当今追求几乎完美的质量水平而不容出错的竞争环境下能够快速向前发展。

(6)无边界合作

"无边界"是通用电气成功的秘籍之一。杰克·韦尔奇致力于消除部门及上下级间的障碍,促进组织内部横向和纵向的合作。这改善了过去仅仅是由于彼此间的隔阂和企业内部部门间的竞争而损失大量金钱的状况,这种做法改进了企业内部的合作,使企业获得了许多受益机会。而六西格玛扩展了这样的合作机会。在六西格玛管理中,无边界合作需要确切地理解最终用户和流程中工作流向的真正需求,更重要的是,它需要用各种有关顾客和流程的知识使各方受益。由于六西格玛管理是建立在广泛沟通基础上的,因此六西格玛管理法能够营造出一种真正支持团队合作的管理结构和环境。黑带是项目改进团队的负责人,而黑带项目往往是跨部门的,要想获得成功就必须由黑带率领他的团队打破部门之间的障碍,通过无边界合作完成六西格玛项目。

(7)遵循 DMAIC 的改进方法

六西格玛有一套全面而系统地发现、分析、解决问题的方法和步骤,这就是 DMAIC 改进方法,即:

①D(Define)项目定义阶段。

②M(Measure)数据评估阶段。

③A(Analyze)数据分析阶段。

④I(Improve)项目改进阶段。

⑤C(Control)项目控制阶段。

(8)强调骨干队伍的建设

六西格玛管理方法比较强调骨干队伍的建设,其中,倡导者、黑带大师、黑带、绿带是整个六西格玛队伍的骨干。对不同层次的骨干进行严格的资格认证制度。如黑带必须在规定的时间内完成规定的培训,并主持完成一项增产节约幅度较大的改进项目。

3. 六西格玛实施中的注意问题

目前我国有些企业已经导入六西格玛或正准备导入六西格玛，不少企业高层管理者对六西格玛在认识上尚有偏差，这是推广六西格玛的一大障碍。除此以外还包括：

(1)缺乏对六西格玛的专业培训和咨询

有些人错误地认为六西格玛就是统计方法在企业中的应用。统计方法固然非常重要，但是要完成企业中的实际项目往往需要多种分析方法和工具。六西格玛咨询师应能够系统地应用统计学、现代管理学、工业工程技术、计算机技术等帮助黑带/绿带学员解决企业的实际问题。生搬硬套 SPC/DOE/ANOVA 等做法是极其可笑的，其结果是统计方法的误用(现实中统计方法的误用比正确使用的次数要多)。

(2)机械地模仿

有些曾在某些大公司获得黑带(甚至资深黑带)的人往往以六西格玛专家自居，倾向于把大公司的做法强加于一些中小企业，不根据企业的具体实际而机械地模仿。请注意，任何一种管理模式，其科学性的理论和实践都是可以学习借鉴的，但在具体应用上，要从企业自身实际出发，照抄照搬注定是要失败的。

(3)缺乏科学合理的项目实施规划

有些企业推行六西格玛，认为只要选派几个人参加六西格玛学习班，拿到六西格玛黑带/绿带证书就可以了。离开企业六西格玛项目实施，任何公司的六西格玛黑带/绿带证书都是废纸一张。

(4)没有建立六西格玛持续改进的质量文化

六西格玛作为一项持续改进活动，只有始点而没有终点。有些企业忽略了通过六西格玛创建持续改进的质量文化，把六西格玛活动当作一场运动，轰轰烈烈推进了一阵子便又恢复了从前的老样子。

(5)基础管理相对薄弱

严格来讲，六西格玛的管理模式适用于所有类型的企业，但是如果企业基础管理薄弱，基础数据不完善，甚至是空白，建议这样的企业还是要抓好基础，操之过急地推广六西格玛可能难以达到预期效果。

●阅读材料

中国武汉钢铁集团推行六西格玛治理的基本做法

一、进行分层次、分系统的培训

六西格玛治理是领导承诺的全面质量治理，为了有效地推进六西格玛治理，武钢治理层利用两天时间请中质协的专家进行封闭式培训；专业部门领导带队到国内的组织去参观学习。宝钢自 2003 年由 IBM 公司指导做“六西格玛项目”以来，2003 年共计划 67 个项目，完成 60 个项目，创效 3 亿元；2004 年计划并完成 106 个项目，并将“六西格玛治理”纳入组织文化及公司方针目标。冶金行业除宝钢外，韶钢、太钢等也在推行六西格玛治理。这些说明了六西格玛治理已逐步被我国钢铁冶金组织认同。在认真学习六西格玛治理理论，了解国内外成功运用该方法经验的基础上，武钢确定三炼钢厂、热轧厂、大型厂和轧板厂作为试点单位。

2004 年 3 月，武钢请中质协的专家对公司级领导和二级单位高中层领导进行了为期一周的六西格玛治理知识培训。4 月，又请广州今朝科技公司黑带大师级专家在公司举办的六西格玛治理高级研讨班授课，对公司选拔的六西格玛治理骨干30多人进行了封闭式培训，为项目正式启动提供了人力资源方面的保证。

二、六西格玛项目的选定与推进

武钢六西格玛治理的"DMAIC"模式，即以项目为载体，每个项目分"D－定义、M－测量、A－分析、I－改进、C－控制"五个阶段推进的模式。导入方式为：项目培训与项目实施结合进行，因此六西格玛培训过程实际上也是项目实施过程。DMAIC五个阶段，每个阶段第一周集中培训。其余三周学员在岗位进行项目实践，两次培训间进行一次辅导，持续4～6个月，每个黑带不间断地边学边做，每一阶段都对项目进展情况进行检查回顾。培训目标：完成一个六西格玛黑带项目，按项目计划给组织创造50万元以上的财务收益。

2004年5月，中质协专家对三炼钢厂、热轧厂、大型厂和轧板厂的领导和技术人员进行了筛选项目的专门培训。对选定六西格玛项目的原则、方法、流程步骤，以及筛选标准和工具进行讲解。确定了14个"六西格玛治理"项目（三炼钢9个、一热轧3个、大型厂1个、轧板厂1个）。所选项目都紧密结合公司发展方向，如三炼钢厂围绕降废、降低消耗、提高产能等；热轧厂围绕硅钢、HiB钢降废减损；大型厂围绕提高高线产品质量；轧板厂围绕提高常化一次性能合格率，等等。

三、武钢大型厂实施六西格玛治理做法

武钢大型厂高速线材生产线是武钢在国家"九五"期间筹资10亿元建立起的国家重点工程，在国内冶金行业中第一次轧制出钢中极品——钢帘线，填补了国内的空白。高线在过去7年的生产中已取得了较好的成绩：质量方面，SWRM8、H08、WDT47A、45#等多个"双高"品种获得国家产品实物质量金杯奖；产量方面，年产量从40万吨稳步上升到70万吨；市场方面，以SWRH82B（制预应力钢绞线用）、72A－L（制钢帘线用）为代表的50多个"双高"新品种已实现批量生产，市场前景良好。但是，自2002年以来，高线效益品种钢的订货量增长缓慢，用户对产品质量异议量有所增加。因此，大型厂决定把提高高线产品质量作为试点的项目。按六西格玛治理的五步循环改进法：定义（Define）、评估（Measure）、分析（Analyze）、改进（Improve）、控制（Control）方法，或称为DMAIC方法。本次改进工作开展如下：

1. 定义顾客需求（Define）

确定目标为：以降低中间轧废，提高正品率和成材率，快速向用户交付产品，提高用户满足度，攻关目标值为：正品率由<93%提高到>96%（合格率提升到>99.45%的水平）。

2. 评估当前绩效（Measure）

大型厂搜集了2003年高线轧钢废钢支数，并针对工艺废钢和设备废钢进行了分类统计。

3. 原因分析（Analyze）

（1）人员的经常变动，操作水平的参差不齐，加上工作态度不认真，责任心不强，是造成堆钢的根本原因。

（2）操作人员导卫安装方法不当，造成导卫磨损严重或搭铁，而又不能及时发现处理，是造成堆钢的又一大问题。

（3）操作人员在设置辊缝时不正确。后果是：辊缝大，轧件尺寸大，进口导卫损坏，堆钢；辊缝小，轧件尺寸偏小，下一机架进口导卫不能有效夹持倒坯堆钢。

（4）轧件变形量增大，变形阻抗力随之增大，造成辊环局部温度快速增高而爆裂堆钢。

（5）辊环的安装不正确，错辊，或者在轧制过程中卸压，也是导致堆钢的原因；冷却水中的夹杂,堵塞冷却水管,致使冷却强度降低导致辊环爆裂而堆钢。

(6)在设备上也有可能出现问题。比如:立式活套机构故障。侧活套进入口导轮的调整、油气润滑以及活套扫描仪(HMD)不正常也会导致堆钢。

4. 改进措施(Improve)

(1)实行竞争上岗制度,对岗位实施兼并和优化组合,形成工作上的互补。

(2)严格实行经济责任制考核,落实分解责任到岗位、到个人。

(3)推行和全面实施标准化作业,制定和完善工艺调整办法,纳入B标准治理。

(4)在全线岗位推行生产过程控制,落实公司工序控制点的检查。加强轧线各机架间变形量的控制,防止轧件变形阻力过大而堆钢。

(5)推行全面设备点检制度落实。正确安装辊环、导卫及冷却水管,并在停机时着重检查。

(6)长期性培训计划,锻炼大工种作业能力,配合机动。电气人员对立式活套等设备进行检查,确保其工作状态完好。

四、武钢大型厂实施六西格玛治理的成效

(1)由于6σ的成功应用实施,高线正品率由92.26%升到96.33%(合格率提升到>99.45%的水平),工艺废钢比例由72%下降到61%,绩效明显。

(2)提高了高线设备的作业率和产品的成材率的质量指标,产能优势得以进一步提高。

(3)质量指标的提升为我们的合同兑现和及时迅速交货提供了保障,使用户的满足度增加。

(4)轧制废品的减少使高线的生产成本降低,产品的市场竞争力加强,拓展了高线的市场占有率。

(5)以顾客为中心的策略和持续的6σ治理法的应用改进,市场反应良好,顾客回头率提高,高线的订货量持续增长。

五、武钢成功推行六西格玛治理的实践体会

1. 在实施六西格玛治理中应避免的熟悉的误区

(1)误区之一:只有优秀的组织才能成功地实施六西格玛治理。

(2)误区之二:实施六西格玛治理要害在于统计技术的应用。

(3)误区之三:实施六西格玛治理就是选项目、做项目。

2. 组织推行六西格玛治理成功的必要因素

(1)提高组织高层治理者的执行力。

(2)实施六西格玛治理是一场组织文化变革,需要变革治理。

(3)建立激励和认可系统。

(4)建设一支以黑带为核心的骨干队伍。

(5)与组织ISO 9000标准质量治理体系相结合。

武钢推行六西格玛治理最深刻的感受是:企业推行六西格玛治理可以给企业带来显著的经济效益,可以给企业带来持续改进,这是六西格玛治理给企业带来的最直接的功效;从深层次上讲,企业推行六西格玛治理意味着在企业中不断贯彻一种追求完善的理念,意味着培育一种质量文化。

总之,六西格玛治理作为一种时尚而又实用的持续改进方法,已被许多组织作为在新经济环境下获得并保持竞争力的重要手段。科学地推行6σ必将给组织带来提高产品质量、降低成本、增强顾客满足度的经营绩效。

课后习题

一、单项选择题

1. 散布图中(　　)反映了当 x 值增加时,y 值也有显著增大的趋势。

   A. 强正相关　　B. 不相关

   C. 曲线相关　　D. 弱正相关

2. (　　)是 PDCA 循环的关键。

   A. 计划　　B. 实施

   C. 处理　　D. 检查

3. 要求100万件事情,其中只有3.4件是有缺陷的是(　　)。

   A. 6σ　　B. 5σ

   C. 4σ　　D. 3σ

二、多项选择题

1. 质量统计方法有(　　)。

   A. 因果图　　B. 排列图

   C. 直方图　　D. 控制图

   E. 散布图

2. 异常型直方图包含(　　)。

   A. 孤岛型直方图　　B. 双峰型直方图

   C. 折齿型直方图　　D. 绝壁型直方图

   E. 偏态型直方图

3. 物流服务目标中工程质量指标包含(　　)。

   A. 信息工作质量指标　　B. 运输工程质量指标

   C. 装卸搬运工程质量指标　　D. 流通加工工程质量指标

   E. 仓库工程质量指标

三、问答题

1. 如何理解质量管理?
2. 全面质量管理的内容有哪些?
3. 什么是物流质量管理,包含哪些内容?
4. 物流企业质量管理体系的运作步骤有哪些?
5. 分析物流过程对物流服务质量的影响。
6. 简述物流服务目标质量指标。
7. 简述 PDCA 循环法。
8. 直方图可以分为哪些类型?
9. 散布图可以分为哪些类型?
10. 简述六西格玛质量改进模式。

11. 企业物流质量管理应如何处理好人员与技术的关系?

12. 质量的认识在不断发展,物流在不断发展,企业怎样才能确定有效的质量管理战略?

13. 在供应链体系中,如何统一多个企业质量标准和管理制度?

14. 从质量管理角度分析,应如何协调和统一柔性化物流服务与精益化物流服务?

15. 你认为贯彻质量标准体系与企业文化建设如何协调?

16. 怎样推动企业质量管理创新?

四、案例分析题

JC PENNEY 公司质量管理创新

一、配送中心的基本情况

JC PENNEY 公司位于俄亥俄州哥伦布的配送中心,每年要处理 900 万种订货,每天要处理25 000笔订货。该中心为 264 家地区零售店装运货物,无论是零售商还是消费者的家,该配送中心都能做到 48 小时之内把货物送到所需的地点。哥伦布的配送中心有 200 万平方米设施,雇用了 1 300 名全日制员工,旺季时有 500 名兼职雇员。JC 公司接着在其位于密苏里州的堪萨斯城、内华达州的雷诺以及康涅狄格州的曼彻斯特的其他三个配送中成功地实施了质量创新活动,能够连续 24 小时为全国 90% 的地区提供服务。

二、质量管理创新

JC 公司感到真正的竞争优势在于优质的服务。管理部门认为,这种服务的优势应归功于 20 世纪 80 年代中期该公司所采取的三项创新活动,即质量循环、精确至上以及激光扫描技术。

(一)质量循环:小改革解决大问题

1982 年,JC 公司首先启动了质量循环活动,以期维持和改善服务水准。管理部门担心,质量服务的想法会导致管理人员企图简单地花点钱来“解决问题”。然而,取代这些担心的是经慎重考虑后提出的一些小改革,解决了工作场所中存在的一些主要问题,其中包括工人们建议创建的中央工具库,用以提高工作效率和工具的可获得性。

(二)精确至上:不断消除物流过程的浪费

精确至上的创新活动旨在通过排除收取、提取和装运活动中存在的缺陷,以提高服务的精确性。因此,提供精确的顾客信息和完成订货承诺被视为头等大事。显然,在该层次上讲求服务的精确性,意味着该公司随时可以说出某个产品项目是否有现货,并且当有电话订货时,便可以告知对方何时送货上门。该公司需要提高的另一个精确性与在卖主处提取产品有关。为了确保产品在质量和数量上的正确,JC 公司针对每次装运中的某个项目进行质量控制和实际点数检查。如果存在着差异,将对订货进行 100% 的检查。与此同时将对 2.5% 的装运进行审计。订货承诺的完成需要把主要精力放在提高精确性上,为此该公司的配送中心经理罗杰·库克曼说道:“我们曾一直在犯错误,想在商品预付给顾客之前就能够进行精确的检查。”但问题是,在质量循环中是否已找到了解决办法,或者能够对该过程进行自动化。对此,库克曼感觉到:“只有依赖计算机系统,人们才有能力精确地检查。”于是,该公司开始利用计算机系统进行协调,把订购商品转移到“转送提取”区域,以减少订货提取者的步行时间。

(三)激光扫描技术:用科技改进质量管理

第三项质量管理创新活动是应用激光扫描技术,以 99.9% 的精确性来跟踪 230 000 个存货单位的存货。JC 公司最初的密尔沃基的配送中心是用手工来处理各种产品项目的储存和跟踪的，接着便开始用计算机键盘操作替代手工操作，这一举动使产品项目的精确性接近了80%。而扫描技术则被看作是既提高记录精度，又提高记录速度的手段。但是，刚开始启动扫描技术时的结果并不理想，因为一系列的扫描过程需要精确地读取每一个包装盒上的信息。然而，在某些情况下，往往需要扫描四次才获得一次读取信息。看来，JC公司需要一种系统，能够按每秒三次的速度，从任何角度读取各种包装尺寸的产品信息。于是，公司内部的系统支持小组优化了硬件和软件来满足这一目的。其结果是，该配送中心的四个扫描站耗资12 000美元，削减了每个扫描站所需的16个键盘操作人员。

三、质量管理创新需要协调员工与技术的关系

看来，"加重工作"的质量循环与"减轻工作"的技术应用之间会产生一种有趣的尴尬境地。JC公司需要在引进扫描技术的同时，还要保持其既得利益和改进成果。然而，该公司在时间上的选择却是完美的。因为公司在大举扩展的同时将需要增加雇员，于是，该公司便告诉其雇员，技术进步将不会导致裁员。

四、案例评析

（一）基本特点

1. 更新质量管理观念：让质量的小改革循环起来。提高管理水平是一个渐进的过程，是从小变到大变、从量变到质变的过程，该公司明确了重点，进行一系列小的质量改进工作，积少成多，积小成大，终于解决了主要问题。而且，这是效率高、成本低的质量管理改进方法。

2. 在过程中改善质量：追求精确至上的质量管理流程。把物流服务的精确性与物流运作的精确性结合起来，有机地融合到质量管理过程中，不断消除物流过程的浪费和缺陷，不断优化物流过程的程序和运作方法，不断提升服务质量标准，追求质量的改善和完美。

3. 创新质量管理方法：应用现代技术增强质量管理能力。质量标准是不断发展的，质量管理同样需要发展。如何通过质量管理创造新方面的效益，创造更高水平的管理能力，是企业管理的重要问题。只有运用现代高新技术，才能够有效地促进企业质量管理发展。

4. 协调企业人机矛盾：该质量管理过程已反映出人机的矛盾情况，也借助企业发展的机遇比较好地解决了。

（二）主要启示

质量管理一直以来是我国广大企业关注和重视的问题，创造了许多行之有效的管理方法。但是，质量管理是无止境的发展过程，需要企业在经营活动中不断追求。JC公司在质量管理创新方面的方法和经验就值得我们学习：第一，质量管理是日常管理工作，需要关注小的地方，认真对待每一个问题，坚持天天改造，实现天天改进。第二，质量管理需要有不断更新的观念和方法。面对新环境和新的需要，企业质量管理会有新的改变，只有更新思想、创新方法，才能实现企业质量管理目标。第三，积极探索和引用现代技术来推动企业质量管理的发展。第四，协调企业内部各部门、各环节、各种资源要素之间的关系，形成企业高效有序的质量管理运行机制，协调企业外部的相关关系，为企业质量管理创造良好的发展环境。

思考题

JC PENNEY公司是如何开展质量管理创新的？

项目八 物流企业财务管理

●学习目标

知识目标

掌握筹资管理的概念及其渠道,理解物流产业规模、结构和绩效;掌握资本结构优化的概念,理解物流成本管理的相关内容;掌握物流企业财务分析与评价;掌握物流企业会计报表的分析方法。

技能目标

灵活运用筹资管理进行分析;理解资本结构优化分析;理解投资决策分析方法;进行物流成本管理,进行物流企业财务分析与评价。

●引导案例

首都机场扩建融资

首都机场于1958年投入运营。经1980年、1999年两次扩建,随着运输量的不断激增,首都机场又迎来了第三次大规模的扩建。

据首都机场扩建工程的可行性研究报告,首都机场扩建是按照2015年旅客吞吐量6 000万人次和年飞机起降50万架次规模建设的,这项工程的总投资额为194.5亿元。资金筹集方式大体为:国家发改委和民航总局负责筹集20亿元,其余部分由首都机场集团自行融资。

对首都机场乃至中国民航而言,这并不是一个小数目,首都机场集团将如何筹得这笔巨额资金？首都机场集团将“努力地朝着基建结构搭配，与项目的工期和回收期相匹配，充分考虑融资成本最低和融资结构最优化等几个项目设计融资方案”，但具体如何操作，社会上对此有各种各样的说法。

有人认为，融资途径可能包括银行贷款、发行A股和发行债券等，还有可能把一些项目分离出来，采取联合融资的形式进行运作。

有人认为，股票、债券和银行贷款等几种常见的融资方式都会进入首都机场集团的视野，但由于扩建工程时间较为紧迫，机场集团在筹集资金时会首先考虑融资的时效性和操作上的便捷性，其次才是尽可能低的财务费用。因此，发行债券和银行贷款障碍较少，且均能够较快地筹集到资金，有可能被优先采用，而发行股票由于耗时较长，很可能不被列入“先发阵营”。

有人认为，首都机场会将发行股票列在首位，除考虑到这种融资方式的固有优势外，国有企业较为喜欢发行股票，往往认为这一方式更为便宜。

案例讨论

你认为首都机场扩建融资应采取何种方式？有何优缺点？

任务一 物流企业筹资管理

一、物流企业筹资管理的概述

(一)物流企业筹资概念

物流企业筹资是指物流企业根据其生产经营、对外投资及调整资本结构等的需要，通过一定的渠道和资金市场，采取适当的方式，经济有效地筹措所需资金的过程。

(二)物流企业筹资的目的和要求

物流企业筹资的基本目的是自身的生存、盈利与发展。企业的具体筹资活动一般是受特定的动机所驱使。企业筹资的动机多种多样，有单一动机，也有复合性动机。归纳起来，企业筹资的动机主要有设立性筹资动机、扩张性筹资动机、偿债性筹资动机、解困性筹资动机和混合性筹资动机。

物流企业筹集资金总的要求是要分析评价影响筹资的各种因素，讲究筹资的综合效果。其主要包括确定资金需要量、控制资金投放时间、选择资金来源渠道、确定资金合理结构等。

(三)物流企业筹资管理的目标

筹资管理的目标是在满足生产经营需要的情况下，不断降低资金成本和财务风险。现代物流企业,为了保证服务活动的正常进行,或由于扩大经营服务范围、拓展物流功能的需要,必须拥有一定数量的资金。企业的资金可以通过多种渠道、多种方式来筹集,而不同来源的资金,其可使用时间的长短、附加条款限制和资金成本的大小都不相同。这就要求物流企业在筹资时不仅要从数量上满足物流活动的需要,而且要考虑到各种筹资方式给企业带来的资金成本的高低、财务风险的大小,以便选择最佳的筹资方式,实现资本运营的整体目标。

(四)物流企业筹资管理的原则

(1)科学预测资金的需要量,及时供应资金。

(2)合理选择筹资方式,尽可能降低资金成本。

(3)测算投资效益,明确投资方向。

(4)合理利用负债经营,正确处理筹资风险。

二、物流企业筹资管理中的几个基本概念

(一)权益资本

权益资本又称自有资本,是企业依法拥有、自主调配使用的资金,包括资本公积金、盈余公积金、实收资本和未分配利润等。权益资本主要通过吸取直接投资和发行股票等方式筹集,其所有权归投资者。

(二)负债资本

负债资本又称借入资金或债务资金,是权益人依法筹集、按期偿还的资金。它包括银行及其他金融机构的各种借款、应付债券、应付票据等。负债资本主要通过银行贷款、发行债券、商业信用、融资合作等方式筹集。它体现了权益人与债权人之间的债权债务关系。

(三)资金时间价值

资金时间价值是指资金在运行中随着时间的推移而发生的增值,即一定数量的资金在不同的时间上具有不同的价值,其实质是资金周转使用后的增值额。它取决于资金数量的大小、占用时间的长短和收益率的高低等因素。一定量的资金,周转使用时间越长,其增值额越大。

从形式上讲,资金的时间价值是资金所有权与使用权分离后所有者向使用者索取的一种报酬;从来源上讲,资金时间价值是社会资金使用效益的一种体现。因此,企业的利润是资金时间价值在社会范围内的再分配。

(四)资金成本

资金成本是指资金使用者为筹措和占用资金支付的各种费用和各种形式的使用费用。

物流企业无论用何种方式从资本所有者那里筹到资本并拥有一定期限(或是永久)的使用权,都必须或多或少地承受使用代价。资金成本主要由筹集费用和占用费用两部分组成。从性质上看,资金成本主要包括资金时间价值和投资者的风险报酬,一定程度上受金融市场货币供求关系等因素的影响。

三、物流企业的筹资渠道

筹资的渠道是指企业筹集资金的来源方向与通道。物流企业筹资的渠道一般有以下七种：

(一)国家财政资金

国家财政资金是指国家对企业的投资，它是国有企业资金的主要来源，特别是国有独资企业，其资本全部由国家投资形成。

(二)银行信贷资金

银行信贷资金是指银行对企业的贷款，它是企业重要的资金来源，商业性银行是以盈利为目的从事信贷资金投放的，其贷款方式也多种多样；政策性银行是只属于国务院的政策性金融机构，按照国家宏观调控的导向为企业提供政策性贷款。

(三)非银行金融机构资金

非银行金融机构资金是指这些机构不但从事信贷投放，而且还提供物资融通、证券承销等其他业务，提供资金比较灵活方便。

(四)其他企业资金

其他企业资金主要是指企业之间相互购买股票、债券以及赊销等形式产生资金流入的商业信用行为，这种信用行为既有长期稳定的联合，也有短期的融通。

(五)民间资金

民间资金是指社会上单位职工和城乡居民个人，利用闲置资金，对企业投资形成的资金来源。有内部职工集资、入股，也有公开发行股票、债券等。

(六)企业内部形成的资金

企业内部形成的资金是指以资本公积金、盈余公积金和企业未分配利润等形式留在企业内部的资金，是所有者对企业追加投资的一种方式。

(七)外商资金

外商资金是指外国投资者以及我国香港、澳门、台湾地区投资者投入的资金。随着中国加入 WTO 以及经济发展的全球一体化，引入外商资金为物流企业开辟了一条广阔的筹资新渠道。

四、物流企业的筹资方式

筹资渠道是指从哪里取得资金，而筹资方式则是如何取得资金，即企业筹资所采用的具体形式,两者紧密联系。筹资方式不单纯是一个方法问题,除受到国家财政体制和金融体制的制约外,还受到企业筹资的外部环境和内部环境等多种因素的影响。物流企业应针对客观存在的筹资渠道来选择合理的筹资方式。目前,常用的筹资方式主要有以下几种:

(一)吸引直接投资

直接投资是指物流企业在物流活动过程中,投资者或发起人直接投入企业的资金,这部分资金一经投入,便构成企业的资本金。吸引直接投资则是企业以协议形式吸引国家、其他企业、个人和外商等主体直接向物流企业投入资金,这种筹资方式是非股份制企业筹集权益资本的重要方式。通过吸引直接资本投资进行筹资,企业可以获得长期使用的股权资本,提高企业的资信和借款能力,有利于获取现金设备和现金技术,尽快形成生产能力。吸引直接投资的筹资方式风险比较低,但是筹资成本通常比较高。

(二)发行股票

股票筹资是股份制企业利用资本市场,通过发行股票筹集自有资本的方式。我国有关法律规定,股份有限公司发行股票必须具备一定的发行条件,取得发行资格,并严格按照一定的程序进行。和债券筹资相比,股票筹资不需要支付利息,是可以长期使用的资本,财务风险较小,但是股票筹资的成本相对较高,支付的股利不能在所得税之前扣除,另外大量发行股票可能会分散公司的控制权。股票按照股东享有的权利和义务的不同分为优先股和普通股。

优先股是企业为筹集资金而发行的一种混合型证券,兼有股票和债券的双重属性,在企业盈利和剩余财产的分配上享有优先权。优先股具有如下特点:第一,优先股的股息率是事先约定而且是固定的,不随企业经营状况的变化而波动,并且公司对优先股的付息先于对普通股的付息;第二,当公司破产清算时,优先股持有者的索取权位于债券持有者之后和普通股持有者之前;第三,优先股持有者不能参与公司的经营管理,且由于其股息是固定的,当公司经营景气时,不能像普通股那样获取高额利润;第四,与普通股一样列入权益资本,股息用税后净值发放,不享受免税优惠;第五,优先股发行费率和资金成本一般比普通股低。

普通股的基本特征包括四点:第一,风险性。股票一经购买就不能退还本金,而且购买者能否获得预期收益,完全取决于公司的经营状况。第二,流动性。尽管股票持有者不能退股,但可以将其转让或作为抵押品。正是股票的流动性,促使了社会资金的有效配置和高效利用。第三,决策性。普通股票的持有者有权参加股东大会,参与公司的经营管理决策。第四,股票交易价格和股票面值不一致,这种不一致性给企业带来了巨大压力,迫使其提高经济效益;同时,也产生了社会公众的资本选择行为。

(三)发行债券

发行债券是指企业按照法定程序发行约定在一定期限内还本付息的债权凭证,它代表债券持有者与企业的一种债务关系。发行债券是企业筹集债权资本的重要方式。我国《公司法》规定,我国的股份有限公司和有限责任公司发行的债券称为公司债券。企业发行债券一般不涉及企业资产所有权、经营权,企业债权人对企业的资产和所有权没有控制权。企业债券的基本特征如下:

(1)期限性。各种公众债券在发行时都要明确规定归还的期限和条件。

(2)偿还性。企业债券到期必须还本付息。不同的公司债券有不同的偿还级别,如果公司破产清算,则按优先级别先后偿还。

(3)风险性。企业经营总有风险,如果公司经营不稳定,风险较大,其债券的可靠性就较低,受损失的可能性也较大。

(4)利息率。发行债券要事先规定好利息率,通常债券的利息率固定,与企业经营效果无关,无论经营如何,都要按时、按固定利息率向债权人支付利息。

同时,公司发行债券应具备法律规定的发行资格和条件。债券筹资的优点是筹资成本较低,利息支出可以在所得税前扣除,可以保证普通股股东对公司的控制权等;缺点是财务风险较高,限制条件多,筹资数量有限。

(四)银行贷款

银行贷款筹资是指企业通过向银行借款以筹集所需要的资金。贷款利率的大小随贷款的对象、用途、期限的不同而不同,并且随着金融市场借贷资本供求关系的变动而变动。企业向银行贷款必须提出申请,并提供详尽的可行性研究报告即财务报表,银行审查后决定是否予以贷款。经银行审查批准后,企业和银行签订借款合同,明确双方的权利、责任和义务。和其他筹资方式相比,银行贷款筹资速度快、成本低,比较灵活,但是风险较高,限制条件较多,筹资数量受到严格的限制。

(五)租赁筹资

租赁是一种以一定费用借贷实物的经济行为,即企业依照契约规定通过向资产所有者定期支付一定量的费用,从而长期获得某项资产使用权的行为。现代租赁按其形态主要分为融资性租赁和经营性租赁两大类。融资性租赁是指承租方通过签订租赁合同获得资产的使用权,然后在资产的经济寿命周期内按期支付租金。融资性租赁是一种典型的企业资金来源,属于完全转让租赁。经营性租赁是不完全转让租赁,它的租赁期较短,出租方负责资产的保养与维修,费用按合同规定的支付方式由承租方负担。由于出租资产本身的经济寿命大于租赁合同的持续时间,因此出租方在一次租赁期内获得的租金收入不能完全补偿购买该资产的投资。

(六)商业信用

商业信用是指企业之间的赊销赊购行为。它是企业在资金紧张的情况下,为保证生产经营活动的连续进行,采取延期支付购货款和预收销货款而获得短期资金的一种方式。采用这种方式,企业必须具有良好的商业信誉,同时,国家也应该加强引导和管理,避免引发企业间的三角债务。

(七)投资基金

投资基金分为证券基金、产业基金和风险基金三大类,由专门的投资机构打理,是一种用来吸引众多投资者的资金的基金。这里重点谈及投资基金中的风险基金,该基金专门投资高成长型的项目,如网络项目,与项目创始公司合股成中小型企业,该基金培育一段时间后主要在创业板股票市场进行上市。

(八)无形资产融资

无形资产融资是以专利、网络域名、商标、经营网络、知识产权等无形资产作为融资手段,采用转让、合作或合资的方式获得资金的筹资方式。

企业筹资过程中,最终通过哪种渠道和采用哪种方式要根据企业自身条件来确定。

五、物流企业筹资决策分析

物流企业筹资决策分析是指物流企业在衡量财务风险的基础上对各种筹资方式的资金代价进行比较分析,使物流企业资金达到最优结构的过程。其核心是在多渠道、多种筹资方式的条件下,力求筹集到资金成本最低的资金。

(一)资金成本分析

资金成本分析是物流企业为筹措和使用一定量的资金而支付的各种费用,包括筹资费用和使用费用。资金成本是企业选择资金来源、拟订筹资方案、进行筹资决策的主要依据。资金成本还是评价投资项目、比较投资方案的主要经济指标。资金成本可以用绝对数表示,也可以用相对数表示,为了便于比较,通常用资金成本率来衡量资金成本的大小。其计算公式为

(1)长期借款资金成本率 = 借款利息率 ×(1 - 所得税率)

(2)债券资金成本率 = [(债券面值 × 票面利率)×(1 - 所得税率)]/[债券的发行价格 ×(1 - 债券筹资费率)]

(3)普通股股票资金成本率有以下几种计算公式:

如果股利固定不变,则

普通股股票资金成本率 = 每年固定的股利/[普通股发行价格 ×(1 - 普通股筹资费率)]

如果股利增长率固定不变,则

普通股股票资金成本率 = 预期第一年的股利/[普通股发行价格 ×(1 - 普通股筹资费率)] + 股利固定增长率

(4)优先股的资金成本率 = 优先股面值 × 年股利率/[优先股发行价格 ×(1 - 优先股筹资费率)]

(5)留存收益的资金成本率与普通股股票的资金成本率计算公式基本相同,只是不需要考虑筹资费率

(6)综合资金成本率

综合资金成本率也称加权平均资金成本率,是指根据各种资金来源的构成及其资金成本率计算的加权平均资金成本率。综合资金成本率 = Σ(某种资金成本率 × 该种资金占全部资金的比重)。

(二)资本结构优化分析

资本结构是指企业长期资金来源的结构,即企业长期资金来源中的资本与负债的比重。资本结构是物流企业筹资决策的核心问题。物流企业在筹资决策过程中,应确定最佳资本结构,并在以后追加筹资中继续保持最优资本结构。最优资本结构就是在一定的财务风险下,使得预期的综合资金成本率最低、企业价值最大的资本结构。

确定最佳资本结构常用的方法有资本成本比较法、每股利润分析法和公司价值比较法。常用的决策指标主要有以下两种：

1. 资产负债率

资产负债率是资产负债总额与资产总额的比率。资产负债率反映在总资产有多大比例是通过借债筹集的，也可以衡量企业在清算时保护债权人利益的程度。其计算公式为

$$资产负债率=\frac{负债总额}{资产总额}\times 100\%$$

资产负债率越大，说明公司扩展经营的能力越强，股东权益的运用越充分，但债务太多会影响债务的偿还能力。

2. 股东权益比率

股东权益比率是股东权益总额与资产总额的比率。其计算公式为

$$股东权益比率=\frac{股东权益总额}{资产总额}\times 100\%$$

股东权益比率反映所有者提供的资本在总资产中的比重，股东权益比率越大，说明企业基本财务结构越稳定。

(三)财务风险衡量分析

财务风险是企业筹资决策中常用的一个概念。财务风险是指由企业筹资决策所带来的风险，它有两层含义：一是指企业普通股东收益的可变性；二是指企业利用财务杠杆而造成的财务困难的可能性，即指由于利用财务杠杆，给企业带来的破产风险或普通股收益发生大幅度变动的风险。财务杠杆的基本原理是在长期资金总额不变的条件下，企业从营业利润中支付的债务成本是固定的，当营业利润增多或减少时，每一元营业利润所负担的债务成本就会相应地减少或增大，从而给每股普通股带来额外的收益或损失。

在筹资决策分析中，科学衡量财务风险是物流企业实现预期筹资与投资效益的保证。常用的财务风险分析方法有期望值分析法、标准离差分析法等。

任务二 物流企业投资管理 

一、物流企业投资概述

(一)企业投资与投资管理的含义

企业投资是指企业将资金投入生产经营过程，期望从中获得收益的一种行为。投资是物流企业资本运营的重要内容之一，是企业生存和发展不可缺少的经济活动。在市场经济条件

下，企业作为独立的经济主体，为追求利润的最大化和企业价值的增长，总是通过投资行为来不断地扩大经营规模和经营范围，不断地寻求新的收入和利润来源，并通过投资来分散经营风险。所以，投资活动在企业的经营活动中占据重要的地位。投资管理着重研究企业资金的投向、规模和不同投资项目的组合，以及如何避开和消除风险，获得预期收益。投资管理是企业财务管理的重要工作之一。

（二）企业投资的分类

1. 按投资期限的长短不同，企业投资可分为长期投资和短期投资

短期投资又称流动资产投资，是指能够在一年或者少于一年的一个营业周期里收回的投资，主要是指对现金、应收账款、存货、短期有价证券等的投资。长期投资是指在一年以上的营业周期才能收回的投资，主要包括对厂房、机器、设备等固定资产的投资，也包括对无形资产和长期有价证券的投资。

2. 根据投资的方向不同，企业投资可分为对内投资和对外投资

对内投资是指将资金投放在企业内部，购置各种生产经营用的资产。对外投资是指企业将资金以现金、实物、无形资产等形式或是以购买股票、债券等有价证券的方式对其他单位进行投资。

3. 根据投资与生产经营的关系不同，企业投资可分为直接投资和间接投资

直接投资是把资金投放于生产经营性资产，以便于获取利润的投资。在一般工业企业里，直接投资占很大的比重。间接投资又称有价证券投资，是把资金投放于证券等金融资产，以便取得股利和利息收入的投资。

（三）企业投资管理的目标

企业投资的根本目的是谋取利润，提高企业的价值。企业投资管理的目标就是要认真进行投资项目的可行性研究，力求提高投资报酬，降低投资风险。

物流企业投资应遵循的原则：

1. 正确处理企业微观环境与宏观环境之间的关系

企业的生存和发展离不开客观的经济环境，企业只有认真分析投资环境，才能保证投资决策的正确性和有效性。随着物流需求的增加以及人们对物流认识的变化，传统物流企业正在努力改变原有单一的物流服务功能，积极扩大经营范围，使物流服务功能向多功能的现代物流方向发展，大有一股“投资物流热”的势头。但是，我们必须清醒地认识到，目前我国物流业的发展仍处于起步阶段，物流基础设施还不够完善，物流技术设备还比较落后，物流法律法规还不够健全，这些因素必定影响物流企业投资环境的复杂性和不确定性，从而增加物流企业的投资风险。

在物流企业投资决策方面，如何防止盲目投入，规避低水平重复建设，预防物流投资热变成泡沫，是每一个物流企业必须认真研究的重要课题。

2. 正确处理投资需求与资金供应的关系

当前，我国物流业尚处于高速发展阶段，投资市场旺盛，投资项目众多，每个物流企业都在

努力提高自身的竞争能力,扩大经营规模,增加物流企业的广度和深度,以提高企业的经济效益。但是,对于一个企业来说,用于投资的资金来源总是有限的,这就要求企业在众多的投资项目中根据经济环境及企业自身条件做出合理的选择,即根据经济效益和适度规模的原则做好物流市场需求的调查和预测,科学选择物流发展的目标和定位。

3. 正确处理内部投资和外部投资的关系

企业内部投资和外部投资的范围不同,投资目的也有较大的差异。正确处理两者的关系对物流企业的稳定与发展,以及投资效益的提高都具有重要的意义。

从总体上看,物流企业外部投资与内部投资的根本目的是一致的,但就具体目标而言,又有一定的差异。因此,企业在投资决策时,对投资的集中化和多元化战略要慎重考虑,必须认真协调内部投资和外部投资的关系。

二、物流企业投资决策分析的一般方法

(一)投资决策应考虑的主要因素

1. 资金的时间价值

资金的时间价值是指一定数量的货币在不同的时间点上具有不同的价值,取决于资金的数量、占用时间的长短和收益率。

2. 投资的风险价值

投资的风险价值是指承担风险进行的投资所取得的报酬。一般而言,风险越大,投资报酬率就越高。

3. 现金流量

现金流量是指与某一投资方案相联系的,在未来所发生的现金流入和流出的数量。通过现金流量可以知道未来与投资有关的每笔现金的进出时机和时点。现金流量也是衡量投资决策的关键因素。

4. 资金成本

投资的报酬率只有高于资金成本才有利润。

(二)投资决策分析的一般方法

1. 非贴现的投资决策分析方法

(1)投资回收期法。投资回收期是全部收回投资所需要的时间,时间越短,则投资方案的风险越小,反之则越大。每年的投资现金净流量相同时,投资回收期 = 原始投资额/年净现金流量。每年的投资现金净流量不同时,其回收期应按累计现金净流量计算,即累计现金净流量达到原始投资所需要的时间就是回收期。

(2)投资收益法。只有当投资项目的投资收益率高于预期的投资收益率时,投资方案才有价值。投资收益率的计算公式为

$$投资收益法 = \frac{年现金净收益}{投资总额} \times 100\%$$

2. 贴现分析评价法

(1)净现值法。净现值是指投资方案中未来各年现金流入量按一定的贴现率折算成现值与投资额现值的差额。当净现值大于零时,方案可行。净现值的计算公式为

净现值 = 未来报酬总现值 - 初始投资额

该方法中使用的贴现率是投资者所要求的最低投资报酬率。既可以是以货币时间价值计算的无风险最低报酬率,也可以是投资者设定的希望获得的预期报酬率。

(2)现值指数法。现值指数是投资方案中未来现金流入总金额的现值同现金流出现值原比值。其计算公式为

$$现值指数 = \frac{未来报酬总现值}{初始投资额}$$

当现值指数大于 1 时,方案可行,且指数越大,方案越优。

(3)内含报酬率法。内含报酬率也称为内部收益率,是指能够使未来现金流入现值等于未来现金流出现值的贴现率,或者说是使投资方案净现值为零的贴现率,是指对项目每年的现金净流量进行贴现,使未来的现金流入量正好等于投资额现值。内含报酬率法是根据方案本身内含报酬率来评价方案优劣的一种方法。内含报酬率大于资金成本率,方案才具有财务可行性。只有内含报酬率的计算公式为

$$IRR = \sum_{t=1}^{n} \frac{NCF_t}{(1+K)^t} - C = 0$$

式中,n 为项目经济寿命期;K 为预定贴现率;NCF_t 为第 t 年的净现金流量;C 为项目的初始投资额;IRR 为内含报酬率。

例:某物流公司欲投资一个建设项目,有 A、B、C 三个备选方案可供选择,设定的贴现率是 10%,有关的现金流量资料如表 8-1 所示。

要求:

(1)计算各方案的净现值并做分析。

(2)如果只能选择一个方案,该如何选择?

(3)计算各方案的投资报酬率并做分析。

表 8-1 现金流量计算表 单位:万元

期间	A 方案		B 方案		C 方案	
	净收益	现金净流量	净收益	现金净流量	净收益	现金净流量
0		-20 000		-9 000		-12 000
1	1 800	11 800	-1 800	1 200	600	4 600
2	3 240	13 240	3 000	6 000	600	4 600
3			3 000	6 000	600	4 600
合计	5 040	5 040	4 200	4 200	1 800	1 800

解:

(1)各方案的净现值计算如下:

A 方案的净现值 =11 800 ×(P/F,10%,1)+13 240 ×(P/F,10%,2)-20 000
=1 669 万元

B 方案的净现值 =1 200 ×(P/F,10%,1)+6 000 ×(P/F,10%,2)+ 6 000 ×(P/F,10%,3)-9 000 =1 557(万元)

C 方案的净现值 =4 600 ×(P/A,10%,3)-12 000 = -560(万元)

通过计算可知,A、B 两项投资方案的净现值均为正数,说明这两个方案的报酬率超过10%。如果投资者预期的报酬率是10%,则这两个方案均可行;C 方案的净现值是负数,说明该方案的报酬率达不到10%,应予放弃。

净现值法考虑了资金的时间价值、项目计算期的全部现金净流量和投资风险,但它反映的是净现值的绝对值,无法反映项目的实际收益水平。

(2)如果只能选择一个方案的话,我们再看这三个方案的现值指数。

A 方案的现值指数 =[11 800 ×(P/F,10%,1)+13 240 ×(P/F,10%,2)]/20 000 =1.08

B 方案的现值指数 =[1 200 ×(P/F,10%,1)+6 000 ×(P/F,10%,2)+6 000 ×(P/F,10%,3)]/9 000 =1.17

C 方案的现值指数 =4 600 ×(P/F,10%,3)/12 000 =0.95

通过计算可知,A、B 两个投资方案的现值指数都大于1,说明这两个方案的收益超过成本,即投资报酬率超过预定的贴现率。B 方案的现值指数大于 A 方案,应选 B 方案,C 方案的现值指数小于1,应放弃。

(3)A 方案的投资收益率 =(1 800 +3 240)/2/20 000 ×100% =12.6%

B 方案的投资收益率 =(-1 800 +3 000 +3 000)/3/9 000 ×100% =15.6%

C 方案的投资收益率 =600/12 000 ×100% =5%

从计算结果看,A 方案和 B 方案的投资收益率都超过了10%,说明两个方案都可行,B 方案最佳;C 方案投资收益率仅为5%,不可行。

投资收益率的优点是计算公式简单;缺点是没有考虑资金时间价值因素,不能正确反映建设期长短及投资方式不同和回收额的多少对项目的影响,无法直接利用现金净流量信息。

三、物流企业其他投资管理

(一)货币资金投资管理

货币资金是以货币形态存在的可以随时动用的款项,具体包括库存现金、银行存款和其他货币资金(主要包括外埠存款、信用证存款、银行汇票存款、银行本票存款、在途货币资金等)。

货币资金是企业流动性最强、控制风险最高的资产,是企业生存与发展的基础。因此,必须加强对企业货币资金的管理和控制,建立健全货币资金内部控制机制,确保经营管理活动合法而有效。货币资金内部控制机制的四个目标之一就是实现货币资金的效益性,即合理调度货币资金,使其发挥最大的效益。货币资金持有过多会降低企业的盈利能力,持有过少会使企业资金周转困难,给企业带来财务风险,因此,物流企业必须确定货币资金的最佳持有量。确定货币资金最佳持有量的方法很多,其中较常用的是利用存货经济批量模型,求货币总成本最低时的货币资金持有量。

(二)应收账款投资管理

应收账款投资管理是指企业因赊销产品或劳务而形成的应收账款,是企业流动资产的一个重要项目。应收账款产生的根源在于赊销的销售方式。赊销行为其实是企业向客户提供的一种商业信用贷款,通过延期偿付达到刺激销售、增加盈利的目的。赊销是一种投资,投资管理要达到的目的就是使"利"最大化(最大限度地增加企业利润),使"弊"最小化(使呆账损失最小,使产品转化为现金的时间最短)。为此,要分析比较应收账款的成本与收益。

应收账款的成本包括资金占用成本、管理成本和坏账成本,其收益是采取赊销方式增加销售额所带来的利润增加。物流企业为控制应收账款的投资风险和收益,要从以下几个方面入手:

(1)根据自身的风险承受能力确定企业的信用策略(信用标准和信用条件)。

(2)从个人品质、付款能力、财务状况、外部环境等几个方面衡量客户的信用。

(3)应用应收账款投资总额动态控制法、应收账款平均收账期控制法和账龄分析法进行信用动态管理。

(4)通过比较坏账损失和收账费用确定合理的收账政策。

任务三
物流企业成本管理

一、物流成本的分类

(一)按照物流活动的环节不同分类

1. 运输成本

在现代物流中,运输在企业经营业务中占有主要地位,运输费用在整个物流成本中占有很大比例。经综合分析计算,运输费用在社会物流费用中一般占50%。运输是物流中最重要的功能要素之一,物流合理化在很大程度上依赖于运输合理化,而运输合理与否直接影响物流运输费用的高低,进而影响物流成本的高低。目前,一般企业的运输部门主要采取汽车运输,汽车物流运输成本主要包括:人工费用,如工资、福利费、奖金、津贴和补贴等;营运费用,如营运车辆的燃料费、轮胎费、折旧费、维修费、租赁费、车辆牌照检查费、车辆清理费、养路费、过路费、保险费、公路运输管理费等;其他费用,如差旅费、事故损失、相关税金等。

2. 仓储成本

仓储成本是物流成本的重要组成部分,物流成本的高低常常取决于仓储成本的大小,而且库存持有成本水平对于物流客户服务水平有重要的影响。仓储成本主要包括四部分:

(1)仓储持有成本

仓储持有成本是指企业为保持适当的库存而发生的成本,如仓储设备的折旧费、维修费,仓库职工工资,库存占用资金的利息,仓库的装卸搬运费,仓储商品的毁损变质损失,仓库的挑选整理费等。

(2)订货或生产准备成本

订货成本是指企业为了实现一次订货而进行的各种活动费用,包括处理订货的差旅费、办公费等支出。生产准备成本是指当库存的某些产品不是由供应方而是由企业自己生产时,企业为了生产一批货物而进行准备的成本,包括设备折旧费、材料费、加工费、人工费等。

(3)缺货成本

缺货成本是指由于库存供应中断而造成的损失,包括因原材料供应中断造成的停工损失、产成品库存缺货造成的延迟发货和丧失销售机会损失及紧急外购成本等。

(4)在途库存持有成本

在途库存持有成本一般包括资金占用成本、保险费用、仓储风险成本等。

3. 配送成本

配送成本是指企业的配送中心在对物品进行验收、入库、分拣、加工、包装、分割、组配及运送过程中所发生的各项费用的总和。根据配送流程及配送环节,配送成本主要由配送运输费用、分拣费用、配装费用、流通加工费用组成。

4. 包装成本

包装成本是指物流包装过程中所发生的包装设备费用、包装材料费用、包装劳务费用以及包装过程中的其他费用的总和。

5. 装卸与搬运成本

在物流过程中,装卸搬运是不断出现和反复进行的,每次装卸活动所耗费的人力、物力是装卸与搬运成本的主要组成。

6. 流通加工成本

流通加工成本的构成内容主要有流通加工设备费用、流通加工材料费用、流通加工劳务费用及流通加工其他费用等经费。

7. 物流信息管理成本

物流信息管理成本主要是指物流信息处理费、信息设备费、通信费、人工费等费用。

(二)按照经济用途不同分类

1. 固定资产折旧费

固定资产折旧费包括使用中的固定资产应计提的折旧和固定资产大修理费用。

2. 材料费

材料费包括一切材料、包装物、修理用配件和低值易耗品等。

3. 燃料动力费

燃料动力费包括各种固体、液体、气体燃料费,水费,电费等。

4. 工资

工资包括职工工资和企业根据规定按工资总额的一定比例计提的职工福利费、职工教育经费、工会经费等。

5. 利息支出

利息支出指企业应计入财务费用的借入款项的利息支出减去利息收入后的净值。

6. 税金

税金指应计入企业管理费用的各种税金，如房产税、车船使用税、土地使用税、印花税等。

7. 其他支出

其他支出指不属于以上各要素的费用支出，如差旅费、租赁费、外部加工费及保险费等。

(三)按照物流费用发生于企业内外部分类

1. 企业内部物流费用

企业内部物流费用主要是指在所发生的物流活动由企业内部人员和设备来完成的情况下，所产生的人工费，材料消耗，运输设施磨损，仓库设施的折旧、管理费用，资金占压的利息费用等物流费用。

2. 企业外部物流费用

企业外部物流费用主要是指物流业务外包过程中产生的物流费用。如委托运输公司的运输费、装卸费、包装费，委托仓储企业的货物储存费和搬运装卸费。

二、物流成本管理的途径

成本管理的目的在于通过降低成本来获取更大的利润。因此，物流企业的成本管理首先是制定成本控制目标，即以企业的目标盈利为基准，层层分解目标成本，落实到最基本的活动单位；其次是核算成本、控制绩效、检查实际执行状况，分析偏差并制定控制决策；再次是实施控制措施，修正控制目标。

(一)影响物流成本的因素

1. 物流合理化

物流合理化就是使物流设备配置和一切物流活动趋于合理，具体表现为以尽可能低的物流成本，获得尽可能高的服务水平。对于一个企业而言，物流合理化是影响物流成本的关键因素，直接关系到企业的效益，是物流管理追求的总目标。物流合理化包含的内容很多，不能简单地局限于运输、保管、装卸、搬运、包装、流通加工和信息处理等物流要素的合理化。应把物流设备和物流活动看成一个系统，各个物流要素同处于该系统之中，发挥着各自的功能和作用。比如，有时提高运输频率，运输成本增加了，但仓储保管的成本下降了，并由此而使总的物流成本减少了，也可达到目的。

2. 物流质量

加强物流质量管理，是降低物流成本的有效途径，只有不断提高物流质量，才能不断减少和消灭各种差错事故，降低各种不必要的费用支出；只有不断提高物流质量，才能降低物流过程的消耗，增加物流企业的盈利；只有不断提高物流质量，保持良好的信誉，才能吸引更多的客户，形成规模化的集约经营，提高物流效率，从根本上降低物流成本。在物流质量管理的过程中，物流服务质量更是物流企业所追求的目标，物流服务是物流成本的一项内容。物流服务质量的好坏，直接影响着物流企业在市场上的竞争力。

一般情况下，提高物流服务质量，物流成本就会增加；降低物流服务质量，物流成本相应也会降低。由此可见，在降低物流成本与提高物流服务质量之间存在反比关系。因此，在确定物流服务质量时，要以用户满意为前提，同时兼顾物流成本的合理，使两者的利益达到协调统一。

3. 物流效益

提高物流效益，可以减少资金占用，缩短物流周期，降低储存费用，从而节省物流成本。物流企业应注重对现有资源和流程的不断改造，提高作业效率，同时，配置一些基础性的设施，如计算机、各种管理软件、系统联网等。

4. 物流人才

使物流合理化，提高物流服务质量和物流效率，这些都需要专业人员去做，他们工作的方法、态度将间接影响企业物流成本的大小。同时，一个好的建议或者合理优化的方案，都会给企业带来巨大的效益。因此，物流企业要想发展物流，实现物流现代化，就必须重视对物流人才的培养与培训，为其创造良好的工作环境，制定培养人才、留住人才、使用人才的人才管理办法。

（二）降低物流成本的具体途径

由于实际物流情况的复杂性和多变性，降低物流成本的方法也是多种多样、变化不定的。常用的降低物流成本的主要途径有以下五种：

1. 采取统进分销、连锁经营模式

采用统进分销、连锁经营模式，实现集约经营，是现代物流企业的理性选择。

2. 加快物流速度，扩大物流量

全部物流成本可划分为可变成本和固定成本两部分。可变成本与物流量变动呈正比关系，即物流量增加时，物流成本的绝对总值也随之增加，反之则减少。而固定成本在物流量变动时，其绝对总值通常保持不变或变化较小。其费用水平与物流量的变化呈反比关系，即随着物流量的增加，平均在单位物流量中的固定成本费用水平呈现下降趋势。根据上述特点，可以采用加快物流速度、扩大物流量的方法来降低物流成本。

3. 减少物资周转环节

减少流通环节和物流时间，尽可能地直达供货，减少物资的集中和分散，会使企业物流速度加快，从而减少物流成本。

4. 采用先进合理的物流技术

采用先进合理的物流技术是减少物流成本的根本性措施，不仅可以不断提高物流的速度，增加物流量，而且可以大大减少物流损失，对减少物流成本具有十分重要的影响。

5. 改善物流管理,加强经济核算

要改革传统的财务会计制度,设立单独核算物流成本的会计科目。改善物流管理,建立科学合理的物流成本核算体系,加强经济核算,以保证物流成本的不断降低。

三、物流成本控制

(一)物流成本控制的原则

对物流成本实施控制,应遵循以下原则:

(1)全面性原则,即全过程、全方位、全员的成本控制。

(2)开源与节流相结合的原则。

(3)责、权、利相结合的原则。

(4)按目标管理的原则。

(5)按例外管理的原则。

(二)物流成本控制的内容和方法

1. 物流运输成本控制

物流运输成本控制的目的是在不影响运输可靠性、安全性和快捷性的前提下,使总运输成本最低。在实际工作中,影响运输成本的因素很多,因此运输成本的控制要根据不同的情况采取不同的措施。主要的途径有以下几种:

(1)选择最佳的运输方式。目前,运输方式主要有水路、公路、铁路、航空和管道运输五种。由于运输方式的经济性、迅速性和安全性、便利性之间存在着相互制约的关系,因此在多种运输方式并存的情况下,在控制运输成本时必须根据不同货物的特点及对物流运输服务的要求,对各种运输方式进行综合评估,加强运输服务要求与运输价格的权衡,从而选择最佳的运输方式。

(2)合理确定自有运输车辆的数量。应根据发货量的多少,确定合理的自有运输车辆数量。当自有运输车辆过少、发货量多时,自有运输车辆运力不足,需要从企业外部租车解决;相反,当自有运输车辆数量过多,发货量少时,就会出现车辆闲置,造成浪费。因此,应对自备用车费用、自备用车闲置费用和租车费用等因素进行综合权衡,做出配置自有运输车辆数量的合理决策。

(3)提高运输工具实载率以降低运输成本。提高运输工具实载率的目的是充分利用运输工具核定的运载能力,减少空载和不满载行驶时间。在单位运费一定时,通过改善装载方式来提高装载水平,可以充分利用运输工具的核定运载能力以降低单位运输成本,进而减少总运输成本。合理有效的装载方式包括拼装整车运输、轻重配载、实行货物的解体运输、提高堆码技术、利用组合运输、减少空载等。

(4)采用直达或直拨运输以降低运输成本。直达运输可以通过减少中转换载,提高运输效率,节省装卸费用,降低中转货损。当一次运输批量和客户一次需要量可以达到整车批量运输时,直达运输优势最为突出。直达运输适用于运输批量大的中长途运输。直拨运输是指商业、物资批发等企业在组织货物调运过程中，对当地生产或由外地到达的货物不运进批发站仓库，而是将货物直接分拨给基层批发、零售中间环节甚至是直接用户，这样可以获得运输时间与运输成本方面的双重经济效益。与直达运输相比，直拨运输适用于运输里程较近、批量较小的货物运输。

(5)采用集运方式降低运输成本。在货物运输中，运输批量越大，运输费用越低。因此，企业可以通过将小批量货物合并成大批量货物进行运输，即采用集运方式运输来降低单位运输成本。

2. 物流仓储成本控制

仓储成本是指企业为完成货物的存储业务而发生的全部费用。仓储成本控制的关键是简化出入库手续、提高仓储空间的利用效率、降低仓储成本、缩短储存时间等。通常，企业进行物流仓储成本控制时需着重做好以下四个方面的工作：

(1)优化仓库布局，减少库存点，实现库存适度集中。库存适度集中可以获得储存规模优势，降低仓储成本。目前，大多数企业都通过建立大规模的物流配送中心，把过去零星库存集中起来进行管理，并对一定范围内的用户进行直接配送。这是优化仓储布局的一个重要表现。但值得注意的是，在进行仓库布局时，由于仓库的减少与库存的集中，有可能会增加运输成本。因此，企业要在对运输成本、仓储成本和配送成本综合权衡的基础上考虑仓库布局问题。一般情况下，库存集中决策的依据是使企业物流总成本最低。

(2)确定合理的库存量以降低仓储成本。仓储的目的是调整货物供给和需求之间的时间差异，那么企业持有多少库存量才是合理的？为了保证供给，需要间隔多长时间补充库存？一次进货量为多少才能使总成本最低？这些都是确定库存量时需要考虑的问题。为了确定合理的库存量，企业可以根据自身特点，通过采用经济订货批量(EOQ)控制法来安排货物的采购，以降低仓储成本。

(3)运用 ABC 分类法管理库存以控制存货成本。ABC 分类管理就是将存货物品按品种和占用资金的多少分为特别重要的存货(A 类)、一般重要的存货(B 类)和不重要的存货(C 类)三个等级，针对不同等级分别进行管理与控制。

(4)加强仓库内部管理，降低仓储成本。在保证货物质量安全的情况下，更好地堆放和储存物品，节约保管成本；提高仓储空间的利用效率；提高保管人员的工作效率；做好库存盘点工作，了解库存额的增减变化情况，尽可能减少货物损失等。

3. 包装成本控制

为了保证产品的使用价值不受影响，方便储存和运输并能够吸引消费者购买，需要对产品进行必要的包装，但是产品的包装必须要合理，不能过度包装，造成不必要的浪费。为此，需要对包装成本进行控制，而包装成本控制的关键是包装的标准化和包装材料的耗费。在实际工作中，包装成本控制的主要措施有以下五种：①优化包装设计，降低包装成本。在包装设计时，应从产品性质、外观、储运要求等方面综合考虑降低包装成本的可能性，运用价值分析法优化包装材料价值功能，剔除过剩功能，节约包装成本。②强化包装物的领用管理，避免浪费。③努力实现包装尺寸的标准化、包装作业的机械化，降低包装成本。④加强包装物的回收和再利用。⑤有条件时组织散装运输，降低包装成本。

4. 物流装卸搬运成本控制

装卸搬运活动保证了物流各环节作业活动的衔接和正常进行。装卸搬运成本控制的关键在于保护好装卸搬运的物品，提高装卸、搬运作业效率，降低损耗率。在实际工作中，企业进行物流装卸搬运成本控制的主要措施有以下六种：①减少作业次数，防止和消除无效作业；②缩短作业距离；③增加作业的容易度，减少装卸搬运作业的工作量，降低作业成本；④提高货物灵活性，即在装卸搬运作业中上一个作业环节必须为下一个作业环节的物流活动提供方便；⑤合理选择装卸搬运设备，合理规划装卸搬运方式和装卸搬运作业方法；⑥加强装卸搬运作业的安全管理，减少装卸搬运损失。

5. 流通加工成本控制

流通加工成本控制的关键在于对反映流通加工特征的经济指标进行监控。企业进行流通加工成本控制的措施主要包括合理确定流通加工的方式、合理确定加工能力和改进流通加工的生产管理。

任务四 物流企业财务分析与评价

一、财务分析与财务评价概述

（一）财务分析与财务评价的意义

财务分析与财务评价是指以企业财务报告及其他相关资料为主要依据，运用科学的方法，通过对企业物流活动的财务报表和管理会计报告所提供的数据信息进行加工处理和对比，以分析企业过去的财务状况和经营成果以及未来前景，从而为企业及有关方面进行经济决策、提高资产管理水平提供重要依据。

（二）财务分析与财务评价的要求

财务分析与财务评价需要做到以下几点：

1. 分析与评价的内容应该满足多元分析主体的需要。财务分析与评价的主体是指财务分析与评价工作为之服务的对象，包括企业经营者、投资者和债权人等。

2. 财务分析与评价应以公认的会计准则和有关规章制度为依据。

3. 及时提供财务分析和财务评价结果。

4. 注意各种指标的综合运用。如定量分析与定性分析相结合、趋势分析与比率分析相结合、横向分析与纵向分析相结合、静态分析与动态分析相结合，以便取长补短，发挥财务分析与财务评价的总体功能效应。

(三)财务分析与财务评价的内容

财务分析与评价信息的需求者主要包括企业所有者、企业债权人、企业经营决策者和政府等。不同主体出于不同的利益考虑,对财务分析与评价信息有着各自不同的要求。

1. 作为企业所有者的投资人或股东,必然高度关心其资本的保值和增值状况,也就是投资回报率。一般股东关心企业的股息、红利的提高。具有控制权的股东则更关注企业如何增强竞争能力,扩大市场占有率,降低财务风险,追求长期、稳定的利润增长,因此较为重视企业获利能力指标。

2. 作为企业债权人,因不能参与企业剩余收益的分配,首先关注的是其债券的安全性,考虑更多的是企业是否有足够的支付能力,以保证及时、足额地支付到期债务,因此更重视企业偿债能力指标。

3. 作为企业经营决策者,为了满足不同利益主体的需要,必须对企业经营理财的各个方面,包括营运能力、偿债能力、获利能力及发展能力的全部信息予以详尽的了解和掌握,以便及时发现问题,采取对策,调整目标和定位,使经济利益得到稳步增长。

4. 政府兼具多重身份,既是宏观经济管理者,又是国有企业的所有者和重要的市场参与者。因此,政府对企业财务分析的关注点因所具身份不同而异。政府既希望在谋求资本保全的前提下获得稳定的财政收入,又希望借助对企业的财务分析,有效地组织和调整社会资源的配置,进而达到经济效益和社会效益的协调增长。

综上所述,财务分析与财务评价的基本内容包括偿债能力分析、营运能力分析、获利能力分析和发展能力分析四个方面,四者是相辅相成的关系。

(四)物流企业财务分析与评价的依据

1. 资产负债表

资产负债表是以资产 = 负债 + 所有者权益为依据,按照一定的分类标准和次序反映现代物流企业在某一时点上资产、负债及所有者权益的基本状况的会计报表。资产负债表可以提供企业的资产结构、资产流动性、资金来源状况、负债水平及负债结构等信息,分析者可以了解企业拥有的资产总额及其构成状况,考察企业资产结构的优劣和负债经营的合理程度,评估企业清偿债务的能力和筹资能力,预测企业未来的财务状况和财务安全度,从而为债权人、投资人及企业管理者提供决策依据。

2. 损益表

损益表是以利润 = 收入 - 费用为根据编制的,是反映物流企业在一定经营期间内物流活动经营成果的财务报表。通过损益表可以考核现代物流企业利润计划的完成情况,分析企业实际的盈利水平及利润增减变化原因,预测利润的发展趋势,为投资者及企业管理者等提供决策依据。损益表也是计算投资利润率和投资利税率的基础和依据。

3. 现金流量表

物流企业的现金流量表是以净现金流量 = 现金流入量 - 现金流出量为依据编制的,通过现金和现金等价物的流入、流出情况,反映企业在一定期间内的经营活动、投资活动和筹资活动的动态情况的财务报表。它是计算现代物流企业内含报酬率、财务净现值和投资回收期等反映投资项目盈利能力指标的基础。根据计算的基础不同,现金流量表可分为全部投资财务现金流量表和自有资金财务现金流量表。

二、财务分析的基本方法

(一)趋势分析法

趋势分析法又称为水平分析法,是通过比较两期或连续数期财务报告中的相同指标,确定其增减变动的方向、数额和幅度来说明企业财务状况或经营成果的变动趋势的一种方法。

趋势分析法的具体运用主要有重要财务指标的比较、会计报表的比较和会计报表项目构成的比较三种方式。

1. 重要财务指标的比较

这种方法是将不同时期财务报告中的相同指标或比率进行比较,直接观察其增减变动情况及变动幅度,考察其发展趋势,预测其发展前景。不同时期财务指标的比较主要有以下两种方法:

(1)定基动态比率。定基动态比率是以某一时期的数额为固定的基期数额计算出来的动态比率。其计算公式为

$$定基动态比率=\frac{分析期数额}{固定蓄期数额}\times 100\%$$

(2)环比动态比率。环比动态比率是以每一分析期的前期数额为基期数额计算出来的动态比率。其计算公式为

$$环比动态比率=\frac{分析期数额}{前期数额}\times 100\%$$

2. 会计报表的比较

它是指将连续数期的会计报表的金额并列起来,比较其相同指标的增减变动金额和幅度,据以判断企业财务状况和经营成果发展变化的一种方法。会计报表的比较具体包括资产负债表比较、利润表比较和现金流量表比较等。

3. 会计报表项目构成的比较

这种方法是在会计报表比较的基础上发展而来的,是以会计报表中的某个总体指标作为100%,再计算出其各组成项目占该总体指标的百分比,从而比较各个项目百分比的增减变化,以此来判断有关财务活动的变化趋势。

采用趋势分析法时,应该注意以下几个问题:①所对比指标的计算口径必须一致;②应剔除偶发性项目的影响;③应运用例外原则对某项有显著变动的指标做重点分析。

(二)比率分析法

比率分析法是通过计算各种比率指标来确定财务活动变动程度的方法。比率指标的类型主要有构成比率、效率比率、相关比率三类。

1. 构成比率

构成比率又称结构比率,是某项财务指标的各组成部分数值占总体数值的百分比,反映部

分与总体的关系。利用构成比率可以考察总体中某个部分的形成和安排是否合理，以便协调各项财务活动。其计算公式为

$$构成比率=\frac{某个组成部分数值}{总体数值}\times 100\%$$

2. 效率比率

效率比率是某项财务活动中所费与所得的比率，反映投入与产出的关系。利用效率比率指标，可以进行得失比较，考察经营成果，评价经济效益。

3. 相关比率

相关比率是以某个项目和与其有关但又不同的项目加以对比所得的比率，反映有关经济活动的相互关系。利用相关比率指标可以考察企业相互关联的业务安排得是否合理，以保障经营活动顺畅进行。

采用比率分析法时，应当注意以下几点：①对比项目的相关性；②对比口径的一致性；③衡量标准的科学性。

(三)因素分析法

因素分析法是依据分析指标与其影响因素的关系，从数量上确定各因素对分析指标影响方向和影响程度的一种方法。采用这种方法的出发点在于，当有若干因素对分析指标发生影响作用时，假定其他各个因素都无变化，顺序确定每一个因素单独变化所产生的影响。因素分析法具体有两种：连环替代法和差额分析法。

1. 连环替代法

连环替代法是将分析指标分解为各个可以计量的因素，并根据各个因素之间的依存关系，顺次用各因素的比较值(通常即实际值)替代基准值(通常即标准值或计划值)，据以测定各因素对分析指标的影响。

2. 差额分析法

差额分析法是连环替代法的一种简化形式，它是利用各个因素的比较值与基准值之间的差额来计算各因素对分析指标的影响。

采用因素分析法时，必须注意以下问题：①因素分解的关联性；②因素替代的顺序性；③因素替代的连环性；④计算结果的假定性。

三、物流企业财务分析与评价的指标体系

(一)偿债能力分析与评价

偿债能力是指物流企业偿还债务的能力。偿债能力指标是用来总结和评价企业长期及短期内能够用其资产偿还负债能力的大小，或者用来判断企业举债经营安全程度的指标。反映企业偿债能力的指标有以下五个：

1. 流动比率

流动比率是物流企业流动资产与流动负债的比率。它表明企业每一元流动负债有多少流

动资产作为偿还的保证。其计算公式为

$$流动比率 = \frac{流动资产}{流动负债} \times 100\%$$

流动比率反映了流动资产对流动负债的保障程度。流动比率越高,表明企业短期偿债能力越强。从债权人的角度来看,流动比率越高则其债权越有保障,对其越有利。但从经营管理者理财的角度来看,过高的流动比率表明管理上存在问题,因为流动比率过高,可能是企业滞留在流动资产上的资金过多,未能有效地加以利用,进而会影响企业的获利能力。通常流动比率定为200%左右比较合适。

2. 速动比率

速动比率是企业速动资产与流动负债的比率。速动资产是指能迅速转变为现金的资产,包括现金、各种存款、有价证券和应收账款等资产。速动比率的计算公式为

$$速动比率 = \frac{(流动资产 - 存货)}{流动负债} \times 100\%$$

因为速动资产流动性强、变现速度快,所以速动比率比流动比率更能精确地反映企业短期债务的偿还能力。一般认为,企业速动比率应达到100%左右。速动比率过高,会造成资金浪费,资金使用效率低;过低则说明偿债能力弱,财务风险大,不利于吸引投资者。

3. 资产负债率

资产负债率是企业负债总额与资产总额的比率,是衡量企业长期偿债能力的重要指标。它反映在企业总资产中,有多少比例是通过举债来筹集的,同时也表明企业清算时债权人利益的保障程度。资产负债率也称为举债经营比率或负债比率,其计算公式为

$$资产负债率 = \frac{负债总额}{资产总额} \times 100\%$$

从债权人角度来看,这一指标越低越好,该指标越低,说明全部资本中所有者权益的比例越大,企业财力也越充足,债权人按期回收本金和利息也就越有保证。从所有权人的立场来看,该指标的评价要视借入资本的代价而定。当全部资产利润率高于借贷利率时,希望资产负债率高些;反之则希望其低些。从经营管理者角度来看,资产负债率的高低,反映其对企业前景的信心程度。资产负债率高,表明企业活力充沛,对其前景应充满信心,但需承担的财务风险较大,同时过高的负债比率也会影响企业的筹资能力。因此,企业经营管理运用举债经营策略时,应全面考虑,权衡利害得失,保持适度的负债比。

4. 产权比率

产权比率也称负债与股东权益比率,是负债总额与所有者(股东)权益总额的比率,其计算公式为

$$产权比率 = \frac{负债总额}{所有者权益} \times 100\%$$

这个指标是衡量企业对长期债务的偿还能力和反映企业财务结构稳定状况的指标,实际上是负债比率的另一种表现形式。该指标越低,说明企业长期债务状况越好,债权人贷款的安全越有保障,企业财务风险越小。

5. 利息保障倍数

利息保障倍数也称利息所得倍数,是企业经营业务的收益与利息费用的比率,用于分析物

流企业在一定盈利水平下支付债务利息的能力。其计算公式为

$$利息保障倍数=\frac{税前利润+利息费用}{利息费用}\times 100\%$$

该指标越高,说明企业利润为支付债务利息提供的保障程度越高;反之,说明保障程度低,会使企业失去对债权人的吸引力。

(二)营运能力分析与评价

营运能力又称资金周转状况,即企业充分利用现有资源创造社会财富的能力。营运能力指标是用来总结、分析和评价物流企业销售能力、资金流动性等正常经营运转能力的指标。它反映企业资产管理的效率和水平。常用的评价指标有存货周转率、应收账款周转率、流动资产周转率、固定资产周转率和总资产周转率。

1. 存货周转率

存货周转率是企业一定时期内的销货成本与平均存货的比率。它是衡量企业购货、生产、销售各环节管理效率的综合性指标,通常用存货周转天数和存货周转次数两种方式表示。其计算公式分别为

$$存货周转率(次数)=\frac{销售成本}{平均存货余额}$$

$$存货周转天数=\frac{360}{存货周转率}$$

$$平均存货余额=\frac{期初存货余额+期末存货余额}{2}$$

在正常情况下,存货周转率越高,说明存货周转越快,物流企业销售能力越强,利润率就越大,营运资金用于存货的余额就越小。但存货周转率过高,也可能说明经营管理方面存在一些问题,如存货水平过低、批量太小等。存货周转率过低常常是库存管理不善、存货积压、资金沉淀、销售状况不佳的结果。因此,对存货周转率的分析,必须结合企业实际情况,充分考虑诸多因素的影响。

2. 应收账款周转率

应收账款周转率是物流企业赊销收入净额与应收账款平均余额的比率,是反映企业应收账款回收速度和管理效率的指标。其计算公式为

$$应收账款平均余额=\frac{期初应收账款余额+期末应收账款余额}{2}$$

$$应收账款周转率=\frac{赊销收入净额}{应收账款平均余额}$$

$$应收账款周转天数=\frac{360}{应收账款周转率}$$

该指标是评价应收账款流动性大小的一个重要财务比率,反映了企业在一个会计年度内应收账款的周转次数。这一比率越高,表明企业应收账款的变现速度越快、管理效率越高、资金回收越迅速,越不易发生呆账或坏账损失,流动资产营运状况越好;反之,则相反。

3. 流动资产周转率

流动资产周转率是销售收入和流动资产平均余额的比率,反映的是全部流动资产的利用

效率,可用公式表示为

$$流动资产周转率=\frac{销售收入}{流动资产平均余额}$$

式中,流动资产平均余额=(年初流动资产余额+年末流动资产余额)/2

该指标是分析流动资产周转情况的一个综合性指标,这项指标越高,说明流动资产周转速度越快,资金运用效果越好。

4. 固定资产周转率

固定资产周转率也称为固定资产利用率,是企业销售收入与固定资产平均净值的比率。其计算公式为

$$固定资产周转率=\frac{销售收入}{固定资产平均净值}$$

式中,固定资产平均净值=(年初固定资产净值+年末固定资产净值)/2。

该指标用于分析固定资产的利用效率,指标越高,说明固定资产的利用效率越高。

5. 总资产周转率

总资产周转率也称总资产利用率,是销售收入与平均资产总额的比率。其计算公式为

$$总资产周转率=\frac{销售收入}{平均资产总额}$$

式中,平均资产总额=(期初资产总额+期末资产总额)/2。

该指标可用来分析企业全部资产的使用效率。如果该比率较低,说明企业利用其资产进行经营的效率较差,会影响企业的获利能力,企业应采取措施提高销售收入或处置资产,以提高总资产利用率。

(三)获利能力分析与评价

获利能力是指企业赚取利润的能力。盈利是企业的重要经营指标,是企业生存和发展的物质基础。获利能力分析与评价是财务分析不可缺少的重要内容。

评价企业获利能力的指标主要有净利润率、资产报酬率、销售利税率和成本费用利润率。

1. 净利润率

净利润率也称销售利润率或销售净利率,是利润净额与净销售收入的比率,其计算公式为

$$净利润率=\frac{利润净额}{净销售收入}$$

净利润率表明企业每一元销售收入可实现的净利润是多少。净利润率越高,说明企业的获利能力越强。

2. 资产报酬率

资产报酬率是企业利润总额同利息之和与平均资产总额的比率。其计算公式为

$$资产报酬率=\frac{息税前利润}{平均资产总额}$$

式中,平均资产总额=(年初资产总额+年末资产总额)/2。

在这里,把利息列入资产报酬总额,是因为利息也是企业负债资本增值的一部分,只是企业将其支付给债权人而已。企业资产报酬总额的多少,受到企业资产的数量、资产结构及经营

管理水平的影响。该比率越高,表明资产利用效率越高,获利能力越强。分析评价资产报酬率,可以促进企业改进经营管理,将有限的资产尽可能使用得更好,从而提高企业的获利能力。

3. 销售利税率

销售利税率是指企业在一定时期内利税总额与净销售收入的比率。其计算公式为

$$销售利税率=\frac{利税总额}{净销售收入}$$

销售利税率是衡量企业销售收入水平的指标。该比率越高,说明企业的销售收益水平越高,同时也说明企业对国家的贡献越大。

4. 成本费用利润率

成本费用利润率是税后利润净额与成本费用总额的比率。其计算公式为

$$成本费用利润率=\frac{税后利润净额}{成本费用总额}$$

该指标反映企业付出与所得的关系。这一比率越高,说明企业为获取收益而付出的代价越小,企业获利能力越强。因此,该指标不仅可以用来评价企业获利能力的高低,也可以评价企业对成本费用的控制能力和经营管理水平。

(四)企业财务状况变化趋势分析与评价

趋势分析主要是通过比较企业连续几期的财务报表或财务比率来了解企业财务状况变化的趋势,并以此来预测企业未来的财务状况。进行趋势分析主要用比较财务报表、比较百分比财务报表、比较财务比率和图解法等。

●阅读材料

政策要求降低企业物流成本对物流业的意义

降成本是今年供给侧结构性改革的五大任务之一。2016 年 8 月,国务院印发《降低实体经济企业成本工作方案》(以下简称《工作方案》),从税费、融资、交易、人工、用能用地、物流、资金周转、内部挖潜等八个方面提出 30 条具体措施,打出了降低企业成本的“组合拳”。

《工作方案》提出,要较大幅度降低企业物流成本,并设立具体的量化指标,对于提高实体经济企业物流效率、有效降低物流成本具有重大意义。

一、企业物流是实体经济降成本的重点领域

物流业作为融合运输、仓储、货代、信息等产业的复合型服务业,对于支撑国民经济发展具有基础性、战略性和引领性作用。

加快发展现代物流业的重任之一就是降低产生物流费用企业的物流成本,并以企业改变物流运作方式即供应链管理和服务外包来发展第三方物流,实现企业物流转型升级,从而有效促进我国产业结构调整、加快发展方式转变,提高国民经济竞争力。

由于产业发展阶段、结构和运作方式等原因,我国物流成本长期处于较高水平,社会物流总费用与 GDP 的比率在 16% 以上;企业经营层面,物流费用占企业主营业务收入的比重至今未低于 8%,其中工业企业的这一指标更是接近 9%。

初步测算,物流总费用占 GDP 的比率每降低 1 个百分点,就可为工业企业节省超过 9 000 亿元的费用,为我国经济和社会发展带来超过 6 500 亿元的效益。

与经济发达国家相比，我国物流成本依然较高。上述两个指标中，目前，我国社会物流总费用与 GDP 的比率约为同期美国的 2 倍、日本的 2 倍、德国的 1.9 倍、印度的 1.3 倍、巴西和墨西哥的 1.4 倍；物流费用占企业主营业务收入的比重大约比美国高 0.6 个百分点、比日本高 3.5 个百分点。

虽然过去几年有所下降，但是未来我国物流成本依然还具有一定的下降空间。

物流成本占据了企业成本的较大比重，又具有一定的下降空间，成了名副其实的企业"第三利润源泉"，它成为我国实体经济企业降成本的重点领域之一。

为充分释放物流这一"第三利润源泉"，我国制定了一系列针对性政策措施，物流业发展环境获得了明显改善。

1. 进一步完善了物流业发展的顶层设计

按照《物流业发展中长期规划(2014—2020 年)》要求，出台了《物流标准化中长期发展规划(2015—2020 年)》《全国电子商务物流发展专项规划(2016—2020 年)》等专项规划，对我国物流业发展的战略框架进行了细化和完善。

2. 推进了物流重点领域的发展

先后出台了《关于促进快递业发展的若干意见》《关于加强物流短板建设促进有效投资和居民消费的实施方案》《关于推进供给侧结构性改革促进物流业"降本增效"的若干意见》《"互联网+"高效物流实施意见》和《营造良好市场环境推动交通物流融合发展实施方案》，对快递配送、农村物流、冷链物流等重点领域给予了一定支持，对物流与互联网、物流与交通融合发展起到促进作用。

3. 加大了物流业创新的支持力度

先后开展了"现代物流创新发展城市""多式联运工程""农产品冷链流通标准化"等试点示范工作，鼓励地方和企业开展物流创新和先行先试，并及时总结推广先进经验。

4. 进一步减轻了物流企业负担

先后发布了《关于继续实施物流企业大宗商品仓储设施用地城镇土地使用税优惠政策的通知》《关于完善港口建设费征收政策有关问题的通知》《关于全面推广营业税改征增值税试点的通知》，大幅降低了物流企业的要素使用成本和税费成本，增强了企业的活力。

二、企业物流成本有望继续降低

《工作方案》提出了"改善物流业发展环境，发展运输新业态""合理确定公路运输收费标准，规范公路收费管理和监督执法""规范机场铁路港口收费项目，清理不合理服务收费"等三条措施。

其基本逻辑是，利用产业链上下游企业间的价值传导机制，从提升物流企业经营效率、降低物流企业负担入手，出台有利于企业先进供应链物流服务系统建设的具体措施，不仅会对降低物流企业成本起到促进作用，以便提供更加"价低质优"的物流服务，从而降低制造、商贸企业的物流成本，而且将以社会分工的深化达到降低实体经济总成本的效果。

通过健全物流标准体系，推广城市配送、多式联运、甩挂运输、无车承运人等物流运输新业态，物流业运行效率将获得提高。

通过取消二级公路收费、严查公路"乱收费""乱罚款"、清理机场铁路港口不合理收费，物流企业的税费负担将进一步降低。

可以预见，在《工作方案》的推动下，我国物流智能化、标准化水平将不断提高，互联网、大数据、云计算等应用将更加广泛,新型物流业态将更多涌现,社会物流总费用与 GDP 的比率、物流费用占企业主营业务收入的比重有望继续降低,企业物流能力建设和水平提升的步伐会不断加快。

课后习题

一、单项选择题

1. 以货币形态存在的可以随时动用的款项是指(　　)。

A. 货币资金　　B. 应收账款

C. 债务资金

2. 减少流通环节和物流时间,尽可能地直达供货,减少物资的集中和分散,会使企业物流速度加快,从而减少(　　)。

A. 货币资金　　B. 应收账款

C. 物流成本

3. (　　)是通过计算各种比率指标来确定财务活动变动程度的方法。

A. 比率分析法　　B. 因素分析法

C. 连锁替代法

二、多项选择题

1. 物流企业筹资要分析评价影响筹资的各种因素,主要包括(　　)。

A. 确定资金需要量　　B. 控制资金投放时间

C. 选择资金来源渠道　　D. 确定资金合理结构

2. 企业发行债券具有(　　)特征。

A. 期限性　　B. 偿还性

C. 风险性　　D. 利息率

3. 按照投资方向的不同,投资可以分为(　　)。

A. 长期投资　　B. 对内投资

C. 短期投资　　D. 对外投资

4. 投资决策应考虑的主要因素有(　　)。

A. 资金的时间价值　　B. 投资的风险价值

C. 现金流量　　D. 资金成本

5. 按照我国会计制度的规定,物流企业成本费用项目包括(　　)。

A. 营业税金及附加　　B. 经营费用

C. 管理费用　　D. 财务费用

6. 物流仓储成本包括(　　)。

A. 仓储持有成本　　B. 订货或生产准备成本

C. 缺货成本　　D. 在途库存持有成本

7. 影响物流成本的因素主要有(　　)。

A. 物流合理化　　B. 物流质量

C. 物流效益　　D. 物流人才

8. 财务分析与财务评价的基本内容包括(   )。

A. 偿债能力分析　　B. 营运能力分析

C. 获利能力分析　　D. 发展能力分析

三、问答题

1. 常用的筹资渠道和方式有哪些?
2. 简述企业投资应遵循的原则。
3. 降低物流成本的具体途径有哪些?
4. 简述物流运输成本控制的途径。
5. 财务分析有哪些常用指标?

四、案例分析题

某物流配送中心 2016 年有关经济效益评价指标如表 8-2 所示:

表 8-2　某物流配送中心 2016 年有关经济效益评价指标

指标	计划指标(%)	实际指标(%)
流动比率	300	320
速动比率	150	120
资产负债率	50	62
应收账款周转率	300	260
存货周转率	280	300
资本金利润率	25	27
销售利税率	20	22
成本费用利润率	18	16

思考题

试从投资者、债权人和企业经营者的角度对该企业的财务状况进行分析。

项目九 物流企业信息管理

●学习目标

知识目标

了解物流信息技术的应用与发展趋势,掌握典型的物流信息技术,理解物流信息管理的概念与内容,掌握物流信息系统的规划,了解智慧物流的内涵与价值体现。

技能目标

灵活运用所学知识分析案例,具备运用理论知识进行物流信息分析与管理的基本技能。

●引导案例

国美 ERP 系统引领行业潮流

2011 年 12 月 1 日,国美电器宣布,国美 ERP 系统成功上线,实现了制造商与渠道商的共赢。ERP 的成功上线给国美的发展再次注入巨大的活力,ERP 系统使国美在产品供应、物流送货、上门安装等方面的服务能力大大提升,在家电行业遥遥领先。

国美 ERP 系统构建了真正的联合供应体,实现了订单协同、库存协同等多个协同。在订单协同方面,通过 ERP 系统的补货数据,国美可以每周向供应商发布准确的订单。系统可预测出补货需求,由国美品类部合理调整后将数据发给供应商,这样既可保证 80% 以上订单的准确性,也方便供应商提前做好产品的物料准备。国美新的 ERP 上线以后,更大程度上保障了货物的供给需求,同时系统支持全国库存分享到门店,最大程度上增强了商品流通的能力,保证了有货率,减少了库存积压;在库存协同方面,国美每月向供应商提供一次精细化到地区的库存分析数据,可针对需求双方共同协作处理的问题做出解释。

同时,国美ERP系统运用了全球领先的批次管理模型,批次管理能够管理每一个单独商品的整个生命周期,包括从订单到入库、到门店、到消费者,甚至到售后的全部流程,所有数据均在系统中有非常明确的体现。因此,系统在与供应商的采购、退换货、促销、结算等一系列流程方面得以优化,真正做到与所有供应商之间的交易都基于真实的、客观的数据。这也打破了此前家电产业链供需不对接的痼疾,实现信息的共享与透明,供应商借助国美开放的ERP系统和权限,可以实时掌握终端的销售、库存信息,从而更好地安排生产与配送。

ERP的上线还把国美网上商城带进一个崭新的阶段。电子商务的核心系统就是后台信息管理系统,而作为全球最先进的信息化系统,ERP系统充分保证国美的物流、资金流、信息流的高效整合,再加上领先的订单执行系统,国美网上商城不仅可以实时掌握每一个环节,实现订单过程的可控性,而且还可以通过数据化的需求来推动供应商逐步实现标准化和模块化,最终降低整条供需链的成本,也从根本上杜绝丢单、订单不执行和信息滞后等问题。

国美ERP的成功上线,使每个环节的资源都得到最合理的利用,优化了资源配置,提高了企业整体效率,同时也在家电零售行业树立起新标杆。

案例讨论

1. 企业的信息化建设需要充分考虑实际,国美的ERP系统是如何将其系统与具体实际相结合的?

2. 结合上述案例思考:企业在设计信息系统的时候会遇到什么问题?

任务一 物流信息技术

一、物流信息技术的内涵

物流信息技术(Logistics Information Technology)是指运用于物流领域的信息技术,它是现代计算机技术、通信技术、网络技术等技术手段的综合与集成。目前,在物流领域广泛应用的信息技术包括条形码技术、电子数据交换技术(EDI)、地理信息系统(GIS)与全球卫星定位系统(GPS)、无线射频识别技术(RFID)等。

物流信息技术是物流现代化的重要标志,也是物流技术中发展最快的领域,从数据采集的条形码系统,到办公自动化系统中的微机、互联网,各种终端设备等硬件以及计算机软件都在日新月异地发展。同时,随着物流信息技术的不断发展,产生了一系列新的物流理念和新的物流经营方式,推进了物流的变革。

二、典型的物流信息技术

1. 条形码技术

条形码(Bar Code)简称条码,是由一组排列规则的条、空及字符组成的,用于表示一定信息的代码。条形码技术是在计算机和信息技术基础上产生和发展起来的集编码、识别、数据采集、自动录入和快速处理等功能于一体的新兴信息技术。条形码技术以其独特的技术性能(如实时生成或预先制作均可,操作简单、成本低廉、技术成熟等),广泛应用于各行各业,迅速地改变着人们的工作方式和生产作业管理,极大地提高了生产效率。其中,尤以现代化物流业运用最为广泛、有效。条形码技术是物流信息系统的关键节点和物流信息由手工处理到数字化、自动化的桥梁,可以说没有条码技术就无法建立真正的物流信息系统。

●阅读材料

上海每个邮筒配备身份证　扫描二维码一分钟寄快件

曾几何时,矗立在上海街头的3 000多个邮筒,风雨无阻地承担着邮政普遍服务的职责。但随着网络的出现,让邮筒没了用武之地。不过,2014年11月27日起,配备了“二维码身份证”的邮筒将重新闪亮登场,成为上海邮政“快寄”业务的街头“揽件员”,市民只需扫描二维码,不到一分钟即可轻松寄快件。

2014年11月27日起,市民在街头看到墨绿色的邮筒时,会发现邮筒身上的铭牌上多了一个二维码,这就是每个邮筒各不相同的“二维码身份证”。有了这个二维码之后,利用互联网和二维码相结合,每个邮筒就成了上海邮政“快寄”业务的街头“揽件员”。

“快寄”业务是上海邮政2014年8月推出的一项同城快递服务,当天收件,隔日送达。这一业务的一大特点是市民可提前到邮政网点或东方书报亭购买同城邮资预付封套,交件或收件时无须再支付费用。按照类型不同,预付费封套分为文件类和物品类。其中,文件类又有7元“商务封”和6元“经济封”两种,“商务封”大小容量和邮政EMS一样,“经济封”则大约是“商务封”的一半;而物品类的预付费封套资费分为12元、15元、20元三档。从收费来看,“快寄”文件类的收费不但大大低于邮政EMS,而且比“四通一达”等民营快递还便宜,因此一经推出就受到了消费者的青睐。

此前,市民使用“快寄”快递快件时,除了可至全市500多家邮政网点或700家东方书报亭交件外,也可拨打11185邮政热线或用手机下单等揽件员上门取件。而现在,街头的邮筒也开始担当“快寄”的“揽件员”,市民寄件时可就近投到邮筒。这不但能减轻邮政揽件员上门收件的压力,还将大大节约市民的时间,“比如,市民有事要出门时,可就近将快件投到邮筒,而不必在家苦等揽件员上门”。

用邮筒寄快件,怎么个寄法?《青年报》记者昨日采访发现,整个过程只需四步,方便快捷,从扫描二维码到将快件投进邮筒,整个过程用不了一分钟。

首先,找到最近的邮筒后,市民需使用微信“扫一扫”功能,扫描邮筒铭牌上的二维码,关注并绑定“上海邮政快寄”微信号的同时,获取邮政信筒信息;第二步,扫描“快寄”封套面单上的二维码,获取邮件编号;第三步,确认交寄信息后,系统将推送验资信息(封套一旦经过验资,即视作盖销邮资凭证,不得重复使用);第四步,将已验资的“快寄”邮件投入邮筒即完成交寄。由于邮筒的"进口"高度有限,目前邮筒可交寄的"快寄"邮件仅限商务封、经济封、单据封和定制封,物品类不在交寄范围。为了方便市民使用,每个邮筒的铭牌上都标有交寄"快寄"邮件的使用方法。

邮政部门介绍说,增加了快件"揽件"功能后,邮筒的开箱频率不会增加,但只要市民在最后一次开箱时间之前交寄,基本能保证快件第二天送达,"2014 年 11 月 22 日—23 日,我们进行了一次全市范围的压力测试,3 000 多个邮筒按每个邮筒有一个快件,全部流程检验下来后,次日达的成功率达到了 98%"。

利用互联网和二维码技术让邮筒"触网",这在全国尚属首次尝试。邮政部门表示,未来会视效果将更多便民服务加入到邮筒服务行列,"比如挂号信,以后也可以用邮筒收寄"。

2. 电子数据交换技术

电子数据交换(Electronic Data Interchange,EDI)是通过电子方式,采用标准化的格式,利用计算机网络进行结构化数据的传输和交换。

工作方式大体如下:用户在计算机上进行原始数据的编辑处理,通过 EDI 转换软件将原始数据格式转换为平面文件,平面文件是用户原始资料格式与 EDI 标准格式之间的对照性文件。通过翻译软件将平面文件变成 EDI 标准格式文件。然后在文件外层加上通信信封,通过通信软件发送到增值服务网络或直接传送给对方用户,对方用户则进行相反的处理过程,最后成为用户应用系统能够接收的文件格式。

物流数据交换技术利用计算机网络系统,在企业内部与供应商及客户之间交换物流服务信息。

3. 地理信息系统

地理信息系统(Geographical Information System,GIS)是多种学科交叉的产物,它以地理空间数据为基础,采用地理模型分析方法,适时地提供多种空间的和动态的地理信息,是一种为地理研究和地理决策服务的计算机技术系统。其基本功能是将表格型数据(无论它来自数据库、电子表格文件或直接在程序中输入)转换为地理图形显示,然后对显示结果浏览、操作和分析。其显示范围可以从洲际地图到非常详细的街区地图,显示对象包括人口、销售情况、运输线路和其他内容。

其在物流方面的应用如下:车辆路线模型、网络物流模型、分配集合模型、设施定位模型等。

4. 全球卫星定位系统

全球卫星定位系统(Global Positioning System,GPS)是美国军方于 20 世纪 70 年代初在"子午仪卫星导航定位"技术上发展起来的导航定位、定时、测速系统,它实时地为全球范围内的各类目标提供持续的三维导航定位、三维速度及精确的时间信息。它的物流服务功能主要体现在车辆自定位、实时监管、双向通信、动态调度等方面,在铁路运输管理与军事物流应用方面发挥特殊作用。

5. 无线射频识别技术

无线射频识别(Radio Frequency Identification,RFID)是非接触式自动识别技术的一种。其主要核心部件是一个电子标签,通过相距几厘米到几米距离内传感器发射的无线电波,可以读取电子标签内储存的信息,识别电子标签代表的物品。识别工作无须人工干预,可工作于各种恶劣环境。短距离射频产品不怕油渍、灰尘污染等恶劣的环境,可以替代条码,例如用在工厂的流水线上跟踪物体。长距离射频产品多用于交通上,识别距离可达几十米,如自动收费或识别车辆身份等。

RFID 具有一些非常明显的优点:读取方便快捷、识别速度快、数据容量大、使用寿命长、应用范围广、标签数据可动态更改(利用编程器可以写入数据,从而赋予 RFID 标签交互式便携数据文件的功能,而且写入时间相比打印条形码更少)、更安全(电子标签不仅可以嵌入或附着在不同形状、类型的产品上,而且可以为标签数据的读写设置密码保护,从而具有更高的安全性)。

●阅读材料

黄埔海关将引入 RFID 射频技术,一秒可分拣几千件电商包裹

2014 年 7 月 1 日,海关沙田办在全国率先启用海关总署跨境贸易电子商务平台,该平台运作后,大龙网、跨境达、TNT 等多家大型跨境电商平台入驻虎门港。黄埔海关沙田办还将引入更为先进的 RFID 射频技术进行货物分拣,每秒可扫描分拣几千件电商包裹。

据海关工作人员解释,RFID 射频技术相对目前分拣技术,效率可以提高数十倍,“以前检查一件货物需要 6 秒,射频技术可以一分钟检查几千件包裹”。这位工作人员表示,这种技术的应用是为了应对跨境贸易电子商务的大规模增长。

三、物流信息技术应用现状

在国内,各种物流信息应用技术已经广泛应用于物流活动的各个环节,对企业的物流活动产生了深远的影响。

1. 自动化设备技术应用

物流自动化设备技术的集成和应用的热门环节是配送中心,其特点是每天需要拣选的物品品种多、批次多、数量大。因此在国内超市、医药、邮包等行业的配送中心部分地引进了物流自动化拣选设备。一种是拣选设备的自动化应用,如北京市医药总公司配送中心,其拣选货架(盘)上配有可视的分拣提示设备,这种分拣货架与物流管理信息系统相连,动态地提示被拣选的物品和数量,指导工作人员的拣选操作,提高了货物拣选的准确性和速度。另一种是物品拣选后的自动分拣设备。用条形码或电子标签附在被识别的物体上(一般为组包后的运输单元),由传送带送入分拣口,然后由装有识读设备的分拣机分拣物品,使物品进入各自的组货通道,完成物品的自动分拣。立体仓库和与之配合的巷道堆垛机在国内发展迅速,在机械制造、汽车、纺织、铁路、卷烟等行业都有应用。

2. 动态信息采集技术应用

企业竞争的全球化发展、产品生命周期的缩短和用户交货期的缩短等都对物流服务的可得性与可控性提出了更高的要求,实时物流理念也由此诞生。如何保证对物流过程的完全掌控,物流动态信息采集应用技术是必需的要素。动态的货物或移动载体本身具有很多有用的信息,例如货物的名称、数量、重量、质量、出产地或者移动载体(如车辆、轮船等)的名称、牌号、位置、状态等一系列信息。这些信息可能在物流中反复地使用,因此正确、快速读取动态货物或载体的信息并加以利用可以明显地提高物流的效率。流行的物流动态信息采集技术应用中,一、二维条形码技术应用范围最广,其次还有磁条(卡)、语音识别、便携式数据终端、射频识别(RFID)等技术。

●阅读材料

射频识别技术在海关物流监控中的应用

海关物流监控可以分为集装箱闸口数据自动采集与应用系统、车辆 GPS-GSM 监控系统、电子车牌管理系统、海关监管场所视频监控系统、EDI 舱单传输管理系统。

RFID 的海关物流监控,可以利用现代信息技术,通过强大的通信系统,将海关、船公司、船代公司、货代公司、港务局、集装箱场站、外轮理货公司等不同行业、不同单位的进出口货物数据放在海关物流专用平台上。

海关通过对不同来源的数据进行比对,达到对进出境货物、物品及运输工具、存储场所进行全过程的实时监控的目标。

RFID 的海关物流监控可以分为以下几个系统:

1. 集装箱闸口数据自动采集与应用系统

本系统是为海关的集装箱货车闸口的管理自动化而设计的,主要用于在无海关值班人员值守的情况下对通过闸口并运载集装箱的货车自动进行整体重量的采集,同时完成汽车牌照和集装箱号码的拍摄和识别;将采集到的数据和海关 EDI 平台上的申报数据进行比对,并将相关数据保存在平台上。EDI 平台处理系统可以根据接收到的称重数据、集装箱号码、车牌号,计算出集装箱内货物的重量,并将实测的重量与货主申报的重量相比对。比对的结果应用于海关业务的各个环节。

2. 车辆 GPS-GSM 监控系统

本系统将 GPS 全球卫星定位技术、GSM 无线移动蜂窝通信技术、GIS 技术和网络技术融合在一起,车辆信息被加载到网络上,供所有网上用户共享。海关能以智能化技术手段对监管的车辆实现全天候、全方位的监控和管理,真正实现"远在天边,近在眼前"的控制环境,满足了日趋迫切的社会需求。它集定位、通信、报警、监控等功能于一体,是 20 世纪 90 年代导航、电子计算机及电子技术领域高新技术的结晶。

本系统具备较强的可移植性,可通用于智能交通、公安等各种车辆监管领域。

3. 电子车牌管理系统

该系统负责管理海关监管车辆,完成车辆查询和统计功能,使安装电子车牌的监管车辆在通过检查通道时,可以被识别系统准确及时地识别,以完成车辆数据采集的要求。识读距离可达 7 米,最远超过 10 米;采用光谱跳频工作模式,具备超强的抗干扰能力;通过阅读器可直接连接计算机;读写速率快,从单个标签上识读 8 个字节耗时不超过 12 ms,在单个标签上写入 1 个字节耗时不超过 25 ms。

4. 海关监管场所视频监控系统

本系统主要采用无线闭路监视系统对码头监管场所实施远程监控,有效地加大对船舶进行监装监卸的力度,保证国际航行船舶作业准单制的有效实施,加强对未设闸口地点的实时监控,从而牢牢地控制住物流的源头,加强海关的有效监管,以解决目前海关监管手段相对落后、监管力量不足的现状,有效地保证决策部门能够及时准确地进行调度,保证港口吞吐畅通。

5. EDI 舱单传输管理系统

EDI 舱单传输管理系统的主要功能是将船代高速的业务数据自动转换并发往海关，使舱单数据能够被物流监控系统中的其他各子系统调用、处理和分析，具有系统舱单的确认、核销、布控、统计、分析等功能。它是海关物流监控系统完成对舱单货物全程监管不可或缺的重要组成部分。

四、物流信息技术发展趋势

1. RFID 将成未来关键技术

RFID 技术应用于物流行业，可大幅度提高物流管理与运作效率，降低物流成本。另外，从全球发展趋势来看，随着 RFID 相关技术的不断完善和成熟，RFID 产业将成为一个新兴的高技术产业群，成为国民经济新的增长点。因此，RFID 技术有望成为推动现代物流加速发展的新品润滑剂。

2. 物流动态信息采集技术

在全球供应链管理趋势下，及时掌握货物的动态信息和品质信息已成为企业盈利的关键因素。但是由于受到自然、天气、通信、技术、法规等方面的影响，物流动态信息采集技术的发展一直受到很大制约，远远不能满足现代物流发展的需求。借助新的科技手段，完善物流动态信息采集技术，成为物流领域下一个技术突破点。

3. 物流信息安全技术

借助网络技术发展起来的物流信息技术，在享受网络飞速发展带来巨大好处的同时，也时刻饱受着可能遭受的安全危机，例如网络黑客无孔不入地恶意攻击、病毒的肆虐、信息的泄密等。应用安全防范技术，保障企业的物流信息系统或平台安全、稳定地运行，是企业将长期面临的一项重大挑战。

任务二 物流信息管理

一、物流信息管理的概念

物流信息管理是对物流信息资源进行统一规划和组织，并对物流信息的收集、加工、存储、检索、传递和应用的全过程进行合理控制，从而使物流供应链各环节协调一致，实现信息共享和互动，减少信息冗余和错误，辅助决策支持，改善客户关系，最终实现信息流、资金流、商流、物流的高度统一，达到提高物流供应链竞争力的目的。

二、物流信息管理的内容

1. 政策制定

为了实现不同区域、不同国度、不同企业、不同部门间物流信息的相互识别和利用,实现物流供应链信息的通畅传递与共享,必须确定一系列共同遵守和认同的物流信息规则或规范,这就是物流信息政策的制定,如信息的格式与精度、信息传递的协议、信息共享的规则、信息安全的标准、信息存储的要求等,这是实现物流信息管理的基础。

2. 信息规划

信息规划就是从企业或行业的战略高度出发,对信息资源的管理、开发、利用进行长远发展的计划,确定信息管理工作的目标与方向,制定出不同阶段的任务,指导数据库系统的建立和信息系统的开发,保证信息管理工作有条不紊地进行。

3. 信息收集

信息收集,即应用各种手段、通过各种渠道进行物流信息的采集,以反映物流系统及其所处环境情况,为物流信息管理提供素材和原料。

信息收集是整个物流信息管理中工作量最大、最费时间、最占人力的环节,操作时要注意把握以下要点:首先,收集工作前要进行信息的需求分析,实现按需收集,避免收集的信息量过大,造成人、财、物的浪费,或收集的信息过于狭窄而影响使用效果等。其次,收集工作要具有系统性和连续性,能随一定时间的变化,记录经济活动的状况,为预测未来物流发展提供依据。第三,要合理选择信息源。信息源的选择与信息内容及收集目的有关,为实现既定目标,必须选择能提供所需信息的最有效信息源。第四,信息收集过程的管理工作要有计划,使信息收集过程成为有组织、有目的的活动。

4. 信息处理

信息处理工作,就是根据使用者的信息需求,对收集到的信息进行筛选、分类、加工及储存等活动,加工出对使用者有用的信息。信息处理的内容如下:

(1)信息分类及汇总。按照一定的分类标准或规定,将信息分成不同的类别进行汇总,以便信息的存储和提取。

(2)信息编目(或编码)。编目(或编码)指的是用一定的代号来代表不同信息项目。用普通方式(如资料室、档案室、图书室)保存信息需要进行编目,用电子计算机保存信息则需要确定编码。

(3)信息储存。信息储存是指应用电子计算机及外部设备的存储介质建立有关数据库对信息进行存储,或通过传统的纸质介质如卡片、报表、档案等对信息进行抄录存储。

(4)信息更新。信息具有有效的使用期限,失效的信息需要及时淘汰、变更、补充才能满足使用者的需求。

(5)数据挖掘。为了充分发挥信息的作用,需要对显性信息进行分析、加工和提取,挖掘出隐藏在其后面的隐性信息,这就是数据挖掘的任务。数据挖掘包括数据准备、模式模型的评估与解释、信息巩固与应用等几个处理过程,这是一个不断循环、反馈、完善的过程。

5. 信息传递

信息传递是指信息从信息源发出,经过适当的媒介和信息通道传递给接收者的过程。信息传递方式有许多种,一般可从不同的传递角度来划分信息传递方式。

从信息传递方向看,有单向信息传递方式和双向信息传递方式。单向信息传递是指信息源只向信息接收源传递信息;双向信息传递是指信息发出者与信息接收者共同参与信息传递,双方相互交流传递信息,信息流呈双向交流传递。

从信息传递层次看,有直接传递方式和间接传递方式。两种传递方式的区别是信息源与信息接收者之间,信息是直接传递,还是经其他人员或组织进行传递。

从信息传递时空来看,有时间传递方式和空间传递方式。信息的时间传递方式指信息的纵向传递,即通过对信息的存贮方式,实现信息流在时间上的连续传递。空间传递方式指信息在空间范围的广泛传递。由于现代通信技术的发展,电话传真、激光通信、卫星通信等手段为信息的空间传递创造了条件。

从信息传递媒介看,有人工传递和非人工的其他媒体传递方式。

6. 服务应用

服务应用是物流信息资料重要的特性,信息工作的目的就是将信息提供给有关方面使用。物流信息的服务工作主要内容有以下几方面:

(1)信息发布和传播服务。按一定要求将信息内容通过新闻、出版、广播、电视、报纸、杂志、音像、影视、会议、文件、报告、年鉴等形式予以发表或公布,便于使用者搜集、使用。

(2)信息交换服务。通过资料借阅、文献交流、成果转让、产权转移、数据共享等多种形式进行信息的交换,以起到交流、宣传、使用信息的作用。

(3)信息技术服务。包括数据处理,计算机、复印机等设备的操作和维修及技术培训,软件提供,信息系统开发服务等活动。

(4)信息咨询服务。包括公共信息提供、行业信息提供、政策咨询、管理咨询、工程咨询、信息中介、计算机检索等,实现按用户要求收集信息、查找和提供信息,或就用户的物流经营管理问题进行有针对性的信息研究、信息系统设计与开发等,帮助用户提高管理决策水平,实现信息的增值和放大,以信息化水平的提高带动用户物流管理水平的提高。

●阅读材料

远成集团的物流信息化

一、案例背景

远成集团有限公司是一个有着二十多年拼搏历史的物流企业,经历了从崛起到发展再到转型三个阶段。远成集团为向客户提供高水平的物流服务,积极引进现代物流信息技术,形成以"铁路干线运输为基础,公路快运为延伸,区域配送为深度渗透"的多层次、覆盖范围广的运输服务网络体系,实现了企业的物流信息化,并以其"以心传递、畅达天下"的服务宗旨,有效地为客户提供查询、监控、跟踪、结算、配送等功能服务。

二、问题提出

伴随着企业的高速发展,远成集团不断暴露出其短板:在资产管理方面,由于企业的快速发展,建设网点的速度快,使资产不便于统计和跟踪,同时货物难以得到有效的监管,有时会发生货物丢失等事件;在运作管理方面,未能全面自动化处理和追踪订单,并且存在不能有效管理车队,货损货差严重,运输、仓储和配送等环节不顺畅等问题;在客户和伙伴管理方面,不能及时响应和执行客户的订单;在决策管理方面,分公司不能及时汇总财务信息,并且决策缺乏科学依据,多凭经验执行;在信息化方面,企业现行的信息系统已经无法充分满足处理大量数据以及快速准确与合作伙伴系统集成等情况,远远落后于现实业务发展的需求。

三、具体措施

远成集团在充分分析企业现有实际状况的基础上,决定引进先进的物流信息技术,并制定出"四个一"的信息化总体战略。

"天上一颗星"——通过GPS/GIS系统统一对物流运输系统进行管理,实现对车队和货物的准确定位及实时监控,减少货损货差等。

"地上一张网"——在各地快速地铺设密集化网点形成广覆盖的物流运输网络,有效满足客户的需求。

"送货一条龙"——通过与各子公司及供应商等合作伙伴建立的计算机信息化联网,实现信息系统的对接,进而降低物流成本,及时响应市场,形成最佳物流解决方案。

"管理一棵树"——利用计算机网络把总部、各子公司、各网点和客户像一棵大树一样有机地结合在一起。

远成集团创造"以点带面"的辐射效应,由大、中城市单一的同心圆式的布局网络向与"卫星"城市交叠的立体式布局网络转变;由原先只注重"大客户"开发的商业模式向全面注重高附加值的"消费者体验"模式转变,实现其转型,达到高度的物流信息化。

三、物流信息系统

1. 物流信息系统的内涵与作用

(1)物流信息系统的内涵

物流信息系统是指由人员、设备和程序组成的,为物流管理者执行计划、实施、控制等职能提供信息的交互系统,它与物流作业系统一样都是物流系统的子系统。

物流信息系统是建立在物流信息的基础上的,只有具备了大量的物流信息,物流信息系统才能发挥作用。在物流管理中,人们要寻找最经济、最有效的方法来克服生产和消费之间的时间距离和空间距离,就必须传递和处理各种与物流相关的情报,这种情报就是物流信息。它与物流过程中的订货、收货、库存管理、发货、配送及回收等职能有机地联系在一起,使整个物流活动顺利进行。

(2)物流信息系统的作用

在企业的整个生产经营活动中,物流信息系统与各种物流作业活动密切相关,具有有效管理物流作业系统的职能。它有两个主要作用:一是随时把握商品流动所带来的商品量的变化;二是提高各种有关物流业务的作业效率。

2. 物流信息系统的结构

物流信息系统是物流领域的神经网络,遍布物流系统的各个层次、各个方面。物流信息系统结构可以从垂直和水平两个方向来考察。

从垂直方向看,物流信息系统可分为三个层次,即管理层、控制层和作业层。从水平方向看,信息系统贯穿供应物流、生产物流、销售物流、回收和废弃物物流等物流形式的运输、仓储、装卸搬运、包装、流通加工等各个物流作业环节。

3. 物流信息系统的内容

物流信息系统根据不同企业的需要可以有不同层次、不同程度的应用和不同子系统的划分。例如有的企业由于规模小、业务少,可能使用的仅仅是单机系统或单功能系统,而另一些企业可能就使用功能强大的多功能系统。一般来说,一个完整的、典型的物流信息系统可由作业信息处理系统、控制信息处理系统、决策支持系统三个子系统组成。

(1)作业信息处理系统

作业信息处理系统一般有电子自动订货系统(EOS)、销售时点信息系统(POS)、智能运输系统等类型。

电子自动订货系统是指企业利用通信网络(VAN 或互联网)和终端设备以在线连接方式进行订货作业和订单信息交换的系统。电子订货系统按应用范围可分为企业内的 EOS(如连锁经营企业各连锁分店与总部之间建立的 EOS),零售商与批发商之间的 EOS 以及零售商、批发商与生产商之间的 EOS 等。及时准确地处理订单是 EOS 的重要职能。其中的订单处理子系统为企业与客户之间接受、传递、处理订单服务。订单处理子系统是面向于整个订货周期的系统,即企业从发出订单到收到货物的期间。在这一期间内,要相继完成四项重要活动:订单传递、订单处理、订货准备、订货运输。其中实物流动由前向后,信息流动由后向前。订货周期中的任何一个环节缩短了时间,都可以为其他环节争取时间或者缩短订货周期,从而保证客户服务水平的提高。因为从客户的角度来看,评价企业对客户需求的反应灵敏程度,是通过分析企业的订货周期的长短和稳定性来实现的。

销售时点信息系统(POS)是指通过自动读取设备在销售商品时读取到的商品销售信息,如商品名、单价、销售数量、销售时间、购买顾客等,并通过通信网络和计算机系统传送至有关部门进行商品库存的数量分析、指定货位和调整库存以提高经营效率的系统。

智能运输系统(ITS)是典型的发货和配送系统,它将信息技术贯穿于发货和配送的全过程,能够快捷准确地将货物运达目的地。

(2)控制信息处理系统

控制信息处理系统主要包括库存管理系统和配送管理系统。

库存管理系统负责利用收集到的物流信息,制定出最优的库存方式、库存量、库存品种以及安全防范措施等。

配送系统则将商品按配送方向、配送要求分类,制订科学、合理、经济的运输工具调配计划和配送路线计划等。

(3)决策支持系统

物流决策支持系统(LDSS)是为管理层提供的信息系统资源,是给决策过程提供所需要的信息、数据支持、方案选择支持的系统。一般应用于非常规、非结构化问题的决策。但是决策支持系统只是一套计算机化的工具,可以帮助管理者更好地决策,但不能代替管理者决策。

4. 物流企业信息系统规划

在激烈的市场竞争下，物流企业面临着越来越多的不确定因素，市场瞬息万变，不同行业客户需求日趋差异化，客户对服务要求越来越苛刻。开发新的物流客户，坚持现有物流大客户的忠诚度，对需求有清楚的调查、了解，对服务进行有效的跟踪，准时为客户提供个性化的优质服务，这些都是对现今在如此猛烈竞争中生存的物流企业提出的要求，而先进的物流信息系统无疑为这些要求的兑现提供了助力。

物流企业服务水平的提升需借助演算机信息技术来实现。先进高效的物流信息系统与信息平台是现代物流体系的重要组成部分。越来越多的跨国物流公司如 TNT、UPS、马士基物流、伯灵顿物流加大对华的投资，以先进的物流信息网络提供优质高效的服务占据中国的物流市场。与此相比，国内物流企业虽拥有地理优势，但存在着信息化水平落后、人工重复操纵、人力资源内耗等一系列问题。

我国大型物流企业虽然都建立了比较完善的实时信息系统，内部资源也达到了一定程度的共享，但基本上还只是对内（营业、运作、职能等部门）发挥了基本的信息协调作用。但是相对于外部，如上下游客户（供应链）、合作伙伴等，物流信息服务平台还没有建立起来，基本上与客户跟合作伙伴之间的信息通道还处于比较原始的状态，物流信息网络还没有全面建立起来。所以，为了提高整个供需链的经营效果，为了在激烈的竞争中获得竞争优势，参与国际竞争，信息化建设迫在眉睫。大型物流企业需要结合自身的进展战略，进行物流信息系统的规划建设。

（1）建立实时信息采集系统

由于企业各分支机构信息系统的不同，造成企业资源无法共享、客户治理混乱、信息无法互通、治理思想无法贯彻、企业的对外形象不规范等弊端，使得大型物流企业的网络效益、规模效益无法发挥。所以大型物流企业信息化建设的第一步，是要用一体化的考虑方式为企业建立一个信息共享的集中式信息平台，通过信息系统统一企业的规范，实时采集业务和财务数据，加强对网络的监控力度，实现透明化治理，从而提高企业的竞争优势。该统一的实时信息采集系统功能需涵盖物流企业的核心业务，如国际海运货代、国际空运货代、报关服务、内陆运输、仓储、配送、堆场、码头业务，以及为物流市场拓展服务的市场拓展治理、服务治理、报价治理、绩效治理、市场活动治理、客户协议治理等。

（2）建立面向上下游客户的服务平台

在企业已经建立了统一的信息平台后，就需要考虑如何降低客户服务成本，提升客户服务质量，提高客户对企业的忠诚度，所以此时需要建立一个面向上下游客户的服务平台。

首先明确物流企业客户服务对象应包括：供给商、外部客户、内部客户、客户的客户、合作伙伴和国外代理。企业可以通过建设电子商务网站、Accounting Center、Document Center、Call Center，或利用信息系统建立虚拟客户服务中心，通过自动发送电子邮件、传真、短信等通知模式，实现企业统一的、规范的客户服务要求，为客户提供快速的、准确的、主动的服务。

其次通过建立高效的物流信息服务平台，不同业务部门之间、不同分支机构之间、与合作伙伴之间、与客户之间、与供给商之间都可以实现全面的协同工作和信息共享。协同工作带来的最直接利益是效率的提高和质量的保证。通过协同工作，与合作伙伴之间的合作关系更加坚固；与客户之间的关系不再通过简单的买卖关系或销售职员的销售能力来维系，更多的是依赖优质便捷、可增值的服务来维系；与供给商之间则可实现获得最直接的、最快速的贸易信息与服务，使企业在市场竞争中处于领先地位。

(3)建立通用的EDI交换平台

为了更紧密地捆绑企业与客户的关系，更大程度地缩短企业与客户的间隔，大型物流企业在拥有客户服务平台的基础上，一定要建立自己通用的EDI平台，以满足各种类型的客户对企业信息的需求，其中包括船公司、海关、拖车、堆场、仓库、代理、合作伙伴等。

通过企业EDI平台的建立，利用系统自动发送、接收EDI的功能，与客户、合作伙伴、供给商、机关实现自动的协同工作，增加企业之间的黏性和稳定性，使企业与客户间建立私有信息通道，为自己创造价值的同时也为客户创造了价值，最大限度地发挥企业的网络效益和整体效益。

(4)建立数据仓库系统

物流企业80%的利润来自20%的核心客户。在系统稳定运行了一段时间后，如何利用现有数据挖掘出企业20%的核心客户，如何利用现有的业务和财务数据分析出企业的治理能力、经营状况、资金状况等，成为企业突破自身瓶颈的关键。

所以这个阶段企业需要建立自己的数据仓库系统，分析企业运行数据，从而为治理层提供各种决策支持，使治理具有更强的预见性，适时调整企业战略进展目标，发现企业的核心价值，从而保证企业良性发展。

(5)建立CRM客户关系治理平台

如何将企业的市场营销、销售、服务与技术支持连接起来，使企业能够吸引更多的潜在客户和保持更多的现有客户则成为现阶段的重点。通过建立CRM客户关系治理平台，不论客户大小、所在地域以及业务发生的时间，客户都可以得到优质、满足的服务；企业可以减少与客户沟通的环节，加强信用操纵以降低风险，同时通过对客户进行统一的信用治理，依据不同的信用等级提供不同的服务；根据物流企业进展的策略，对大客户提供特定的个性化服务，从而使物流企业的服务提升到一个新的层次，真正实现企业的价值。

(6)建立深层次的效益分析系统

物流企业向客户提供服务的目的就是为了获得利润。为此，有必要利用系统中的历史数据、正在发生的数据进行深层次的收益分析，以便找到真正的利润来源，提供更有针对性的、更有价值的服务，发现可能的利润增长点。

●阅读材料

“云仓”助力物流产业升级

在刚刚过去的“双11”购物狂欢节中，一天就形成上亿个邮包。怎样快速将如此海量的商品找出、打包、运输，准确送到消费者手中？离开高科技植入的物流行业是很难做到的。

对于普通消费者，最关心的是快递速度，但快递的前端是物流。现代化的物流，是怎样在电商助推下变得高大上的呢？

过去，物流是企业将商品入库，再由仓库分运的过程。传统企业一般自己建立仓库，有多少商品就建多大的仓库。随着电子商务的发展，第三方仓储应运而生。供应链企业基于大数据、云计算等信息技术，实现物流数据分析、智能化分单、优选派送组合等功能，使众多企业在这样的“云仓”里实现线上线下一体化订单履行服务。例如，“百世云仓”是百世汇通建设的“云仓”。供应链企业依托在全国30个中心城市建设的众多云仓，从商品的订单接收开始，到订单分拣、验货包装、发运出库,每个环节均缩短了商品与消费者之间的距离,避免了货物的无效反复旅行。

快件要精准地送到消费者手中,在仓库中就要实现快件细分。过去快件细分这一岗位必须是经过培训的技术工种,现在科技人员借助于大数据、机器学习技术等,通过对数亿条历史数据分析后研发而成的末端风暴分拣技术,建设全自动的分拣流水线,可以让货物自动精准地流入其所对应的站点集包。据测试,"双11"期间,仅百世汇通苏州分拨中心自动分拣系统的小件处理能力就达到每小时7 200件。这种效率,在手工操作阶段是完全不可能实现的。

采用信息技术,全国100个分拨中心,10 000余个站点延伸至乡镇各级服务网点,通过近1 500条省际、省内班车,超过5万余人的速递团队全流程管理,百世汇通就这样构建了一个快速安全的信息化物流供应链,为国内外的上百家企业提供服务,而在这一过程中,传统物流产业升级也就实现了。

5.企业如何选择物流信息系统

企业有相当多的价值蕴含在物流运作之中,如仓储管理水平、物流生产效率、物流服务水平(维护客户诚信度)、运输成本、劳动力生产率等。随着新技术的不断发展,市场上出现了很多先进的物流技术和信息系统,对国内大多数企业而言,将面临越来越严酷的市场竞争,这种情况下首先要做的不是盲目追踪高新技术,而是充分认清某项新技术为提升企业竞争力所带来的价值,从而优化企业的物流运营水平。认清价值、分步决策、快速实施、及时调整是最有效的战略之一。

物流管理的各个环节(流程)与企业综合价值链之间的关系是什么?尽管多数物流管理者很清楚物流管理水平与企业经营优劣有直接关系,但仅从直觉上认知这种联系对分析物流价值是远远不够的。事实上,由于沿袭下来的是传统管理体制,物流环节运作是相当独立的。例如,独立仓库的负责人最关心仓储空间的利用率和物品入出库的效率,他们会提议公司投资最先进的物流设备,从而能够获得提高仓储运营效率等好处,很少给出这项投入能对公司的经营业绩以及战略产生的影响。

所以,物流信息系统的选择一定要有针对性,要针对这个企业,不能盲目地跟风,觉得这个企业用了这个系统挺好的,我们也用,这样做是万万不行的。聘请一些信誉好的专业物流管理咨询机构,通过了解企业物流现状及物流行业的最佳运作模式,提出企业物流战略或改进措施,同时能够用专业和财务语言同企业的高层经理交流,以获得投资支持。

事实上,物流对企业经营业绩有很强的杠杆作用,例如:就企业利润而言,在物流环节每节省一块钱成本,相当于在销售环节多卖十块钱产品,这在市场趋于饱和的状态下显得尤其重要。又如:就销售收入而言,在物流环节借助信息系统将供货服务水平提高,可以显著提高客户满意度,增加销售收入。

任务三 智慧物流

一、智慧物流的内涵与价值体现

1. 智慧物流的内涵

智慧物流(Intelligent Logistics)是一种以信息技术为支撑,在物流的运输、仓储、包装、装卸搬运、流通加工、配送、信息服务等各个环节实现系统感知、全面分析、及时处理及自我调整功能,实现物流规整智慧、发现智慧、创新智慧和系统智慧的现代综合性物流系统。

继 IBM 2008 年提出"智慧的地球"后,2009 年奥巴马提出将"智慧的地球"作为美国国家战略。同年 8 月,温家宝总理在无锡提出"感知中国",物联网被正式列为国家五大新兴战略性产业之一,并写入《政府工作报告》。目前,美国、欧盟等都在投入巨资深入研究探索物联网。物流业是最早接触物联网的行业,也是最早应用物联网技术,实现物流作业智能化、网络化和自动化的行业。2009 年,中国物流技术协会信息中心、华夏物联网、《物流技术与应用》编辑部率先在行业提出"智慧物流"的概念。这一概念的提出,不仅顺应历史潮流,也符合现代物流业自动化、网络化、可视化、实时化、跟踪与智能控制的发展新趋势,符合物联网发展的趋势,有利于降低物流成本、提高效率、控制风险、节能环保及改善服务。

2. 智慧物流的价值体现

智慧物流的建设顺应历史潮流,符合物联网发展的趋势。对企业、整个物流行业乃至整个国民经济的发展具有至关重要的意义。

(1)智慧物流对企业的贡献

①集中体现在其物流供应链管理方面,借助智慧供应链管理帮助企业增加利润源。②智慧物流系统帮助企业提高对风险的预测能力及掌控能力,降低各环节的不必要成本。③智慧物流系统帮助企业提高服务客户的能力。

(2)智慧物流对国家的贡献

①智慧物流的发展有利于降低物流成本在 GDP 中的比重,从而提高国民经济的运行效率。②智慧物流符合科学发展观与可持续发展战略,节能环保,可减轻环境污染。

二、智慧物流的基本功能

1. 感知功能

运用各种先进技术能够获取运输、仓储、包装、装卸搬运、流通加工、配送、信息服务等各个环节的大量信息。实现实时数据收集,使各方能准确掌握货物、车辆和仓库等信息,初步实现感知智慧。

2. 规整功能

规整功能即感知之后把采集的信息通过网络传输到数据中心，用于数据归档，建立强大的数据库，分门别类后加入新数据，使各类数据按要求规整，实现数据的联系性、开放性及动态性。并通过对数据和流程的标准化，推进跨网络的系统整合，实现规整智慧。

3. 智能分析功能

运用智能的模拟器模型等手段分析物流问题，根据问题提出假设，并在实践过程中不断验证问题、发现新问题。做到理论与实践相结合，在运行中系统会自行调用原有经验数据，随时发现物流作业活动中的漏洞或者薄弱环节，从而实现发现智慧。

4. 优化决策功能

结合特定需要，根据不同的情况评估成本、时间、质量、服务、碳排放和其他标准，评估基于概率的风险，进行预测分析，协同制定决策，提出最合理有效的解决方案，使做出的决策更加的准确、科学，从而实现创新智慧。

5. 系统支持功能

系统智慧集中表现于智慧物流并不是各个环节各自独立、毫不相关的物流系统，而是每个环节都能相互联系，互通有无，共享数据，优化资源配置的系统，从而为物流各个环节提供最强大的系统支持，使得各环节协作、协调、协同。

6. 自动修正功能

在前面各个功能的基础上，按照最有效的解决方案，系统自动遵循最快捷有效的路线运行，并在发现问题后自动修正，并且备用在案，方便日后查询。

7. 及时反馈功能

物流系统是一个实时更新的系统。反馈是实现系统修正和系统完善必不可少的环节。反馈贯穿于智慧物流系统的每一个环节，为物流相关作业者了解物流运行情况，及时解决系统问题提供了强大的保障。

三、智慧物流的体系结构

按照服务对象和服务范围划分，智慧物流体系可以分为企业智慧物流、行业智慧物流、区域或国家智慧物流三个层面。

1. 企业智慧物流层面

用推广信息技术在物流企业中的应用集中表现在应用新的传感技术实现智慧仓储，智慧运输，智慧装卸、搬运、包装，智慧配送，智慧供应链等各个环节，从而培育一批信息化水平高、示范带动作用强的智慧物流示范企业。

2. 行业智慧物流层面

行业智慧物流层面主要包括智慧区域物流中心、区域智慧物流行业以及预警和协调机制的建设三个方面。

(1)智慧区域物流中心。智慧区域物流中心建立的关键首先是要搭建区域物流信息平台,这是区域物流活动的神经中枢,连接着物流系统的各个层次、各个方面,将原本分离的商流、物流、信息流和采购、运输、仓储、代理、配送等环节紧密联系起来,形成了一条完整的供应链。其次是要建设若干智慧物流园区。智慧物流园区是指加入了信息平台的先进性、供应链管理的完整性、电子商务的安全性的物流园区,基本特征是商流、信息流、资金流的快速安全运转,满足企业信息系统对相关信息的需求,通过共享信息支撑政府部门监督行业管理与市场规范化管理方面协同工作,确保物流信息正确、及时、高效、通畅。智慧技术的运用实现了运输的合理化、仓储的自动化、包装的标准化、装卸的机械化、加工配送的一体化、信息管理的网络化。

(2)区域智慧物流行业。以快递为例,在快递行业中加强先进技术的应用,重视新技术的开发与利用,通过自动报单、自动分拣、自动跟踪等系统,信息主干网的建设、PC 机和手提电脑、无线通信和移动数据交换系统的建设等。这些投资不仅使运件的实时跟踪变得轻而易举,而且还大大降低了服务的成本。

(3)预警和协调机制。深入研究,加强监测,对一些基础数据进行开拓和挖掘,做好统计数据和相关信息的收集,及时反映相关问题,建立相应的预警和协调机制。

3. 区域或国家智慧物流层面

区域或国家智慧物流层面旨在打造一体化的交通同制、规划同网、铁路同轨、乘车同卡的现代物流支持平台,以制度协调、资源互补和需求放大效应为目标,以物流一体化推动整个经济的快速增长。与此同时,着眼于实现功能互补、错位发展,着力构建运输服务网络,基本建成以国际物流网、区域物流网和城市配送网为主体的快速公路货运网络;“水陆配套、多式联运”的港口集疏运网络,“客货并举、以货为主”的航空运输网,“干支直达、通江达海”的内河货运网络。同时,打造智慧物流网络中的物流节点对优化整个物流网络起着重要作用。从发展来看,它不仅执行一般的物流职能,而且越来越多地执行指挥调度、信息等神经中枢的职能。

四、智慧物流系统的创建

1. 建立基础数据库

建立内容全面丰富、科学准确、更新及时且能够实现共享的信息数据库是企业信息化建设和智能物流的基础。尤其是在数据采集挖掘、商业智能方面,更要做好功课,对数据采集、跟踪分析进行建模,为智能物流的关键应用打好基础。

2. 推进业务流程优化

目前企业传统物流业务流程信息传递迟缓,运行时间长,部门之间协调性差,组织缺乏柔性,阻碍了智能物流建设的步伐。企业尤其是物流企业需要以科学发展观为指导,坚持以客户的利益和资源的节约保护为出发点,运用现代信息技术和最新管理理论对原有业务流程进行优化和再造。企业物流业务流程优化和再造包括观念再造、工作流程优化和再造、无边界组织建设、工作流程优化(主要指对客户关系管理、办公自动化和智能监测等业务流程的优化和再造)。

3. 重点创建信息采集跟踪系统

信息采集跟踪系统是智能物流系统的重要组成部分。物流信息采集系统主要由 RFID 射频识别系统和 Savant(传感器数据处理中心)系统组成。每当识读器扫描到一个 EPC(电子编码系统)标签所承载的物品制品的信息时,收集到的数据将传递到整个 Savant 系统,为企业产品物流跟踪系统提供数据来源,从而实现物流作业的无纸化。而物流跟踪系统则以 Savant 系统作为支撑,主要包括对象名解析服务和实体标记语言,包括产品生产物流跟踪、产品存储物流跟踪、产品运输物流跟踪、产品销售物流跟踪,以保证产品流通安全,提高物流效率。当然,创建信息采集跟踪系统,要先做好智能物流管理系统的选型工作,而其中信息采集跟踪子系统是重点考察内容。

4. 实现车辆人员智能管理

车辆调度:提供送货派车管理、安检记录等功能,对配备车辆实现订单的灵活装载;车辆管理:管理员可以新增、修改、删除、查询车辆信息,并且随时掌握每辆车的位置信息,监控车队的行驶轨迹,同时可避免车辆遇劫或丢失,并可设置车辆超速告警以及进出特定区域告警;监控司机、外勤人员实时位置信息以及查看历史轨迹;划定告警区域,进出相关区域都会有告警信息,并可设置电子签到,并最终实现物流全过程可视化管理。实现车辆人员智能管理,还要能做到高峰期车辆分流控制,避免车辆的闲置。企业尤其是物流企业可以通过预订分流、送货分流和返程分流实行三级分流。高峰期车辆分流功能能够均衡车辆的分布,有效确保客户单位的满意度,对提高效率与降低成本的矛盾具有重要意义。车辆人员智能管理也是智能物流系统的重要组成模式,在选型采购时要加以甄别,选好选优。

5. 做好智能订单管理

推广智能物流的一个重点就是要实现智能订单管理,一是让公司呼叫中心员工或系统管理员接到客户发(取)货请求后,通过录入客户地址和联系方式等客户信息,管理员就可查询、派送该公司的订单;二是通过 GPS/GPSone 定位某个区域范围内的派送员,将订单任务指派给最合适的派送员,而派送员通过手机短信来接受任务和执行任务;三是系统还要能提供条形码扫描和上传签名拍照的功能,提高派送效率。

6. 积极推广战略联盟

智能物流建设的最后成功需要企业尤其是物流企业同科研院校、研究机构、非政府组织、各相关企业、IT 公司等通过签订协议契约而结成资源共享、优势互补、风险共担、要素水平双向或多向流动的战略联盟。战略联盟具有节省成本、积聚资源、降低风险、增强物流企业竞争力等优势,还可以弥补建设物流企业所需资金、技术、人才之不足。

7. 制定危机管理应对机制

智能物流的建设不仅要加强企业常态化管理,更应努力提高危机管理水平。企业尤其是物流企业应在物联网基础上建设智能监测系统、风险评估系统、应急响应系统和危机决策系统,这样才能有效应对火灾、洪水、极端天气、地震、泥石流等自然灾害以及瘟疫、恐怖袭击等突发事件对智能物流建设的冲击,尽力避免或减少对客户单位、零售终端、消费者和各相关人员的人身和财产造成的伤害和损失,实现物流企业健康有序的发展。

8. 将更多物联网技术集成应用于智能物流

物联网建设是企业未来信息化建设的重要内容,也是智能物流系统形成的重点组成部分。目前在物流业应用较多的感知手段主要是 RFID 和 GPS 技术。今后随着物联网技术的不断发展,激光、卫星定位、全球定位、地理信息系统、智能交通、M2M 技术等多种技术也将更多集成应用于现代物流领域,用于现代物流作业中的各种感知与操作。例如温度的感知用于冷链物流、侵入系统的感知用于物流安全防盗、视频的感知用于各种控制环节与物流作业引导等。

五、智慧物流的实施模式

1. 第三方物流企业运营模式

第三方智慧物流不同于传统的第三方物流系统,顾客可以在网上直接下单,然后系统将对订单进行标准化,并通过 EDI 传给第三方物流企业。第三方物流企业利用传感器、RFID 和智能设备来自动处理货物信息,实现实时数据收集和透明管理,即准确掌握货物、天气、车辆和仓库等信息;利用智能的模拟器模型等手段,评估成本、时间、碳排放和其他标准,将商品安全、及时、准确无误地送达客户。

2. 物流园区模式

在智慧物流园区的建设中要考虑信息平台的先进性、供应链管理的完整性、电子商务的安全性,以确保物流园区商流、信息流、资金流的快速安全运转。智慧园区要通过良好的通信基础设施,共用信息平台系统,提供行业管理的信息支撑手段来提高行业管理水平。建立智慧配送中心使用户订货适时、准确,尽可能不使用户所需的订货断档,保证订货、出货、配送信息畅通无阻。

●阅读材料

徐州淮海智慧物流园项目集中开工

2017 年 6 月 10 日,淮海智慧物流园 12 个项目在徐州海鸥东路集中举行开工仪式,该项目总投资达 26.5 亿元,标志着省级示范物流园区建设取得新进展。

淮海智慧物流园位于鼓楼区北部,东临徐州经济技术开发区、西至华润路东侧、南邻徐州北站货场、北抵拾屯河,总面积 511.55 公顷,约 7 673.3 亩,是省级示范物流园区和徐州市"十三五"重点规划建设的四大物流板块之一,是徐州主城区唯一公铁水齐聚,也是发展公铁水多式联运条件最成熟、交通最便捷、成本最低的物流产业集聚区。

此次开工的项目中,鼎易恒物流园项目以国际水准规划、设计,以"国际铁路专线"为抓手,重点打造铁路冷链仓储物流、物流大数据、物流金融交易平台及特种装备运装四大产业板块,建设现代化的智慧物流园区;新加坡丰树物流园将建设集冷链、快递、电子商务于一体的现代物流园;SAP(思爱普)全球供应链交易综合服务区,建设全球供应链交易 B2B 综合服务园区,以 Zber 全球供应链交易平台及系列供应链综合服务为核心,构建线上综合服务平台和线下综合服务园区;大龙网物流电商平台以综合服务平台为支撑,服务全市外贸企业,降低外贸成本,提高效率;吉茂物流电商平台主要是开展跨境电子商务初创企业、B2C 跨境电商交易平台培训;360 五金电商平台是以五金机电产品、互联网、综合服务为主旨的创新工业品专业服务平台;淮海经济区跨境产业交易中心是与东兴集团联合打造,主要构建商业中心、贸易中心、展示交易中心、国际物流中心、金融结算中心、旅游休闲中心等六大中心;新华网物流大数据平台采取 PC 端、移动互联网 APP 和微信公众号三大互联网终端,开发应用物资信息查询系统、全运输链物资追踪系统、线上物流金融交易系统以及全球物资采购系统四大功能板块,全面提升了徐州物流的智能化和信息化；徐州港公铁水多式联运物流信息平台包含公铁水信息中心、业务中心、结算中心、服务中心四大模块，涵盖车船运力发布、铁路信息发布、货运配载信息发布等；徐州华东大宗商品电子交易平台以大宗生产资料为主电子商务平台，平台包含信息中心、交易中心、金融中心、物流中心、监管中心五大板块；此外，还有北区长途客运站和丰树物流园配套道路两个基础设施配套项目。

江苏鼎易恒物流有限公司总经理李华永表示，徐州独具的交通区位优势、良好的产业发展基础和徐州各级政府的关心支持，是我们落户徐州、布局高端物流板块的主要因素。“政府为企业发展提供了优质、高效的服务，我们对未来商贸物流发展前景充满信心。”

3. 大型制造企业模式

大型制造企业模式要求制造企业里的每个物件都能够提供关于自身或者与其相关联的对象的数据，并且能够将这些数据进行通信。这样一来，每一个物件都具备了数据获取、数据处理以及数据通信能力，从而构建由大量的智慧物件组成的网络，在智慧物件网络基础上，所有的物品信息均可连通，组成物联网。于是企业就有了感知智慧，能够及时、准确、详细地获取库存、生产、市场等相关信息，然后通过规整智慧、发现智慧找出其中的问题、机会和风险，再由创新智慧及时地做出正确的决策，尽快生产出满足市场需求的产品，从而实现企业的最大效益。

六、智慧物流实施的瓶颈制约

1. 基础信息缺乏的制约

物流信息是物流系统的整体中枢神经，是物流系统变革的决定力量。在智慧物流系统中，必须对海量、多样、更新快速的信息进行收集、加工、处理，才能成为系统决策的依据。如果物流基础信息缺乏，智慧系统也就无从谈起。

2. 对智慧物流功能需求、市场需求不明确的制约

一个系统能否运行成功，就要看它所提供的功能是否能被系统参与使用者接受。因此，进行智慧物流系统的功能需求分析就成为构建智慧物流系统的首要任务。

3. 传统物流企业发展现状层次较低的制约

首先，传统物流发展整体规划不足，基础平台相对薄弱，难以发挥物流资源的整合效应。其次，物流企业专业化、信息化程度较低，缺乏参与国际竞争的物流企业。再次，第三方物流功能较为单一，物流服务专业化程度不高。

4. 缺少人才的制约

物流是一个人才和技术密集型的行业，智慧物流的实现更是需要专业的 IT 人才与熟知物流活动规律的经营人才的共同努力，物流人才的欠缺，从业人员素质不高势必会阻碍智慧物流的发展。

●阅读材料

亚马逊的仓库已被机器人“占领”

如果你的孩子问你:圣诞老人住在哪里?答案通常都是北极。不过,如果是在科技领域,答案可能是:美国加州 Tracy 的亚马逊库房。亚马逊的最新一代仓库管理机器人 Kiva 在某种程度上可以媲美圣诞老人的驯鹿,为每个用户分拣订单。

显然,作为世界最大的互联网零售商之一,亚马逊一直在尝试寻找更高效率的工作形式,比如我们熟知的无人机送货系统。但事实上,早在 2012 年初亚马逊便收购了一家创业公司的 Kiva 机器人系统,已经获得了实际应用的突破进展,只不过亚马逊最近才真正展示它。

早期亚马逊 Tracy 库房,充满了打包机、标签机的噪声,但在 Kiva 到来之后,这一切已经不复存在。在这里,成群的 Kiva 机器人静悄悄地工作着,极大地提升了分管效率。Kiva 看上去就像是 Romba 扫地机器人,只不过机身尺寸更大一些。它的工作形式便是进入货架底层、承受高达 340 千克的重量,要比人工操作效率更高。

移动货架的目的主要包括两个部分:分配及挑选。其实非常容易理解,我们网购时的货物储存在仓库中特定的货架上,需要移交至特定的“挑选”区域来实现配送。虽然 Kiva 的工作并不复杂,但分管货架的工作显然对配送十分重要,只要确保其货架移动的正确率,就可以有效提升整体配送的效率。

目前,亚马逊拥有约 15 000 台 Kiva 机器人,部署在美国各个库房,每个库房根据需求拥有 10 ~ 50 台的数量。另外,加州部分亚马逊库房还拥有一些用于拣货的机械臂,也能够在年末购物季发挥巨大的作用。

一个令人担心的问题是:这些机器人虽然对于企业来说成本更低,但能否会取代人类员工?亚马逊高管表示,机器人目前只是亚马逊发展中的必要辅助手段,以此实现的订单数量提升有助于亚马逊雇用更多的员工,实际上是双赢。当然,如果这些机器人变得更加智能,我们并不怀疑在一些重复、机械性的工作领域,它们会完全取代人类。

课后习题

一、单项选择题

1. 地理信息系统的英文简写是(　　)。

A. GPS　　B. GIS

C. GID　　D. EDI

2. (　　)是为管理层提供的信息系统资源,是给决策过程提供所需要的信息、数据支持、方案选择支持。

A. 决策支持系统　　B. 控制信息处理系统

C. 作业信息处理系统　　D. 物流信息系统

3. (　　)是对物流信息资源进行统一规划和组织,并对物流信息的收集、加工、存储、检索、传递和应用的全过程进行合理控制。

A. 物流信息管理　　B. 物流信息规划

C. 智慧物流　　D. 物流信息技术

二、多项选择题

1. 物流信息技术包含(　　)。

A. 条形码技术　　B. 地理信息系统

C. 全球卫星定位系统　　D. 无线射频识别技术

E. 电子数据交换技术

2. 信息处理工作是根据使用者的信息需求,对收集到的信息进行筛选、分类、加工及储存等活动,内容包含(　　)。

A. 信息分类及汇总　　B. 信息编目

C. 信息储存　　D. 信息更新

E. 数据挖掘

3. 行业智慧物流建设主要包括(　　)。

A. 智慧区域物流中心　　B. 智慧供应链

C. 区域智慧物流行业　　D. 预警和协调机制

E. 智慧物流系统的创建

4. 智慧物流实施的瓶颈制约有(　　)。

A. 基础信息缺乏　　B. 智慧物流功能需求不明确

C. 缺乏人才　　D. 传统物流企业发展现状层次较低

E. 智慧市场需求不明确

三、问答题

1. 什么是物流信息技术?
2. 列举五种典型的物流信息技术。
3. 简述物流信息管理的内容。
4. 简述物流信息系统的内容。
5. 如何进行物流企业信息系统规划?
6. 企业如何选择物流信息系统?
7. 简述智慧物流的内涵与价值体现。
8. 如何创建智慧物流系统?
9. 简述智慧物流的实施模式。
10. 简述智慧物流实施的瓶颈制约。

四、案例分析题

中烟公司综合物流运输调度系统设计

近两年,中国烟草工业公司物流已逐渐成为行业开展物流工作的重点,国家高度重视工业企业的物流建设工作,要求工业企业要认真学习和把握国务院有关文件精神,在新一轮联合重组中推进物流建设。烟草公司要适应多点生产、集中采购、集中销售的新业务模式,研究物流体系和组织体系问题,在企业内部系统整合物流资源。而只有建设统一的物流运输调度系统,才能建立起真正的大企业物流、现代物流,降低工业企业的物流成本,提高工业企业的物流响应速度,切实提高我国烟草行业的竞争力。

1. 中烟公司物流运输调度系统存在的问题

某省中烟工业公司下辖两个独立法人的生产企业,生产企业分布在三个城市,经过整合,该省中烟公司的采购中心、技术中心、营销中心、生产中心的模式初步建立，并对原来企业的相关职能进行了规划，对供应物流、生产物流、销售物流进行了初步整合，实行统一管理。

经过前期的深入调研以及与某省中烟公司各个部门的沟通，可以得知目前某省中烟公司的运输调度存在如下问题：

(1)车辆管理分散

目前各个分厂车辆管理已经集中到物流中心集中管理，但是还属于各个分厂自行管理，同时车辆的调度分属于不同的生产环节，物流中心只是起到了车辆基本管理作用，并没有从根本上掌握车辆具体的行驶状况。

(2)运输计划不合理

目前运输的规划以满足生产为主，按照不同的运输功能设定不同的运输小组，如成品运输专门安排成品运输组，还没有达到按需制订车辆运输计划，极大地造成了运输的浪费。

(3)车辆空载严重

由于缺少统一的管理调度，原材料的运输还以各个厂为主，缺乏信息的沟通，造成车辆的返程空载现象普遍。随着业务量的增加，必然会增加车辆运输工作量，如不能统一调配，必然造成物流成本的不断增加和浪费。

(4)物流信息系统缺乏有效的集成

公司和各直属企业各自均具有较高的信息化水平，但物流信息系统的功能不够完善，数字化仓储、GPS 运输调度等经典物流软件还没有使用；同时，各分厂很多信息系统为不同厂家开发，各系统间相对独立，缺乏有效集成。

(5)车辆考核标准不统一

各个分厂的运输考核标准方式不统一，对每个分厂的运输人员的考核标准不统一，基本是按照里程制定，但是最终形式不同，必然为将来的车辆统一管理带来难度，因此需要结合各分厂情况制定相关标准和规范。

2. 解决思路提出

构建设计某省中烟公司综合运输调度系统可以有效地解决以上诸多问题，通过优化任务发运计划，使运输任务最大限度地衔接起来，整个运输网络中的任务可以协调排程。由此实现对运输工作的合理组织和对运输车辆的合理调配，提高整个运输网络的统筹调度水平，可以最大限度地减少对流、迂回等不合理运输现象的发生，降低车辆空载率，从而可以达到以最少的运输成本获取最大的运输收益的目的，同时可以提高用户满意度，提高某省中烟公司的综合竞争力。

3. 综合物流运输调度系统的总体设计原则

按照行业信息化建设统一平台、统一标准、统一网络、统一数据库的"四统一"要求构建某省中烟公司物流运输调度系统。

(1)统一平台

硬件方面，重用某省中烟已建立的网络，每个分厂采用 Web 浏览；软件方面，面向服务架构 SOA 来降低 IT 环境的复杂性，SOA 可以促进模块化业务服务的开发，而这些服务可以轻松地实现集成和重用，从而创建一个真正灵活和适应性强的 IT 架构，同时融合商业智能 BI。

(2)统一标准

系统建设将统一按照 SOA 标准进行，不仅可以减少 IT 费用、提高 IT 服务质量、提高参与伙伴的合作程度,还可以提供面向业务、客户和用户需求的服务。

(3)统一网络

系统建设基于省公司已经建立的行业数据传输通道。

(4)统一数据库

系统建设统一采用 Oracle 数据库,建立基于 SOA 架构建立的数据交换标准和数据库交换平台。

4. 综合物流运输调度系统建设内容

综合物流运输调度系统主要包括运输管理调度系统、车辆监控系统、运输网络优化系统、监控大厅的设计等。

各个系统设计如下:

(1)搭建综合物流运输管理平台

随着物流整合的步伐加快,物流服务对象趋向多元化,业务类型趋向多样化。为了在提高物流服务的基础上降低物流成本,需要建立一个全省范围的高效的运输调度系统,建立统一的物流车辆运输管理平台,进行全省资源运输的管理和调度,避免分厂运输空载的浪费,节约物流运输成本,提高物流运输效率。

(2)建立车辆 GPS 监控平台

随着信息化的不断发展,传统车辆管理的方法中存在的问题给车辆的调度管理带来了极大的难题。借助于 GPS、GIS、GPRS 技术的不断完善,某省中烟公司建设车辆 GPS 运输监控平台,可以实时监控车辆的位置、状态,为运输车辆的调度、指挥提供技术支撑,同时为成品运输车辆加装电子锁,保障成品运输的安全性,最终要提高车辆安全系数、服务质量和物流效率,降低物流成本。

(3)建设某省中烟公司运输优化系统

随着运输业务的不断增加,单纯的人工排定运输计划存在大量的问题,尤其是中烟公司统一进行车辆调度和管理后,如何借助信息化的手段,进行全局车辆运输计划的制订和物流运输网络的优化,如何研究开发满足某省中烟公司内部生产运输排班和全省原料以及成品运输计划的核心算法,并能够最大化节约物流运输成本成为最需要解决的问题。

(4)监控调度大厅设计

大屏幕监控调度大厅的建设是为了建立一个具有数据采集整合、处理、调度、反馈等功能的管理指挥运行机制,提供一个可靠稳定、快速响应的综合显示平台建设思路,最终是为了提高工作效率和体现某省中烟公司物流运输管理的现代化形象。

某省中烟公司综合物流运输调度系统的构建,可以大大提高企业安全管理水平,最大限度地控制行车事故,每年减少经济损失 10%;全部实行车辆运输管理后,企业可以实现超常规发展,物流快速实现规范化,车辆运用效率大幅度提高,预计每年节约费用 15% 左右,提升应急事件反应能力,提高工作效率,大大节约物流运输费用,提高运输安全效率;同时,综合运输调度系统的构建,可以促进建立某省中烟公司敏捷供应物流系统,从而最大限度地发挥整体优势,降低运输成本,提高配送物流的应急事件反应能力,提高供应物流的整体效率。

思考题

1. 结合案例，讨论物流运输系统的建立对中烟公司的影响。
2. 结合实际，谈谈物流信息系统的应用对物流管理的重要作用。

项目十 商贸物流

●学习目标

知识目标

掌握跨境电商物流的概念及其存在的问题,理解跨境物流存在的问题和解决对策;理解电商物流的概念和特点;掌握电商物流的发展模式;熟悉快递物流的含义及特点;掌握冷链物流的概念,理解冷链物流发展的痛点以及解决对策。

技能目标

灵活运用跨境电商物流发展模式及模式选择;理解快递物流发展模式的创新;具备冷链物流分析的基本能力。

●引导案例

聚美优品的供应链模式

聚美优品是一家化妆品限时特卖商城,由陈欧、戴雨森等创立于2010年3月。聚美优品首创"化妆品团购"模式,每天在网站推荐十几款热门化妆品。严格意义上说,它是采取团购形式的垂直类女性化妆品,从创业之初聚美优品的理念就很清晰,就是要做女性化妆品正品折扣网店。从2010年3月成立至今,凭借口碑传播,短短一年半就从月销售额不足10万元发展到当月销售上亿元的规模。2014年5月16日晚间,聚美优品在纽交所正式挂牌上市。

作为中国第一家也是最大的化妆品限时特卖商城，聚美优品与常规的团购有所不同，拥有专业的物流团队，即自建渠道、仓储和物流系统。除去渠道因素，化妆品作为特殊的品类，对于供应链要求极其苛刻。资深电商人士在微博上甚至断言，“供应链将是决定化妆品电商出路的核心”。

聚美优品的供应链决策包括以下几个方面：

1. 与品牌合作，实行官方授权

聚美优品一直坚持只从品牌厂家、正规代理商、国内外专柜等可信赖的进货渠道采购商品。正品团购的形象也得到国际一线品牌的高度认可，就在2010年11月24日，聚美优品与兰蔻首次合作，联合推出了一期兰蔻套装团购活动。与这些知名商家直接合作，在源头上保证了正品品质，这不仅为聚美优品赢得了广大消费者的信任，更让聚美优品得到了众多知名媒体的深入解析和行业人士的高度评价，对它进行口碑传播。目前聚美上游供应商主要包括兰蔻、相宜本草等品牌的代理商、经销商等。

2. 自建仓库与物流体系

作为一种实物性质的团购，仓储能力是网站实力的一种体现。一般的中小型化妆品团购网站运营模式比较简单，先收钱，再买货，这种自身没有库存的方式，无法提供给消费者强有力的保障。而聚美优品从上线第一天起就拥有自己独立的库房，先以团购价采购好产品存放在自己的库房里，做到有货才团，这样最大限度地保证了消费者的利益。聚美优品在北京、上海等地自建物流、仓储系统，保证了运送货物的及时性、准确性及安全性。目前聚美优品已经和韵达、海航天天、申达、圆通等第三方快递公司合作，保证了快速送货。

3. 专业定制快递包装

聚美优品包装盒为粉色的纸盒，设计得很女性化，快递包装是专门定制的，每一样化妆品都会用防挤压、防摩擦的气泡袋包装，避免在运输途中出现洒、漏、压扁等现象。

为了让客户得到更多实惠，聚美优品推出了灵活多样的包邮政策。

(1)一天购买任意两个或者两个以上商品包邮。不管是在一个团购同时购买两件，还是同时参加多个团购，只要是当天买了两件或以上商品，就可以免除当天订单的所有邮费。如果第一个订单只买了一样东西，当天再下一个订单并付款之后聚美就会把第一个订单多收的邮费退还到顾客的聚美优品余额上。

(2)合并发货免除后续订单邮费。每天聚美优品都会推出不同的团购产品，如果顾客想把好几天买到的商品一起发货，就可以使用聚美优品独创的推迟发货和合并发货功能。最多可以推迟发货10天。

4. 多样便捷的支付方式

支付宝特约商家，即信任商家，是指响应支付宝倡导的“互联网信任计划”，有意共同营造诚信的互联网信任体系的支付宝签约商家。聚美优品是支付宝特约商家，极大地增强了客户对其支付安全性的信任。支付宝的普及性很高，网购的群体基本上都拥有支付宝账户，使用支付宝付款不仅方便了用户，也提升了支付安全系数。

除用支付宝方式付款外，聚美优品也提供了快钱支付方式来满足不同人们的需求。快钱是国内领先的独立第三方支付企业，也是支付产品最丰富、覆盖人群最广泛的电子支付企业。客户只要开通了任何一家银行的网银，基本上都可以通过快钱支付方式完成付款。

聚美优品出售的每件产品都有专门试用人员，进行实物拍摄，专业化细致描述，保证用户看到的产品与买到的一致。聚美优品还有资深的化妆品工程师和实验室,以及专业的验货员,严格把控产品质量。即使化妆品是从厂家或者总代理那直接采购的,对于采购的商品也均事先检验,确定质量、包装正常之后再出售给消费者。聚美优品官方承诺“100% 正品、假一赔三、30 天无条件退货”,同中华财险合作,用户购买的所有商品均已由中华财险进行质量承保。聚美优品还是团购网站中首家获得互联网协会 A 级及以上信用级别认证的网站。

聚美优品在官网建立了一个口碑中心,它是一个美容品使用体验交流平台。用户在这里不仅可以和大家一起分享自己的美容心得,而且还能结识许多志趣相投的朋友。任何一篇口碑报告都可以被分享,为调动用户的积极性,如果有网友通过看到某一用户的报告而注册聚美优品并进行消费,作为鼓励,用户和分享者会各自获得 5 元的现金券奖励。

为了让用户最快、最方便地进行抢购,聚美优品特别设计了聚美优品手机版。聚美优品手机版不仅能完成选择到付款的全过程,而且还能查看包裹递运详情、免费订阅产品。当用户使用手机订阅功能订阅某个产品之后,系统会自动在该产品开售的当天,发送短信通知用户,聚美优品还贴心地将短信发送时间定在 9 点至 10 点之间,以免打扰用户的正常休息。

不仅如此,聚美优品拥有 50 名专业电话客服人员全天候地及时处理退换货以及各类投诉问题。在互联网上的各个顾客反馈集中地,聚美优品都有专门的网络客服,对顾客的反馈进行第一时间处理。

案例讨论

谈谈聚美优品的供应链模式的特色及其对聚美优品市场运营的影响。

任务一 电商物流

一、电子商务与物流概述

电子商务作为支持有形商品网上商务活动的物流,不仅成为有形商品网上商务的一个障碍,而且也成为有形商品网上商务活动能否顺利进行与发展的一个关键因素。如果没有一个有效的、合理的、畅通的、现代的物流系统,电子商务所具备的优势就难以发挥,电子商务也难以得到有效的发展。推行现代物流的发展是我国完善电子商务服务内容的一项重要内容,势在必行。

(一)电子商务的含义

电子商务起源于 20 世纪 70 年代的美国,当时一些大公司通过建立自己的计算机网络,实现各个机构之间、商业伙伴之间的信息共享。这个过程被称为电子数据交换(EDI)。作为电子商务前身,EDI 的产生是为了简化烦琐、耗时的订单等的处理过程,以加快物流的速度,提高物资的利用率。可见电子商务最初提出时就包含了物流。电子商务是采用现代化信息技术手段,利用计算机网络技术进行商务数据交换和开展商务业务活动的总称。电子商务最终是为了解决商流、信息流、资金流处理上对现代化物流过程的延缓问题,进一步提高现代物流的速度。它的应用有利于满足企业、供应商和消费者对提高产品和服务质量、加快服务速度、降低费用等方面的需求。

(二)电商物流的含义

电商物流就是一整套简单的电子物流配送体系,即 ERP 系统。电商物流的操作者主要还是机器以及人。当前中国的物流配送方案已经突破了传统的固有的送货上门的服务理念,逐渐走向集约化的配送方式,正转化为信息专门化服务、社会集体互动化服务和电商物流服务系统现代化相结合的新型模式。

(三)电子商务环境下物流的特点

电子商务时代的问世给全球物流带来了新的发展,使物流具备了一系列新特点,具体体现在:

(1)信息化:表现为物流信息的商品化、物流信息收集的数据库化和代码化、处理的智能化、物流信息存储的数字化等。

(2)自动化:自动化的基础就是信息化,自动化的核心是机电一体化,外在表现是无人化,效果是省力化。

(3)网络化:是以信息化为基础的物流领域网络化。它有两层含义:一是物流配送系统的计算机网络,包括物流配送中心与供应商、制造商、相关顾客的联系要通过计算机网络。二是组织的内部网。

(4)智能化:是物流自动化、信息化的一种高层次应用。物流作业过程中大量的运筹和策划都需要借助大量知识才能解决。

(5)柔性化:是在生产领域提出来的为实现"以顾客为中心"的一种理念。它要求物流配送中心顺应消费者需求,具有"多品种、小批量、多批次、短周期"的特色,灵活地组织和实施物流作业。电子商务的推广与应用,加快了世界经济的一体化,使国际物流在整个商务活动中占有举足轻重的地位。实践表明,凡是电子商务蓬勃发展的企业,必是物流技术发达、物流服务到位的企业;反之,缺乏及时配送等物流服务,将导致电子商务也不能实现。可以说,电子商务与物流是相互依存、共同发展的。

二、电商物流的基本流程

电子商务是整个贸易活动的电子化,包括贸易各方以电子交易方式而不是通过当面交换或直接面谈方式进行的任何形式的商业交易活动。电子商务物流是由电子商务引发的各种商品和相关商业要素的物流过程,是电子商务实现最终经济价值不可或缺的重要组成部分。

电子商务物流与传统物流的主要区别在于电子商务物流是在电子化前端信息支持的基础上进行的,但是电子商务物流作业流程不是简单的物流电子化过程,而是在运输、保管、配送、装卸、包装等作业中引入各种电子信息技术，形成与商务平台的精准配合，以期在自动化及效率化的基础上实现物流作业流程的再造。

电子商务的每一笔交易都包含着四种流程，即信息流、商流、资金流和物流。电子商务物流流程的一般模式如图10-1所示，图中四个主要模块分别代表参与电子商务流程的四类主体，即客户（企业及消费者）、电子商务平台、供应商和物流服务商。其中电子商务平台和物流服务商是联结客户与供应商的桥梁，即先由电子商务平台完成客户与供应商的信息沟通，再由物流服务商完成供应商与客户的实物交付。同时，体现电子商务物流重要特色的内容是物流服务商与电子商务平台也通过信息交换扩展服务内容，提升服务效率，增加整个流程的准时性和可视化程度。

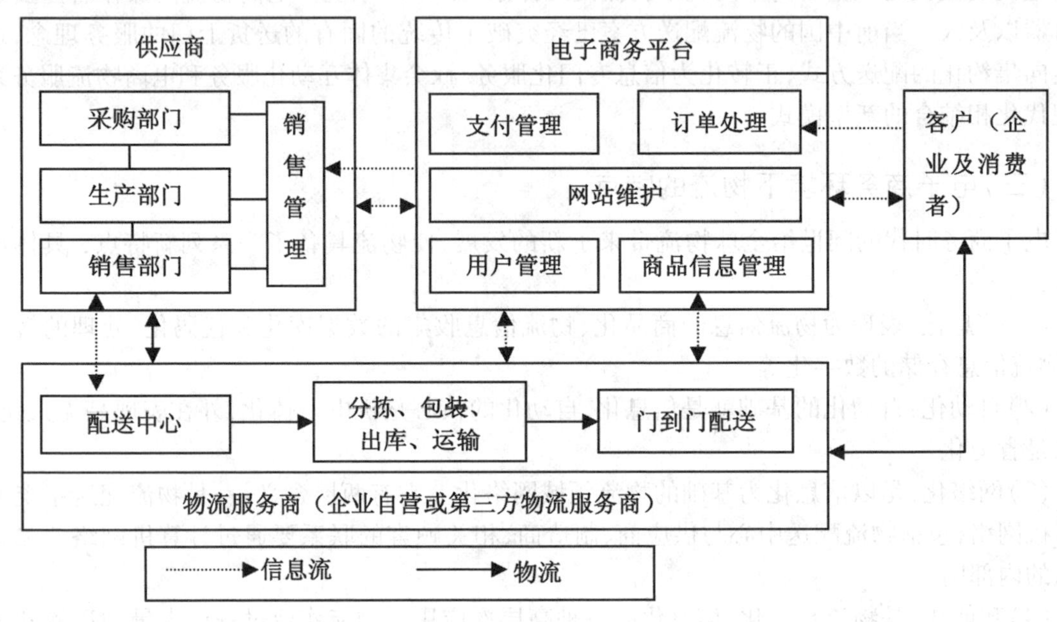

图10-1　电子商务物流流程的一般模式

三、国内电商物流模式分析与比较

我国电子商务的迅速发展推动了经济的发展，而电子商务的发展依赖于所建立的物流模式。在我国电子商务发展的现阶段，主要有四种物流模式可供选择，分别为自营物流模式、第三方物流模式、物流联盟模式以及物流一体化模式。下面我们将对这几种物流模式进行分析。

（一）自营物流模式的分析

自营配送模式是指企业物流配送的各个环节由企业自身筹建并组织管理，实现对企业内部及外部货物配送的模式。

一般而言，采取自营性配送模式的企业大都是规模较大的集团公司。有代表性的是连锁企业的配送，其基本上都是通过组建自己的配送系统来完成企业的配送业务，包括对内部各场、店的配送和对企业外部顾客的配送。

1. 自营物流模式的 SWOT 分析

(1)优势

自建物流属于企业内部的一个组成部分,主要目标是服务于企业的生产经营。这种方式减少了流通成本,降低了信息与利润的损失。同时能聆听客户需求,满足客户体验,以提升公司信誉,提高公司的品牌价值。对于要求物流配送频繁的企业,能够灵活快速地满足企业需求。自建物流模式中,商家在配送过程中进行全程监控,企业可以通过内部行政权力控制商品配送活动,同时商家可以及时获得货物及付款信息。另外,由于不必就货物配送的佣金问题进行谈判,配送服务效率显著提高。

(2)劣势

只有规模大才能降低成本,否则将加重企业的经营负担,严重影响企业柔性。而自建物流模式往往规模较小,因此成本较高,高成本投入使得企业盈利能力削弱。另外,由于货物积压、保质时间等问题,自建物流网站的推荐对象集中在积压品上,影响用户体验,不仅给企业形象带来损失,也影响了网站的声誉以及用户黏度。同时,最低库存量随着业务量的增加而增加,因此出现了两个问题:源于现有库存量的限制,企业无法迅速扩充其生产线;如若扩充其生产线,则面临高风险的经营问题以及库存压力。最后,随着企业规模扩大和业务量的增加,跨省、跨区域的发展使自建物流体系难以吃消,服务成本迅速上升。

(3)机遇

目前,我国物流发展远远低于电子商务发展的速度,对高效、高质量物流的需求非常大。并且,大部分顾客对自建物流模式网站有一定忠诚度及信任度。

(4)挑战

作为商业环节中的一个重要部分,物流业对专业化人才越来越需求。由于我国的物流业受到计划经济的影响,导致了物流人才的严重缺乏。并且,目前国内的物流理论与物流教育相对落后。因此在先天不足的情况下,专业化对于自建物流体系的公司来说是一大壁垒。

2. 自营物流模式的总结

对于绝大多数企业而言,物流部门只是企业的一个后勤部门,物流活动也并非为企业所擅长。在这种情况下,企业自营配送模式就等于迫使企业从事不擅长的业务活动,企业的管理人员往往需要花费过多的时间、精力和资源去从事辅助性的工作,结果是辅助性的工作没有抓起来,关键性业务也无法发挥出其核心作用。

自建物流使企业的供应链保持简洁、稳定和协调。对于较为成熟的电子商务企业,如果物流成本占总成本比重很大,企业对客户服务要求高,那么物流对企业成功很关键。如果企业拥有充足的资金、完善的物流管理能力和高素质专业化的物流人员,就可以考虑采取自建物流这种模式。自建物流对企业水平要求很高,具有一定的素质与能力才适合选取。

(二)第三方物流模式的分析

1. 第三方物流模式的 SWOT 分析

(1)优势

第三方物流公司是专业化的物流企业,不仅网点遍布国内各大城市,也集中了社会上的物流资源。当科学技术日益进步时,专业的第三方物流供应商能不断地更新信息技术和设备,并能以一种快速、更具成本优势的方式满足客户对各种服务的需求。

第三方物流模式节省了大量来自自建物流的隐性成本,如人力、物力以及时间等,使得电子商务公司更能集中发展核心竞争力,集中企业资源,改善网站服务质量,把主业做大、做强、做精,走集约化道路。对于中小型企业,使用第三方物流公司不仅减少了仓库固定资产的投资,还解决了自建物流模式的资金占用问题,有利于中小型企业的发展。

(2)劣势

第三方物流模式网站通过赚取买卖差价的传统经营模式及缺乏与第三方物流公司的议价能力使其利润率较低。长期以来,我国物流企业由于受到计划经济的影响而形成多元化的物流格局,除了新兴的外资和民营企业外,大多数第三方物流企业是由计划经济时期商业、物资、粮食、运输等部门的储运企业转型而来。由此出现了条块分割严重的问题,集约化经营优势不明显,企业缺乏整合,规模效益难以实现。

另外,许多公司物流渠道不畅。比如部分经营网络不合理,没有形成大规模网络化经营,传统仓储业、运输业能力过剩,造成浪费;第三方物流企业之间、企业与客户之间缺乏合作,供货渠道有限;信息技术落后,未能自行开发拥有自主技术的物流系统,便携电脑、POS 机等信息技术未能广泛应用,信息资源不能被物流企业和客户共享,相互依赖的伙伴关系未能形成。

(3)机遇

电子商务孕育了巨大的市场机遇,第三方物流作为电子商务的基础,面临着极大的市场需求。

(4)挑战

作为物流模式的重要部分,我国的第三方物流发展整体还很不成熟,处在起步阶段,还没有达到一定的规模化与专业化。高等教育和职业教育尚未跟上,人才缺乏,素质不高。同时,由于物流服务相对运输来讲具有更明显的长期性,物流服务的提供者和接受者之间有更强的相互依赖性,因此一个良好的品牌将成为市场竞争的重要因素,而我国许多第三方物流企业并未注意到物流的品牌效应,对此观念模糊,缺乏一定的远见卓识。

2. 第三方物流模式的总结

作为物流专业化的重要形式,随着物流热的兴起,第三方物流得到长足发展,既有量的增加,涌现出许多物流企业,如作为物流行业中最有朝气的民营物流企业,近些年呈现出数量增加、增长较快的态势,服务水准不断提高,促进了电子商务的发展。同时也有质的提高,物流服务功能显著改善,出现中远集团、中外运集团那样既有规模又有效益的物流企业。

(三)物流联盟模式的分析

物流联盟模式就是第三方物流包括运输、仓储、信息经营者等以契约形式结成战略联盟,实现内部信息的交流和共享,相互间协作,形成第三方物流网络系统。联盟可包括多家同地和异地的各类运输企业、场站、仓储经营者,理论上联盟规模越大,可获得的总体效益越大。信息处理这一块,可以共同租用某信息经营商的信息平台,由信息经营商负责收集处理信息,也可连接联盟内部各成员的共享数据库(技术上已可实现)实现信息共享和信息沟通。目前我国的一些电子商务网站普遍采用这种模式。

这种模式比起第三方物流有两方面的改善:首先,系统中加入了信息平台,实现了信息交流和共享,各单项实体以信息为指导制订运营计划,在联盟内部优化资源。同时信息平台可作为交易系统,完成产销双方的订单和对第三方物流服务的预定购买。其次,联盟内部各实体实施协作,某些票据联盟内部通用,可减少中间手续,提高效率,使得供应链衔接更顺畅。

1. 物流联盟模式的 SWOT 分析

(1)优势

物流联盟是为了达到比自建物流这种单独从事物流活动更好的效果,企业间形成的相互信任、共享利益、共担风险的一种物流伙伴关系。企业通过物流联盟这种形式,可以有效拓宽业务市场,完成更大范围内的物流配送,实现企业的战略目标。

物流联盟形成的基础是企业间利益共享,而且在行动上也有一定协同性,因此对于突如其来的风险,能够共同承担,这样便减少了各个企业的风险,提高了抵抗风险的能力。同时通过企业联盟在管理、信息、技术、资金等方面进行互通有无、优势互补,企业间将减少物流费用、交易成本,提高企业的竞争能力,使整个行业物流水平得到提高,变得更加专业化和集约化。

(2)劣势

如果在联盟过程中企业的积极性受到打击,那么企业就有可能选择退出联盟。缺少了商业企业的加盟,联盟难以发挥整合作用和集约化处理,降低了利益最大化的作用。也就是说,物流联盟形式非常脆弱,当一方的弱点随着企业的发展、技术的进步被克服时,企业就不再需要联盟这种形式。因此这种关系很难形成,比较容易解体,使得整个联盟的利益受到损失。

另外,联盟内部之间也可能发生竞争。如果双方所拥有的技术没有得到适当的保护,就有可能被一方用于私自目的,甚至可能成立其他联盟来与之竞争。

(3)机遇

战略联盟这种形式在国外已有广泛的应用,并且在学术界已有相关的理论基础,如价值链理论、交易费用理论、资源基础理论和组织学习理论。在国内,纯粹地采取自营或者外包物流是需要非常慎重的。物流联盟这种形式提供了一个降低风险、企业更容易操作的介于以上两种模式之间的选择。

(4)挑战

在选择联盟伙伴时,物流企业可根据范围大小和物流功能整合程度分为不同的类型。不同类型的企业在市场竞争中所采取的经营策略有很大区别,因此错误地选取联盟伙伴会降低企业的运营效率,不能达到有效物流。

2. 物流联盟模式的总结

物流联盟是为了取得比自建物流这种单独从事的物流活动更好的效果,企业间形成的相互信任、共享利益、共担风险的一种物流伙伴关系。它能有效地降低物流成本,提高企业的竞争能力,使整个行业物流水平得到提高,变得更加专业化和集约化。这种战略联盟形式在国外已有广泛的应用,并且在学术界已有相关理论基础。

但是,物流联盟形式非常脆弱,当企业的积极性受到打击时,或者当一方的弱点随着企业的发展、技术的进步被克服时,企业就不再需要联盟这种形式;同时,联盟内部之间也可能发生竞争。所以,在选择联盟伙伴时,要注意物流企业的类型以及内部控制力等问题。坚持根据兼容性、能力、承诺这三条原则去选取联盟对象。

(四)物流一体化模式的分析

1. 物流一体化模式的 SWOT 分析

(1)优势

物流一体化是以物流系统为核心的由生产企业经由销售企业、物流企业,直至消费者的供应链的整体化和系统化。以往,传统的企业将物流活动分配到各部门,因此部门之间的目标常常发生冲突。而物流一体化通过整合物流活动,集成到一个部门来进行管理和运作,消除了部门间的利益冲突。同时,因为物流系统的构成要素既相互制约又相互联系,其中一项活动的变化会使得其他要素跟着发生变化。因此物流一体化可以对系统各功能进行统一管理,提高运作效率。

企业建立专门从事物流业务管理的组织部门——物流子公司,可以通过自负盈亏、独立核算,使得物流成本的核算变得简单明确,有利于物流成本的控制;与此同时,通过将多余的物流能力投放于社会经营,避免了物流能力的浪费,实现了资源共享,从而提高了物流绩效和实现了价值增值。

与第三方物流模式相似,物流一体化可以将有限的资源集中在核心业务上,加强自身的核心能力。对于单个企业,在快速多变的市场竞争中,仅仅依靠自身资源进行自我调整很难赶上市场的脚步,而将自身不擅长的业务交由其他专业化的组织承担,进行信息共享和风险共担会使得企业核心能力加强,通过扩大核心竞争力来获取更大的优势。

(2)劣势

物流一体化模式基本上是最理想的一种模式,但这种模式是建立在理想的环境中的,而在现阶段的我国,物流一体化属于劳动密集型产业,没有太大的需求,所以相对来说不具备很强的竞争力。

(3)机遇

在电子商务时代,物流一体化是一种比较完整意义上的物流配送模式,是物流产业化的发展形式,以第三方物流充分完善和发展为基础。其实质是一个物流管理的问题,即专业化物流管理人员和技术人员,充分利用专业化物流设备、设施,发挥专业化物流运作的管理经验,以求取得整体最优的效果。同时,物流一体化的趋势为第三方物流的发展提供了良好的发展环境和巨大的市场需求。

(4)挑战

物流一体化以第三方物流的充分发展和完善为基础,因此,国内的电子商务企业仍然面临着基础设施落后、没有完善的物流配套设施、第三方物流企业尚未成熟的问题;同时面临着物流基础理论薄弱、企业的物流理念普遍淡漠等问题。

2. 物流一体化模式的总结

物流一体化是物流业发展的成熟阶段和高级阶段。它可消除部门间的利益冲突,并有利于物流成本的控制,而且将有限的资源集中在核心业务上,有利于加强自身的核心能力。但物流一体化需要以第三方物流的充分发展和完善为基础,而这恰恰是我国物流产业所面临的问题。设备更新慢,人才稀缺,并且物流观念较为陈旧,影响了物流一体化在中国的发展。

四、影响电商企业物流配送模式的因素

电子商务市场的竞争日趋激烈,物流的配送选择则成了企业能否在市场立于不败之地的关键因素。对于选择自营物流还是第三方物流,企业应该根据自身的实际条件与客户的需求结合市场的变化进行综合考虑。通常来说,以下几大因素对于企业进行物流模式的选择起到了决定性的作用。

(一)企业规模与企业战略发展

对于京东商城、卓越亚马逊、苏宁等客户规模大、资金实力雄厚的大中型企业来说,面对日益增长的客户群体,物流规模的扩大已经直接影响到公司的战略发展。此类企业也有足够的实力建立自己的物流配送中心,制订出有效的物流配送计划,并能及时地对物流售后服务进行沟通与协调。因此对于此类规模庞大、物流配送对企业战略发展重要程度极高的企业来说,适合考虑采用自营物流模式。而对于规模较小的企业来说,资金方面的缺陷以及风险的不确定性都决定了不适宜采用自营模式,此类型企业的战略发展一般取决于企业的产品质量、服务质量,因此更适宜集中精力发展其核心业务,将物流配送环节交由专业的第三方物流处理。

(二)企业对物流的控制能力及专业化水平

如果企业对物流的控制能力较强,需要及时地跟踪物流的运输情况,那么可以考虑自营模式,采用第三方物流则完全失去了对物流的控制;如果企业内部拥有专业化的物流管理人才且区位优势明显,客户对货物的响应速度与服务水平有较高要求,也可以考虑自营模式;如果企业缺乏专业的物流管理人才,对客户要求响应速度偏慢,且不能及时有效地控制物流的运输以满足对方的物流需求,那么可考虑专业化的第三方物流。

(三)物流成本与系统资金周转率

企业物流总成本包含以下几个方面:运输成本、仓储费用、信息处理费用、售后服务费用等。这些费用之间彼此关联且影响系统整体物流成本,当增加仓储费用时,可减少运输成本,当增加消息处理费用时,可减少售后服务费用。因此在系统总成本上应综合考虑最低的成本费用。对于自营物流则更会大大地提高前期基本投入与资金占有率,但如果销售规模庞大,资金的回笼速度也较快,因此在资金投入、系统成本与未来利润的预算上需非常谨慎,具有极高的风险性。第三方物流虽然风险系数较低,但资金回笼速度较慢,会影响企业资金的流动性。

●阅读材料

京东物流开放后,会驱动中国电商物流进行哪些变革?

2016年11月23日,京东集团发布重要战略:物流全面开放,为社会化服务。京东开放物流的新战略,希望将过去十年所积累的物流基础设施、经验和价值向全社会开放,服务中国商业社会,帮助数以百万计的商家降低供应链成本、提升流通效率。

开放范围:京东物流会对外开放中小件网络、大件网络和生鲜冷链网络。

京东物流体系数据:截至2016年9月30日,全国物流从业人员已经达到了3 000万、物流园区已经达到了1 210个;京东拥有7个智能物流中心、254个大型仓库、550万平方米的仓储设施、6 780个配送站和自提点,完成了对全国2 646个区县的覆盖。

京东的物流开放对外服务会给中国的电商物流带来哪些新变革呢?

首先回顾中国的电商物流的五大重要发展历程:

第一阶段:传统零售时期,基于B2B交易的商业,物流供应链以渠道为核心,主要的物流模式是合同物流(整车和零担物流)。

第二阶段:传统的B2C、C2C电商时代。2003年“非典”过后,京东、当当等电商的兴起,B2C的时代初期是缺乏能够覆盖到C端的第三方物流的,物流成了B2C电商发展的短板,当找不到靠谱的物流服务商的时候,以京东为代表的企业从2007年开始推动自建物流;同时期阿里巴巴的淘宝C2C的平台兴起,也带动C端配送的需求,以“三通一达”为代表的桐庐帮抓住时机在2005—2007年快速发展。

第三阶段:B2BC电商时代的来临。2010年后,阿里、京东开放平台的陆续启动,开放平台模式无疑让品牌方面临多平台的订单运营支撑。无疑,云仓+快递模式成了市场的需求。一大堆云仓模式全面起盘,顺丰云仓、EMS云仓、中联网仓、网仓科技、发网、百世云仓等,这些都是典型的、服务于开放平台电商的仓储物流服务平台。

第四阶段:O2O+B2B2C的电商时代。2014年,O2O全面开花,线上线下可以全面融合了,线上订单,线下库存,就近门店配送,用户体验拉动线上订单。

每一个品牌都进入多家电商平台,甚至布局微商。O2O本质上不是卖东西,而是用户体验+线上线下服务协同+物流+精准用户大数据沉淀的全新商业模式。这时候的电商物流又进一步发生了巨大的变化:库存在云端,全网调拨(大包裹、零担的需求逐步兴起),配送到店+配送到C端融合,快递员直接到门店取货就近配送。

第五阶段:O2O+C2B+C2M的新时代。2016年,也是新零售时代的开源之年。互联网深度发展,工业4.0、物联网技术、粉丝经济、网红经济、社群经济,逐步催生了电商的新一轮的变革。未来工业品的定制化、农产品的原产地直供、线上线下O2O的体验与购买融合、大数据驱动下的精准营销、共享经济与众包模式,这些都是未来电商物流必须要思考的方向。未来工厂和农场直接和用户之间连接越来越便捷,物流从工厂、农场到用户的扁平化,产地直供一定是主流趋势。传统的快递会面临新一轮的变革,即使他们2016年大面积上市,如果不转型,未来的生存也未必乐观。未来是产地直供快物流+城市智能云仓+末端共享经济的宅配的全套供应链服务,这是未来发展的必然趋势。

就在2016年底,京东宣布十年深度积累的物流基础设施、经验和价值向全社会开放,服务中国商业社会,帮助数以百万计的商家降低供应链成本、提高运营效率。可见这一战略布局刚好抓住了这一个绝佳的时机,绝对的just in time。

京东物流供应链的全面开放将为品牌商带来哪些服务?会倒逼中国电商物流向哪方面变革呢?

1. 京东开放物流平台的价值定位:横向一体化的供应链服务

刘强东曾公开定位京东物流的价值:一件商品从供应商到消费者手中,平均要搬运7次以上,这是中国物流成本居高不下的核心原因。要减少货品的搬运次数,降低物流成本、提升物流效率和用户体验,最核心的解决之道就是采用仓配一体的物流体系。其实京东早在2007年就前瞻性地察觉并积极着手解决这个电商领域的最大痛点,当时刘强东力排众议自建物流。

如今近十年过去,京东打造的仓、运、配一体化物流网络早已遍布全国,形成了强大的差异化优势壁垒和核心竞争力,一站式解决品牌商的全供应链问题。

2. 三大核心服务平台:定位综合供应链服务

据悉,此次京东物流开放主要是为商家提供线上线下、多平台、全渠道、全生命周期、全供应链一体化的物流服务产品。为此,京东物流将向社会开放三大服务体系:仓配一体化的供应链服务、京东快递服务和京东物流云服务。而这三大服务体系里,其中最具有价值的是其仓配一体化供应链的产品理念和服务。

3. 大数据平台的支撑:实现最精益的电商物流运营

说到精益,这是日本人在管理上的一大创新。今天在大数据驱动下的精益物流,是全球现代物流的发展趋势,京东是最早将大数据应用到物流运营的核心电商物流平台之一。

京东物流的仓配一体化是充分利用互联网大数据平台的支撑,对不同品类商品在全国地域、时间等维度进行精准的销售预测,通过智能仓储系统将商品在全国范围内进行智能分货,商品提前配送至距离消费者最近的城市仓。由于商品已就近备货,再加上京东对配送路径的不断优化,商品配送速度得到大幅提升。

4. 全渠道驱动下的敏捷供应链服务

如今的互联网已经进入全渠道模式,传统渠道 + 多电商平台 + 社交电商(微商)。随着全渠道时代、产业链互联网时代的到来,目前没有一家品牌商的供应链体系能够满足这样一种供应链运营的需求。今天,京东的物流供应链的开放开启了这方面的先河。

任务二 跨境电商物流

一、跨境电商物流的相关概念

(一)跨境电商

跨境电商狭义上是指 B2C 跨境电商或零售跨境电商,指的是分属于不同关境的交易主体借助计算机网络达成交易、进行支付结算,并采用快件、小包等方式通过跨境物流将商品送达消费者手中的交易过程。

跨境电商广义上包括 B2C 和 B2B 跨境电商。B2B 电商是指分属不同关境的交易主体通过电子商务的手段将传统进出口贸易中的展示、洽谈和成交环节电子化,并通过跨境物流送达商品、完成交易的一种国际商业活动。

总的来说,跨境电商是跨境电子商务的简称,是指不同关境的交易主体借助电子商务平台进行交易、结算、支付,并通过跨境物流送达商品、完成交易的一种国际贸易商业活动。

(二)跨境电商物流

物流作为供应链的重要组成部分,是对商品、服务以及相关信息从产地到消费地的高效率、低成本流动和储存进行的规划、实施与控制的过程,目的是为了满足消费者的需求。电子商务物流又称网上物流,是利用互联网技术尽可能地把世界范围内有物流需求的货主企业和提供物流服务的物流公司联系在一起,提供中立、诚信、自由的网上物流交易市场,促进供需双方高效达成交易,创造性地推动物流行业发展的新商业模式。而跨境物流的不同之处在于交易的主体分属于不同关境,商品要跨越不同的国界才能够从生产者或供应商到达消费者。

二、跨境电商物流的现状

近年来,跨境电商呈现出爆发性增长的态势,渐渐成为我国国际贸易新的增长点,因此跨境物流行业也被迫快速发展,以满足超负荷运作的市场物流运输需求。2012 年 10 月,上海、杭州、宁波、重庆、郑州 5 个城市被海关总署正式确定为跨境电商的试点城市,此后青岛、苏州、长沙、深圳、哈尔滨等城市也被列入试点行列。2013 年 8 月底,从国家层面上,中华人民共和国商务部出台了有关政策来大力支持跨境电子商务贸易的发展;2014 年,我国跨境电商试点突破 30 亿元,业务量出现井喷。伴随着政府政策的推动和不断增长的市场需求,预测结果显示,到 2017 年,我国跨境电商的交易规模将突破 8 万亿元大关,占进出口总额的比重达到 23.1%,具体数据详见表 10-1。

表 10-1 2008—2016 年我国进出口贸易及跨境电商交易规模

年份	进出口交易总规模(万亿元)	跨境电商交易规模(万亿元)	跨境电商占进出口总规模比重(%)	跨境电商交易规模增长率(%)
2008	18.0	0.8	4.4	—
2009	15.1	0.9	6.0	9.2
2010	20.2	1.2	5.9	33.3
2011	23.6	1.6	6.8	33.3
2012	24.3	2.0	8.2	25.0
2013	25.8	3.1	12.0	31.3
2014	26.43	4.2	15.89	33.3
2015	29.5	5.2	17.6	29.3
2016	2	6.5	20.3	25.9

相比传统国际贸易形式,跨境电商既简化了代理的中间环节,又提高了交易的效率和经济效益。要使其顺利实施,除网上产品推广、订购交易等信息流和跨境支付资金流外,更加需要稳定的跨境物流的鼎力支持。良好的客户体验及口碑是网商生存的基础,物流服务的时效性和安全性、成本低廉性、售后退换货的便利性等均构成客户的购物体验,这些方面对形成良好的客户忠诚度和满意度至关重要。由于跨境电子商务的物流配送需跨境运作,涉及不同关境的物流运作商,运作复杂,供应链协同性较差。

然而在跨境电商飞速发展的同时,跨境物流却成了制约其发展的重要短板。当前我国仍以粗放的物流模式把货物发往全球,仍靠低价来赢得市场,物流主要由 TNT、敦豪航空货运公司(DHL)、联合包裹(UPS)、联邦快递(FedEx)、马士基国际海运等国际物流快递公司承运,而国内中国邮政速递物流的“国际 e 邮宝”由于入市稍晚,市场占有率较低。

三、跨境电商物流存在的问题

(一)物流运营成本高

目前,像敦煌网、速卖通、环球资源等国内知名的跨境电子商务网站,主要以国内最大的物流快递 EMS 作为主要合作伙伴为国外的客户提供物流支持。尽管国际上 FedEx、DHL、UPS 等快递公司运输速度快,但海外顾客却因价格昂贵而很少使用。对于跨境电商外贸卖家来说,首先要考虑的问题是如何在网络订单产生之时更快地把货物发到国外去。一般来讲,如果是小型卖家,可以直接选择网络平台发货,也可以选择国际小包。但如果是大卖家或者独立平台的卖家,客户体验对于他们来说相当重要,物流成本对于他们来说也是一笔不小的开支,整合物流资源并探索新的物流形式是当务之急。

(二)物流体系不合理

跨境物流体系建设不合理主要体现在跨境物流的基础设施建设不完善。近几年,随着跨境电子商务的飞速发展,顺丰、圆通、申通、韵达等物流公司以扩张方式在极短的时间内迅速建立国际范围内的物流体系,但由于发展过快,行业内良莠不齐,体制不完善等造成“夺命快递”、卷款私逃和恶性竞争等问题频发。虽然这些问题在目前过剩的跨境物流需求之下屡屡被忽略,但一直是笼罩在行业健康发展道路上的一片阴云,不仅阻碍了跨境物流业的发展,还影响其上端的跨境电子商务行业。

(三)国家政策法规不完善

近年来,我国政府积极建立基础信息标准和接口的规范准则,陆续出台关于跨境电商的政策,如“国六条”明确支持跨境电商发展,并通过税收、海关、质检、支付、信用和外汇等六项措施来落实,财政部联合国税总局明确跨境电商零售出口税收优惠政策等。而这些政策对所有零售出口企业来说都是可遇而不可求的机会。

目前我国跨境电子商务的一些试点实现了海关、出入境检验检疫、税务、外汇管理等部门与电子商务企业、物流配套企业之间的标准化信息流通,但服务产业链的发展依然滞后,完整的供应链体系尚未形成,配套的法律法规和信用体系等也有待健全,这些在无形中都阻碍了跨境和物流企业的快速发展。

(四)专业人才供应不足

跨境电商的各个环节要比国内一般的电子商务更加复杂,在发展电商方面,中小型外贸企业面临市场、社会、经济等多重风险。由于发展规模小、实力不强、空间小,原本紧缺的高技术、强能力的高级电子商务人才就更难投身这样的中小型企业,这使我国中小外贸电商的发展严重受阻。而跨境电商物流作为一门综合性学科,需要的是既懂跨境电子商务,又熟悉跨境物流的复合型人才。目前,我国很多大学都开设了电子商务或者物流等相关专业,但将电子商务与物流整合的学校则较少,而将跨境电子商务和国际物流相结合教学的学校更是少之又少,因此我国亟须培养这方面的人才。

四、跨境电商物流的发展趋势

(一)跨境电商物流的总体趋势

2014 年以来,跨境电商物流出现了一些明显的变化趋势。一是邮政体系主导地位逐渐被打破,其价格优势进一步缩小。跨境电商物流主要配送产品为数码产品和配件以及服装等轻便产品,原因是这些产品通过邮政体系配送比较方便。但随着跨境电商的快速发展,一些有实力的企业开始试水海外仓,试图通过与国际物流巨头开展战略合作来解决相关物流问题,彻底改变了以国际小包为主的邮政体系的主导地位。邮政体系也因不接受平邮等政策价格优势逐渐被削弱。二是海外仓业务份额增长较快。鉴于跨境电商物流产品种类丰富,以家居产品为代表的大件、重件等产品比例不断增加,已经难以通过航空运输方式进行物流配送,采取消费者所在国海外仓方式配送货物显然成本更低。易趣、亚马逊等国际电商巨头也积极鼓励中国卖家使用海外仓发货,以确保用户体验,进一步推动海外仓快速发展。三是新兴市场国家的物流问题依然突出。一方面,新兴市场国家海关效率低下、商检水平不高;另一方面,新兴市场国家物流基础设施不健全、报关程序繁杂,包括其海外仓成本难以得到有效控制,导致其跨境电商物流很难实现根本改变。四是行业洗牌将进一步加速。越来越多的国际资本开始进入物流行业,其中包括跨境电商物流服务,大量国际资本涌入无疑将加剧跨境物流服务商之间的竞争,进而压缩中小型跨境物流服务商的生存空间。但由于整个市场容量在不断扩张,中小型跨境物流服务商依然有机会,因为整个行业洗牌难以在短期内完成。

(二)跨境电商物流的 SWOT 分析

1. 跨境电商物流的优势分析

跨境运营已经成为众多中国电子商务企业的选择,跨境电商物流发展机会越来越多。近年来,我国跨境电商发展十分迅速。统计数据显示,2015 年我国跨境电商交易额超过 5.4 万亿元,2016 年这一交易额超过 6.7 万亿元,中国境内通过各类平台开展跨境电商业务的企业超过 20 万家,其中平台企业超过 5 000 家。在这种背景下,我国跨境电商物流发展十分迅速,已逐渐积累了开展更大规模跨境电商物流的基础条件。2013 年中国海关启动跨境贸易电商服务试点,同时明确了跨境电商发展的相关监管措施及政策,提出了一般出口、特殊区域出口、直购进口和网购保税等四种新型海关通关监管模式。跨境电商出口模式的实施将惠及更多企业,尤其对中小微企业跨境电商发展十分有利。跨境电商物流快速发展可以有效推动国内产品出口多样化,进而帮助更多小微企业加入跨境电商服务行列中,反过来增加跨境电商物流业务量。

2. 跨境电商物流的劣势分析

我国跨境电商物流劣势主要表现在以下几个方面:一是物流成本过高。跨境电商物流需

要从国内向国外拓展，整个物流产业链变得更长，环节也较多，物流成本因此而大幅上涨。值得注意的是，在海关与商检环节中，不可控因素非常多，操作难度加大，市场风险增加，这些都会提高跨境电商物流成本。二是物流配送周期过长。在国内，电商物流配送不到位往往是消费者投诉的重点；而在跨境电商物流发展中，物流周期过长是消费者最不满意的方面，其原因在于跨境电商面临的产业链更长、物流环节更多。其中，海关清关和检验检疫等待时间必不可少，导致跨境电商物流平均周期往往是国内电商物流平均周期的 5 倍以上，严重影响了我国跨境电商的发展。三是物流的售后服务难以跟上。跨境电商物流涉及的环节众多，面临的退货物流可能性非常大。

从电商本身特点来看，其退换货率比传统商务模式下的退换货率要高很多。由于跨境电商物流周期长、成本高，往往难以满足消费者的退换货要求。如在欧美发达国家，存在退换货消费文化和消费习惯，我国跨境电商在进入这些国家市场时，退换货率往往居高不下。但由于缺乏强大的物流支撑和顺畅的物流通道，退换货变得非常困难，尤其是退换货物流成本过高，有时甚至出现物流成本超过商品本身价值的情况，我国许多跨境电商物流企业不得不勉力支撑。

3. 跨境电商物流的机遇分析

2013 年以来，淘宝网、京东网等中国电商巨头开始布局海外市场，积累了相当多的跨境电商运营经验，为跨境电商物流发展提供了很好的机遇。一方面，我国跨境电商逐步明确了发展方向，这有助于新模式下跨境电商物流的发展。2014 年 3 月，海关总署发布的跨境电商服务试点网购保税进口模式成为我国跨境电商发展的重要推动力。在新模式下，电商物流是否能够提供有效支撑，将成为跨境电商发展的重要决定因素。目前，许多电商物流企业都在加大创新力度，配合国外消费者的消费习惯和消费文化，重整跨境电商物流运营模式。相信在不久的将来，我国的跨境电商物流模式将越来越固定、越来越成熟。另一方面，发达国家跨境电商物流发展经验为我国相关行业发展提供了有益借鉴。在欧美发达国家，退换货是其突出的文化特征，而这一点恰恰是我国电商物流企业最不适应的。随着国外电商物流企业进驻中国市场，他们在解决消费者退换货方面的做法非常值得我们学习。事实上，近几年来，中国跨境电商物流企业正在尝试通过海外仓业务模式来解决物流配送时间没有保障、消费者满意度不高等问题，并已经取得了良好效果。

4. 跨境电商物流的威胁分析

目前我国跨境电商物流还存在以下威胁：一是渠道风险所带来的威胁。与国内电商发展环境不同，国外电商发展环境比较成熟，消费者对产品质量的要求较高，电商一般都拥有统一的质量控制方法和质量控制标准。我国跨境电商物流企业走出国门后，必须采取措施积极应对国外消费者因产品标准差异、产品质量差异等问题而产生的退换货要求。二是跨境物流风险所带来的威胁。跨境电商面临的物流环节众多，每个环节都存在巨大风险。如跨境电商在解决好国际快递问题的基础上，还要处理好海关通关、检验检疫、税务、保险等方面的问题。在成熟市场经济国家，其发达的第三方物流可以很好地为跨境电商企业提供优质服务，甚至帮助跨境电商物流企业代理所有通关、发货手续。鉴于我国多数跨境电商物流企业尚未形成规模效应，其选择第三方物流代理报关的技术条件还不成熟，尤其是众多小型跨境电商物流企业，在与国际跨境电商物流企业的竞争中基本处于弱势地位。三是产品竞争风险所带来的威胁。

国内几家规模较大的跨境电商的主打产品主要为婚纱、电子产品及医疗产品，产品组合方式比较简单。这种产品组合结构使跨境电商往往要在某一产品推介上付出高昂的广告费用，加之产品大多属于代营、代销，缺乏自主设计品牌，产品核心竞争力普遍不强。一些厂家喜欢模仿抄袭国外品牌设计，所生产的产品被他国海关查扣的风险非常大。四是政策风险所带来的威胁。跨境电商物流往往面临国内政策与国外政策风险。从国内政策角度看，跨境电商物流风险主要体现在海关政策不确定方面。由于我国的海关监管机制、货物通关机制主要是围绕大宗货物而设计，缺乏对大量小包裹的物流、通关、检验检疫制度进行设计，因此易给国内跨境电商及相关客户造成不必要的损失。从国外政策角度看，许多国家的海关政策变化频繁，我国跨境电商往往面临产品质检及产品版权保护问题。其中最具代表性的是俄罗斯海关，其通关政策变化往往让执行人员拥有很大的自由裁量权。

五、我国跨境电商物流发展的对策建议

（一）加大国家政策支持力度，促进跨境电商物流发展

出于发展跨境电商配套一体化需求，应从国家层面出台扶持政策，促进跨境电商物流发展。一是出台跨境电商物流发展长远规划。跨境电商物流企业所面临的物流配送时间过长，其他国家海关、商检环节过多等问题，单靠企业自身运作是无法完全解决的。应出台跨境电商物流发展长远规划，切实明确跨境电商物流发展目标、发展举措及商务部等政府部门职能，形成全行业共谋发展的局面。在此基础上，整合地方跨境电商物流发展资源，避免盲目发展、同质化竞争。二是加大物流基础设施建设投资力度。重点是加强港口物流体系建设，使国内外物流实现同一化，提高港口物流的集散能力和配套水平。不断提高港口物流信息化水平，推进跨境电商物流发展。三是制定适合跨境电商物流发展的超前政策。要加强对跨境电商物流行业发展的分析、研判，根据中国与各国经济合作发展实际，制定出具有前瞻性的跨境电商物流发展政策。

（二）大力提升跨境电商物流企业信息化水平

加强跨境电商物流企业信息化建设，是提升其服务水平的必由之路。跨境电商物流企业信息化建设必须涵盖跨境物流各终端智能设备的所有信息处理环节，要在第一时间将众多书面信息转化为电子信息，并反馈到信息管理系统。一是要提高消费端信息处理与服务水平，通过 APP 、网页等信息查询系统，为消费者解决跨境物流全程追踪问题。二是要加强跨境电商物流企业业务系统信息化建设。要在物流运输、储存、搬运、装卸、包装以及资金结算、信息传递等方面，通过建立各种信息处理模块，推进跨境电商物流企业业务流程的规范化、标准化与统一化。

（三）大力推进跨境电商物流的海外仓业务

目前，跨境电商物流发展中出现的诸多问题已经严重制约了跨境电商的发展。在此情况下，不少跨境电商开始尝试发展海外仓业务，即通过在海外设立仓库，直接完成部分物流配送任务或解决跨境电商物流发展中出现的问题。

相对于传统电商物流,海外仓业务模式具有以下优势:一是可以大幅降低跨境电商物流成本。海外仓具有一次性批量运输、批量报关优势,可以有效减少产品报关次数和检验检疫次数,切实降低跨境电商物流成本。阿里巴巴相关统计数据显示,通过设立海外仓,企业大约可以降低20%的物流成本。二是可以有效缩短跨境电商物流的运输配送周期。企业设立海外仓后,可以提供仓储、分拣、包装和配送等一体式服务,进而使跨境电商能够及时回应当地消费者的消费诉求,通过本土配货、发货,尽快将产品送到消费者手中。此外,跨境电商还可以结合当地物流特点,提高物流配送效率,缩短运输配送周期,进而与当地电商物流企业在同一起跑线展开竞争。三是充分满足当地消费者的无条件退换货要求。在设有海外仓的国家和地区,当消费者提出退换货要求时,跨境电商物流企业可以将货品退回到海外仓,再由海外仓为其提供新货品。这种做法可以合理规避繁杂的海关、商检环节,同时缩短货品配送周期。四是有效避免汇率、政治等方面的风险。海外仓的存在,使跨境电商物流企业可以将收到的当地货款存于当地账户,并选择合适的机会进行结汇,真正规避汇率、政治风险。

(四)大力发展4PL模式,改进跨境电商物流运作水平

4PL模式有助于构建新的跨区域、跨行业合作模式甚至是联盟合作模式,最大限度地提高跨境电商物流服务水平。4PL模式主要包括仓储、陆海多式联运、末端配送、流通加工等物流功能,甚至包括信息技术、金融保险、海关管理、检验检疫以及跨境电商网站本身。在整个4PL系统中,各环节相对分散但又有机连接,在统一治理制度下,各环节成员都能在共同协作中发挥出跨境物流的最大效率。一是要构建良好的跨境电商物流生态组织环境。发展4PL物流模式的关键是要营造良好的资本市场、金融市场环境,打通物流企业、跨境电商物流企业和金融企业的联系通道,真正发挥跨境电商物流企业的作用,为跨境电商提供良好的服务与支撑。二是要努力提高跨境电商物流企业的高端增值服务能力。重点是实现包括企业采购、供货、信息化建设等在内的无缝链接,努力提高跨境电商物流企业的竞争力。加强金融机构服务意识,为中小跨境电商物流企业提供资金支持,同时规范其市场行为,不断提升企业形象和企业高端增值服务能力。三是将供应链和云计算技术运用于4PL模式中,提高跨境电商物流企业运行效率。4PL模式本身就是对供应链技术的拓展使用,随着云计算技术的日益成熟,为4PL模式运行提供了更大空间,要努力将EDI、ECR、QR、WMS和CPFR等比较成熟的供应链管理技术以及云计算技术嵌入跨境电商物流运作中,努力提高跨境电商物流企业的运行效率。

据专业机构预计,2017年中国跨境电商的市场规模将达到8万亿;跨境快递的件均单价也远高于国内快递。但中国跨境快递的业务却被外资快递巨头占据了大部分的市场份额。

跨境物流犹如一块巨大的磁石,吸引着国内的快递大佬们奔赴而至,申通、中通先后通过收购美国优晟速递、美国天马迅达等初步布局海外,百世入股360海淘,圆通10亿收购香港上市公司先达国际物流控股,顺丰与UPS合资成立子公司。

但是在这些快递大佬们布局海外之前,实际上国内已有许多物流企业在跨境物流领域耕耘多年,深圳市全和悦供应链管理有限公司(以下简称“全和悦”)便是其中之一。成立于2014年的全和悦致力于为跨境卖家提供国际货运代理、出口电商物流、出口退税、土耳其海外仓等供应链服务,打造成为著名的全球跨境物流综合服务商。

截止到目前,全和悦跨境物流业务已经服务了2 760家客户,其中更是包括华为、美的、魅族等知名企业;在全球拥有全资及控股子公司6家,拥有6个海外仓、1个保税仓,可以为客户

提供国际货运代理、出口电商物流、海外仓/保税仓、出口退税等；主要业务更是覆盖了印度、土耳其、巴基斯坦、伊朗、阿联酋等国家，2016 年年销售额达 1 800 万元。

与许多白手起家的创业者一样，微微有些发福的林世豪是一个非常健谈的人，言语中透露的是更多的亲切，他是全和悦的创始人，是一位脚踏实地的“实干派”。

●阅读材料

全和悦创始人林世豪

谈及全和悦的创业历程，林世豪笑谈起来颇有自豪感。“我毕业后就做国际物流，主要焦点还是在于国际物流货运代理业务，2010 年开始创业，当年是在广州南方大厦租档口，把客户采购的产品做打包，发空运或海运到目的国家，安排清关派送等业务。”

“当时也没考虑会做出一个怎样的成绩，只是觉得能赚钱，大家就做吧。到后来我们一群伙伴开始热爱这个行业，于是大家就一起坚持下来，才有了今天的全和悦。”

脚踏实地做事，并不意味着公司发展就会一帆风顺，成长中的全和悦还是遇到了“危机”。

“在 2014 年，国内物流市场的竞争已经趋向白热化，对于我们这种小企业而言，市场机会已经很少。”林世豪说，此时的国内市场，早已被三通一达、顺丰所占领，小企业没办法与他们拼价格，抢占市场。

为了寻求出路，林世豪将眼光放在海外，放在了还无人触及的海外新兴市场。受制于资金因素，像欧洲、美国这类市场并不适合全和悦，而像印度、土耳其、巴基斯坦这些海外新兴市场则充满了机会。

“从国内物流到跨境物流，并不是简单的 1 + 1 = 2 的问题，它涉及两国的海关、相关国家的法律法规、新兴市场的消费习惯等因素。”林世豪说，“为了开拓印度市场，我们整整花了 5 年时间”。

林世豪说，“最开始通过电邮的方式与印度客户合作，当时也是一些基本不赚钱的小单。但通过不断的业务合作，使得双方建立了信任感，业务金额也从几千元到几万元，再到几十万元、上百万元”。

经过 5 年的耕耘，全和悦终于在印度市场站稳了脚跟。印度最大的电商平台之一 Paytm 与全和悦就物流方面签订了战略合作协议，全和悦成为 Paytm 中国招商代理及官方物流商，中国商户可以直接通过全和悦入驻 Paytm，且无须注册印度公司，并在全和悦平台上解决中国卖家的出口退税、国际物流、海外仓、海外分销等问题。

“在物流行业十多年，我感到最难做的便是服务。”林世豪说，“服务才是一家物流企业生存之本”。

“全和悦这么多年来，也一直在打造自己的服务体系。”林世豪介绍道。就拿印度市场为例，中国货物 6 ~ 9 天即可在印度妥投、8 ~ 15 天即可送达消费者手中，丢货按成交价赔偿，印度仓也可处理退换货。遇到客诉问题在 12 小时内即可给予客户反馈以及解决方式。

或许一个简单的小故事可以看出全和悦对于服务的重视。

“在开拓土耳其市场的时候，有一次一批价值 60 万元的货物因为某些原因被海关扣押，但是离 15 天的交货日期是越来越近，客户和我们都非常焦虑，因为这批货物的金额对于客户和我们来说都不是一个小数目。”林世豪说，“为了解决这个问题，我们不仅将客户预付的运费悉数退还，并且还支付了客户一部分货物抵押金”。

“幸运的是,这批货物并没有出现任何问题,最终也如数交还给客户。经过此次事件之后,我们的客户也很感动,他们对我们更认可。直到后来有企业对他们的客户说全和悦的服务水平有问题时,客户会以这样的话来搪塞——我们和他们已经合作多年了,我们很了解他们的服务水平。”

林总笑言,下一步就是将公司客户投诉电话号码直接换成自己的手机电话,由自己来处理客诉问题。

任务三
快递物流

一、快递物流的发展概况

近年来,随着电子商务快速发展和国民经济转型升级加快,物流运行格局发生了积极变化。在社会物流总额增速稳中回落、传统大宗商品物流市场疲软的背景下,我国快递物流“一枝独秀”,成为物流业新的增长点,并呈现迅猛发展的态势,它将引领我国现代物流行业的新的变革。

(一)增势迅猛

1995—2012 年,快递业务量年平均增速为 29.6%,增速约为 GDP 的 2.2 倍。2011 年 3 月以来,快递业务量增速连续 30 多个月保持在 50% 以上;2013 年以来,各月累计增速均保持在 60% 以上。

(二)主体多元

我国已取得快递业务经营许可的快递企业中,国有、民营、外资等所有制类型并存,快递物流服务多元竞争,三足鼎立格局初步形成。从各种竞争主体占据的市场份额来看,国际快递市场“外资强而内资弱”,外资物流企业占据 85% 左右的市场份额,而国内快递市场“内资强而外资弱”,内资物流企业占据 90% 以上的市场份额。

(三)资源整合加速

由于快递物流网络建设成本高、服务产品较为标准,近年来行业内横向和纵向整合加快。尤其是新邮政法的出台,进一步推动了行业兼并重组和资源整合。

(四)市场细分加速

近年来,快递物流的专业化服务能力不断增强,手机、服装、药品、化妆品等商品细分市场的专业化快递服务逐步形成。外资物流企业按照行业、地域、产品不断细分中国快递物流市场。

(五)国际化加速

近年来,我国快递企业积极探索国际化。EMS 利用万国邮政联盟优势,已经建立起以信息技术为支撑的遍布全国、通达世界的邮政速递网络。顺丰、圆通等快递企业也陆续开通了港澳台、亚、欧、美等快递专线。

二、快递物流的发展机遇

(一)电子商务快速发展

近年来,我国电子商务快速发展,由于电商平台和网购平台的职能主要是解决商品的交易问题,即确保商品价值的高效实现,但商品使用价值的实现却要依赖于物流,快递可以为网购等提供快捷、门到门的物流服务,这是电子商务持续推动快递物流迅猛发展的根本原因。

(二)国民经济转型升级

国民经济转型升级,意味着知识密集型产业和高附加值产业将在国民经济中占据越来越大的比重,这将显著增强对快递服务的依赖,快递物流作为"生产性服务业"的特征将越来越明显。调研表明,快递服务对于知识密集型产业尤为重要,特别是高科技零部件的制造、IT/电信、金融服务及与互联网相关的行业更是如此。同时,高价值产品,特别是需要维持较低存货率的产品对快递服务的依赖程度更大。

(三)自贸区建设加快发展

自贸区建设加快发展,我国与世界其他国家的贸易广度和深度的进一步加强,贸易促进及贸易便利化合作、海关合作、电子商务合作以及投资合作等进一步加快,为快递物流国际化带来巨大的发展机遇。

(四)改革红利不断释放

全面深化改革、加快完善社会主义市场经济体制将进一步促进行政审批简化、加快构建全国统一的大市场、强化市场竞争的公平有序、推进工商注册制度便利化、建设法治化营商环境。这些重大改革将有利于进一步放松对购买货运飞机等重要经营设备的审批权限、有利于快递企业分支机构的设立、有利于快递企业全国网点更合理的布局。

三、快递物流的发展现状

快递行业最早诞生于美国,其产生的重要条件是由工业革命引发的美国交通运输的革命。18 世纪初,由于轮船和蒸汽铁路的引进,这两种先进的运输方式在美国迅速发展并形成了广泛分布的交通运输体系,相比传统的驿站马车的运输体系,它使得大宗邮件在不同城市间快速传递成为可能。1893 年,威廉·费德里克·哈登开创了波士顿与纽约之间的邮件服务,这就

是现代意义上的快递服务。

快递服务业务大概在30年前引入中国，由日本OCS在中国开创国际快递业务。随后经过多年的发展，特别是近几年来的高速发展，中国的快递服务业务量即已超越美国成为全球第一大快件国。根据2016年邮政行业发展统计公报显示，2016年快递业务持续快速增长。全年快递服务企业完成业务量312.8亿件，同比增长51.4%；快递业务完成收入3 974.4亿元，同比增长43.5%。

我国2011—2015年快递业务发展情况如图10-2所示：

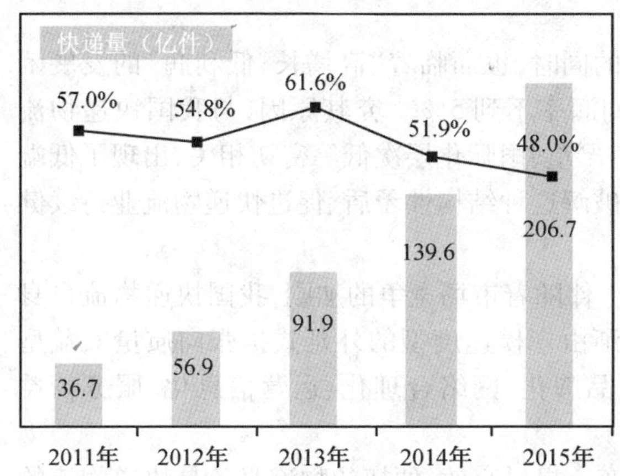

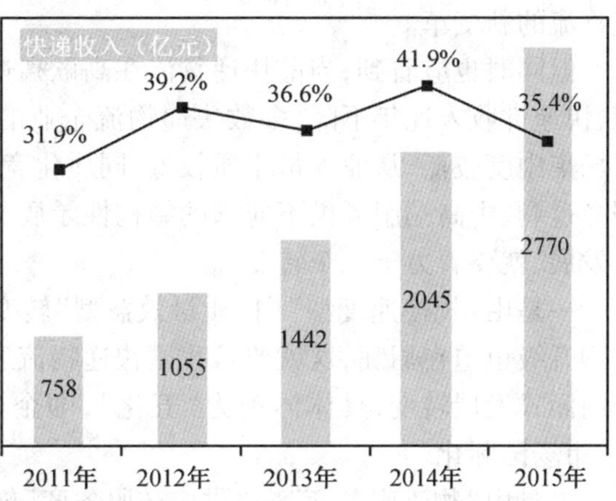

图10-2 我国2011—2015年快递业务发展情况

但是中国快递业的发展状况仍处于发展的初期，与发达国家有较大的差距，快递业件均收入逐年下降，行业仍处于“以价换量”的不佳发展模式中；同时，中国内资快递企业在国际快递市场所占份额很低；中国快递业要发展和改善的空间很大。

目前，国内快递市场的竞争加剧，市场的集中度不高，网络购物在中国的高速发展给快递业带来极大的发展机会。外资企业在国际快递市场占主导地位，顺丰速递在国内“网购”和商务快递占据高端市场，中国邮政速递在国家公文、国有企业快递市场处于核心地位，“三通一达”等民营快递企业占据国内“网购”的经济型市场，中国邮政在跨境电商寄递市场处于垄断地位，大型电商企业纷纷建立自身的快递物流以提升企业自身的品牌形象和服务水平。

四、快递物流的发展趋势

（一）高速延续

在未来相当长的时间内，我国经济发展存在“三个不会改变”，即电子商务保持快速发展的态势不会改变、国民经济转型升级的势头不会改变、我国更广更深参与国际贸易的取向不会改变。因此，快递物流业也将延续高速增长态势。

根据一般规律，当快递收入占GDP的0.3%时，快递物流行业发展快但不规范；占GDP的0.5%时，发展更快且相对规范；占GDP超过0.5%时，发展则基本平稳。美国、欧洲目前的快递收入占GDP的比例约为0.8%～1%。

2003年至2012年，中国规模以上快递企业收入占GDP的比例从0.12%提升至0.20%，由此预测，到 2025 年，国内规模以上快递企业收入将达到 1 万亿元。

(二)引领物流

从全球物流发展趋势看，快递物流已经成为物流业的引领，全球最大的 10 家物流企业中，共有 7 家快递企业，且前 3 家均是快递企业。从我国物流发展格局演变来看，在社会物流总额增速回落，钢铁、煤炭等大宗商品物流需求持续低迷的背景下，快递物流成为新的增长点，中邮速递、顺丰等快递企业迅速发展。国内外的物流市场发展动向均表明，快递物流将引领我国现代物流的新变革。

但同时也应看到，当前快递物流在高歌猛进的同时，也面临着“高增长、低利润”的发展困境，快递件收入连年下降，多数快递物流企业的利润率不到 5%。究其原因，与我国快递物流市场集中度较低、从业人员素质较低、同质化竞争严重、国际化层次低等密切相关，出现了低端服务过剩、中高端服务供不应求的结构性矛盾。破解这种结构性矛盾、促进快递物流业持续健康发展，就要着力于三个转变。

一是由“规模速度型”向“质量效益型”转变。伴随着市场竞争的加剧，我国快递物流自身转型升级也迫在眉睫，这就要求我国快递物流逐渐由规模速度型的外延式扩张向质量效益型的内涵式发展转变，具体体现为“五化”，即企业品牌化、网络合理化、运营信息化、服务精益化、市场国际化。

二是由“物流服务商”向“供应链服务商”转变。提供高效、便捷的物流服务是快递物流的核心优势，也是近年来快递物流迅猛发展的基础性原因。然而，物流仅仅是供应链上的一个环节，拓展快递物流功能、由“物流服务商”向“供应链服务商”转变是快递企业获取可持续竞争力的重要手段。例如，DHL 等国际物流巨头都是以物流为基础来为合作企业提供有效的供应链解决方案和为跨国公司提供一站式快递服务的解决方案。

三是由“独立扩张”向“联动发展”转变。快递物流既服务于居民生活，也服务于生产制造和商贸流通。国际快递物流的发展经验表明，快递物流业要做大做强、实现跨国发展，就需要和生产制造企业、商贸流通企业联动发展。通过建立战略联动关系，共同实施扩张战略和走出去战略，实现合作共赢。

从发展趋势看，中国快递业未来几年仍将保持快速发展的态势，按照国务院对快递业发展指导意见的要求，未来 5 年中国的快递业要按照以下方向发展。

快递行业发展的基本原则：坚持市场主导、安全为基础、创新驱动、协同发展的基本原则。行业的重点任务是：培育壮大快递企业、推进“互联网 +”快递、构建完善的服务网络体系、加强行业的安全监管。面向快递业的政策措施：加大政策支持力度、健全法规规划体系、优化快递业市场环境、改进快递车辆管理、建设专业人才队伍等。

任务四
冷链物流

冷链是为了保持新鲜食品及冷冻食品的品质，使其从生产到消费过程中始终处于低温状态的配有专门设备的物流网络。冷链主要应用在食品、农产品、医药和化工等领域，其中食品、农产品冷链占比最大。相较普通物流，冷链优势突出。

成熟冷链物流涵盖从生产到销售的全过程。成熟冷链流程是对整个生产、加工、储存、销售等过程都进行冷链处理，具体可概括为以下四点：一是源头采用真空预冷技术和冰温预冷技术；二是在贮藏阶段采用自动冷库技术；三是冷藏运输采用冷藏车、铁路冷藏车和冷藏集装箱配套使用的物流模式；四是运用信息技术建立电子虚拟果蔬冷链物流供应链管理系统，对农产品冷链全过程进行动态监控。

精准温控是冷链核心。易腐食物对温度敏感度高，全程温度需要保持在一定范围。成熟的冷链体系有严格的温度带标准。以日本为例，按照《日本冷库法》规定，分为 7 个等级温度带（如表 10-2 所示）。

表 10-2　日本冷库存储商品的 7 个等级温度带的划分

等级	温度带	可储存商品
C3	-2 ℃ ~ 10 ℃	腌菜、牛奶、鱼类与肉类加工品、鸡蛋、生鱼、芝士、水果、调料
C2	-10 ℃ ~ -2 ℃	鲜鱼类、生肉类、乳制品、咸鱼、干鱼
C1	-20 ℃ ~ -10 ℃	冷冻面包、冷冻鱼类、加工肉类
F1	-30 ℃ ~ -20 ℃	一般冰淇淋、黄油、冷冻食品、冷冻肉类、冷冻蔬菜
F2	-40 ℃ ~ -30 ℃	高级冰淇淋
F3	-50 ℃ ~ -40 ℃	一般金枪鱼、一般生鱼片
F4	-50 ℃以下	高级金枪鱼、高级生鱼片

一、国内冷链物流现状

（一）我国冷链物流近年来不断发展

非冷链运输耗费严重且运送货品安全性差，伴随着基础设施建设的完善，我国冷链物流迅速发展。我国 2008—2014 年冷链储存容量复合增长率为 35%，2015 年冷链市场规模达到 1 583亿元，预计到 2020 年冷链市场规模将达到 3 479 亿元，复合增长率为 17.1%。目前食品和农产品在冷链中占大部分，医药化工占比较小。

商业模式逐渐显现，市场格局初定。中国物流与采购联合会冷链委员会的研究表明，国内冷链服务提供商主要有六种商业模式（如表 10-3 所示），分别是运输型、仓储型、城市配送型、综合型、交易型和供应链型。目前该市场的竞争者可分为四类，分别为由传统物流企业转型，生产商自建自营的冷链部门，专业冷链服务商，国外冷链巨头联手国内企业设立的合资企业。

表 10-3 中国冷链物流的主要商业模式

类型	含义	代表企业
运输型	以从事货物低温运输业务为主，包括干线运输、区域配送以及城市配送	双汇物流、荣庆物流、众荣物流
仓储型	以从事低温仓储业务为主，为客户提供低温货物储存、保管、中转等仓储服务	太古冷链、普菲斯
城市配送型	以从事城市低温仓储和配送一体业务为主	北京快行线、上海新天天、深圳曙光
综合型	以从事低温仓储、干线运输以及城市配送等综合业务为主	招商美冷、上海广德、北京中冷
交易型	以农产品批发市场为主体从事低温仓储业务为主	联想白沙洲、深圳农产品、江苏润恒、福建名成
供应链型	围绕核心企业，通过对信息流、物流、资金流的控制，从采购开始一直到终端整个过程提供低温运输、加工、仓储、配送服务，然后由分销网络把产品送到消费者手中，将供应商、制造商、物流、分销商连成一个整体的功能网链结构	武汉良中行

（二）我国冷链腐损率较高，仍处于初级阶段

1. 我国冷链水平较低，体系不完善，腐损率较高

2015 年，我国果蔬、肉类、水产品冷藏运输率分别约为 30%、50% 和 65%，腐损率约为 15%、8% 和 10%，同发达国家 5% 的水平相比相对较高。

2. 我国冷链基础设施建设不完善

冷链主要基础设施包括冷库和冷藏车。两者相较，冷库发展更快，2013 年投资达到 160 亿美元，2014 年末冷库储存容量已经达到 7 600 万立方米。但是我国人均冷库面积仍比较小，2014 年人均冷库面积是 0.058 立方米，同期美国是 0.357 立方米。我国冷藏车数量较少，根据中国物流与采购网数据，2014 年我国公路冷藏车保有量为 7.6 万辆，日本是 15 万辆，美国是 25 万辆。2015 年 ITA 对亚洲多个国家冷链发展进行测评，我国综合得分是 4.5 分，低于日本的 5.3 分和新加坡的 5.6 分，在包括政策法规、劳动力、基础设施建设和需求在内的四个因素中，基础设施是相对得分最低的。

3. 地区冷链发展失衡

我国冷库分布不均衡。北京、上海等一线城市分布较多，西南片区等内陆城市分布相对较少。

4. 冷链节点功能缺失明显

冷链流程可细分为预冷、冷链仓储、冷链运输和冷链销售。果蔬等易腐农产品具有大量田间热，不经预冷处理果蔬损耗率为 25% ~30%，经过预冷处理损失率可降为 5% ~10%，我国 90% 以上果蔬不进行预冷就进入流通环节，造成较大浪费。仓储环节中，我国冷库制冷技术落后，仓储设施设备老旧；运输环节中，中小型企业为节约成本存在中途关停冷冻、冷藏设备的情况。

5. 行业集中度低,仍不具有超强整合能力巨头

我国冷链行业发展不均衡,根据中国仓储协会冷链仓储分会统计,排名前十的冷链仓储运营商在 2014 年的冷库保有量为 930 万立方米,占整个市场的 10.5%;排名前三十的运营商在 2014 年的冷库保有量为 1 531 万立方米,占整个市场的 17.3%。运营分散现状使企业各自为政,无法形成规模效应和进行优化调度,拖累行业整体盈利水平。

(三)饮食习惯是我国冷链发展缓慢的主观因素

美日冷链物流发展经验证实冷链物流发展和人均可支配收入呈正相关,有学者提出4 000 美元是冷链物流启动关口,超过 4 000 美元冷链逐渐进入成熟期。我国城镇居民家庭人均可支配收入于 2015 年已经达到 31 195 元,但是冷链发展水平不及美日当时水平,主要是因为饮食结构差异导致需要驱动力不足。我国有吃熟食的习惯,美日更偏向消费生食,如牛肉喜好六七分熟,偏好生鱼片、刺身、沙拉等。生食对食材新鲜度要求更高,我国饮食习惯决定对食材本身质量要求相对偏低。因此,我国城镇居民虽然人均可支配收入数值已超 4 000 美元,但是对冷链有效需求并未达到美日 4 000 美元的同期水平,冷链行业仍有很大的发展空间。

(四)高额成本投入是冷链发展的主要客观障碍

冷链初期投入和后续运营成本都高于普通仓库。普通仓库造价为 400 元/平方米,冷库由于需要配备保温系统,所以造价高于 2 000 元/平方米,建一座中型冷库成本至少 2 000 万元。同时,冷库运营耗电量巨大,1 平方米冷库月耗电至少为 20 元,除冷库建设和运营外,冷链运输成本也比普通车辆高出 40% ~60%。受制于高额冷链成本,以冷链为核心竞争力的生鲜电商难以盈利,根据第一物流网资料显示,2014 年全国 4 000 多家生鲜电商,99% 都为亏损状态。

(五)预冷环节缺失、经营分散、运输网络落后、缺乏有效信息管理系统是我国冷链成本高的主要原因

我国常温利润率是 10%,冷链利润率是 8%,企业选择常温运送符合合理性经纪人假设。同时,发达国家冷链利润率为 20% ~30%,所以冷链发展有利可图。我国冷链不经济现状主要由现有水平不高、结构不完善造成。我国预冷环节缺失,如不经预冷,果蔬在流通环节损失率高达 25% ~30%,提高单位果蔬冷链成本。经营分散减小每家冷链企业可获得货量,造成较高冷库空置率,抬升冷链成本。同时,运输网络落后、物流集散中心布局不合理是造成高额运输成本的一大原因。此外,国外普遍采用先进的管理信息系统,系统中库存数据和销售数据可实现预警,为企业采购提供依据,降低仓储成本和保存期损耗,而我国冷链信息系统落后则导致冷链物流不经济。

二、我国冷链行业发展趋势

(一)政策利好再度释放,冷链有望再迎发展高潮

2016 年 4 月 6 日国务院常务会议上李克强总理指出要突破信息基础设施和冷链运输滞

后的"硬瓶颈",再次引起市场对冷链的关注。2016 年 4 月 8 日国务院政策例行吹风会上,中华人民共和国商务部部长助理王炳南表示支持流通企业,建设农产品流通全程冷链系统,重点加强全国重点农业产区冷库建设。同时王炳南还表示,商务部和国家发改委、国家标准委还要深入开展农产品冷链标准化示范工作。得到国家政府的高度重视,冷链发展有望再获提速。

(二)生鲜电商成冷链物流热点需求对象,长期看好具有流量支撑的第三方物流对行业进行整合

政策驱动引发冷链行业发展热潮,生鲜电商受益风起。根据中国电子商务研究中心监测数据,2015 年全国生鲜电商规模达到 560 万亿元,相较 2014 年 260 亿元的水平增长一倍多。若由单个生鲜电商厂商独立承担物流,鲜有具备行业整合能力完成从预冷到销售全覆盖的厂商,且运输经营分散难以形成规模效应,因此第三方物流对冷链物流行业进行整合渗透逐渐被人们所看好。目前国内已形成包括顺丰冷运模式、京东商城模式、河南鲜易供应链模式和九曳供应链模式在内的四种第三方冷链物流模式(如表 10-4 所示)。

表 10-4　四种第三方冷链物流模式简介

模式名称	特点	具体描述
顺丰冷运模式	快递企业开拓冷链市场	整合顺丰物流、门店、电商等资源,为生鲜食品提供冷运干线、冷运仓储、冷运宅配、生鲜销售、供应链金融等一站式解决方案。现顺丰拥有 4 条省际干线、6 条城际干线,120 辆自有冷运车、7 733 辆外包冷运车
京东商城模式	电商开拓冷链市场	2015 年 1 月,京东组建生鲜冷链项目组。2015 年 11 月,京东物流冷链配送面向京东平台卖家、生鲜垂直电商全面开放
河南鲜易供应链模式	传统肉制品制造商和 O2O 生鲜供应链服务商联合开拓冷链市场	定位于生鲜供应链解决方案运营商,为零售业、餐饮、终端消费者提供运输和仓配一站式服务
九曳供应链模式	独立第三方冷链物流	提供加工、包装、冷链宅配等一站式服务。现已开通北京、广州、上海、成都等冷链集散中心,整合上百条冷链干线,宅配可覆盖 25 个省份将近 100 个城市

(三)冷链物流涵盖冷冻加工、冷藏贮藏、冷链运输和冷链销售全过程,冷链行业景气度提升会带动冷库、冷藏运输车和速冻设备等冷链设施设备受益

中西部冷库建设存在很大的发展空间。中西部承担全国大部分生鲜农产品批发交易业务,而当前批发市场是农产品流通的主要渠道。目前我国冷库分布失衡,东部沿海冷库逐渐饱和,但是中西部依然建设不足,未来存在可发展空间。

以二氧化碳制冷系统为主导的环保安全冷库受益明显。我国冷库大多建于 20 世纪 90 年代,主要以氨为制冷剂。氨毒性大、易发生爆炸,因此以二氧化碳制冷系统为主导的冷库是发展主流。

气调库将成为未来新宠。气调库是冷库的一种,在普通冷库基础上控制库内气体成份实现保鲜。通常气调贮藏比普通冷藏可延长贮藏期 0.5 ~ 1 倍,果蔬出库后保鲜期(销售货架

期)可延长 21～28 天,是普通冷藏库的 3～4 倍。美国气调贮藏果蔬高达 75%,法国约为 40%,英国约为 30%。我国气调库起步较晚,未来伴随冷链渗透会成为发展新宠。

(四)作为冷链基础设施,冷藏车发展预期将加速

冷库和冷藏车是冷链两种最基本的基础设施,冷库在发达地区建设逐渐饱和,但是冷藏车整体体量依然较小。目前,低温冷藏车保有量年均增长率约为 13.8%,高温冷藏车保有量年均增长率约为 15.2%。预计伴随着冷链发展,冷藏车发展将提速。我国冷藏车生产企业有近百家,国内重点冷藏车企业不足 10 家,以小型企业居多,整个行业参与企业的资质参差不齐。

●阅读材料

中国冷链物流众多“痛点”，这道坎儿怎么过?

中国是冷链食品生产和消费大国,产量居世界首位,每年约有 4 亿吨的生鲜农产品进入流通领域。中国交通运输部官方网站有数据显示,中国冷链物流行业未来将保持飞速发展,未来三到五年的市场规模将达 4 700 亿元。然而,冷链物流在中国发展的近几年遭遇瓶颈,受到信息不对称、不透明和硬件设施不完备等方面的制约,始终忍受着行业“痛点”。如何打破行业禁锢,消除行业痛点,成了冷链物流行业所面临的难题。

一、控制成本导致冷链物流只在“冷”上下功夫,“链”未完全打通

有人简单理解冷链物流就是生鲜等产品的冷藏运送,其实冷链物流是链接了上下游多道程序的庞大体系。想要做冷链物流必须进行巨大的投资。现在做冷链物流的企业很多,但是做成规模的且做得好的却少之又少。

中国做冷链物流的企业多达上千家,但实际初具规模的只有像雨润集团、双汇集团等大型企业,另外的一些第三方冷链公司或电商公司还未形成一定规模和大量盈利。另外,由于业内还没有一个具体的标准和监督机制,导致冷链物流体系内有许多乱象,比如私自将箱式货车改装成冷藏车进行运输、生鲜等食品最后一千米操作不规范及“冻化鲜”冒充“冰鲜”等问题频出。

通常情况下,想要打造完备的冷链物流就要投入大量的资金,这对很多公司是个挑战,所以现在很多公司将冷链运输交由第三方公司承包,这样才能减少总公司的成本支出,同时可以让更专业的公司进行运输。

想要打通冷链物流体系,形成一个相对完善的产业链条,的确需要投入巨大的资金成本,从商家发货到客人手中,中间的环节都不可忽视。以冷链电商的成本支出为例,2015 年中国冷链物流报告显示:国内 4 000 家生鲜电商中有 95% 的电商无法盈利,而很难盈利的部分原因就出现在冷链运输上,冷链成本占到总成本的 40%,占销售额的 25%～40%。

富龙货运有限公司董事长徐鸿宾曾分享了一组数据,2015 年冷藏车保有量仅 9 万辆,公路冷藏车 3 万辆,冷藏集装箱更少。冷藏车空返率达 98%,这也是导致冷链成本居高不下的重要原因之一。

据悉,如今多数市内运输车辆并不是专业的冷冻冷藏车,都是冷藏保温车。冷冻冷藏车可以让产品保鲜更长的时间,而冷藏保温车在通常情况下只能维持一到两天,时间久了食物就会变质,这就导致商家业务服务的范围受限。

一辆冷冻冷藏车是普通车辆价钱的 3 倍多,冷冻冷藏车要不停地制冷,电费以及后期的维

修保养等都提高了成本。这让本就高于普通商品物流成本的冷链物流企业不堪重负。

二、信息闭塞、硬件设施不足及行业标准缺失等使冷链物流发展遇阻

近年来中国冷链基础设施正在迅速增长,但相对于中国庞大的人口基数,冷库及冷藏车等资源的人均占有量仍旧偏低,部分基础设施陈旧且分布不均,亟待升级改造。以冷库为例,目前比较普遍的说法是,美国人均冷库的占有量是0.23立方米,我国是0.034立方米。如果按照美国的配置,那么我国的冷库资源存量应该在1亿吨左右,即在现有的基础上再扩大10倍。

信息闭塞、不透明是冷链物流成本过高的内因,一个资源共享平台可解决资源分配问题,提高冷藏车使用率,降本增效。通过信息整合,可以降低冷藏车空驶率,提高其效能。

2016年,江苏省政府和苏宁、雨润食品、卫岗乳业、飞驰等企业参与的中国冷链物流智慧云平台正式上线。这无疑预示着冷链物流的电商发展是大势所趋,这也是政府参与解决冷链物流信息闭塞的重要手段。

中国第三方冷链物流发展的基本状况是以食品生产企业为母体的第三方物流企业和独立的第三方物流公司共存并进。专业的第三方冷链物流占20%左右,以中小型企业为主,缺乏行业竞争力。此外,大多数易腐食品的物流都是由生产商、加工商和零售商自己操作,极大地妨碍了冷链市场的成本效益,也阻碍了第三方冷链物流企业的发展。

俗话说:“无规矩不成方圆。”冷链物流市场的众多乱象也是由于标准化及监督体系不完善造成的。

据不完全统计,分布在不同行业和部门的冷链物流标准已达200项。但是由于冷链物流标准化的体系建设是由部门、地区条块分割管理的,这就从不同程度上制约了冷链物流各相关行业标准化之间的统一性和协调性。

目前,中国冷链管理部门除了政府统一的标准管理机构外,还有交通、铁路、民航、卫生、信息等代表政府的行业部门。而冷链物流行业涉及的各个产业技术组织、科研机构,则分散在各个政府部门、各个行业中,这样就造成了它们相互之间难以交流和配合,不能形成统一的规划。这些也在无形之中阻碍了冷链物流的健康发展。

针对我国冷链运输物流企业集中度低、专业化服务能力不强、运输成本高、效率低等突出问题,我们可以从以下几个方面入手:

首先是国家政策的支持。国家发改委、财政部、商务部等十部门日前联合发布《关于进一步促进冷链运输物流企业健康发展的指导意见》,旨在进一步提升冷链运输物流业的发展水平。该意见鼓励企业购置节能环保的冷链运输车辆,推广全程温湿度自动监测系统和控制设备,提升企业的冷链运输服务能力。加强温度监控和追溯体系建设,确保冷链食品、药品在生产流通各环节的品质可控性和安全性。

其次要通过公共信息平台建设推进物流信息标准统一,实现信息互联共享,提高全社会物流信息化水平。单一企业很难解决物流信息共享标准统一的问题,而国家物流平台的建设,可以统一物流信息标准,提供基础性数据交换平台,实现信息互联共享,降低中小型企业成本,提高物流效率。国家物流平台组织开展了一批物流信息互联应用示范工程,主导建立了世界上最大的区域性物流信息合作机制——东北亚物流信息服务网络,成效显著。

再次是除电商平台的建设外,企业为了发展冷链物流还在寻求别的发展方式。雨润集团农产品发展有限公司的“三三三”战略,即在全国30个省会城市建设雨润农副产品全球采购中心;在300个地级市建设雨润农副产品物流配送中心;在3 000个县域建设雨润农副产品种

养生产基地。雨润集团强调，中心的农副产品交易将会实现全程冷链，无缝对接。石家庄市双鸽集团为了解决冷链运送最后一千米的问题，如今要在各级县市建立农产品便民服务店，尽量满足更多人的需求，让更多人吃到新鲜的蔬果。这样做不仅可以解决冷链运输问题，还可以将业务范围拓宽并更好地扩大知名度。

课后习题

一、单项选择题

1. 企业物流配送的各个环节由企业自身筹建并组织管理，实现对企业内部及外部货物配送的模式，这种模式称为(　　)。

   A. 自营物流模式　　B. 第三方物流模式

   C. 物流联盟模式　　D. 物流一体化模式

2. 以下哪种电商物流模式能够有效地降低物流成本，提高企业竞争能力，但是同时又需要谨慎选择联盟伙伴？(　　)

   A. 自营物流模式　　B. 第三方物流模式

   C. 物流联盟模式　　D. 物流一体化模式

3. 如果企业对物流的控制能力较强，需要及时地跟踪到物流的运输情况，那么可以考虑(　　)。

   A. 自营物流模式　　B. 第三方物流模式

   C. 物流联盟模式　　D. 物流一体化模式

4. 以下关于跨境电商的说法错误的是(　　)。

   A. 邮政体系主导地位逐渐被打破，其价格优势进一步缩小

   B. 海外仓业务份额增长较快

   C. 新兴市场国家的物流问题得到解决

   D. 行业洗牌进一步加速

5. (　　)是我国冷链发展缓慢的主观因素。

   A. 饮食习惯　　B. 高额成本投入

   C. 有效的信息管理　　D. 预冷环节缺失

二、多项选择题

1. 电子商务时代下物流的特点有(　　)。

   A. 信息化　　B. 自动化

   C. 网络化　　D. 柔性化

   E. 智能化

2. 电子商务的每一笔交易都包括(　　)。

   A. 信息流　　B. 商流

   C. 资金流　　D. 物流

3. 参与电子商务流程的四类主体包括(　　)。

   A. 客户　　B. 电子商务平台

   C. 供应商　　D. 物流服务提供商

4. 我国跨境电商物流还存在的问题包括(　　)。

A. 物流运营成本高　　B. 物流体系不合理

C. 国家政策法规不完善　　D. 专业人才供应不足

5. 我国在破解快递业结构性矛盾、促进快递物流业持续健康发展方面要着力于(　　)。

A. 由“规模速度型”向“质量效益型”转变

B. 由“物流服务商”向“供应链服务商”转变

C. 由“独立扩张”向“联动发展”转变

D. 由“供应链服务商”向“物流服务商”转变

三、问答题

1. 我国跨境电商物流存在哪些问题?

2. 简要进行我国跨境电商的 SWOT 分析。

3. 电子商务环境下物流呈现出哪些特征?

4. 简述国内电商物流的模式。

5. 简述我国快递发展的机遇。

6. 简述快递物流的发展现状和趋势。

四、案例分析题

物流人如何看待中国加盟制快递的当下与未来

透过宏观看细节,透过现在看未来。关于中国快递,整个行业呈现什么现状? 关于未来,您又如何看待?

一、2016 年——集体上市、风云变幻

一次行业的深度调研,离不开一个风起云涌的行业。

2016 年,在“互联网 +”成为商业、行业标配时,中国快递领域可谓风起云涌,上市、并购、转型、升级,系列性行业事件层出不穷,成为行业内最火热的细分领域。

2016 年全国快递包裹量超过 300 亿个,马云更是提出日均 10 亿包裹的时代很快就会来临;2016 年“双 11”天猫交易额突破 1 200 亿元,过去几年的各大快递企业网点爆仓却甚少出现,大家关注的、谈论更多的是大数据、新技术、供应链优化的层面。

2016 年年初,一二线主流城市纷纷针对快递最后一千米环节采取“禁摩限电”的措施,“快递员被打事件”更引起了全社会的关注,顺丰王卫亲自出来喊话,“三通一达”等企业大佬纷纷出面,凸显社会对快递行业及从业人员尊重的缺失;营改增的实施,本质上让物流快递企业的成本不降反升,原已微利的快递领域企业更加雪上加霜。

2016 年,大量资本疯狂涌进快递领域,“三通一达”、顺丰纷纷 IPO 上市,百世、优速、全峰、快捷、国通、天天快递等二三线快递企业纷纷获得新一轮巨额融资;零担快运与快递边界越发模糊,彼此跨界,安能快递腾空而出。

同城领域、社区最后一千米方面,顺丰、德邦、宅急送、“三通一达”纷纷布局,试水提供即时配服务,尝试做商业;京东物流全面社会化开放,快递领域隐约看到一股新冲击力量。

菜鸟无人车、京东无人车、无人仓、无人机、顺丰无人机等智能高科技的试水运用;菜鸟、京东、苏宁、顺丰等企业纷纷构建智能科技实验中心,一场科技军备的竞赛即将拉开帷幕! 中国物流快递领域正走向洗牌整合的新阶段。

二、2017 年——趋势所指，繁荣背后

2017 年，“新零售、共享经济”成为商业趋势的新方向，“三通一达”、顺丰等中国民营快递企业迈入集体上市的第一年。德邦拟 IPO，百世汇通拟赴美上市，苏宁收购天天快递，全峰快递并入青旅……上市、并购与竞争成为行业的一种新常态。

但在企业集体上市的繁荣背后却更加凸显出当下中国快递领域的问题，尤其在加盟制快递企业身上更加突出；2017 年开年迄今，各大加盟制快递企业频发危机：电商压榨，员工罢工，网点滞压成山，网点亏损、以罚代管、拖欠工资、派件赔钱等一系列问题，加盟制模式下的快递网点更在资本、媒体的聚关灯下被无限放大。

马云于 2017 年 5 月 22 日在全球智慧物流大会中当着台下的“三通一达”等快递企业高管演讲道：“中国快递再不转型，就不跟你们玩了。”

在新零售驱动下，品牌商更注重全渠道供应链管理，提前备货、工厂直接发货到目标城市，在 2016 年的“双 11”已广泛应用；为了抢业务、抢流量，末端恶性竞争已进入白热化状态；员工稳定性问题被无限放大，刘强东提出的快递员工五险一金问题，同城即时配（外卖、跑腿业务）的诱惑问题。

过去物流领域的人口密集型时代即将成为历史，智能互联科技时代即将来临，无人机、智能快递柜、无人配送车将在未来扮演更为重要的角色，马云于 2017 年 5 月 22 日提出了“未来的物流快递公司是时尚的、科技的企业”。

各大快递企业都剑指“综合物流服务商”的方向发展，在资本助力下，不断迭代变革，开拓新业务，试水新商业，但目前成功跑出来的也只是顺丰而已，

转型、破局与突围将是接下来各大快递企业的探索重点，

三、行业巨变，放眼未来

回归到中国加盟制快递企业的当下与未来进行思考，就不得不说“加盟制模式”的存在在全世界走出了中国特色的社会主义道路。

相比欧美，日本的物流快递企业都是采用直营模式，对品质、服务、时效有严格的管控能力，而在中国快递领域，直营模式只有顺丰、德邦、邮政，国内快递半壁江山被“三通一达”等快递企业占据；加盟制模式让“三通一达”、安能、优速等企业走向轻资产、快速扩张网络网点的道路。

但通过这两年的行业发展，消费者、品牌商对品质、服务高度认可，加盟制快递企业总部对加盟末端管控能力不足，频发网点罢工、拖薪、曝光被罚款、以罚代管等问题；企业总部如何重新编网收网，提高网的伸缩性赋能加盟末端值得深度探讨。

而作为快递企业加盟网点的负责人、加盟老板，虽然是加盟方，但本质都是以创业者心态去经营企业和网点的，面对着行业进一步的微利、业务量被其他新平台抢走、总部以罚代管、通过收派件费用调整，网点派件赔钱，从财务营收整体上比过往赚得更少了，缺乏区域业务量支撑的加盟网点面对总部更是毫无议价能力，绝大多数都身处被动状态，总部拿到大量资本，压根都跟末端加盟网点一点关系都没有！

这也是为什么新零售爆发后，很多加盟网点都是试水，农特新零售、做新商业，心里已经不再想依靠快递来赚钱了，现在靠物流快递收派件致富已经很难了！面临着势不可挡的新零售，订单方式、物流供应链、快递业务量发生着巨变，加盟制网点转型升级已经面临生死的选择，变革创新已势在必行！

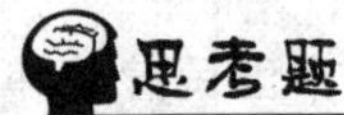

1. 你认为未来快递业会朝着怎样的趋势发展?

2. 加盟快递业会遇到哪些瓶颈,企业该如何转型?

项目十一 国际化物流企业管理

●学习目标

知识目标

理解经济全球化与跨国公司的定义与关系；理解跨国公司管理的特征、构成与分类；了解我国企业跨国经营管理中出现的问题；理解我国企业跨国经营管理改善的策略；了解物流国际化背景、发展阶段；掌握物流国际化的基本特征、发展趋势；了解跨国经营成为外资物流企业的战略选择及其特点，掌握物流企业国际化方式，掌握我国物流企业国际化经营管理策略。

技能目标

理解国际化经营特征及国际化经营方式；了解我国物流企业国际化经营管理应具备的相应能力。

●引导案例

泛远国际进军跨境电商快递服务业拟购希海哒

2015 年 8 月 8 日泛远国际发布了重大资产重组预案。公司拟以自有资金以及银行贷款购买杭州希海哒速递有限公司 100% 的股权。截至本重组预案公告之日，泛远国际与交易对方已经签订股权转让协议的框架协议。

根据公告，泛远国际拟分期购买希海哒股权，本次交易的成交金额预计在 6 000 万元，截至 2015 年 12 月 31 日，泛远国际经审计的总资产为 4 558.08 万元，符合重大资产重组标准。

希海哒主营业务为跨境电商快递服务,2016 年 1 ~7 月即实现近 4 000 万元的主营业务收入及 300 多万元的利润。浙江全麦网尚电子商务有限公司于 2015 年 11 月收购希海哒,由于希海哒的母公司对物流行业的管理并不擅长,而泛远国际却拥有多年的行业服务经验,且是全国股份转让系统的挂牌公司,因此双方有意达成该笔并购交易。

泛远国际主营业务为跨境国际快递及物流代理服务和国际货运代理服务,公司的业务发展稳健,利润情况良好。

泛远国际表示,该项目能为公司带来较好的营业收入和利润,同时也能使公司快速拓展跨境电子商务快递服务的业务,弥补了公司快递业务在跨境电子商务服务方面的缺口。该次并购如果能够完成,将会为公司带来巨大的跨境电子商务物流客户资源和通道资源,会迅速成为公司新的利润增长点。

案例讨论

泛远国际收购希海哒速递有限公司的目的是什么?你认为此项收购成功的原因是什么?

任务一 全球化的跨国企业管理

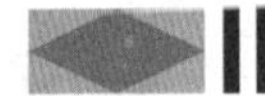

一、经济全球化和跨国公司

(一)经济全球化的概念及表现

经济全球化是指世界经济活动超越国界,通过对外贸易、资本流动、技术转移、提供服务、相互依存、相互联系而形成的全球范围的有机经济整体。经济全球化是当代世界经济的重要特征之一,也是世界经济发展的重要趋势。经济全球化是指贸易、投资、金融、生产等活动的全球化,即生存要素在全球范围内的最佳配置。从根源上说是生产力和国际分工的高度发展,要求进一步跨越民族和国家疆界的产物。另一种说法是生产要素在全球范围内广泛流动,生产过程和服务所涉及的地域不断向全世界扩展,从而使世界各国经济相互依赖性增强的过程。

经济全球化主要表现在贸易全球化、投资全球化和金融全球化迅速发展。贸易全球化主要是通过逐步降低和消除关税和非关税壁垒,不断扩大贸易领域,促进全球贸易的增长。在目前 135 个 WTO 成员中,发达成员的平均关税已降到 4%,发展中国家的平均关税降到 14%。另外,《信息技术协议》承诺在 2000 年以前取消 200 种信息科技产品的关税;亚太经合组织(APEC)还提出在 15 个领域实行“部门贸易提前自由化”,其中能源、珠宝、玩具、林产品、水产品、化工产品、医疗设备、环境产品与服务等 9 个部门的自由化拟在 WTO 范围内先行推进。在一些区域和次区域贸易集团中,自由化的力度更大,有些产品已实行了零关税,贸易便利化程度不断提高。目前,全球至少有95%的市场已经开放,即使比较敏感的基础电信业开放度也在90%以上。贸易已成为推动世界经济增长的重要因素。

投资全球化是以跨国投资日益扩大为特征的发展趋势,其中发达国家尤其是跨国公司的直接投资(FDI)扮演了主要角色。据统计,1998年全球跨国直接投资达到创纪录的6 440亿美元,比上年增长近40%,其中发达国家跨国公司对外直接投资增长了46%,占全球FDI总额的92%。投资的全球化使生产、流通和消费变得国际化,把世界各国、各地区纳入一个巨大的全球经济网之中。

金融全球化表现为世界资本市场不断扩大,融资方式和渠道增加(现在非银行机构的资金已大大超过银行部门),金融工具和衍生物大量出现,国际资金流动成倍增长,金融自由化程度不断提高。

另外,由于科学技术发展日新月异,若干领域的科技创新频频取得突破,特别是信息网络技术的广泛应用,为经济全球化提供了有力的技术支持。网络化不仅缩小了时空距离,也使各种资源在全球范围内进行优化配置成为可能,同时也使交易方式发生了根本性变化,大大减少了交易成本,从而加速了经济全球化的进程。

(二)跨国公司与经济全球化的关系

跨国公司主要是指发达资本主义国家的垄断企业,以本国为基地,通过直接投资、转让技术等活动,在国外设立分支机构或与当地资本合股拥有企业,从事国际化生产和经营活动的国际性公司,也叫多国公司。跨国公司已成为全球经济的核心,在推动经济全球化和世界对外直接投资的高速发展上起到了主导作用。跨国公司作为经济全球化的载体,主要表现在:

1. 跨国公司在世界经济中的地位

目前全球6万个跨国公司及其所属50万个海外分支机构的产值已占世界总产值的1/4,占这些跨国公司母国产值的1/3。

2. 跨国公司在世界贸易中的地位

跨国公司控制着国际贸易的主要流向,其内部贸易约占世界贸易的1/2,加上外部贸易则高达4/5。

3. 跨国公司在世界投资中的地位

1998年,仅发达国家跨国公司对外直接投资就达5 950亿美元,占全球FDI总额的90%以上,几乎囊括了整个世界的对外直接投资。

4. 跨国公司在世界研究与开发及技术转让中的地位

当前跨国公司拥有世界80%以上的新技术和新工艺专利,并且掌握着全球70%以上的技术转让。

跨国公司在全球生产、贸易、投资和技术开发中的地位充分表明了其在经济全球化中的作用。因此,跨国公司的发展变化,尤其是跨国公司的战略调整和业务重组,势必对国际市场乃至世界经济产生重大影响。20世纪90年代以来,跨国公司发展战略从资本密集型向知识、技术密集型转变,从制造业向服务业转变,从硬件产品向软件产品和系列产品转变,这带动了全球产业的结构调整和产业的跨国转移;业务重组则在突出发挥自身优势的核心业务的同时,发展前后相关联业务,重点控制核心技术,转让下游技术或当地化。跨国公司通过在海外设立子公司,不仅可以绕过许多壁垒,迅速掌握当地市场需求,有效利用当地资源,也可以通过内部贸易降低生产和交易成本,提高经济效益。这便促成了生产、流通和消费的全球化,使经济具有实际意义上的全球化。

二、跨国公司管理的特征

与其他企业相比,跨国公司管理有其独有的特征:

1. 全球战略目标

在国际分工不断深化的条件下,跨国公司凭借其雄厚的资金、技术、组织与管理等方面的力量,通过对外直接投资在海外设立子公司与分支机构,形成研究、生产与销售一体化的国际网络,并在母公司控制下从事跨国经营活动。跨国公司总部根据自己的全球战略目标,在全球范围内进行合理的分工,组织生产和销售。而遍及全球的各个子公司与分支机构都围绕着全球战略目标从事生产和经营。跨国公司的重大经营决策都以实现全球战略目标为出发点,着眼于全球利益的最大化。

2. 全球一体化经营

为实现全球战略目标,跨国公司实行全球一体化经营。对全球范围内各子公司与分支机构的生产安排、投资活动、资金调遣以及人事管理等重大活动拥有绝对的控制权。按照全球利益最大化的原则进行统一安排。跨国公司强有力的管理体制和控制手段是实现全球一体化经营必需的组织保证。当代通信技术的巨大进步和现代化的交通运输为跨国公司的全球一体化经营提供了必要的物质基础。跨国公司采取集中与分散相结合的管理方式和全球战略,在国际范围内从事生产经营活动。

3. 灵活多样的经营策略

在实行全球一体化经营的同时,跨国公司也会根据国际政治经济形势、东道国的具体情况及其对跨国公司的政策法规、自身的实力以及在竞争中的地位采取灵活多样的经营策略,以更好地满足东道国当地的实际情况,获得良好的经营效益,也有利于与东道国政府建立融洽的关系。在组织机构上,跨国公司往往会相应地改变原来的集权管理,将原先集中在总部的权力适当下放给各子公司与分支机构,实行分权管理。

4. 强大的技术创新能力

在科学技术迅猛发展的今天,技术进步已成为垄断资本获取高额利润、争夺市场、增强自身在国内及国际市场竞争力的重要途径。大型跨国公司是当代技术创新与技术进步的主导力量,其实力主要体现在它们拥有雄厚的技术优势和强大的开发能力上。跨国公司若要在国际分工和国际竞争中保持领先,就必须不断地投入巨额资金,加强技术研究与开发,保持自己的技术优势。技术领先地位不仅会带来丰厚的市场回报,而且还能激励跨国公司不断地进行技术创新,推动技术进步。

5. 较大的经营风险

跨国公司与国内企业最大的区别在于面临着更为错综复杂的国际经营环境,复杂的经营环境在给跨国公司创造出更多的发展机会和空间的同时,也使它面临更大的经营风险。除了正常的商业风险外，跨国公司还要面临国际经营所特有的政治风险和财务风险等。前者指国际经济往来活动中由于政治因素而造成经济损失的风险，包括东道国对外国资产没收、征用和国有化的风险，以及东道国革命、政变等风险；后者指东道国汇率变化和通货膨胀而带来的经济损失等风险。

三、跨国公司的构成和分类

(一)跨国公司的构成

跨国公司一般都由母公司(即总公司)和分布在各国的一定数量的子公司(或分公司)构成。

1. 母公司

母公司又称总公司，是指拥有其他公司一定数额的股份或根据协议能够控制、支配其他公司的人事、财务、业务等事项的公司。母公司最基本的特征，不在于是否持有子公司的股份，而在于是否参与子公司的业务经营。母公司通常是一个巨大的企业，其具有控制一个或多个子公司在同一行业或多个行业的能力。母公司可以选择干涉或不干涉子公司，这取决于对子公司经理数量的管理控制。严格来讲，母公司并不等同于只掌握股权而不从事业务经营的纯控股公司，许多实力雄厚的母公司本身也经营业务，是独立的法人，有自己的管理体系，因而应属于混合控股公司。母公司通过制定大的方针、政策、战略等对其在世界各地的分支机构进行管理。

母公司有两种最常见的形成方式：一是并购小公司；二是剥离或创建子公司。

2. 子公司

子公司是按当地法律登记注册成立的，其投票权的股票中有超过50%被另一家公司控制，通常称为该子公司的母公司或控股公司。其独立性及法人资格主要表现在：

子公司有自己独立的公司名称、章程和行政管理机构；子公司能独立支配财产，有自己的财务报表，能独立核算、自负盈亏；子公司可以以自己的名义开展业务、进行各种民事法律活动，包括起诉和应诉。虽然子公司由母公司控制，但在法律上还是一个独立的法律实体的企业机构，是持有控股权益公司的附属公司。

3. 分公司

分公司不是一个单独的法律实体，不是法人，也没有自己独立的公司名称和公司章程，只能使用母公司的名称和章程；它的全部资产属于母公司，没有自己独立的财产权，所以母公司对分公司的债务承担无限责任；分公司的业务活动由母公司主宰，它只是以母公司的名义并依据母公司的委托开展业务，但分公司是总公司业务扩展到另一个国家的更直接的方法。大多数分支机构组成部门包括人力资源部、市场营销部、会计部等。分支机构通常会由一个分公司经理向总公司直接汇报，并获取订单。分支机构是很有用的，因为它可以在世界各地开展业务。分公司一般包括生产型与销售型两种类型。

4. 联络办事处

联络办事处是母公司在海外建立企业的初级形式，是为了进一步打开海外市场而设立的一个非法律实体性的机构,它不构成企业。联络办事处一般只从事一些收集信息、联络客户、推销产品之类的工作,开展这些活动并不意味着联络办事处在东道国正式"开展业务"。联络办事处不能在东道国从事投资生产、接受贷款、谈判签约及履约之类的业务。与分公司相同的是,联络办事处不是独立的法人,登记注册手续简单;与分公司不同的是,它不能直接在东道国开展业务,不必向所在国政府缴纳所得税。

(二)跨国公司可以按不同的标准分类

1. 按经营项目分类

(1)资源公司。最早直接投资于种植业、采矿业和铁路行业,主要分布于那些目前仍注重采矿业和石油开采业的不发达国家,这类公司为适应各类资源国有化政策,更多地转向与当地合营和非股权合作。如埃克森石油公司每年的石油开采量约占整个资本主义世界的15%,在全球拥有约65 000个加油站。

(2)制造业公司。在国外从事产品的制造和销售的公司,是典型的跨国公司,第二次世界大战后发展特别迅速。如通用汽车公司在加拿大、澳大利亚、巴西等多国拥有制造厂和装配厂。

(3)贸易公司。以贸易为主,进口原材料及出口工业制成品,也参与技术引进和直接投资。具有代表性的是日本的综合商社,规模庞大,开展多元化、集团化业务经营。

(4)服务公司。随着国际贸易发展起来的从事服务业的跨国公司,服务内容包括管理咨询、广告代理、技术设计、会计事务、银行保险等。

2. 按经营结构分类

(1)横向型公司。横向型公司是指单一产品的专业公司,在公司内部,母公司与子公司之间没有较多的专业分工,基本上是制造同种产品,经营同类业务。其突出特点在于有利于内部技术转让,加强内部子公司之间的合作,增加生产,实现规模经济效益。这类公司在战后初期约合跨国公司的一半,后略有减少,但至今仍占有重要地位。

(2)垂直型公司。垂直型公司是指公司内部,母公司与子公司制造不同种类产品,经营不同业务,但相互之间有密切联系,其生产过程相互衔接。它的特点是规模大、投资多,专业化分工协作细致复杂,有利于发展公司内部母公司与子公司、子公司与子公司之间的配合协作,发挥公司的优势。如美国的美孚石油公司就是前一种垂直型的跨国公司,它在全球范围内从事石油和天然气的勘探、开采业务,以管道、油槽和车船运输石油和天然气,经营大型炼油厂,从原油中精炼出最终产品,批发和零售几百种石油衍生产品。而法国的雪铁龙汽车公司则是后一种垂直型的跨国公司,公司内部实行专业化分工,它在国外的84个子公司和销售机构分别从事铸模、铸造、发动机、齿轮、减速器、机械加工、组装和销售等各工序的业务,实现了垂直型的生产经营一体化。

(3)混合型公司。混合型公司是指公司内部母公司与子公司之间制造不同产品,经营不同行业,而它们经营的产品和行业之间没有有机联系,也互不衔接。其特点是加强了生产和资本的集中,发展了多种经营,减少了风险,发挥了整个公司规模经济效益的作用。但有时候由于业务复杂、管理困难,也会进行产品和行业的收缩。例如,美国的国际电话电报公司(ITT)本以生产电信器材、经营电信业务为主;后来兼并了许多跨行业的企业,其经营范围已逐渐扩展到面包食品、人造纤维、旅馆业和保险业。日本的三菱重工业公司也是如此。它原是一家造船公司,后改为混合多种经营,经营范围包括汽车、建筑机械、发电系统产品等。

四、我国企业跨国经营的历史与现状

(一)20 世纪 50 年代至 70 年代中国的对外经济技术援助

从 20 世纪 50 年代初到 70 年代中期,中国的涉外跨国性经济活动主要是围绕着对外经济援助展开的。据统计,在这一时期,我国先后向朝鲜、越南、阿尔巴尼亚、柬埔寨、也门、坦桑尼亚等近 70 个国家提供了经济与技术援助,承担项目数量达 1 307 项,累计完成 884 个大中小型项目。

(二)20 世纪 70 年代末、80 年代初兴起的对外工程承包与劳务输出活动

对外工程承包与劳务输出活动的兴起与我国的政治经济的转型密不可分。以 20 世纪 70 年代末的改革开放为分界点,在这之前的对外工程承包活动及劳务输出基本上都是无偿的,因此其在当时的现实的、直接的经济意义并不明显。自 1978 年以后,中国的政治经济形势发生了巨大变化,改革开放政策得以迅速、切实的实施,中国的企业开始面向国际承担一些工程项目的设计施工,其规模也随着我国经济的发展而越做越大。

(三)20 世纪 90 年代以来的中国企业跨国经营情况——蓬勃发展的境外加工贸易

境外加工贸易是指我国企业以现有设备及成熟技术投资为主,在境外以加工装配的形式,带动和扩大国内设备、技术、原材料、零配件出口的国际经贸合作方式。境外加工贸易的实质是实施跨国经营,发展“飞地经济”。作为适应经济全球化、扩大对外出口的一种经济贸易方式,境外加工贸易是我国海外投资的一个重要组成部分。20 世纪 90 年代以来,作为一种新兴的国际经贸合作方式,境外加工贸易正获得越来越多的重视。境外加工贸易必将在未来我国的对外投资领域中扮演着愈来愈重要的角色。

这一时期的跨国企业简单划分为以下几类:

1. 以金融、保险、运输、工程等领域为依托提供多功能服务的跨国企业

它主要包括中国国际信托投资公司、中国银行等五大专业银行、中国人民保险公司、中国远洋运输集团公司、中国建筑工程总公司、中国土木工程公司等。这些公司大都具备了资金雄厚、服务专业化、信誉良好、经营规模较大以及成本较低等优势与特点。它们从事的业务主要为对外工程承包提供金融、运输、保险等专业化服务。

2. 以提供对外贸易为主要业务的“综合商社”型跨国贸易公司

中国化工进出口总公司、中国粮油食品进出口总公司、中国电子进出口总公司、中国机械设备进出口总公司、中国技术进出口总公司、中国轻工业品进出口总公司等均属此列。它们的海外子公司或驻外部门不仅作为国内企业进出口的代理商发挥其在企业贸易中的中介功能,同时,这些公司还具有投融资,贸易及公司的组织、信息情报收集等多方面的综合作用。此外,

这些“中”字头的贸易公司基本上都是由改革开放前中央和各级地方政府的直属外贸部门或贸易型国有企业转化而来。它们均长期从事进出口贸易工作，并在此过程中逐渐掌握了一定规模的海外市场，具备熟练的营销技巧、灵通的信息系统、稳定的业务网络以及便利的融资渠道。这些都正是其在以后的跨国经营过程中的主要优势所在。

3. 以占有市场、销售产品以及获得专项技术为主要目标的生产型跨国公司

如首钢集团、中石化、海尔集团、海信集团等企业均属此列。这些企业的共同之处在于，它们大多较早地获得了外贸经营权，或有相对成熟的生产技术和一定程度的研发（R&D）能力，在国内拥有庞大的生产基地和分销网，在国内相关领域内大多已经获得较大的市场占有率，具有一定的国际竞争力。在国内销售市场日趋饱和、增长潜力有限的情况下，20 世纪 90 年代中后期，这些企业利用其自身的竞争优势，以及金融危机前后人民币坚挺的时机，开始逐步实施海外扩张战略。在具体的海外投资过程中，它们一般都避免与国际上已有的大型跨国公司展开直接竞争，而是在技术层次、生产工序、产品类型、销售服务等方面谋求差别化、专业化，主要从事境外带料加工装配性业务，并以此为基点向国际市场渗透。这些企业的投资领域主要以资源、轻工、纺织、家用电器等机械电子类和服装类为重点；投资方式则多以设备和成熟技术的输出为主；投资区域多集中在亚洲和非洲等发展中国家及地区。由于其在资金、技术、人才、市场、管理等方面具有一定的特点和优势，因而该类企业的跨国经营虽起步较晚，但正以较快的速度不断发展，并且已经取得了不错的成绩。

4. 通过细分市场，并以针对具体市场提供专业化服务为主要特征的中小型跨国企业

这些企业主要包括乡镇企业、国有或集体所有制中小企业，它们的共同特点是企业数量较多，而投资规模较小。在这类企业中，中国民营企业的跨国经营发展值得关注。诸如华为、万向、正泰、远大、新希望、上海紫江集团等一些有实力的民营企业也均不同程度地走向国际市场。民营经济在国际资本输出上的迅速崛起与成功表明，它们必然会成为中国未来跨国经营的不可忽视的重要力量。

目前，我国企业的跨国经营正处于快速发展阶段，到 2003 年底，经商务部批准或备案的境外企业已增加到 7 200 多家，协议中方总投资达 206.3 亿美元。以海尔、中石油为代表的一批优秀企业，从起步阶段的单纯出口产品，已发展到目前以跨国经营为战略目标，利用国际分工，主动开辟国际市场，并且有的企业已经在海外投资建厂，实现本土化设计、本土化生产和本土化销售的“三位一体”模式，产品的品牌已取得了国际消费者的认可。这些企业从国内经营起步，经过努力走上跨国经营的道路，其中不少具有共性的问题。

五、我国企业跨国经营管理中出现的问题

（一）不明确的经营目标

我国很多企业在全球经济化的背景下都争先恐后地走向国外，在走向国外的接近 9 000 多家企业中，虽然不乏成功的企业，但却占很小的比例，这主要是因为这些企业在没有明确目标的情况下贸然实现跨国经营，没有深刻认识到走向国外的意义，它们简单地认为只要企业面向了全球势必会有广阔的前景，势必会盈利。但事实却是很多企业因为不了解选择国家和区

域内消费者的需求差异，在选择合作伙伴、经营策略上也没有进行论证分析，结果造成了严重的“水土不服”，从而引发了企业的经营出现重重困难。

（二）经营理念落后，缺乏强烈的市场意识和国际意识

在管理层次上较为重视资源本身，忽70视流程化设计和流程效率，而且许多企业流程单一，除了生产之外，客户服务系统、研究开发与商业化系统、销售系统、品牌管理系统等都是摸索性的，这样势必会造成大量的资源浪费。许多企业的投资决策不够慎重，在没有对东道国的投资环境以及市场、销售渠道等进行科学的可行性研究的情况下，盲目上项目，导致效益低下，损失严重。许多企业对合作伙伴的实力、信誉等资信情况缺乏详细的了解，仓促上项目，也造成了许多失误和损失。

（三）不合理的布局结构

很多的中国跨国企业会出现布局结构不合理的现象。不合理布局主要体现在地区结构和产业结构两个方面。从地区结构来讲，投资的区域集中造成了我国企业内部因争夺客户等原因发生互相压价的现象，这不仅仅损害了企业自身的利益，还大大增加了中国商品的反倾销案件。而从产业结构来讲，中国大部分的跨国企业还是偏重于加工和制造等比较初级的产品产业的投资，涉及高新技术产业较少。

（四）缺乏核心技术和复合型管理人才

我国企业出口的很多产品在全球范围内也占有一定的价格优势，占领的市场份额也不少，但常常会因为产品缺少核心技术而让产品性能受到压制，只是价格低占领市场，进而导致产品利润低下，不能为企业获得最大的利益。我国企业在一些高科技方面还缺乏优势，虽然我国企业的某些技术在该领域站在了世界领先水平的地位上，但从总体来讲离发达国家企业还有很大差距。主要表现在：我国企业的很多技术还是从发达国家引进，然后再向其他发展中国家进行技术输出，许多高新技术从无到有的时候，发达国家企业中却已经是从好到精，始终不能跟上发达国家的步伐。

在经营管理中，常常缺乏相关的优秀管理人才，导致一些专业人员因为外语的原因不能管理好企业，而有些则是因为懂得外语却没有相关专业知识而影响了企业的经营管理和发展。

六、我国企业跨国经营管理改善的策略

（一）全球观念

进入20世纪90年代以来，随着经济全球化步伐的加快和我国改革开放的深入，一个更加广阔的全球市场正在形成。面对经济全球化的挑战和我国加入WTO的现实，企业要想在新的形势下求得生存和发展，必须转变经营思想，破除过去旧的封闭的经营理念，树立全球观念，这是企业实现跨国经营的首要条件。在经济全球化的今天，没有全球化的视野和思维，企业就无法在全球化的国际竞争中取胜。从市场的角度讲，中国企业正面临国内市场国际化、国际市场全球化的挑战。企业的一举一动特别是战略和策略层次上的行为都将接受全球标准、规则

的检验。

（二）正确的战略

当今时代是战略制胜的时代，战略竞争已经成为不同企业之间最主要的竞争模式。企业跨国经营活动是一项长期行为，蕴藏着许多主观一时难以预料和把握的问题，困难多，风险大。要求企业必须具有超前的意识和全局的观念，通盘考虑、长远考虑，站在全球经济的高度为企业制定出正确的战略，使企业的跨国经营行为能够在正确的战略指导下步步为营，克服盲目性和随意性，减少经营的风险性。发达国家跨国公司发展的一个显著特点是具有完整的全球战略，以世界市场为角逐的目标，对再生产周期的各个环节实行国际化安排。我国企业的跨国经营起步晚、规模小、实力弱、水平低。面对外国跨国公司这样强大的竞争对手，企业必须精心谋划、运筹帷幄，明确战略定位，找准跨国经营的切入点，集中优势资源，进行战略创新，这是跨国经营获得成功的重要战略要素。

（三）加快建立现代企业制度步伐，构建灵活创新的管理机制

现代企业的竞争也是企业制度间的竞争。建立现代企业制度的核心是在所有者和经营者之间建立必要的约束机制和激励机制，以保证企业所有者和利益相关者的根本利益，使企业沿着健康的方向发展。目前，中国境外企业内部管理混乱，甚至出现内部人员失控的现象，根本原因在于缺乏相应的约束机制和激励机制。实践证明：一些跨国经营的先锋企业无一例外地对原有的企业制度进行了较为彻底的改革，实现了向现代企业制度的转变，即对原有企业进行了产权改造，实现了产权清晰，责权明确，对企业产权关系实行了全面的重组和建设。这是它们跨国经营成功的重要原因和制度保证。通过建立现代企业制度，这些企业进行了一番脱胎换骨的改造，从而加快了跨国经营的步伐，为企业更快地走出国门、走向世界奠定了一个坚实的制度平台。

由于全球信息高速公路的兴起和国际互联网的建立，跨国公司的组织结构又出现了一些新变化和新特征，其主要表现是企业的网络化趋势逐步加强，母公司和子公司之间以及分处不同国家和地区的各子公司之间的联系日益紧密，形成了条块结合、纵横交错的矩阵列公司架构。同时，为了保持和扩大市场份额，增强国际竞争力，各跨国公司间还结成牢固的战略联盟，实现优势互补、风险共担。因此，中国企业在国际化经营过程中应认真学习和借鉴各跨国公司在组织管理模式方面的成熟经验，不断进行体制创新，争取以更加灵活多样的方式进入国际市场。

（四）资本运营

诺贝尔经济学奖获得者斯蒂格勒指出：“纵观世界上著名的大企业、大公司，几乎没有一个不是通过资本运行发展起来的，也没有哪一家是单纯依靠企业自身的利润积累发展起来的。”像海尔、双星等企业之所以能够在与跨国公司的竞争中一决高低，其中重要原因是它们都借助了现代化企业扩张的手段——资本运营，这是它们迅速成长壮大、提高竞争力的重要经验。一般来说，企业要发展，不外乎采取两个主要途径：一是内部扩张；二是外部扩张。

(五)信息化建设

未来社会是信息化、网络化的社会,谁在这场信息革命中领先一步,谁便能在未来的国际竞争中占有优势。网络时代带来的新经济命题就是:“用时间消灭空间”“距离可以归结为时间”“重要的不是市场在空间的远近,而是商品到达市场的速度,即时间量”“在一定时间能够生产多少产品,取决于流通的速度,取决于流通经历的时间”。进入 21 世纪,企业的信息化水平已经成为竞争力的重要标志。对我国的企业而言,进行信息化建设是应对加入世界贸易组织挑战的迫切需要,是参与国际竞争与合作的客观需要,更是提高企业国际竞争力的现实选择。

(六)发挥战略要素的比较优势

与外国跨国公司相比,中国的企业不论在技术装备、科技水平、劳动生产率、产品质量还是在运行机制、管理水平等多个方面均有较大的差距,在竞争中处于弱势地位。如何在这种实力悬殊的情况下参与国际竞争,是困扰中国企业的一大难题。发挥战略要素的比较优势也是参与国际竞争的前提。中国企业应找到正确的战略定位,努力打造产品质量、资源、品牌、营销、技术、成本或供应链管理等的比较优势,积极参与国际竞争。

(七)建立国际化的供应链

为加快实施国际化战略和适应产业规模扩大的需要,建立国际化供应链是十分必要的。因此,寻求全球合作伙伴成为实施跨国战略、塑造国际知名品牌、扩张产业规模、扩大国际市场份额、进一步提升企业价值的重要步骤。我国许多在国际化探索上取得初步成绩的企业,目前已经开始着手从事这一方面的实践。

(八)创建适合自身发展的企业文化

在战略竞争、服务竞争中塑造优秀的企业文化是企业发展的一项核心内容,要以前瞻性的眼光去思考如何将“文化力”与生产力紧密结合起来,从而形成新的竞争优势。企业文化的整合和推广也是企业获得持续发展,调动员工积极性的精神动力和重要的智慧支持。如海尔提出的“真诚到永远”、长虹“以产业报国,民族昌盛为己任”等都取得了很好的效果。建设优秀的行为文化和建设以品牌为核心的物质文化是诸多国际化大公司所共有的特点。

(九)重视研发,培育核心技术创新能力

因为我国很多跨国企业都没有属于自己企业的核心技术,所以在跨国经济管理中要投入大量的产品技术研发经费,打造属于企业自己的核心技术。在 WTO 协议中有一项重要内容就是知识产权的保护。但是对于我国很多企业经营管理者来说,保护知识产权方面的知识和意识还是十分薄弱的,因此需要引起企业经营管理者足够的重视。企业要通过加强学习,逐步掌握这一锐利武器。企业要加大研发力度,开发出具有企业自主知识产权的知名品牌、产品与服务。只有这样,企业才能在国外竞争激烈的市场中稳妥并快速地发展。

（十）加强企业内部跨国经营管理人才的培养

企业可以采取内部员工培训和高薪聘请专家等多种路径，培养出一批既懂外语，又懂相关贸易、经济和法律等专业知识的高素质复合型人才，并让其在企业跨国经营管理中发挥重要作用。也可以利用当地人才资源实施国外机构人员的当地化管理战略，为企业提供管理人才，提供企业经营管理经验。除了加强对人员的培训外，还要致力于开发和完善独特的人才培养机制，形成终身学习、永恒成长的能力提高机制。

任务二 物流企业国际化发展

一、物流国际化的发展背景

经济全球化进程的加快对整个世界的经济结构和产业结构都产生了重大影响。全球贸易的发展，对外直接投资的增加，跨国公司的国际渗透，再加上20世纪60年代以来的金融创新和20世纪80年代以来的全球经济自由化浪潮等因素的协力作用，最终形成了经济全球化格局。其最大的特点就是越来越多的生产经营活动和资源配置过程是在整个世界范围内进行，这就构成了物流国际化的重要基础。世界各大跨国集团公司为了维护企业自身的市场份额和经济利益，在世界范围内开展了经济结构和产业结构的重大调整，呈现了当今国际贸易和货物运输的新特征，导致了物流的国际化趋势。

二、物流国际化的发展阶段

国际物流随着国际贸易和跨国经营的发展而发展，物流国际化始于20世纪50年代，主要经历了以下三个阶段：

第一阶段：从20世纪50年代至80年代初。这一阶段，物流设施和物流技术得到了极大的发展，建立了配送中心，广泛运用电子计算机进行管理，出现了立体无人仓库，一些国家建立了本国的物流标准化体系，等等。物流系统促进了国际贸易的发展，已经超出了一国的范围，但物流国际化的趋势还没有得到人们的重视。

第二阶段：从20世纪80年代初至90年代初。随着经济技术的发展和国际经济往来的日益扩大，物流国际化趋势开始成为世界性的共同问题。美国密歇根州立大学教授鲍尔·索克斯认为，进入20世纪80年代，美国经济已经失去了兴旺发展的势头，陷入长期衰退的危机之中。因此，必须强调改善国际物流管理，降低产品成本，并且要改善服务和扩大销售，只有这样做，才能在激烈的国际竞争中获得胜利。与此同时，日本正处于成熟的经济发展期，以贸易立国，要实现与其对外贸易相适应的物流国际化，日本采取了建立物流信息网络和加强物流全面质量管理等一系列措施，提高了其物流国际化的效率。这一阶段物流国际化的趋势局限在美、日和欧洲一些发达国家。

第三阶段：从20世纪90年代初至今。这一阶段国际物流的概念和重要性已为各国政府和外贸部门所普遍接受。贸易伙伴遍布全球，必然要求物流设施国际化、物流技术国际化、物流服务国际化、货物运输国际化、包装国际化和流通加工国际化等。世界各国广泛开展国际物流理论和实践方面的大胆探索，现在已经达成共识：只有广泛开展国际物流合作，才能促进世界经济繁荣。由于物流国际化发展趋势明显，因此，物流已经逐渐成为世界各国经济建设普遍关注的问题之一，也成为当今经济竞争的一个焦点。

三、物流国际化的基本特征

进入21世纪以后，主要经济发达国家和发展中国家的经济将会处于一个稳定的发展时期。在这一时期，物流国际化的发展具有以下基本特征：

(一)各个国家或地区物流环境存在差异，加大了物流的难度和系统的复杂性

各国物流环境的差异是国际物流一个非常显著的特点，尤其是物流软环境的差异。不同国家的物流适用法律不同，使国际物流的复杂性远远高于一国的国内物流；不同国家的经济和科技发展水平会造成国际物流处于不同科技条件的支撑下，甚至有些地区根本无法应用某些技术而迫使国际物流系统水平下降；不同国家的不同标准也造成国际“接轨”的困难，因而国际物流系统难以建立；不同国家的风俗文化也使国际物流受到很大限制。由于物流环境的差异迫使一个物流系统需要在不同法律、人文、习俗、语言、科技、设施的环境下运行，因此会大大增加物流的难度和系统的复杂性。

(二)国际物流必须有国际化信息系统的支持

国际化信息系统是国际物流、国际联运非常重要的支持手段。国际化信息系统建立的难度主要有两方面，一是管理困难，二是投资巨大，而且由于世界上有些地区物流信息水平较高，有些地区物流信息水平较低，所以会出现信息水平不均衡的情况，这使得信息系统的建立更为困难。建立国际物流信息系统的一个较好的办法就是与各国海关的公共信息系统联网，以及时掌握有关各个港口、机场和联运线路、站场的实际情况，为供应和销售物流提供决策支持。国际物流是最早发展EDI的领域，以EDI为基础的国际物流将会对物流的国际化产生重大影响。

(三)国际物流的标准化程度要求更高

要使国际间物流畅通起来，统一标准是非常重要的，如果各国没有统一的标准，国际物流水平很难提高。目前，美国、欧洲基本实现了物流工具和设施的统一标准，如托盘采用1 000 mm×1 200 mm的标准、集装箱的几种统一规格及条码技术等，大大降低了物流费用，降低了运转的难度。而不向这一标准靠拢的国家，必然在运转、换车等多方面要耗费时间和费用，从而降低其国际竞争力。在物流信息传递技术方面，欧洲各国不仅实现了企业内部的标准化，而且也实现了企业之间及欧洲统一市场的标准化，这就使欧洲各国之间交流比亚洲、非洲

等国家交流更简单、更具效率。

(四)国际物流以远洋运输为主,并由多种运输方式组合

国际物流运输方式有海洋运输、铁路运输、航空运输、公路运输以及由这些运输手段组合而成的国际复合运输方式等。国际运输方式的选择和组合不仅关系到国际物流交货周期的长短,还关系到国际物流总成本的大小,运输方式选择和组合的多样性是国际物流的一个显著特征。在国际物流活动中,由门到门的运输方式越来越受到货主的欢迎,使得能满足这种需求的国际复合运输方式得到快速发展,逐渐成为国际物流中运输的主流。全球复合运输方式的目的是追求整个物流系统的效率化和缩短运输时间。

四、物流国际化的发展趋势

21 世纪全球经济将进一步增长,尤其是发展中国家的经济增长将不可抑制,伴随着经济增长的物流国际化将会得到极大的发展,发展中国家物流将会迎来最大的发展机遇。根据国内外物流发展状况,国际物流的发展趋势可以归纳为以下几个方面:

(一)服务化趋势

经济的服务化发展对物流具有深远的影响,从经济的服务化发展趋势看,其产生的背景与人均收入水平的提高、企业竞争的激烈、企业物流成本的凸显、信息化水平的提高等紧密关联。物流服务质量以及服务的可信程度直接影响着物流业的兴衰。另外,随着整个社会范围内企业开始真正重视现代物流管理,在信息技术革新以及企业通过学习积累物流经营经验的过程中,企业对物流理念的应对能力也有很大的提高,这些都为全方位地发展物流业提供了坚实的基础。

(二)信息化趋势

现代社会已经步入了信息时代,物流的信息化是整个社会信息化的必然要求,也是物流得以发展的最基本要素。物流信息化表现为物流信息的商品化、物流信息收集的数据库化和代码化、物流信息处理的电子化和计算机化、物流信息传递的标准化和实时化、物流信息储存的数字化等,各种技术与观念在未来的物流中将会得到普遍采用。信息化是一切的基础,没有物流的信息化,任何先进的技术装备都不可能用于物流领域,电子商务信息技术及计算机技术在物流中的应用将会彻底改变世界物流的面貌。

(三)智能化趋势

智能化是信息化的一种高层次应用,物流作业过程涉及大量的运筹和决策,如库存水平的确定、运输路径的选择、自动导向车的运行轨迹和作业控制、自动分拣机的运行、物流配送中心经营管理的决策支持等,这些问题都需要借助于大量的知识才能解决。在物流的自动化进程中,物流的智能化是不可回避的技术难题。为了提高物流自动化水平,物流的智能化已经成为物流发展的一个新趋势。

(四)环保化趋势

物流与社会经济的发展是相辅相成的,现代物流一方面促进了国民经济从粗放型向集约型的转变,另一方面又成为消费生活高度化发展的支柱。如今经济发展强调的是可持续发展,即经济的发展必须建立在维护地球环境的基础上。所以,在开展物流活动的同时要考虑环保和可持续发展的问题。环境共生型的物流管理就是要改变原来经济发展与物流,消费生活与物流的单向作用关系,在抑制物流对环境造成危害的同时,形成一种能促进经济和消费生活同时健康发展的物流系统,即向环保型、循环型物流转变。

五、跨国经营成为外资物流企业的战略选择

纵观世界上主要物流企业,均不同程度地涉足了国际物流市场,具有明显的国际化特征。UPS 主要业务在美国国内,收入占总收入的 80% 以上,但其分支机构遍布全球 200 多个国家和地区;Panalpina 在 65 个国家和地区拥有 312 个分支机构,业务收入中,欧洲、非洲占 52.7%,美洲占 33.9%,亚太地区占 13.4%;Exel 在全球拥有 1 300 个网点,50 000 多名员工,业务主要集中在英国和爱尔兰,同时遍及美洲、欧洲大陆和非洲以及亚太地区;FedEx 国际业务占其收入的 24%;德国邮政在德国本土的收入占总收入的 23%;日通国际物流本土收入占 93%;TNT 为全球超过 200 个国家和地区提供邮递、速递和物流服务。

美、日等发达国家物流企业的第三方物流服务开展得较早,总体来看,无论经营规模还是管理水平都走在世界前列,其发展主要有如下特点:

1. 物流企业规模大,服务范围广泛

一些大型物流企业为制造商提供范围广泛的服务。例如,德国 Schenker 国际集团在欧洲各个主要市场从事转运、仓储、运输等服务,并且在鹿特丹开设了一座一体化物流中心,作为欧洲一个基础配送中心,处理运往欧洲客户的货运集配以及库存管理。大型物流企业通过配送中心对海外的物流活动进行有效的管理。

2. 采用高度集权型组织结构

美国的国际物流企业采取的是高度集权型的组织结构。这种组织结构使整个国际流通企业成为一个相互依存、相互支援的资源共享体系,母公司可以通过层次性组织有目的、有步骤地展开资源的开发、利用和有效配置。这种组织结构由于能够根据市场的变化,迅速做出决策,使经营资源的配置也能迅速适应国际市场的变化,从而更大限度地实现资源的全球化配置和共享效益,达到企业的终极目标。

3. 信息技术手段先进,广泛应用 IT 技术

发达国家的科技发展水平较高,IT 技术的发展更是日新月异。第三方物流企业的运作离不开互联网以及电子商务的技术支撑,这为发达国家的物流发展创造了得天独厚的技术条件。目前,电子信息技术在第三方物流服务中应用最为广泛的国家是美国。

4. 积极采用供应链管理

发达国家物流企业通过供应链管理对物流、信息流和资金流进行设计、规划、控制与优化,寻求建立供、产、销企业以及客户间的战略合作伙伴关系,最大限度地减少内耗和浪费,实现整

体效率的最优化。20 世纪 90 年代后期,国际上一些著名的企业如 IBM 公司、惠普公司、DELL 计算机公司等都在供应链实践中取得了巨大的成绩。

5. 不断提高增值服务水平

发达国家的第三方物流企业由于资金雄厚、技术先进,在增值服务方面有明显的优势。一些超大型第三方物流服务商有能力为制造厂商提供广泛的增值服务,促进其产品在世界范围内不同市场的销售业务快速发展,包括对销售到不同语言国家的产品提供条形码、包装和产品安装的服务。

六、中国物流企业国际化的必要性

随着全球贸易的持续增长以及跨国公司的规模和活动范围越来越大,世界经济国际化的进程不断加速。起着连接生产和消费纽带作用的 3PL 企业要促进经济的发展,就必须向国际化方向发展,才能满足当今世界经济发展的需要。中国入世后,第三方物流企业国际化已经成为我国经济国际化和国际贸易的重要组成部分和必需条件。

根据国际、国内形势,我国第三方物流企业国际化发展的必然性主要体现在以下几个方面:

1. 对外贸易的发展促进物流企业走向国际化

近十年来,我国对外贸易额增长十分迅速。2009 年,我国对外贸易额达 22 072.7 亿美元,超过日本,成为仅次于美国的第二大贸易体,外贸依存度超过 70%。2010 年,我国对外贸易额达到 2.8 万亿美元。对外贸易的快速增长和外向型经济的发展,产生对国际物流持续稳定的需求,也激发了本土物流企业走出国门的想法,这反映了我国经济的国际化程度不断加深,同时也标志着我国在国际上的物流总量明显上升,物流企业国际化程度也在跟着提高。由此可见,我国进出口贸易的发展以及对外交易的区域扩大,交易对象的多元化,将会直接促进物流企业国际化发展的进程。

2. 对外投资的增加

目前,中国对外直接投资净额年均增长速度达 54%。2009 年对外直接投资 565 亿美元,截至 2009 年底,中国境外企业资产总额已超过 1 万亿美元,名列全球第五位。2010 年我国累计实现非金融类对外直接投资 590 亿美元,同比增长 36.3%,对外投资流量再创历史新高。

3. 生产的国际化促进和要求物流企业国际化

在现代市场经济中,物流对于生产的作用,不仅局限于衔接生产和消费,同时还发挥着为生产发现市场,引导生产,配置资源的调节、控制和组织作用。随着生产技术的日趋成熟和商品交换关系的日益复杂化,物流业对于生产的决定作用将愈加重要。现在我国市场由以前的卖方市场转为买方市场,生产必须要有目标,要满足消费者的需要。这就要求通过商品的流通从市场上反馈可靠、有利的信息。而这种流通决定生产的作用在国际化生产中显得尤为突出。国际化生产的特点是跨越广阔地域的高度生产分工,这种生产模式必然要以贯通全球、高效运转的跨国流通系统为条件,它时刻不能离开这一系统的维系、调控和支撑。因此,生产的国际化必须以物流的国际化为前提条件。

4. 国际化是物流企业自身发展和完善的必然要求

无论是在国内还是国际上,随着世界经济一体化的逐步形成,物流在国民经济中的地位也在不断地提高。物流企业国际化发展过程中,在将业务扩大到国外的同时,也必将引进大量的国外先进技术和物流方式,如采用集装箱运输、国际联运、大陆桥运输等先进的运输方式,运用电子数据交换、条形码等先进的物流技术。这样,我国的物流业将不只是物流总量的提升,物流质量也将大大提高,从而使物流效益大幅度上升。据 2010 年全国重点企业物流统计调查显示,2009 年排名前 50 位的企业物流业务收入共达 4 506 亿元。

5. 激烈的市场竞争

中国国内制造业经济的快速发展为我国物流业的快速发展带来了广阔的前景。然而,国内物流企业能够提供的服务远远赶不上市场上物流服务的需求量。国内物流市场的广阔空间吸引了国外大型物流企业的目光,本土物流企业和外来跨国公司的竞争越来越激烈。本土有雄厚资金实力的物流企业为了进一步发展,取得更大的市场份额并规避风险,开始开拓海外市场。

6. 跨境电商发展需要跨境物流的发展,推动了物流企业国际化

跨境电商已成为中国电商的新蓝海,而这一领域将持续成为热点。据相关数据显示,我国跨境电商的发展逐渐领先于全球其他国家和地区;据中华人民共和国商务部发布的统计数据,2013 年全国跨境电商交易额达到 3.1 万亿人民币,占出口总额的 12.1%。据权威机构预测,到“十二五”时期末,我国跨境电商交易额占进出口总值的比例将达到 16.9%。我国跨境电商市场蓬勃发展的背后,跨境电商最大的一个挑战就是物流,跨境物流一直是制约整个跨境电商行业发展的瓶颈。海外买家的客户体验不够好,满意度不高。诸多中国跨境电商、第三方物流仓储公司纷纷涉足海外仓业务。通过自建或租赁海外仓库,为中国跨境电商提供海外仓储、小包、专线、国际快递、订单管理和售前售后等物流服务。但我国跨境电商的订单 70% 是由国外企业完成的,比较来看,我国快递物流企业在国际业务上更显出差距,也意味着还有广泛的成长空间。

七、中国物流企业国际化的现状

(一)中国代表性物流企业概况

在中国物流企业中,能够有实力跨出国门的多是国有大型远洋运输公司,以下分析了六家具有代表性的公司,例如中远海运等集团及其下属子公司的国际化状况。这些公司具有雄厚的资金实力和先进的管理经验。其在国外市场上的实践也可以为国内其他物流公司走出国门提供有益经验。

1. 中国远洋海运集团

2017 年 2 月 18 日,中远集团、中海集团实施重组,成立中国远洋海运集团有限公司。中远、中海重组整合是中央企业改革发展历史刻度上具有重要意义的新标记,在中国航运界乃至全球航运界具有深远影响。改革重组后,中远海运集团成为全球运力规模最大的综合航运公司,规模优势和综合实力得到显著提升,迅速实现了 4 个“世界第一”和 6 个“世界前列”。船

队综合运力、干散货自有船队运力、油船运力、杂货特种船队运力均位居世界第一。集装箱总吞吐量排名世界第二；全球船舶燃料销量排名世界第二；集装箱租赁规模居世界第三；集装箱船队规模居世界第四；海洋工程装备制造接单规模以及船舶代理业务稳居世界前列。根据新的战略布局，新集团将融合原中远、中海两大集团旗下优质的金融资产，打造"航运 + 金融"的业务发展模式，依托航运主业，发展多元化租赁业务的综合性金融服务平台，实现战略转型。

2. 中外运长航集团

中外运长航集团有限公司在韩国、日本、加拿大、美国、德国、蒙古、越南、朝鲜、伊朗、阿富汗等境外地区与 400 多家知名的境外运输与物流服务商建立了业务代理和战略合作伙伴关系。中外运长航集团 2009 年实现主营业务收入 715 亿元，截至 2009 年底，资产总额为 1 064 亿元。

3. 中国物资储运总公司

中国物资储运总公司的进出口贸易网络覆盖全球，代理进口渠道与韩国、印度、澳大利亚、新加坡、俄罗斯、奥地利、伊朗、巴西、德国等国家建立密切、稳定的供求关系。

4. 远成集团

2000 年远成国际物流发展有限公司和远成国际投资发展有限公司在新西兰成立，初步打开了国际市场的大门。2007 年，远成集团与住友商事株式会社签订了战略合作伙伴协议。与此同时，远成已在日本、朝鲜、韩国、新加坡、新西兰和比利时等国家开设海外机构。

5. 厦门象屿股份有限公司

厦门象屿股份有限公司的业务网络覆盖东部沿海各主要港口并拥有完善的海外代理网络。公司为包括世界 500 强在内的众多跨国公司、国内大型企业提供综合物流服务，如雪津啤酒、厦工机械等。

6. 中国国际货运航空有限公司

中国国际货运航空有限公司拥有从北京、上海出发至美国、德国、法国、英国以及中日、中韩等国际货运航线的经营权，并独家享有国航股份 8 架波音 747 - 400 大型客货混装型飞机和所有客机的载货使用权，是中国国内最大的专业货运航空公司。

7. 山东海丰国际航运集团

山东海丰国际航运集团是一家多元化、现代化、国际化的综合性航运集团。公司目前开辟了中国—日本、大陆—香港、大陆—台湾、日本—中国台湾、日本—东南亚、韩国—中国台湾等 40 多条航线。

综上所述，我国的对外开放使得越来越多的工业企业开始参与外向型经营，如合资企业、三资企业等。这些企业需要从国外进口大量的设备和原材料，同时向国外出口商品。这就为我国的第三方物流企业提供了国际化经营的机遇，促使企业向国际化方向发展。另外，由于国际物流的复杂性，要求我国物流企业能够提供高效率、高质量的服务，能迅速、及时地占领国际市场，这也对物流业的发展提出了新的要求。同时，向国外投资、进行跨国生产是生产国际化的一个重要方面。进行跨国生产，产品直接接触的是国际市场，就更需要国际化的物流体系作为先导和支撑。

(二)中国物流企业国际化现状

1.物流业"走出去"起步早,步伐慢

物流业"走出去" 包含了对外直接投资和物流服务贸易两个方面。

(1)物流业对外直接投资包含了交通运输、仓储和邮政业的物流全行业数据

根据中华人民共和国商务部《2013 年度中国对外直接投资统计公报》,中国对外直接投资净额 1 078.4 亿美元,同比增长 22.8%,其中交通运输、仓储和邮政业投资 33.1 亿美元,占 3.1%,投资净额较上年增长 10.7%。截至 2013 年底,交通运输、仓储和邮政业对外直接投资累积净额(存量)为 322.3 亿美元,占 4.9%,在中国对外直接投资的国民经济行业中排第六位。到 2013 年末,交通运输、仓储和邮政业在境外设立的企业数量为 776 家,占中国对外直接投资境外企业总量的 3%。

物流业对外直接投资的流量、存量和实体个数增长速度落后于整体数据,同时远远落后于物流业引进外资的速度,截至 2013 年底,中国物流业海外设立实体 776 家,外资物流业在中国设立实体 11 337 家。对外直接投资区域比较集中,中国物流企业 2013 年超过 80% 的对外直接投资流量和将近 80% 的对外直接投资存量都集中在中国香港,物流业仅在亚洲和拉丁美洲的投资存量占比排在行业前五位。对欧美发达国家和地区投资的比重非常低,分布极不均匀,没有构建形成具有规模效益和范围效益的全球网络。

(2)物流业服务贸易竞争力低

1997—2014 年,中国物流业出口份额逐年稳步上升,从 0.71% 增加至 4.07%,增长了 473%。物流服务贸易取得了快速的发展,但与中国货物贸易出口占世界总出口 11.65% 的份额相比,仍不匹配。物流服务贸易出口增长的速度低于进口增长的速度,连续 22 年贸易额逆差,2014 年贸易逆差额达到 5.79 亿美元。中国货物贸易快速发展和中国经济高速增长带来的物流业国际化的发展机遇多数为国外的跨国物流集团所获得,中国物流业在"走出去"的过程中还是跟随者,并非"领跑者"。

2.物流业"走出去"发展不平衡

不平衡的状态体现在"走出去"的行业、主体和海外区域等方面。中国物流业"走出去"的服务内容主要集中在水上运输业和港口装卸业,其他物流行业所占比例非常小。中国物流业"走出去"的主体集中在大型国有物流集团,《2013 年对外直接投资统计公报》显示,截至 2013 年底,中国物流业共设有境外机构 776 家,而根据中远集团统计报告,截至 2013 年底,中远集团设立的各级境外机构就多达 666 家,尽管可能有部分数据存在统计口径不一致的情况,但是仍然可以清晰地看到,中远集团在中国物流业"走出去"过程中一家独大的局面。

3.物流业"走出去"的业务结构和客户群体单一

物流业"走出去"主要以中国市场为原点,满足中国企业贸易和海外投资制造业、工程物流服务的需求,物流企业海外分支机构普遍对东道国本土市场开发力度不够,本土化经营能力较弱,客户群体中缺少东道国本土的制造企业和贸易企业,没有形成多层次、全方位的海外发展格局。

4.物流业严重缺乏国际化经营和管理的人才

国际化经营人才的严重不足制约了中国物流业持续快速"走出去"的步伐,也极大地影响

了“走出去”物流项目在海外可持续、有盈利的发展。中国物流业在“走出去”的过程中频遭触礁，例如，希腊的比雷埃夫斯港口股权收购一波三折，以中远为代表的物流企业在“走出去”的过程中遭遇到了国际化管理人才的断层和瓶颈制约。这些都反映了中国物流企业在国际化的道路中，管理人员普遍缺乏对东道国政治法律制度、经济环境，特别是宗教、民俗、社团文化影响力的熟知和了解。

●阅读材料

顺丰首登全球十强　五年内中国快递可望跻身前列

在对比各公司2015年的财报后发现，除德国邮政敦豪（DHL）、联合包裹（UPS）、联邦快递（FedEx）三巨头仍遥遥领先外，顺丰速运已站稳第二梯队。

即便算上美、日等国的邮政指定经营者，顺丰速运也足以跻身全球前十大快递包裹运营商。这是中国快递企业首次达到这一高度。

根据各公司2015年的财报，顺丰在专业快递公司中排名第七，其前分别是德国邮政敦豪、联合包裹、联邦快递、雅玛多、佐川急便、TNT。如果计入美国邮政、日本邮政的包裹寄递板块，顺丰排名第九，控股欧洲第二大快递DPD的法国邮政排名第十。

规模方面：前三大巨头以400亿~600亿美元的收入遥遥领先，且各用数百架飞机编织出一张覆盖全球的网络，为后来者筑起高高的壁垒；其他几家专业快递公司的业务收入则处于70亿~130亿美元之间，共同构成了第二梯队。

上述种种因素决定了未来我国物流企业的国际化将向纵深发展，一些企业通过制定和实施有效的战略，最终将成功进入全球物流市场，成长为举足轻重的跨国物流公司。

任务三 物流企业国际化经营管理

一、物流企业国际化经营概述

（一）物流企业国际化经营的概念

物流企业国际化经营是物流企业战略远景和内部运营体系的有机配合，在国际市场竞争的环境中，打造出一个具有很高的市场信誉、社会信誉，给物流企业带来经济效益，能促进物流企业持续发展的国际品牌。

（二）物流企业国际化经营的管理方式

国际化战略的实施，需要对目标市场、进入方式、目标企业进行谨慎筛选和做出选择，需要对文化经济发展状况、管理体制和消费习惯、气候等因素差异造成的障碍进行充分评估，还需

要对收购后的业务整合、引入和企业文化的融合制定具体的方案;而对物流企业来讲,总结成功经验、把握目标市场的特点尤为重要。

1. 国际化的进入方式

物流企业国际化包括主动进入和追随进入两种方式。

主动进入往往是跨国物流企业出于占领新兴区域市场、完善业务网络而考虑采取的方法。作为第三产业,物流产业的市场规模取决于第一产业和第二产业的发展水平,这使经济获得快速发展的地区成了争夺的市场。此外,由于文化背景、经济运行模式的不同,具有东方文化背景的物流企业则更多的是追随客户进入。如在日本制造业对华投资的推动下,大批日本物流企业追随制造企业进入中国市场,相继在上海、广东设立物流配送中心,为在华日资企业和日本企业在华采购提供物流服务,形成了日资体系的配套产业集群。相对于主动进入,追随进入对市场营销力量要求较低,不存在与客户企业的文化差异,风险相对较低,但却失去了获得先进优势的机会。

2. 物流企业国际化战略选择方式

对于参与全球化活动的方式,企业可以选择的方式有特许经营、国际贸易、劳务输出和国外投资,而对于物流企业来讲,上述四种方式表现为特许经营、战略联盟、跨国并购以及直接投资等多种方式,每种方式具有各自的特点,呈现出不同的优势与劣势。实践中,成功的国际化案例多为上述方式的综合。

(1)并购

并购一般是指兼并(Merger)和收购(Acquisition)。企业间的并购是现代市场经济资源整合的重要手段。物流企业的并购能够促进生产经营要素和活动的集中,节省培养人才、开拓市场、开发技术等所需要的时间,迅速完成目标市场的布局,在较短的时间内实现占领市场的目的。并购不仅要求物流企业具备很强的资金实力,更需要有很强的管理控制能力和业务重组能力,以突破文化差异,实现不同品牌间的融合和远距离管理。中国物流业在中远和中海,招商和中外运长航的合并带动下,未来以兼并联合等方式进行的资源整合、产业联合、优胜劣汰的行业整体升级换代将是大势所趋。对于具体的并购方式,既可以进行资产并购也可以进行股权并购,既可以采取独资也可以进行合资。在实践中,很多企业都采用了先合资再并购的方式。通过合资,物流企业可以在市场进入、与政府关系、网络、客户关系等方面迅速打开局面,而本土企业通过与跨国企业合资,也获得了企业发展急需的技术、管理理念和专业人才等。通过独资,则可加强对所投资企业的控制,独占企业发展产生的效益。UPS 于 2000 年进入中国市场时,首先与中外运合资开展快递业务,在中国物流市场对外资企业完全放开后,UPS 收购了合资公司中外运股份。

(2)直接投资

国际直接投资是指投资者以控制企业部分产权、直接参与经营管理为特征,以获取利润为主要目的的资本对外输出。国际直接投资可分为创办新企业和控制外国企业股权两种形式。直接投资也是物流企业国际化的重要方式。相对并购,直接投资可降低管理难度,避免大额并购资金的支出,但是由于市场、网络、各种关系等都从零开始建立,因此市场规模扩张速度较慢。如港口企业在优化国内港口布局的同时,在国际市场上要依靠中国政府间的友好城市、友好港口积极扩大合作范围,进而通过参股、参建、控股收购等方式加大对海外港口、码头的投资,扩大业务规模,实现全球布局。港口企业同时要积极与“一带一路”沿线国家的各个港口深化合作,共建信息交换网络平台、物流平台、快捷通关平台、贸易便利化平台等,通过港口间的直达贸易和国际中转贸易量的提升,促进中国港口物流企业的整体发展水平。

(3)战略联盟

战略联盟就是两个或两个以上的企业或跨国公司为了达到共同的战略目标而采取的相互合作、共担风险、共享利益的联合行动。作为物流企业“产品出口”的形式,战略联盟可以在未进行大规模的资本投资的情况下实现市场进入的目标。物流企业通过战略联盟,可以分享约定的资源和能力,扩大物流服务的地理覆盖面,为客户提供一体化物流服务,提升市场份额和竞争能力。相同的文化背景和彼此相互依赖、有效而积极的信息沟通、共同的企业经营目标和凝聚力、技术上的互补能力、双方高层管理人员在管理方面的共同努力等,是物流企业战略联盟成功的关键因素。未来中国物流业“走出去”的过程中更要加强与制造业、基础设施建设、能源采矿业、跨境传统贸易与跨境电商流通业等产业的横向深度战略联合,不仅仅以单一的物流服务参与其海外项目,而且要以资金优势、网络信息优势、供应链管理优势参与海外项目的基础建设规划、金融支持、交通基础设施项目的后期运营等, 实现全面的融合。通过战略联盟相互进入对方市场不乏其例,如日本伊藤忠商社与美国的 GATX 物流公司就是通过战略联盟,在北美和亚洲之间展开物流服务合作,以此作为进入对方物流市场的切入点。

(4)特许经营

特许经营就是通过把客户信任的商誉授权给受许人,达到成功运营的目的,从而实现特许人和受许人的双赢。特许经营更多的是被直接面对最终消费者的行业所采用,这和消费者品牌意识提高有关。尽管特许经营很少被物流企业所采用,但鉴于特许经营具有可以避免大规模投资、降低文化冲突等特点,仍不失为物流企业国际化过程中的选择。特许经营要求特许人有良好的商誉、知名的品牌和科学的管理,要求有丰富的管理经验和先进的信息系统,以及能带给受许人良好发展前景的业务模式和庞大的网络规模。

二、我国物流企业国际化经营管理问题

(一)企业自身实力的欠缺

1. 物流技术相对落后及信息化程度低

我国物流企业的信息化水平相对落后,物流领域信息技术应用较少。电子数据交换系统的应用范围有限。企业之间的物流共享机制尚未形成,网络信息技术的应用仍停留在初级水平上,利用系统集成软件技术优化物流配置的企业非常少。这些都是我国物流企业想要走出国门的障碍。

2. 管理能力及经验的缺乏

企业在开拓海外市场时会面临一个完全不同的市场环境,需要强大的管理能力。我国很多物流企业缺乏必要的管理规范,经营管理粗放,跨国物流的操作经验、跨国供应链管理经验更加缺乏。一般都依赖于“走出去”之后通过亲身实践来总结经验,也有个别企业通过与国际跨国物流公司的合作而间接地学习有限的国际物流操作经验。

3. 人才培养滞后与流失问题

中国物流企业想要开发海外市场,人才也是一个关键因素。在许多发达国家,物流人才的培养体系已经十分成熟,虽然现在我国很多高校都开设了物流专业,但培养的速度还是跟不上行业的需求。企业对于人才培养和科研的重视程度也不够。因此在外企优越的物质条件以及良好的发展空间的诱惑下,一些优秀人才逐渐流失。

4. 物流企业提供增值服务能力较低

增值服务能力是靠创新和理念去超越竞争对手。所以专业的物流技术赢得高端的客户和高额的回报。但是,目前中国本土物流企业很少拥有国家专利,很少拥有国家科技成果奖,这往往是我国物流企业与国外的一流物流公司存在差别的根本原因。

(二)我国物流行业存在问题制约了物流企业的国际化发展

1. 运输服务贸易呈逆差

虽然我国产品贸易长期处于顺差,但是服务贸易却多年处于逆差,而且逆差额度是逐渐增长的。而其中逆差最大的是运输服务业。20 世纪 90 年代初,我国发展外贸的核心是出口加工贸易,而不是运输业。因此目前在我国外资企业占领了绝大多数海运货代市场,以及航空货运市场。

2. 物流行业总体成本高

2010 年中国物流总额和物流业增加值分别为 125 万亿和 2.7 万亿,相比 2005 年,年均增长 21% 和 16.7%。但是中国物流成本仍很高,2010 年全社会物流总费用占 GDP 的比重为 18%,该比重比发达国家高一倍。由于高速公路的收费体系不合理,形成了庞大的物流成本,已经成为物流业发展的一个瓶颈。

3. 物流企业组织规模小,不能形成规模效应

除了一些国有的大型物流企业外,现在从事物流服务的企业,包括传统的运输企业以及专业化的物流企业,规模和实力都比较小,服务方式单一。物流企业要想提高竞争力,应当充分发挥通过规模经济带来的成本优势。

(三)文化、语言、技术冲突的影响

由于社会文化环境的影响,各国消费者往往会有其独特的购买方式与消费嗜好,这也是国际市场营销中最棘手的问题之一。很多跨国公司都十分重视文化冲突的避免,采用标准化和本土化相结合的国际化经营策略。尽管如此,还是有很多失败的案例。跨国经营中多以并购常见,而 60% 的企业并购失败,其中 2/3 的失败源于并购后的文化整合。另外,我国跨文化管理成功经验不足也是导致文化冲突的一个原因。跨境物流在网络方面也需要面对服务对象等外部环境方面的不同,要做好不同国家在差异性方面的有效衔接,从而从整体上提高物流链价值。如不同国家存在的不同语言差异,文化、风俗和习俗方面的差异等,解决在网络、信息、支付方面的不同差异,解决物流在网络方面的协同问题。还要了解和掌握不同国家在税收政策、贸易壁垒方面的问题,解决国家本土保护主义问题,提高跨境物流的网络协同性。

（四）国际政治历史环境的负面影响

国内企业想要走国际化道路，就不能不考虑政治、历史等国际因素的影响。中国敏感的经济政治地位，决定了中国企业想要走出国门必然会遇到更多的挫折。

三、我国物流企业国际化经营管理策略

我国物流企业要走向国际化，就必须提高我国物流企业的整体水平，使其达到与国际物流相适应的物流系统。根据我国现有物流企业的整体状况和国际物流企业发展趋势，物流企业国际化经营管理策略包括以下几个方面：

（一）政府法规政策的有力支持是国际物流业的重要推动力

我国物流企业的强壮与国际化能力的提高离不开外围环境的竞争力，而外围环境的竞争力离不开政府经济、科技法律政策的有力支持。政府应在物流基础设备、技术设备、企业重组整合、软硬件平台建设、全球性的物流网络等方面给予经济、科技等方面的政策支持。

1. 加快物流基础设备的建设和发展离不开物流技术装备

我国物流基础设备比较落后，某些物流环节也不配套，与国际物流的要求还有很大的差距。因此，发展物流首先要加快物流基础设备的建设，尽快改变我国物流水平落后的面貌。物流设施主要包括包装、装运、运输、仓储等。在包装方面，实现包装标准化，在整个物流过程中达到通用化。在装卸搬运方面，要采用现代化的装运工具，以提高装卸作业的效率。同时，对仓库的合理修建、仓储能力作业效率都要认真考虑，并综合利用。大力发展交通基础设施，使交通设施网络化、一体化，并在港口码头、铁路、汽车终点站根据需要科学修建中转仓库和货场，使之相互配合，达到物流作业的连贯性和快速化。应合理选择和使用运输方式，发展“大陆桥” 运输、国际多式联运、集装箱运输等国际运输方式。

2. 促进企业重组整合，使物流向一体化、集团化发展

我国物流业竞争力不强的一个重要原因是缺乏具有强大国际竞争力的大型企业，这同我国物流业集中度低有直接关系。所以首先要努力培养一批专业化、规模化的现代物流企业，打破中国当前物流企业“多、小、散”的局面。其次要以规模大、有市场、服务规范的物流企业为龙头，通过政策引导，打破行业、地域、所有制等方面的限制，对具有不同功能的物流企业进行调整和重组，用市场化的方法比如资本运作，大力提倡和鼓励物流企业通过联合、兼并、重组等途径发展大型第三方物流企业，并利用高新技术发展规模经济，实现跨地区跨国经营，有效地将物流企业引入国际市场，参与国际合作，推动我国物流的国际化发展。加快物流配送中心的建设与发展，提高物流系统的整体水平，是我国物流向集团化、一体化发展且进入国际市场所不可缺少的一环。

3. 健全全球性的物流网络

随着世界经济一体化发展，物流业也正向全球化、信息化一体化发展，使商品与市场要素可在全球范围内以空前的速度流动，世界各国正不断地将高新信息管理技术应用于物流业当中。电子数据交换技术与国际互联网的应用，使物流效益的提高更多地取决于信息管理技

术。计算机的普遍应用提供了更多的扫描和库存信息，提高了信息管理的科学化水平，使产品的流通更加容易与迅速。诸多实践证明，使用物流信息网可以系统、有效、快速地组织管理好物流的各个环节。在我国努力向全球信息网发展的同时，国外一些发达国家已离开了地面信息网络系统的研究，把目标转向了宇宙空间。我们在建设信息网络方面，必须努力提高全民的物流信息网络化意识，大力培养信息网络化专门人才和研究开发人员，推动物流软硬件公共平台建设，使我国物流信息网络系统不断地向世界先进国家水平迈进。

4. 培养国际物流人才，加强国际物流经营管理

缺乏物流人才也是我国物流企业管理水平不高、影响物流业国际化发展的一个重要原因。物流的国际化发展，真正起主导作用的还是人才的培养，特别是对适应高科技物流发展和国际物流发展的高中级物流管理和技术人才的培养。要借助市场的力量推动教育多元化投资体制的建立，形成国家、物流企业和个人共同参与教育投资、共同分享教育投资利益的多主体、多层次的教育投资格局。要面向世界，培养全面的国际型物流人才。国际型经营人才应该是多能的，适应多方面要求的。

(二)物流企业应不断增强参与国际竞争的实力

1. 灵活通过国际化方式加速国际化，强强联合增强自身实力

物流企业国际化有特许经营、战略联盟、跨国并购以及直接投资等多种方式，企业可以针对内外部情况灵活采取相应方式实现国际化。针对国内许多物流公司大多规模偏小的情况，企业之间可以在竞争中求联合，依据双赢战略选择战略伙伴，以图结成实业联盟创造规模效益。可以预见，随着物流企业的强强联合趋势的加强，我国现代化大型物流企业将出现在历史舞台上。

2. 采用先进技术，增强信息化与标准化程度

信息化和标准化是现代物流发展，特别是发展国际物流的必然要求。现阶段，我国绝大多数物流企业还缺乏参与国际竞争的实力。但是随着经济的发展，物流企业应当不断重视先进物流技术的应用，增强物流信息化程度，重视物流标准的实现与国际对接。

3. 重视人才培养，提高人才国际化水平

物流企业还要面向世界，引入和培养全面的国际型物流人才。他们在具备物流专业知识的基础上，还必须具备其他方面的能力，诸如外语能力、业务谈判能力、跨文化沟通与管理能力等。只有具备比较全面的知识，才能在国际经营中长期处于不败之地。对物流人才的培养是一个长期的规划，不是一朝一夕就能实现的，也不是物流企业单方面就能完成的，这也需要教育机构的配合。另外，物流企业还要提高吸引、留住、使用、培养国际型人才和中高端人才的人力资源管理机制与企业文化水平，这也是物流企业强大及国际化的根本所在。

4. 针对跨境物流，应采用相应的经营服务策略来提高其国际物流服务质量

针对近几年来的跨境物流的发展，物流企业可推出以下几种形式服务：

(1)国际小包和国际快递。国际小包包括中国邮政小包、中国香港地区邮政小包和新加坡邮政小包等，特点是运输时间长、价格优惠。邮政网络基本覆盖全球，比其他任何物流渠道都要广，国际快递特点是成本高、时间相对较短。针对不同的客户，根据国家地区、货物重量、

体积大小选用不同的渠道进行包裹速递。

(2)国际物流专线。国际物流专线是针对某一特点国家或地区的跨境专线的递送方式,物流起点、物流终点、运输工具、运输线路、运输时间基本固定。物流时效比国际邮政小包快,物流成本比国际快递低,且保证双清,但是,具有区域局限性。国际物流专线主要包括航空专线、港航专线、铁路专线、大陆桥专线以及固定多式联运专线。业内使用最普遍的是美国专线、欧洲专线、澳洲专线、俄罗斯专线等,也有不少物流公司推出了中东专线、南美专线等。

(3)设立海外仓库。在现代物流中,仓库是连接买卖双方的一个关键节点。通过设立海外仓,买家下单后,通过系统分配给海外仓库拣货配送,这不仅可以大大提升时效,同时也节省了企业在跨境物流中所耗费的成本,还利于海外市场的开拓。中国跨境电商可以根据市场业务量将货品批量运输到海外仓中,实现大幅度降低跨境电商物流成本的目的。海外仓还可以满足买家所在地本地发货。中国跨境电商能够在第一时间做出快速反应,及时通知海外仓进行货品的分拣和包装,一般可以实现下单后 1 ~3 天发货,从而使货品准确、及时地配送,缩短了配送周期。海外仓还能够规避汇率、政治、文化等风险。通过在海外设立仓储中心,避免跨境带来的风险。海外仓可以实现本地退换货。不用大费周折地运输回国,进而可以规避货品返回国内的跨境通关和物流,节省了很多时间与成本。

5. 加强与本土物流公司的合作

在本地化物流工作过程中,需要加强和本土物流公司的合作。这其中海外仓就是一个典型的代表,是一种跨境物流的本地化运作方式。借助本地化以及积极和本土其他物流企业的协调合作,能够大大减少国际物流的配送时间,有效降低所需成本,利用品牌优势提高配送效率,从而有效解决最后环节的配送问题。如洋码头就在一些城市建立了总部,从而开展本地化发展,而顺丰也和荷兰邮政共同合作,建立了“欧洲小包”跨境业务服务。

6. 促进跨境物流网络之间的协同发展

跨境物流不仅包括国内物流,还包括国际物流和目的地之间的物流,同时还需要解决海关出境问题、目的国的入境海关和商检问题,因此物流所需要的链条相比国内物流更长、更复杂,所需要的时间更久,产生的物理距离更远,所需要的物流方式也更多。跨境物流流程会牵扯很多国家,涉及多个物流企业,和国内物流相比,其复杂性更高。因此,为了顺利送达一个快递,需要保持这些不同跨境物流系统之间的协调和配合。需要解决这些企业及物流内部在商品分类、包装、运输方式及路线方面的差异,形成系统并实现配合,特别是不同国家之间、物流企业之间的配合,多种物流模式之间的协调发展和资源共享,实现聚合效应,从而使得跨境物流网络能够实现高效运行和发展。

7. 不断优化流程及合作,构建国际供应链,增强国际化竞争力

以供应链条为主体参与国际化经营可以增强市场力量,减少进入国际市场的壁垒和增强竞争优势。日本和中国台湾企业是通过构建其供应链来参与国际市场竞争的。虽然链条上的企业并非都是大型企业,但是由于文化上的一致性,使节点企业间高度信任和高度依赖,增强了市场进入力量,在风云变幻的国际市场上业绩卓著。对于构建的跨国地区供应链,不论是从国际贸易的内向视角还是从外向视角看,都能实现与当地企业合作,利用当地企业在文化、市场、政策、成本等方面的优势,降低市场进入的贸易壁垒和非贸易壁垒,快速进入当地市场,获得竞争优势。以构建供应链的途径进行国际业务,一方面承担的风险可以分散和转嫁,另一方

面还可以利用节点企业间合作竞争的特点进行技术上的操纵，将链条风险规避或降低至可接受的水平。供应链节点企业间可以利用互补资产，优化资源配置，并使链条上企业的运作达到最优，效率得到提高，快速响应市场需求，在产品、服务、技术和管理模式上不断创新等，促使供应链整体价值增值。物流企业制定国际化战略目标，寻找合适的合作伙伴，并不断优化企业内部的业务流程及企业之间的流程，以构建高效、通畅的国际供应链的方式来增强其国际化的竞争力。

我国物流企业的国际化仍处于起步阶段，面临着诸多困难。但是伴随着宏观经济的发展，我国物流业将会在不断变化中实现升级：一批大型的国有物流企业完成改革，建立高效的管理体制，核心竞争力得到明确和加强，部分民营企业从低层次的价格竞争中脱颖而出，成为行业内的主导企业；在与外资物流企业的短兵相接中，逐步在理念、技术、国际化运作经验等方面不断提高。

课后习题

一、单项选择题

1.（　　）是指拥有其他公司一定数额的股份，或根据协议，能够控制、支配其他公司的人事、财务、业务等事项的公司。

A. 母公司　　B. 子公司

C. 分公司　　D. 联络办事处

2.（　　）是单一产品的专业公司，在公司内部，母公司与子公司之间没有较多的专业分工，基本上是制造同种产品，经营同类业务。

A. 横向型公司　　B. 垂直型公司

C. 混合型公司　　D. 纵向型公司

3.（　　）是两个或两个以上的企业或跨国公司为了达到共同的战略目标而采取的相互合作、共担风险、共享利益的联合行动。

A. 战略联盟　　B. 并购

C. 特许经营　　D. 直接投资

二、多项选择题

1. 跨国公司由（　　）构成。

A. 母公司　　B. 子公司

C. 分公司　　D. 联络办事处

2. 跨国公司管理的特征包括（　　）。

A. 全球战略目标　　B. 全球一体化经营

C. 灵活多样的经营策略　　D. 强大的技术创新能力

3. 随着国际贸易发展起来的从事服务业的跨国公司，其服务内容包括（　　）。

A. 管理咨询　　B. 广告代理

C. 技术设计　　D. 会计事务

E. 银行保险

4. 物流企业国际化战略选择方式为（　　）。

A. 并购　　　　　　　　　　　B. 特许经营

C. 直接投资　　　　　　　　　D. 战略联盟

E. 特许经营

三、问答题

1. 阐述经济全球化与跨国公司的定义与关系。

2. 阐述跨国公司管理的特征、构成与分类。

3. 阐述我国企业跨国经营历史与现状和我国企业跨国经营管理中出现的问题。

4. 阐述我国企业跨国经营管理改善的策略。

5. 阐述物流国际化的基本特征、发展趋势。

6. 简述外资物流企业跨国经营的特点。

7. 阐述中国物流企业国际化的必要性和中国物流企业国际化的现状。

8. 简要说明物流企业国际化经营管理方式。

9. 我国物流企业国际化经营管理问题是什么？我国物流企业国际化经营管理策略是什么？

四、案例分析题

丰田进军国外市场是如何做物流的？

2002 年盛夏，墨西哥城街头，仿佛一夜之间，丰田汽车的广告语——“你感觉得到”充斥着人们的眼睛。但对丰田来说，进入墨西哥市场并非瞬间的闪念，历经三年缜密的物流计划后，第一辆丰田车经过海运从美国的巴尔的摩港运至墨西哥韦拉克鲁斯，同时，第一批汽车配件也通过空运从美国安大略和辛辛那提起运。丰田美国汽车销售公司的物流计划经理托尼·米尼翁表示，目前一切运输都非常顺畅。

尽管经过如此周密的准备，丰田并不准备把这一物流计划在墨西哥持续运用下去。一旦两三年内丰田汽车在墨西哥的销量达到一定水平，丰田将会在墨西哥单独建一个零部件分拨中心，当然这其中的决定性因素在于在墨西哥储存零部件要比从美国空运过去成本更低。相对于零部件来说，从美国和加拿大运输整车至墨西哥的战略将很快发生变化。随着更多的经销商在墨西哥站稳脚跟，以及丰田汽车在墨西哥销售的车型日趋多样化，这些汽车将会通过铁路从美国和加拿大运出，而不再使用海运。

事实上，丰田进入墨西哥市场的途径非常保守。起初，丰田只和六家经销商合作，其中四家在墨西哥城，另外两家分别在瓜达拉哈拉和蒙特雷。刚刚进入墨西哥时，丰田只带来了一种车型——佳美，半年后，丰田才把另一种车卡罗拉运进墨西哥。

从概念上看，墨西哥市场应是美国市场的一个延伸。丰田在墨西哥没有生产厂，佳美和卡罗拉分别从美国和加拿大的生产地直接运到墨西哥的经销商手中。汽车配件则通过空运从美国的丰田零部件配送中心运出。但由于文化背景，在墨西哥做生意实际比在北美其他地区要困难一些。由于墨西哥使用的是西班牙语，因此所有的文件都得使用西班牙文，而不像原来使用英语，而且交易需用墨西哥比索，不再是美元，墨西哥海关的要求又与美国和加拿大海关大相径庭。

作为世界第三大汽车生产商，开拓新市场对丰田来说并非新鲜事，丰田的经验是深思熟虑、缓步前进。米尼翁表示，丰田奉行逐步发展的原则，不会顷刻间变得面目全非，每走一步都是逐步积累起来的。例如，丰田从 1957 年就开始在美国市场销售汽车，但配件的运输一直控制在东京总部，从那里通过空运运给美国的经销商，这种情况一直持续到1996年，丰田才在美国建立了北美第一个零部件配送中心。在加拿大和波多黎各，丰田的步骤也大致如此。

为了设计在墨西哥的物流计划，丰田多方咨询，以丰田自己的物流人员为核心，建立了内部的评测程序。此外，丰田还与咨询公司合作，请了一个墨西哥律师，并与墨西哥的运输公司结成伙伴关系。丰田还将自己的计划与已在墨西哥立足的一些企业的物流程序进行对照。

零部件物流和整车物流完全不同。整车运输要求佳美要有稳定的销量，先用卡车从美国的生产厂运到巴尔的摩港，再通过日邮的滚装船运到墨西哥。海上运输大概需要七八天的时间，这足以让墨西哥的经销商和运输公司做好充分准备。丰田将在墨西哥与更多的经销商合作，一旦汽车销量达到一定水平，将采用铁路运输，时间将会缩短，运输班次更为频繁，从而使整车产品受损的机会减少。同时，在美墨边境来回运输的一些企业也做了大量的工作，理顺了报关程序。

配件和零部件的运输更强调时间性，因此在丰田在墨西哥建立其零部件分拨中心之前，主要采取空运。目前，丰田已经与美国的 Expeditors 物流公司签订合同，由该公司把零部件从美国空运到墨西哥城，然后，丰田在墨西哥的一家合资企业将负责把零部件运送到各个经销商手中。最终，随着销售量的上升，丰田将在墨西哥建立零部件分拨中心。

米尼翁称，主要决定因素在于丰田感到有必要降低运输成本、减少运输时间。

进入墨西哥市场之前，丰田还研究了海关有关运输零部件、整车到另一国家的要求。此外，墨西哥在有关产品标签、安全和环境问题上还有一大堆要求，丰田在进入墨西哥之前都进行了仔细研究。

丰田的物流部门对物流运作继续监测，一旦实现预先的目标，就会设立新的目标，同时，物流人员正在对丰田何时设立零部件分拨中心和整车生产厂进行考察，那时，丰田将推出另一套全新的物流计划。

思考题

丰田进军国外市场是如何做物流的？

参考文献

[1]于宝琴.现代物流企业管理[M].北京:北京大学出版社,2010.
[2]阮喜珍.现代物流企业管理[M].北京:机械工业出版社,2011.
[3]姚莉.现代企业管理[M]. 湖北:武汉大学出版社,2010.
[4]时秀梅,李毅.跨国公司管理:理论实务案例[M].北京:经济管理出版社,2014.
[5]方虹.国际企业管理[M].北京:首都经济贸易出版社,2006.
[6]向秋华.现代企业管理[M].湖南:中南大学出版社,2013.
[7]李凡.国际企业管理[M].北京:经济管理出版社,2014.
[8]许晖.国际企业管理[M].北京:北京大学出版社,2015.
[9]方虹.物流企业管理[M].北京:高等教育出版社,2005.
[10]方芳.运输管理[M].北京:高等教育出版社,2005.